과학 교사들을 위한 과학교육 강의 플랜

과학 교사들을 위한
과학교육 강의 플랜

초판 1쇄 발행 2017년 4월 3일
초판 2쇄 발행 2017년 11월 1일

지은이 한재영 · 강경희 · 강남화 · 강훈식 · 권혁순 · 김용진 · 김지나 · 김희수 · 나지연 · 남정희 · 박영신 · 박종석 · 박현주 · 서혜애 · 손연아 · 손정우 · 신동희 · 심규철 · 심재호 · 윤지현 · 윤혜경 · 이봉우 · 이현주 · 임성민 · 임희준 · 장지은 · 정용재 · 조광희 · 차정호 · 최원호 · 최혁준 · 홍준의

펴낸이 김선기
펴낸곳 (주)푸른길
출판등록 1996년 4월 12일 제16-1292호
주소 (08377) 서울특별시 구로구 디지털로 33길 48 대륭포스트타워 7차 1008호
전화 02-523-2907, 6942-9570~2
팩스 02-523-2951
이메일 purungilbook@naver.com
홈페이지 www.purungil.co.kr

ISBN 978-89-6291-385-9 93370

*이 도서의 국립중앙도서관 출판예정도서목록(CIP)은 서지정보유통지원시스템 홈페이지(http://seoji.nl.go.kr)와 국가자료공동목록시스템(http://www.nl.go.kr/kolisnet)에서 이용하실 수 있습니다.(CIP제어번호: CIP2017007150)

3 2 인 의 교 수 가 제 안 하 는 과 학 교 육 강 의 계 획 서

과학 교사들을 위한

과학교육 강의 플랜

한재영 · 강경희 · 강남화 · 강훈식 · 권혁순 · 김용진 · 김지나 · 김희수 ·
나지연 · 남정희 · 박영신 · 박종석 · 박현주 · 서혜애 · 손연아 · 손정우 ·
신동희 · 심규철 · 심재호 · 윤지현 · 윤혜경 · 이봉우 · 이현주 · 임성민 ·
임희준 · 장지은 · 정용재 · 조광희 · 차정호 · 최원호 · 최혁준 · 홍준의
지음

푸른길

머리말

과학 교사는 수업 자료를 찾을 때 인터넷이나 책을 조금만 살펴보면 어렵지 않게 많은 내용을 얻을 수 있지만, 과학 교사 교육자에게는 그렇게 쉬운 일이 아니다. 과학 교사는 교사 모임을 하면서 다양한 과학 수업의 활동 정보를 주고받지만, 과학 교사 교육자는 학회 활동을 하면서 강의 자료보다는 연구 관련 정보를 더 많이 주고받는다. 교사 교육자끼리 강의에 대해 정보를 나누는 것은 주로 개인적인 친분으로 교류하는 것에 그칠 뿐, 공식적인 강의 정보를 교류할 기회는 거의 없다. 최근에 외국 과학 교사 교육자끼리 자신의 강의 소재를 공유한 결과물이 책으로 출간되었다(Morrell & Popejoy, 2014). 이런 노력을 흉내 내어 한국의 과학 교사 교육자들이 서로의 강의 정보를 교류해 보고자 하였다.

모렐과 포프조이(Morrell & Popejoy)의 책은 30명 남짓의 과학 교사 교육자들이 자신이 가장 좋아하는 강의, 잘된 수업, 활동 자료 등을 모은 것이다. 교사 교육자의 강의 계획서와 강의 교재, 국가교육과정을 참고하고 동료와 대화를 하면서 '구성주의/개념변화', '과학의 본성', '통합', '과학 탐구와 공학 설계', '다양성과 차별화'의 5가지 주제를 찾아내고, 이에 따라 강의 자료를 분류해서 정리하였다. 각 주제별로 개략적인 설명을 한 뒤 4~7개 자료를 제시하였는데, 하나의 자료는 주제, 제목, 자료 제공자, 자료 출처, 개관, 수업 진행, 수정과 확장, 더 읽을 자료나 참고문헌으로 구성되어 있다.

여러 사람의 의견을 모으다 보면 항상 새로운 정보를 접하게 된다. 자신이 잘 알고 있거나 강의에 이미 활용하고 있는 내용이라도, 다른 사람이 그것을 약간 변형하여 좀 더 의미 있는 강의가 되도록 했을 수 있다. 그리고 한 가지 강의 소재나 방식은 여러 학습 내용이나 영역에 응용하여 활용될 수도 있다. 이렇게 하여 과학 교사 교육자는 자신의 강의 계획서를 새롭게 하고 강의를 개선해 나갈 수 있다. '교수님은 이 강의를 어떻게 하세요?'라는 질문을 이제 자유롭게 해 보자. 이처럼 과학 교사 교육자가 먼저 자신의 전문성 발달을 위해 노력하는 모습을 보여 주어야 예비 과학 교사가 이를 본받지 않을까? 이렇게 교사 교육자는 평생 학습자(Redman & Rodrigues, 2014: 12)가 되어야 하나 보다.

현재 한국의 사범대학이나 교육대학에서 예비 (과학) 교사를 가르치는 사람이라면 임용시험과 무관한 강의를 할 수 없다. 따라서 임용시험에서 다루는 내용과 관련된 강의 정보를 수집하거나, 강의 정보를 임용시험 내용과 연결하여 정리해 놓으면 매우 유용할 것이다. (중등) 임용시험에서 다루는 과학교육 관련 내용은 다음 표와 같다(이봉우 외, 2013).

영역	하위 범주
1. 과학과 교육과정	과학교육(과정)의 목표, 과학교육과정의 변천, 차시별 교육과정의 주요 핵심, 차시별 교육과정의 내용 요소, 외국 교육과정, 기타
2. 과학사와 과학철학	과학 지식, 과학적 방법(연역/귀납/가설연역법, 귀추법), 철학 일반(관찰 이론 의존성/관찰 한계/비유 등), 과학적 사고(창의적 사고/논리적 사고), 근대 과학철학(실증주의/합리주의, 귀납주의), 현대 과학철학(포퍼의 반증주의, 쿤의 패러다임 이론, 라카토스의 연구프로그램, 파이어아벤트의 아나키즘), 과학사 내용(고대 과학사, 근대 과학사, 현대 과학사), STS, 기타
3. 과학 탐구	탐구 과정 요소(기초 탐구 과정/기능, 통합 탐구 과정), 탐구 능력(가설 설정 능력, 변인 통제 능력, 실험 설계 방법, 그래프 작성 능력, 탐구 해석), 실험 장치/도구 사용 방법, 실험실 안전, 야외 학습 지도, 기타
4. 과학 교수 학습이론	교수 학습이론 일반적 내용, 피아제의 인지발달 이론, 오수벨의 유의미학습, 브루너의 수업이론, 비고츠키 이론, 드라이버의 대체적 개념틀 이론, 하슈웨의 개념변화 모형, 포스너와 스트라이커 이론, 파인스와 웨스트 이론, 길버트의 개념변화 모형, 학생의 오개념, 과학적 개념의 이해, V맵, 비유, 초인지, 개념도, 기타
5. 과학 교수 학습모형	카르플루스의 순환학습 모형, POE/PEOE/5E, 로슨의 순환학습 모형, 발생학습 모형, 발견학습 모형, 협동학습 모형, STS 교수 학습모형, 과학사 교수 학습모형, 기타
6. 과학 평가	평가 일반, 클로퍼의 교육 목표 분류, 평가 도구의 사용(선택), 탐구 능력 평가 방법, 정의적 영역(흥미, 태도) 평가 방법, 수행평가 준거 개발(채점, 점수), 평가 문항 개발/평가 내용, 평가 결과 해석, 내용 타당도/신뢰도/변별도, 기타

이에 따라 이 책에서는 위 표에서 분류한 영역과 하위 범주에 따라 자료를 모아 정리하였고, 해당하는 내용이 없는 경우에는 '그 밖의 주제' 범주로 분류하였다.

이 책은 과학교육 연구자들이 자신의 강의를 반성하며 정리한 내용을 모은 것이다. 과학교육을 전공한 사람들은 예비 교사나 현직 교사에게 과학 수업을 이렇게 해야 한다고 가르치고 그에 관련된 연구를 수행하기도 한다. 그런데 정작 본인은 그 과학교육 강의를 어떻게 하는가? 구성주의에 대해 가르치면서 강의식으로 하지는 않는가? 협동학습을 가르치면서 개별적인 과제만 내지는 않는가? 과학 탐구가 중요하다고 하면서 본인은 스스로 과학 탐구를 하고 있는가? 다양한 평가 방법을 안내하면서 본인의 시험은 중간고사와 기말고사만 겨우 보는 것은 아닌가? 이 문제는 중이 제 머리 못 깎는 것과는 다르다. 여러 대학에서 진행되는 과학교육 강의 내용을 일정한 형식으로 모으는 것은 과학교육학이 실천의 학문이 되기 위한 노력이라고 생각한다.

'임용고시를 준비시키기 위해서는 어쩔 수 없이 강의를 통해 방대한 내용을 가르쳐야 한다.' 또는 '대학교수는 강의만 하는 게 아니고 연구도 하고 봉사도 하고 가정생활도 해야 하기 때문에 새로운 것을 시도하기 어렵다.' 또는 '대학생들은 이런저런 활동을 시키는 것 별로 좋아하지 않는다. 교수가 강의를 열심히 해 주고 시험 쉽게 내주면 강의 평가도 잘 나온다.' 또는 '내 강의에 대해 누가 뭐라고 하는 건 질색이다. 나는 내가 하는 강의에 대해선 누구 못지않게 전문성을 가지고 있다고 생각하기 때문이다.' 이러한 의견들은 상당히 설득력이 있고 실제적이기도 하다. 하지만 이 의견들에서 교수를 교사로 바꾸고, 임용고시를 수능시험으로 바꾸고, 대학생을 중·고등학생으로 바꾸어 보자. 우리 교수들은 교사들에게 그런 유사한 상황에서 어떻게 하라고 가르치는가?

물론 필자 자신도 강의의 개선을 위해 열심히 노력하고 있지는 않다. 과학교육 내용 중에는 어쩔 수 없이 강의를 해야 하는 내용도 있다고 생각하며 열심히 강의하기도 한다. 필자가 과학교육 강의를 하면서 가장 잘 부르는 노래는 무엇일까? 바로 자장가다. 학생들이 듣건 말건 많은 내용을 일방적으로 강의하다 보면, 모노톤의 내 목소리에 학생들은 곧잘 잠이 든다. 이런 강의에 대해 반성을 하며 이 책을 내보인다.

여러 교수님들의 강의 아이디어를 더 수집하지 못해 아쉽기는 하지만, 이 책은 끝나지 않고 계속 진행될 것이다. 인공지능이 교사나 교수의 직업까지 대체하게 될 날이 오더라도, 이 책의 노력은 끝나지 않아야 한다.

2017년 3월

저자들을 대표하여 한재영

참고문헌

이봉우 · 심규철 · 신명경 · 김종희 · 최재혁 · 박은미 · 윤지현 · 권용주 · 김용진, 2013, 중등과학 교사임용시험 문항에 나타난 과학교육학 이론의 분석, 『한국과학교육학회지』, 33(4), 794–806.

Morrell, P. D., & Popejoy, K.(Eds.), 2014, *A few of our favorite things: Teaching ideas for K–12 science method instructors*, Sense Publishers.

Redman, C., & Rodrigues, S., 2014, From philosophy and research to pedagogy and practice, S. Rodrigues(Ed.), *Handbook for teacher educators*, 1–14, Rotterdam: Sense Publishers.

차례

제3강 과학 탐구

제4강 과학 교수 학습이론

제5강 과학 교수 학습모형

제6강 과학 학습 평가

제7강 그 밖의 주제

제1강

과학과 교육과정

강의노트 · 01

과학적으로 논증하고 논술하기

자료 제공자: 강남화(한국교원대학교), nama.kang@knue.ac.kr
준비물: 파워포인트, e-book 저작 도구(컴퓨터 프로그램)

개관

과학은 자연 및 관련 인공 현상에 대한 설명 체계를 구성하는 것을 목적으로 하는 활동과 그 결과물이다. 이러한 과학이 다음 세대로 전달되고 발전되도록 하는 것이 바로 과학 교사의 역할이다. 또한 과학적 설명의 정당성에 대해 비판적으로 사고할 수 있는 능력을 키워 과학기술 시대에 적합한 민주 시민을 양성하는 것 역시 중요한 과학 교사의 역할이다. 과학적 설명 체계를 전달하는 과학 교사의 교수 활동은 다양한 방식으로 이루어지지만, 궁극적으로 이 모든 활동은 과학적 설명을 논리적으로 설득하는 과정이라고 볼 수 있다. 또한 그 과정에서 학생들이 과학적 논리를 비판적으로 감상하고 사용할 수 있도록 하는 과정이 포함되어야 한다.

단편적인 지식을 단순히 기억하는 활동을 넘어서 과학적으로 사고하고 스스로 지식을 구성할 수 있는 능력을 키우기 위해 과학적 논술이 최근 강조되고 있다. 특히 현재 과학 교사 자격증을 취득하기 위한 필수 교과목으로 과학 논술이 포함되어 있다.

이러한 사범대 학생들을 위한 과학 논술 수업의 내용으로는 우선 과학적 논술이 다른 논술과 다른 점이 무엇인가를 고민하고, 학교 과학에서 학생들에게 과학 특유의 논술을 할 수 있는 능력을 기르는 방법을 논의해야 한다. 여기서는 예비 교사들이 한 학기 동안 이루어진 과학 논술 수업의 내용을 종합하여 만드는 '과학 논술 교재 만들기' 프로젝트에 대해 소개하고자 한다. 과제의 특성상 전 학기 내용의 흐름을 진술하고 학생들이 그것을 종합하는 방식에 대해 요약하여 제시한다.

수업 진행

1. 과학에서 논증 및 논술이란?

과학 논술의 방식이 다른 인문학적 논술과 다른 점은 과학과 기타 학문의 가장 근본적 차이로 볼 수 있는 경험적 증거의 사용일 것이다. 과학적 사고로 일컬어지는 귀납, 귀추, 연역 또는 가설연역적 사고와 함께 과학적 설명(모델)을 검증하는 과정에서 모두 경험적 증거가 사용된다. 이러한 경험적 증거는 어떤 방식으로 과학적 설명 체계를 구성하는 데 사용되는가를 각 과학적 사고와 연관한 과학 내용 예시와 함께 논의된다. 가령 물리의 전자기 유도에 관한 법칙이 귀납적으로 구성된 과학사에 대한 논의를 통해 과학에서의 귀납적 논증을 논의한다.

이 수업 후 학생들은 학교 교육과정 내용에서 귀납적으로 설명될 수 있는 과학 내용을 찾아 귀납적 논증이 구성된 예시를 만들어 온다. 귀납의 경우 베이컨의 귀납법을 논의한 후, 베이컨이 제안한 실험에 따른 탐구 실험을 고안해 본다. 베이컨이 제안한 변인의 존재와 배제에 관한 논의를 통해 변인통제와 관련한 실험 방식을 논의하고, 이러한 방법으로 내린 결론의 잠정성에 대해 논의한다. 이런 방식으로 다양한 과학적 사고가 적용된 과학적 설명을 찾아 예시를 들어 과학 논술의 논리적 구성 방식에 대해 논의를 한다. 가령 다음 그림은 한 학생이 구성한 귀납법을 적용한 과학적 논증이다. 이 논증은 여러 사례에서 공통분모를 추출하여 결론을 이끄는 귀납적 논증을 잘 보여 준다.

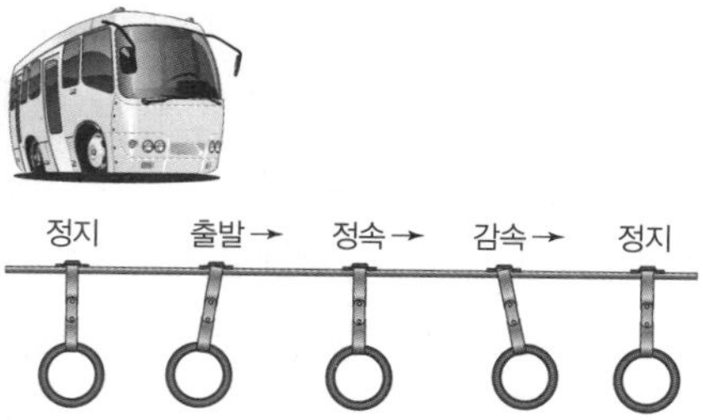

관찰 1: 서 있는 버스가 출발하면 손잡이가 서 있으려고 뒤로 간다.
관찰 2: 움직이는 버스가 서면 손잡이가 움직이려고 앞으로 간다.
관찰 3: 같은 속력으로 움직이는 버스에서 손잡이는 가만히 있다.
결론: 손잡이는 운동 상태가 변하지 않으려고 한다.

2. 과학적 논증에 대한 수업 방법 논의하기

예비 교사들의 과학 논증에 대한 이해를 바탕으로 수업 방식을 논의한다. 각 과학적 사고에 따른 논증을 논할 때 수업에서 사용할 내용에 대한 예시를 예비 교사들이 각각 고안하였고, 이를 이용하여 학교 수업에 대한 논의를 한다.

이러한 내용을 고찰한 후 예비 교사들은 자신들의 논술 및 논증 수업 경험과 학교 실습 경험에 비추어 학교 현장에서 사용되는 수업 자료의 한계에 대한 논의를 한다. 이러한 논의는 학교에서 사용할 교재의 개발이라는 프로젝트의 필요성으로 연결되어 프로젝트를 시작한다.

3. 중등학교에서 사용할 e-book 과학 논증 교재 개발하기

예비 교사들은 개별적으로 본인이 교사가 되었을 때 쓸 것을 전제로 한 과학 논증 교재를 e-book으로 제작한다. 이때 2인 1조로 협조하여 활동하게 함으로써 어려움에 대한 조언 등을 서로 제공할 수 있도록 한다.

e-book 저작 도구는 대학교에서는 윈도우 기반 프로그램을 제공하지만 학교 졸업 후 라이선스를 구매해서 사용하지 않으면 활용이 어렵다는 한계가 있다. 따라서 이 수업에서는 Mac에서 제공하는 무료 저작 도구인 iBooks Author를 사용하여 제작한다. 이 경우 Mac 컴퓨터 및 Apple 태블릿이나 스마트폰을

사용해야만 열어 볼 수 있다는 한계가 있지만 저작 및 배포가 가능하므로 현 시점에서 실용적인 것으로 판단하여 사용한다. 또한 iBooks Author로 저작된 내용은 pdf 파일로 만들 수 있다. 물론 이는 flash와 같은 e-book 고유의 기능은 사용하지 못하지만 그 내용은 어디서나 열어 볼 수 있다는 장점이 있다. iBooks Author의 사용은 메뉴 기반으로 되어 있어 상당히 간단하여 지금까지 특별한 어려움 없이 사용하고 있다.

1) 프로젝트의 내용

- 과제 목표: 학교 교사가 되었을 때 사용할 수 있는 과학(물리) 논술 교재 저작
- 과제의 구성 요소: (1) 교재(학생용), (2) 교사용 교재
- 학생용 교재의 내용 구성 요소
  - 과학 논술 학습의 정당성 또는 필요성 안내
  - 과학 논술 및 논증과 일상의 논증 비교
  - 과학적 논증의 예시 및 작성법 안내
  - 과학적 사고의 예시 및 연습 활동
  - 현재 우리나라 과학 논술(에세이) 행사를 표본으로 유사한 교내 행사 고안 및 안내
- 교사용 교재의 내용 구성 요소
  - 학생용 교재 사용법(누구나 읽으면서 사용할 수 있는 수준으로 자상하게)
  - 학생 논술 평가에 관한 구체적인 안내(평가의 예시를 통한 안내)

이 프로젝트는 인터넷의 iBooks Store에 책을 출간할 수 있기 때문에 저작권에 유의하며 그림 및 영상 자료 등을 사용해야 한다는 한계가 있다. 이러한 주의를 통해 저작권에 관련된 윤리에 대한 논의도 한다.

목차로 살펴본 한 학생의 교재 예시는 다음과 같다.

반드시 도움이 되는 체계적인 과학 논술 교재: 과학 논술 개념

1. 스위치: 과학 논술 공부, 스위치를 켜자.
   - 아인슈타인처럼 생각하고 플라톤처럼 글쓰기
2. 잘못된 논리문을 바로잡자.
   - 논증이란?
   - 오류/오류 논증
   - 예시
3. 우리는 과학 논술을 배우는 중: 일반 논술과 차별되는 과학 논술만의 특징
   - 과학적 논증이란?/ 과학 논술 작성법
4. 논리 지식을 충전!
   - 논증의 방법: 예증법, 귀납법, 연역법, 귀추법, 가설연역법
5. 과학 논술문 작성: 대입 논술 기출문제 설명 및 적용 사례
6. 교내 과학 논술 대회
   - 대회 개요/시상 내용/평가 기준

자료의 출처

참고문헌

권재술 · 김범기 · 강남화 · 최병순 · 김효남 · 백성혜 · 양일호 · 권용주 · 차희영 · 우종옥 · 정진우, 2013, 『과학교육론』 개정판, 교육과학사.

김용규, 2007, 『설득의 논리학』, 웅진지식하우스.

강의노트 · 02

한국의 전통 과학, 과학 시간에 배울 가치가 있나 없나?

자료 제공자: 신동희(이화여자대학교), donghee@ewha.ac.kr
준비물: 없음

개관

한국의 전통 과학은 과학교육에서 문화적 다양성을 반영한 소재 확대 차원에서 의미가 있다. 국외의 경우 이미 민속 과학(ethnoscience), 토속 과학(indigenous science) 등으로 불리며 과학교육 내용으로서의 가치를 인정받는 분위기이다. 우리가 배우는 초·중등 과학 내용의 중심이 되는 서양 과학적 가치에 근거한 과학적 방법론과 세계관 외에도 민족마다의 전통을 근간으로 한 경험의 산물인 다양한 아이디어가 있다. 이 수업에서는 우리 전통 과학이 갖는 학교 과학교육 측면의 가치에 대해 질문을 던진다. 이 수업은 2시간 연속 강의일 경우 활용 가능하다.

수업 진행

1. 수업은 찬반 토론으로 진행된다. 우선 전통 과학을 학교 과학교육 소재로 포함시키는 것을 찬성하는 편과 반대하는 편으로 학생들을 구분한다. 학생들

은 1~2주 전에 공지된 자료를 읽고 찬반 입장을 선택하게 된다.

2. 미리 예고된 자료를 읽어 온 것을 전제로 하지만 토론에서 낙오되는 사람이 없기 위해서 양편 모두에게 간략한 정리 자료를 배부하여 10분 정도의 시간을 주어 읽도록 한다. 이 자료는 찬반 의견이 모두 포함되도록 한다. 자료 제공 시에는 학생들이 찬반 양쪽의 의견을 균형감 있게 읽을 수 있는 내용으로 선정하도록 유의한다.
3. 자료를 읽은 후 생각이 바뀐 학생들에게 찬반 입장을 바꿀 기회를 제공한다. 이때 한쪽의 입장에 너무 많은 학생들이 치우치지 않도록 개입이 필요할 수도 있다. 찬반 양쪽에 모두 최소 3인 이상의 학생들이 확보되어야 원활한 진행이 가능하다.
4. 최종 확정된 찬반 양편의 학생들은 각 집단끼리 모여 찬성 또는 반대를 주장하는 근거를 갖추고 논리적 주장을 위한 토의를 한다. 이 토의를 통해 각 입장을 대표하는 패널 토론자를 각각 3명씩 선정한다. TV 토론 프로그램과 마찬가지로 나머지 학생들은 각자 패널 토론자 쪽에 자리하여 앉는다. 이 과정에 소요되는 시간으로 20분 이상 할애한다.
5. 양편을 대표하는 패널 토의를 시작한다. 이때 교수가 진행자가 된다. 이 토론은 승자와 패자가 있는 토론이라기보다는 과학교육에서 한국 전통 과학의 소재적 가치에 대한 다양한 의견을 주고받는 데 교육적 의미를 두는 토론임을 염두에 두고, 찬반 양편의 입장을 가능한 한 충분히 피력할 수 있는 기회를 제공한다. 이때 플로어에 앉아 있는 학생들도 질문하고 패널들이 대답할 수 있는 기회를 한두 차례 갖는다. 전체적으로 30분 이상의 시간을 할애한다.
6. 찬반 토론을 마치고 그 결과에 대한 학급 전체의 정리가 매우 중요하다. 토론 결과 정리는 교수가 주도하되 학생들의 적극적인 참여로 진행한다. 토론 결과 정리에서 다음과 같은 표를 활용해 정리할 수 있다. 수업의 마지막 부분에 자신이 알고 싶은 한국 전통 과학의 산물에 대해 서로 의견을 교환하고 추가 과제로 학생들에게 부여할 수도 있다.

표 1. 찬반 입장 정리의 예

입장 / 분류	학교 과학교육 소재로서 전통 과학 도입 찬성	학교 과학교육 소재로서 전통 과학 도입 반대
과학교육 목적 부합 여부		
과학 탐구 방법 측면		
학습 내용의 과학성		
학습 내용의 다양성		
학습 내용의 융합성		
학습자의 흥미 유발		
학습자의 가치관 형성		
학습자의 진로 선택 측면		
학습자의 태도 측면		
…	…	…

주: 실제로는 위의 정리 항목이나 내용보다 더 다양한 학생들의 의견이 반영될 수 있다.

수정과 확장

학생들의 토론 장면을 동영상으로 만들어 학생들에게 제공하여 자신의 의견 발표에서의 장단점을 스스로 깨닫게 한다.

참고문헌

리처드 니스벳, 최인철 옮김, 2004, 『생각의 지도』, 김영사.
이지혜·신동희, 2015, 한국 전통 과학에 대한 고등학생들의 인식과 가치 탐색, 『한국과학교육학회지』, 35(1), 143–157.

강의노트 · 03

STEAM 교육의 의미

자료 제공자: 최원호(순천대학교), stensil@sunchon.ac.kr
준비물: 진중권의 『미디어아트』

개관

2009 개정 과학과 교육과정에서 처음으로 용어가 소개된 STEAM은 과학이 다양한 학문 영역과 융합되어 사회에서 이용되고 있음을 이해할 수 있는 개념이다. 여러 영역을 융합시켜 결과물을 생성하는 디자인에 관한 글을 읽고 토의하면서 융합에 대한 이해를 함과 동시에 STEAM 교육의 필요성에 관해 인식할 수 있다.

수업 진행

1. 진중권의 『미디어아트』*를 읽거나 YouTube 동영상**을 미리 시청하게 한 후, 책 내용과 관련된 글쓰기를 과제로 작성해 오게 한다.

* 진중권, 2009, 『미디어아트: 예술의 최전선』, 휴머니스트.
** https://www.youtube.com/watch?v=PDQmmIaa-hw

1. 이 책의 저자가 말하고자 하는 바를 요약하시오.
2. 2009 개정 과학과 교육과정에서는 STEAM(Science, Technology, Engineering, Art, Mathematics) 교육을 강조한다. 과학교육에서 STEAM 교육의 필요성을 이 책의 저자가 말하는 '영화 제작 방식'이나 '소비자의 물건 구매 형태' 논리를 이용하여 설명하라.

> 영화 제작의 방식은 인문학자가 먼저 스토리를 창작하고 예술가들이 화면을 구성한 뒤 기술자들이 현실로 구현하는 삼각협업의 방식을 따른다. 현재 또는 미래의 소비자는 제품의 기능만으로 물건을 구매하지 않는다. 제품은 자신을 표현하는 한 부분으로, 자신의 이야기를 구성할 수 있거나 이야기가 이미 구성된 제품을 구입하는 경향을 가진다. 따라서 예술가는 기술자들이 제공해 준 도구로 무한히 상상하고 기술자는 예술가의 상상을 구현하며 인문학자는 기술자들이 만들어 낸 제품에 이야기를 입혀 물품을 생산할 때, 소비자의 선택을 받을 수 있다.***

2. 발표자를 2명 정도 임의로 정한 후, 발표시킨다.
3. 발표 내용을 듣고 학생들에게, 발표자와 자신의 견해가 일치하는지 또는 다른지 돌아가면서 이야기하게 한다.
4. 과학교육에서 과학 이외의 다른 영역(기술, 공학, 예술, 수학) 내용을 수업 시간에 융합하여 교수–학습할 수 있는 방법에 관해 각자 생각을 정리하고 논의하는 시간을 갖는다.

수정과 확장

이 수업은 여러 학문 영역을 융합할 때의 장점을 이해하기 위해 영화 제작 방식이나 소비자의 물건 구매 형태를 비유적으로 도입한 것이므로, 영화 제작의 원

*** 진중권의 『미디어아트』에 제시된 '소비자의 물건 구매 형태'를 요약한 것이다.

리나 경제 논리를 학습하기 위해 시간을 할애하거나 융합 교육에 대한 찬반 논리로 토론할 필요는 없다.

참고문헌

이지은, 2012, 『감각의 미술관』, 이봄.

https://www.youtube.com/watch?v=qW_6OU5bW28

제2강

과학사와 과학철학

강의노트 · 04

이것은 무엇일까요?

자료 제공자: 강경희(제주대학교), kkh6554@jejunu.ac.kr
준비물: 두 종류의 준비된 그림(간단한 형태로 교수가 직접 그려서 활용), A4 용지, 필기도구

개관

과학의 본성을 파악하는 데에 '관찰의 이론 의존성'을 이해하는 것은 중요하다. 다양한 예시를 통해 관찰이 가지는 속성들을 파악하게 된다. 이 수업은 예비 과학 교사들이 관찰의 이론 의존성을 직접 활동을 통해 인식하게 하는 것이다. 또한 이 수업에서의 활동을 확장시켜 의미 구성의 과정이 개인의 선개념을 바탕으로 한 개별적 과정의 특성을 지님을 알게 한다. 또한 교수법의 측면에서 단순히 글을 읽거나 강의를 듣는 것과 구체적 활동을 통한 교수-학습의 효과에 대해 생각해 보게 하는 수업이다.

수업 진행

1. 학습자들을 A, B 2개의 모둠으로 나누어 강의실의 양 끝에 앉도록 한다.
2. 두 가지의 다른 그림 (1), (2)를 준비한다.
3. A모둠 구성원 각자에게 (1) 그림을 배부하고, B모둠 구성원들에게는 (2) 그

림을 나누어 준다. 그림은 1인당 1매씩 배부한다.

4. 자신이 가진 그림에 대한 관찰 사실을 5개의 문장으로 기술하도록 한다.
5. 관찰 사실을 쓰고 나면 그림과 관찰 사실 기록지를 모두 회수한다. 관찰 기록지에는 기록자의 이름을 표기하지 않도록 한다.
6. A모둠의 관찰 기록지를 B모둠 구성원들에게 무작위로 배부하고, B모둠의 기록지는 A 모둠에 나누어 준다.
7. 각자 받은 기록지의 관찰 진술을 토대로 그림을 그리도록 한다.
8. 그림 그리기가 끝난 후 원래의 그림 원본을 보여 주고 자신이 그린 그림과 비교해 보게 한다.
9. 학생들의 관찰 기록지를 함께 살펴보면서 동일 대상에 대한 관찰 진술 내용의 다양성을 비교하게 한다.
10. 관찰의 이론 의존성을 설명하고 그 영향 요인에 대해 토의한다. 또한 개인의 의미 구성 과정과 관련한 학생들의 생각을 발표하도록 하고, 구성주의적 관점을 소개한다.
11. 교수–학습의 효과 면에서 구체적 활동이 가지는 장점에 대해 의견을 교환한다.

수정과 확장

관찰의 이론 의존성 세부 유형들(서로 다른 관찰, 특정 지식 의존적 관찰, 선택적 관찰 등)을 소개하고 그 사례들을 찾아보도록 한다. 관찰의 속성을 토대로 과학 지식의 가변성 등의 과학 본성을 연계해 검토해 본다. 또한 구성주의의 다양한 관점을 도입해 개인적 의미 구성에서부터 사회적 합의에 이르는 내용을 도입한다.

참고문헌

김상수·박종원, 2010, 과학적 관찰의 이론의존성에 대한 교사와 학생의 이해 조사, 『한국과학교육학회지』, 30(1), 157-169.
Shawn M. Glynn, 권성기·임청환 옮김, 2002, 『구성주의적 과학학습심리학』, 시그마프레스.

강의노트 · 05

영화에서 과학철학 알아보기

자료 제공자: 강경희(제주대학교), kkh6554@jejunu.ac.kr

준비물: 없음

개관

과학교육론을 학습하는 동안 많은 예비 과학 교사들이 과학철학을 이해하는 데 어려움을 겪는다. 대부분 다양한 과학사 사례를 통해 과학철학을 이해하는 방식으로 수업을 진행하지만 새로운 접근법에 대해 늘 고민하게 된다. 이 수업은 과학철학에 대한 본격적인 내용 설명에 앞서, 과학 철학은 어렵다는 인식을 완화시키기 위해 도입할 수 있다. 예비 과학 교사들이 모두 접해 보았음 직한 영화들을 선정하여 별도의 내용 설명 없이 수업을 전개할 수 있고, 몇몇 주요 장면들은 다 함께 보면서 논의를 진행한다.

수업 진행

1. 예비 교사들은 영화 '매트릭스'를 관람한 경험에 대해 자유롭게 이야기한다. 영화 중 앤더슨('네오'로 불리기 전)이 모피어스로부터 매트릭스의 존재에 대해 설명을 듣는 부분을 놓고 예비 교사들과 함께 기억하고 있는 내용을 이야

기한다. 영화 내용 중 한 소년과 네오가 숟가락을 구부리는 것에 대해 나눈 대화 내용을 기억하고 있는지 질문한다.

2. 교수가 예비 교사들에게 영화 중 주인공이 알고 있는 것은 무엇인가, 그것은 정말 아는 것인가, 매트릭스가 존재한다는 것은 어떻게 알 수 있나 등의 질문을 제시한다.
3. 위 질문에 가능한 한 많은 학생들이 자유롭게 답변하도록 한다. 학생들의 대답을 근거로 자신이 무엇을 알고 있는지, 그것을 어떻게 알게 되었는지에 대해 생각해 보도록 한다. 또한 옆에 앉은 친구들과 함께 이에 대해 논의를 하도록 한다.
4. 진행된 문답 과정을 설명할 수 있는 인식론을 생각해 보게 한다.
5. 데카르트와 그의 '회의론'을 적용해 영화를 다시 생각해 보게 한다.
6. 드라마 혹은 영화 '셜록'을 본 경험이 있는지 예비 교사들에게 물어보고, 관련 경험을 자유롭게 이야기하도록 한다.
7. 주인공인 탐정이 범인을 찾을 때 활용하고 있는 탐구 기능은 무엇인지 생각하고 발표하도록 한다.
8. 또한 이 과정에서 어떤 과학적 사고를 활용하고 있는지 질문한다.
9. 관찰과 귀납적 추론에 대한 내용을 설명하고 이와 관련한 실제 사례들을 생각해 보게 한다.

수정과 확장

수업 자료에서 제시된 회의론, 귀납적 추리 등과 관련해 인식론과 과학적 방법에 대한 논의로 확장할 수 있다. 또한 예비 교사들에게 자신이 본 영화 중 과학철학적 관점이 드러난 부분이 있는지 발표하게 하고 그에 대해 논의한다.

참고문헌

마크 롤랜즈, 신상규·석기용 옮김, 2014, 『우주 끝에서 철학하기』, 책세상.
앨런 차머스, 신일철 외 옮김, 1985, 『현대의 과학철학』, 서광사.

강의노트 · 06

과학사를 활용하여 과학의 본성을 수업에 적용하기

자료 제공자: 남정희(부산대학교), jhnam@pusan.ac.kr
준비물: 3개 주제에 대한 과학사를 이용한 과학의 본성 수업 활동지 및 과학사 관련 읽기 자료 카드(과학자들의 과학 이론이나 개념 형성의 과정 설명 카드), A4 용지, 필기도구

개관

과학의 본성에 대한 학생들의 생각을 바탕으로 과학의 본성을 소개하는 수업이다. 다음으로 과학사 자료를 활용하여 과학의 본성을 학교 과학 수업에 적용하는 방법을 소개하는 것이 그 목적이다. 이 수업을 통해 과학의 본성에 대한 정의가 실제 학생들이 생각하고 있는 것과 크게 다르지 않음을 이해하고, 과학의 본성을 학교 과학 수업에 적용할 수 있음을 과학사를 이용하여 제시한다. 이 수업은 예비 교사들에게 과학의 본성을 암기해야 하는 요소로 인식하는 것을 피하기 위한 시도로서 진행된다.

수업 진행

1. 3명이 한 모둠이 되도록 구성한 후, A4 용지를 나누어 주고, 모둠원들의 토의를 통해 '과학이란 무엇인가?'에 대해 생각하는 모든 것을 적어 보도록 한다.
2. 모둠별로 토의 결과를 칠판에 적은 후, 발표하도록 한다.

3. 모든 모둠의 발표가 끝나면 교수는 각 모둠에서 적은 과학의 본성에 관한 공통점과 차이점을 학생들과의 논의를 통해 살펴본 후, 학생들과 범주화한다.
4. 교재에서 다루고 있는 과학의 본성에 대해 소개하고 학생들이 발표한 내용과 비교한다.
5. 중학교 과학 수업에 활용 가능한 과학사를 이용하여 과학의 본성 수업을 하기 위한 학생 활동지와 과학사 읽기 카드를 모둠별로 나누어 준다. 이때 두세 개의 모둠에서 같은 주제의 활동을 하도록 분배한다.
6. 모둠별로 나누어 준 활동지를 이용하여 실제 학생의 입장에서 활동해 보도록 한다.
7. 활동이 끝난 후, 과학사를 이용한 과학의 본성 활동지를 분석한 후, 이 활동지에서 강조하는 과학의 본성 요소를 추출하도록 한다.
8. 같은 주제로 활동한 모둠별로 자신들이 추출한 과학의 본성을 비교하도록 한다.

수정과 확장

이 수업을 마친 후 학생들이 실제 학교 과학 수업에 적용할 수 있는 과학의 본성 수업안을 개발하도록 한다. 이를 위해 중학교 과학에서 소단원을 선정한 후, 선정한 단원이 과학의 본성을 다루기에 적절하다고 판단한 이유, 대략적인 수업의 단계, 각 수업 단계에서 강조할 수 있는 과학의 본성 요소들을 고려하여 과제를 수행하도록 한다.

강의노트 · 07

인물로 배우는 과학철학 이야기

자료 제공자: 임성민(대구대학교), ismphs@daegu.ac.kr
준비물: 없음(필요한 경우 인기상 투표 도구 및 간단한 보상)

개관

과학철학(또는 과학 교수 학습이론)을 소개하는 강의에서 활용할 수 있는 학생 조별 활동이다. 과학철학, 특히 현대 과학철학은 다분히 사변적이고 추론적이기 때문에 종종 지루하거나 어렵게 느껴질 수 있다. 과학자 이야기를 통해 과학을 보다 인간적으로 만들 수 있듯이(Matthews, 1994: 50), 과학철학자 이야기를 통해 과학철학을 보다 인간적으로 설명하고 학생들의 적극적인 수업 참여를 증진시키려는 것이 이 수업 방략의 목적이다.

구체적으로 현대 과학철학의 주요 주제를 포퍼, 쿤, 라카토스 등과 같이 대표적인 과학철학자 단위로 구분하여, 학생들은 해당 학자의 인물사를 조사하여 다양한 형식으로 발표하고, 교사는 인물사와 연결 지어 해당 과학철학의 주요 내용을 설명한다. 이 활동을 통해 학생의 능동적인 수업 참여를 유도하고, 주요 과학철학의 시대적 및 사회문화적 배경을 이해하도록 할 수 있다.

수업 진행

1. 현대 과학철학 부분을 3명의 대표적인 학자 중심으로 구분한다. 예를 들어 '포퍼와 반증주의', '쿤과 과학혁명 이론', '라카토스와 연구프로그램 이론' 등으로 구분할 수 있다.
2. 강좌를 시작할 때 수업 주제별로 조를 구성한다. 각 조는 조원끼리 의논하여 자신들이 발표할 학자를 선택한다.
3. 학생들의 과제 수행 방법을 소개하면서 참여를 유도한다. "이 수업은 여러분과 담당 교수가 역할을 분담하여 함께 만드는 수업입니다. 여러분의 역할은 자신의 조가 선택한 학자의 개인사/사생활을 추적하여 10분 동안 창의적인 방법으로 발표하는 것입니다. 담당 교수는 해당 학자의 주요 이론을 설명할 것입니다. 따라서 여러분이 발표 시간에 그 학자의 이론을 설명할 필요는 없습니다. (그러면 교수가 할 일이 없어집니다.) 철저하게 그 학자의 사생활과 그 시대상을 파헤치는 것이 여러분의 주요 임무입니다. 이렇게 함으로써 우리는 우리가 배우는 과학철학이 어떤 배경 속에서 누구에 의해 제안되었는지 이해하게 될 것입니다."
4. 과제 발표는 가능한 한 창의적으로, 그리고 청중의 호응을 최대한 끌어들일 수 있는 방법으로 할 것을 요구한다. 대표적인 방법으로는 멀티미디어가 포함된 ppt, 역할극, UCC, TV 패러디(예: '그것이 알고 싶다', '역사스페셜' 등) 등이 있다. 학생들끼리의 경쟁에 의해, 또는 적절한 보상 자극에 의해 학생들의 발표가 더 다양해지고 적극적일 수 있게 된다.
5. 자료 조사 방법으로 위키피디아, 구글링과 같은 웹 검색 방법(특히 영문 사이트를 검색할 경우 보다 풍부한 자료를 구할 수 있다)으로부터 동영상 자료 검색, 전기문 등 단행본 검색 등을 소개한다. (이때 단순한 웹 검색 자료를 나열하는 것은 효과적인 방법이 아님을 강조한다.)
6. 학생들의 능동적인 참여가 필수적인데 이를 위해 과제 점수를 평가에 반영하거나, 학생들의 반응을 기초로 하는 '인기상'을 수여할 수 있다. 평가에 반영

할 경우 다음과 같은 평가 준거를 미리 알려 준다. (1) 정직(참고 자료 명시), (2) 성실(내용 충실도), (3) 창의(발표 방법의 참신성), (4) 교육(청중들의 반응)

7. 인기상의 보상으로, 예를 들면 해당 강좌의 그해의 '명예의 전당'에 이름을 등록시켜 주거나, 'A4 용지 한 묶음'과 같이 학과 사정에 맞게 쉽게 구할 수 있는 간단한 상품으로도 제법 효과적이다.
8. 학생 발표 후 해당 주제를 강의할 때 교수는 가급적 앞서 발표한 인물사와 연결 지어 수업 내용을 전개한다. 예를 들어, 1, 2차 세계대전을 겪으며 세상의 부조리와 인간의 비합리성을 삶으로 경험한 포퍼가 인간의 비판 능력과 합리성을 기초로 하는 낙관적 합리주의 이론을 평생 주장했다는 사실을 통해, 과학철학이 삶과 세상에 대한 통찰과 연관되어 있음을 설명할 수 있다.

수정과 확장

1. 이 방법은 현대 과학철학뿐 아니라 과학 교수 학습이론과 같이 강의 주제가 특정 학자의 특정 이론과 관련될 때 동일하게 적용할 수 있다. 예를 들어 '스키너와 행동주의', '브루너와 발견학습 이론', '오수벨과 유의미학습 이론', '비고츠키와 사회문화 이론' 등도 가능하다.
2. 강좌를 주 단위로 10~12부작 미니시리즈로 구성하고 각 주제별로 적절한 부제목(예: '제3강. 아메바 vs 아인슈타인: 포퍼와 반증주의', '제11강. At the elbows of others: 비고츠키의 사회문화 이론' 등)을 붙이면 사변적인 수업 내용을 다소 '인간적으로' 포장할 수 있다.

참고문헌

Matthews, M. R., 1994, *Science Teaching: The Role of History and Philosophy of Science*, New York: Routledge.

강의노트 · 08

OO이란 □□이다.

자료 제공자: 임성민(대구대학교), ismphs@daegu.ac.kr
준비물: 온라인 게시판(option)

개관

학생이 지식(knowledge)과 학습(learning)에 대해 가지고 있는 신념이 과학 학습에 영향을 미칠 수 있으며, 따라서 교사는 이를 자원으로서 활용해야 한다는 일련의 연구들이 있다(Elby, 1999; Hofer & Pintrich, 2002; 임성민, 2008 등). 과학론, 과학철학, 과학 학습이론 등의 수업은 수업 내용 자체가 인식론(epistemology)에 근거한 내용이므로, 이러한 내용을 학습할 때 학생의 인식론적 신념은 더 중요하다고 할 수 있다. 이와 같은 맥락에서 학생에게 과학이란 무엇인지, 학습이란 무엇인지에 대해 자신만의 정의를 내리고 설명하도록 요구함으로써 학생들로 하여금 인식론적 신념 또는 관점을 갖도록 유도하고, 이를 통해 수업 내용에 인지적 참여를 유도하려는 것이 이 활동의 목적이다.

수업 진행

1. 과학론/과학철학 수업을 시작하는 첫 시간에 과학철학의 핵심 질문이 '과학

이란 무엇인가?'임을 설명하면서, 학생들로 하여금 '과학이란 무엇인가?'에 대한 질문을 던진다.

2. 열린 질문에 대해 다수의 학생들이 답하기를 꺼려하므로, 다음과 같이 질문을 좁혀 학생들의 반응을 유도한다.
   - '과학' 하면 떠오르는 이미지를 말해 보자.
   - '과학'과 다른 학문의 차이점을 떠올려 보자.
   - '과학'의 주요 특징이 무엇인지 생각해 보자.
3. 학생들의 생각을 충분히 유도하고 이를 바탕으로 열린 토론을 진행한다. (좀 더 구체적으로 말해 볼래? 왜 그렇게 생각하니? 이 의견에 대해서 반대되는 또는 다른 생각이 있는 사람은? 등등)
4. 학생 전원에게 1주간의 기간을 주고 '과학이란 □□이다.' 과제를 부여한다. 과제 수행 방법은 '과학이란 무엇인가?'에 대한 자신만의 생각을 짧은 제목과 그에 대한 해설을 적는 것이다. 해당 강좌의 온라인 게시판 또는 토론 기능을 활용하거나, 그냥 종이에 적어 제출하도록 해도 된다. 학생의 이해를 돕기 위해 다음과 같이 과제 수행 방법을 설명하고 예시를 들어 줄 수 있다.

〈과제 작성 방법〉

'과학이란 무엇인가?'에 대한 자신만의 독창적인 정의를 내린다.

– '제목'란에 내가 생각하는 과학이란 무엇인지에 대한 짧은 정의(문구 또는 문장)를 쓴다.

– '설명'란에는 그에 대한 간단한 해설(3~5줄)을 한다.

(예시: 2013년도 대구대학교 물리교수학습론 수강생 답안 중 하나)

> 제목: 과학이란 코를 파는 것과 같다.
> 설명:
> 파도 파도 계속 파고 싶고, 파면 팔수록 깊이 파고들고 싶다.
> 심지어 다 팠다고 생각했는데 다시 팔 새로운 것들이 생긴다.
> 하지만 무분별하게 파다 보면 피를 볼지 모르니 항상 신중해야 한다.

5. 학생들이 과제를 모두 제출하면 교수는 몇 개의 대표적인 답안을 다음 수업 시간에 피드백해 준다. ('Most Outstanding Comment' 시상을 한다.) 또는 예를 들면 '가장 시적(詩的)인 답안', '가장 웃긴 답안', '가장 철학적인 답안', '가장 무거운 답안' 등등 교사와 학생의 분위기에 맞게 응용할 수 있다.
6. 단순 과제이므로 평가에 반영하기는 어렵지만, 우수 작품에 대해 'Most Outstanding Comment'와 같이 간단한 기념을 해 주거나 다음 학기 수업에 실명을 밝혀 대표 예시로 활용하겠다는 등의 보상으로 학생의 참여를 독려할 수는 있다.

수정과 확장

1. 이 방법은 과학론/과학철학뿐 아니라 과학 교수 학습이론을 다루는 수업에서도 '학습이란 ㅁㅁ이다.'와 같이 마찬가지로 적용할 수 있다.
2. 온라인 게시판 또는 토론방 기능을 활용할 경우에 '댓글달기', '좋아요' 기능을 통해 보다 역동적으로 학생들의 참여를 유도할 수 있다.

참고문헌

임성민, 2008, 물리 교수학습 방략으로서 학생의 인식론적 자원 활용 방안, 『새물리』, 57(6), 381–390.

Elby, A., 1999, Another reason that physics students learn by rote, *American Journal of Physics*, 67, S52–S57.

Hofer, B. K. & Pintrich, P. R., 2002, *Personal Epistemology: The Psychology of Beliefs about Knowledge and Knowing*, Mahwah: Lawrence Erlbaum Associates, Inc.

강의노트 · 09

과학의 본성에 대한 생각 나누기

자료 제공자: 장지은(청주교육대학교), cje1310@cje.ac.kr
준비물: VNOS-C 설문지를 기반으로 재구성한 질문지

개관

학부나 대학원의 과학교육론 관련 강좌의 첫 시간에 적합한 활동으로 과학에 대한 자신의 생각을 돌아보는 수업 활동이다. 과학의 본성에 대한 설문지의 질문에 답을 하고 다른 사람과 토의하면서, 학생들이 과학의 본성에 대한 자신의 생각을 명확하게 드러내고, 과학의 본성에 대한 생각이 사람마다 다를 수 있음을 경험하는 것이 주요 활동이다. 학생들에게 자신이 가진 과학에 대한 신념을 확인하고 타인의 신념과 비교하도록 하는 것이 목적이며, 과학의 본성을 설명하고 관련 지식을 전달하는 것은 아니다.

과학의 본성에 대한 질문은 VNOS-C(Lederman et al., 2002)를 바탕으로 이 질문을 그대로 사용하거나 일부 문항을 발췌하여 문항을 재구성하고 혹은 예시나 용어를 학생의 수준에 적절하게 변경할 필요가 있다.

수업 진행

1. 세상을 보는 관점에 따라 세상을 보고 대응하는 자신의 행동이 달라짐을 말해 준다. 예를 들어 긍정적으로 세상을 보는 사람은 상대방의 어떤 행동도 긍정적으로 인식하여 응대하지만, 부정적으로 세상을 보는 사람은 상대방의 우호적인 행동도 부정적으로 인식하여 응대한다. 과학 교사도 마찬가지로 과학을 보는 관점에 따라 과학 수업의 구성과 실행이 달라질 수 있음을 말해 준다.
2. 과학 본성에 대한 질문을 나누어 주면서 질문과 수업 방식에 대한 안내를 한다.
    - 질문지의 응답은 성적과 관련이 없으며 자신의 생각을 확인하기 위한 안내 질문이다.
    - 각 문항에 대한 정답은 없으며 그때 떠오르는 생각을 기록하면 된다(학생이 가진 생각을 명확하게 드러내는 것이 목적이므로, 자신의 생각을 편안하게 표현할 수 있도록 정답이 없으니 자유롭게 무엇이든 답을 해도 좋다는 의미를 전달한다).
    - 다른 사람과 토의할 시간에 자유롭게 의견을 나눌 수 있으니 질문에 답을 쓰기 어렵더라도 다른 사람의 의견, 책 등을 참고하지 말고 현재 자신의 의견을 쓰면 된다.
    - 질문지에 자신의 생각을 기록한 후 조별로 토의를 하며 생각을 말하고 다른 사람의 생각을 들어볼 것이다.
    - 조별 토의를 마치면 조별로 1명의 대표자가 각 질문에 대해 조에서 토의한 내용을 전체 반을 대상으로 발표할 것이다.
3. 과학 본성에 대한 질문지를 작성한다(40~60분, 학생들의 상황에 따라 시간을 줄 수 있다).
4. 3~4명으로 모둠을 구성하여 모둠에서 각 질문에 대한 자신의 생각을 공개하고 종합 의견을 모으게 한다. 모둠의 토의 진행을 돕기 위해 다음 내용을 안내한다.

- 서로의 의견이 다를 경우 서로 질문을 하거나 자신의 의견을 설명하고 설득할 수도 있다.
- 모둠의 의견을 하나의 의견으로 합의할 수도 있으나 필수는 아니며, 서로의 의견이 다른 상황도 가능하다고 안내한다.

5. 질문지의 각 문항에 대해 각 모둠의 의견을 전체 학생을 대상으로 발표하게 하고 의견을 공유한다. 교수가 학생들의 의견에 대해 질문을 하고 부족한 점에 대해 보완 설명을 요청하거나 칭찬하는 말을 할 수 있다.

   * 질문지 작성, 모둠별 토의, 전체 토의에 소요되는 시간은 강의 일정을 고려하여 융통성 있게 조절해도 되지만, 가능한 한 충분히 자신의 의견을 표현할 수 있는 기회를 주는 것이 좋다(대학원생을 대상으로 강의한 사례에서 3시간 강의 3회의 시간이 소요되었다).

6. 활동을 마친 후 과학에 대한 자신의 처음 생각이 변화되었다면 변화된 생각을 정리하여 보고서를 작성하는 과제를 제시한다. 보고서는 질문지의 문항별로 자신의 생각을 글로 작성하게 할 수 있고, 전체 질문을 통합하여 과학에 대한 자신의 생각을 쓰게 할 수도 있다.

과학의 본성에 대한 질문지(Lederman, et al., 2002)

1. **과학이 무엇이라고 생각하는가?** 자연과학(물리학이나 생물학)은 다른 학문(예를 들어 인문학, 신학, 철학 등)과 어떤 점이 다른가?
2. **실험**이란 무엇인가?
3. 과학 지식의 발달 과정에 실험이 **필요한가?**
   - 그렇다고 생각하면, 그 이유를 답하고 자신의 견해를 뒷받침하는 예를 제시하시오.
   - 아니라고 생각하면, 그 이유를 답하고 자신의 견해를 뒷받침하는 예를 제시하시오.
4. 과학자들이 과학 이론(예: 원자설, 진화설 등)을 정립한 후에 **이론은 계속 변화하는가?**
   - 과학 이론이 변화하지 않는다고 생각하면, 그 이유를 답하고 자신의 답을 지

지하는 예를 제시하시오.

- 과학 이론이 변한다고 생각하면, (a) 이론이 변하는 이유를 설명하고, (b) 우리가 과학 이론을 배워야 하는 이유를 설명하시오. 그리고 자신의 답을 지지하는 예를 제시하시오.

5. 세포설이나 자연발생설과 같은 **과학 이론**과 멘델의 유전법칙 같은 **과학 법칙**은 서로 차이가 있는가? 예를 들어 자신의 답을 설명하시오.

6. 과학 교과서에서는 원자를 중심부에 양성자(+전하를 띤 입자)와 중성자(전기적으로 중성인 입자)로 구성된 핵이 있고 그 주위를 전자(-전하를 띤 입자)가 궤도 운동을 하고 있다고 표현하고 있다.

   원자의 구조에 대해 과학자들은 어느 정도 확신을 하고 있을까? 원자의 구조를 결정하는 데 과학자들은 어떤 증거를 사용했다고 생각하는가?

7. 과학 교과서에서는, 종이란 비슷한 특성을 가지고 있고 서로 교배하여 생식 가능한 자손을 생산할 수 있는 생물 집단이라고 정의하고 있다.

   과학자들은 이러한 종의 정의에 대해 얼마나 확신하고 있을까? 과학자들이 종이 무엇인지를 결정하는 데 어떤 증거들을 사용했다고 생각하는가?

8. 6500만 년 전에 공룡이 멸종했다고 믿는다. 이러한 공룡의 멸종을 설명하기 위해 과학자들이 제시한 가설들 중에 두 가지가 널리 지지를 받고 있다. 첫째는 거대한 운석이 6500만 년 전에 지구에 떨어졌고, 그로 인한 일련의 사건들이 나타나면서 공룡이 멸종했다는 것이다. 다른 과학자 집단에서 제시한 두 번째 가설은 거대하고 격렬한 화산 폭발로 인해 공룡이 멸종했다는 것이다.

   두 집단의 과학자들이 **같은 데이터를 가지고** 결론을 이끌어 냈다고 할 때, **어떻게 이렇게 다른 결론**이 나올 수 있는지 설명하시오.

9. 어떤 사람들은 **과학이 사회적 문화적 가치를 지닌다고 주장**한다. 즉 과학은 과학이 수행되는 곳의 사회적·정치적 가치, 철학적 전제, 문화의 지적 규범 등을 반영함을 의미한다.

   다른 사람들은 **과학이란 보편적인 특성을 지닌다고 한다**. 즉 과학에는 국가적·문화적 경계가 없으며, 과학이 수행되는 곳의 사회적·정치적·철학적 가치, 문화의 지적 규범 등의 영향을 받지 않음을 의미한다.

   - 과학이 사회적·문화적 가치를 지닌다고 믿으면, 그 이유를 설명하고 자신의 답을 지지하는 예를 제시하라.

• 과학이 보편성을 지닌다고 믿으면, 그 이유를 설명하고 자신의 답을 지지하는 예를 제시하라.

10. 과학자들은 자신들의 물음에 답하기 위해 실험/탐구를 수행한다. **과학자들은 탐구를 하면서 창의력과 상상력을 이용하겠는가?**

• 그렇다고 생각한 경우, 탐구의 어느 단계(계획과 설계, 데이터 수집, 데이터 수집 후)에서 창의력과 상상력을 이용한다고 믿는가? 과학자들이 창의력과 상상력을 이용하는 이유를 설명하고, 이에 대한 적절한 예를 제시하시오.

• 과학자들이 창의력과 상상력을 사용하지 않는다고 믿는다면, 그 이유를 설명하고 그에 대한 적절한 예를 제시하시오.

수정과 확장

과학의 본성에 대한 질문지는 강의 일정이나 학생의 수준에 따라 특정 문항을 선택하여 문항의 개수를 줄이거나 용어 및 단어를 학생의 수준에 맞게 바꾸는 것이 필요하다. 대학원생을 대상으로 강의한 경우에는 그대로 사용하는 것도 가능했지만, 학부 4학년은 문항의 의미를 정확하게 이해하지 못하는 경우도 있었다.

참고문헌

Lederman, N. G., Abd-El-Khalick, F., Bell, R. B., chwartz, R. S., 2002, Views of nature of science questionnaire: Toward valid and meaningful assessment of learners' conceptions of nature of science, *Journal of Research in Science Teaching*, 39(6), 497–521.

강의노트 · 10

우산학: 과학이란 무엇인가?

자료 제공자: 한재영(충북대학교), jyhannn@chungbuk.ac.kr
준비물: 우산학 관련 유인물, 간단한 보상(사탕, 과자 등)

우산학(雨傘學, umbrellaology)이라는 새로운 학문의 개척자라고 주장하는 사람이 보내 온 다음 편지를 받았다고 가정해 보자. 여러분은 이 편지에 대해 어떻게 대답할 것인가? 우산학이 과학이라고 주장하는 이 사람에게 동의하는가, 아니면 반대하는가? 그 이유를 설명해 보자. 이하 편지는 생략한다(강석진 · 노태희, 2014: 16–17).

개관

과학의 본성을 다루는 과학교육론 첫 시간에 하는 활동이다. 과학이 무엇인지 이야기하기 위해 여러 사람이 내린 과학의 정의를 소개할 수도 있고, 과학의 특징을 나열해 줄 수도 있다. 일방적인 강의를 하지 않고, '우산학이 과학인가?'에 대해 토론을 시키면서 과학의 본성에 접근해 보는 활동이다.

이 활동을 통해 과학의 본성에 대한 이해를 심도 있게 할 수 있을 뿐 아니라, 토론 활동을 직접 하면서 토론에 익숙해지게 하며, 말문도 틔우고, 새로운 토론 방식(역할놀이, 탐구토론대회)에 접해 보게 할 수 있다.

수업 진행

1. 아무런 강의 없이 바로 우산학 토론을 시작할 수도 있고, 과학의 정의나 과학의 특징을 간단히 설명한 후에 우산학 토론을 시작할 수도 있다.
2. 학생들을 3개 조로 나눈다. 한 조는 우산학이 과학이라고 주장하는 집단을 맡고, 다른 한 조는 우산학이 과학이 아니라고 주장하는 집단을 맡는다. 나머지 한 조는 다른 두 조의 토론을 보면서 어느 조가 토론을 잘하는지 평가를 내리는 역할을 맡는다. 이렇게 역할을 나누어 토론을 하는 것은 고등학생을 대상으로 열리는 탐구토론대회의 방식임을 설명해 준다. 유인물을 읽고, 자신의 조가 맡은 역할을 잘할 수 있도록 준비시킨다.
3. 토론을 시작한다. 각 조의 모든 구성원이 돌아가며 이야기를 하도록 권장한다. 우산학이 과학이 아니라고 주장하는 조에서 먼저 질문을 하면서 시작하도록 한다. 토론이 잘되지 않을 때에는 교수가 미리 준비한 질문을 할 수도 있다. 예로 우산을 연구하는 것이 과학적으로 어떤 의미가 있는가? 우산을 연구하면 어떤 이로운 점이 있는가? 우산은 자연현상이 아니고 사람이 만든 것인데, 이를 연구하는 것이 과학인가? 우산학을 주장하는 사람은 한 명인데, 한 사람이 연구하는 것이 과학이 될 수 있나? 등등. 평가를 맡은 조는 다른 두 조의 토론(질문이나 대답)이 어떤 면에서 좋았고, 어떤 면에서 부족했는지 지적하며 평가하도록 지도한다.
4. 시간이 남는다면 각 조의 역할을 바꿔서 진행하도록 한다. 아니면 모든 수강생이 우산학은 과학이 아니라는 주장을 하고, 교수는 우산학이 과학이라는 주장을 하면서 토론을 해도 좋다.

수정과 확장

과학이 무엇인지 알기 위해서는 과학과 과학이 아닌 것을 구분해 보는 것이 도움이 된다. 과학적인 주장과 비과학적인 주장이 어떤 특징을 가지는지 이야기해 보도록 한다(강석진·노태희, 2014).

이 강의는 보통 3월 초에 하는데, 3월 14일 화이트데이에 맞춰 사탕을 준비해서 보상으로 나누어 주면 수강생이 조금 감동할지도 모른다.

토론은 정답을 찾아 나가는 것이 아니라 상대방의 의견을 듣고 반박하거나 설득, 타협이나 절충 등을 해 나가는 과정이 중요한 활동이다. 어떤 조는 토론에 뛰어난 학생이 있어 발언을 독점하기도 하고, 어떤 주장을 맡아도 토론에서 이기기도 한다. 토론을 잘하는 학생을 보면서 '나라면 이렇게 말했을 텐데'라고 반성하면 많이 배울 수 있음을 강조해 준다.

참고문헌

강석진·노태희, 2014, 『과학의 본성: 어떤 과학을 가르칠 것인가?』, 북스힐.

강의노트 · 11

귀추법, 연역법, 귀납법 만들기

자료 제공자: 한재영(충북대학교), jyhannn@chungbuk.ac.kr
준비물: 유인물, 중등 교과서

귀추법	연역법	귀납법
result rule case	rule case result	case result rule

• 귀추법의 고전적 예(Peirce)

result	이 콩들은 하얗다	B
rule	이 주머니에서 나오는 콩은 모두 하얗다.	A → B
case	이 콩들은 모두 이 주머니에서 나왔다.	∴A

• 이것을 연역법으로 바꾸면,

rule	이 주머니에서 나오는 콩은 모두 하얗다.	A → B
case	이 콩들은 모두 이 주머니에서 나왔다.	A
result	이 콩들은 하얗다.	∴B

• 다시 귀납법으로 바꾸면,

case	이 콩들은 모두 이 주머니에서 나왔다.	A
result	이 콩들은 하얗다	B
rule	이 주머니에서 나오는 콩은 모두 하얗다.	∴A → B

개관

과학적 방법 중 귀납법이나 연역법은 어렵지 않지만, 귀추법은 생소한 추론 방식이다. 수강생이 귀추법에 익숙해지도록 하는 방법으로 귀납법, 연역법, 귀추법을 서로 비교하며 직접 만들어 보게 하는 것이 이 활동이다.

수업 진행

1. 귀납법, 연역법, 귀추법의 차이를 앞의 유인물을 이용해서 간단히 설명한다. 귀납법과 연역법을 먼저 설명하고 난 뒤 귀추법을 설명하는 것이 좋다. 설명할 때에는 논리를 사용하는 예를 들어 주는 것이 좋다.
2. 자신의 전공하고 있는 내용을 소재로 해서 2인 1조가 되어 앞의 예와 같이 result, rule, case의 순서를 바꾸면서 귀납, 연역, 귀추의 논리가 되는 사례를 찾도록 한다. 이것을 하기 위해 중학교나 고등학교 교과서를 나누어 주고 참고하도록 한다.
3. 각 조에서 만든 것을 발표시킨다(컴퓨터에 입력한 후 빔프로젝터로 띄워 전체 학생이 볼 수 있도록 한다). 추론이 조금 이상하거나 어색한 부분, 순서가 바뀐 것 등을 같이 수정해 나간다. 이때 다른 조의 발표를 보면서 자기 조가 만든 것이 잘못된 것을 스스로 깨닫고 고치는 경우도 생긴다.
4. 약 10개 조의 예를 발표시키며 검토하다 보면 귀추법을 귀납법이나 연역법과 비교하여 이해하게 된다. 학생들이 발표한 사례를 몇 가지 적으면 다음과 같다.

• 귀추법

장소 A에서 응회암을 관찰하였다.
화산 폭발이 일어날 때 화산재가 쌓여서 생성된 것은 응회암이다.
장소 A는 과거에 화산 폭발이 일어났던 곳이다.

• 연역법

화산 폭발이 일어날 때 화산재가 쌓여서 생성된 것이 응회암이다.
장소 A는 과거에 화산 폭발이 일어났던 곳이다.

장소 A에서 응회암이 관찰된다.

• **귀납법**

장소 A는 과거에 화산 폭발이 일어났던 곳이다.
장소 A에서 응회암이 관찰된다.
화산 폭발로 인해 생성된 것은 응회암이다.

*** 귀추법**

광물 A에 묽은 염산을 떨어뜨리면 이산화탄소를 발생시킨다.
탄산염 광물은 묽은 염산을 떨어뜨렸을 때 이산화탄소를 발생시킨다.
광물 A는 탄산염 광물이다.

*** 연역법**

탄산염 광물은 묽은 염산을 떨어뜨렸을 때 이산화탄소를 발생시킨다.
광물 A는 탄산염 광물이다.
광물 A에 묽은 염산을 떨어뜨리면 이산화탄소를 발생시킨다.

*** 귀납법**

광물 A는 탄산염 광물이다.
광물 A에 묽은 염산을 떨어뜨리면 이산화탄소를 발생시킨다.
탄산염 광물은 묽은 염산을 떨어뜨렸을 때 이산화탄소를 발생시킨다.

수정과 확장

이 활동에서 귀추법을 귀납법이나 연역법과 비교하면서 만들어 본 후에, 귀납법이나 연역법과 무관하게 새로운 귀추법 사례를 만들어 보도록 하는 것도 좋다. 귀추법의 논리를 이해하려면, 새로운 현상을 관찰하고 그것을 설명하기 위해 이미 알고 있는 내용을 가져오는 과정이 있어야 함을 알아야 한다.

예를 들어 겨울철만 되면 수도꼭지에서 물이 한 방울씩 떨어진다. 다른 계절에는 물이 새지 않는데 왜 겨울에만 물이 떨어질까? 이것을 설명하는 과정에 귀추법을 사용할 수 있다. 겨울에는 수도관의 물이 일부 얼 수 있고, 물이 얼면 부피가 늘어나므로 수도관 내에 압력이 높아져 물이 샐 수 있다.

참고문헌

오필석·김찬종, 2005, 지구과학의 한 탐구 방법으로서 귀추법에 대한 이론적 고찰, 『한국과학교육학회지』, 25(5), 610-623.

정용재·송진웅, 2006, Peirce의 귀추법에 관한 이론적 고찰을 통한 과학교육적 함의 탐색, 『한국과학교육학회지』, 26(6), 703-722.

강의노트 · 12

인물 중심의 과학사: 과학자의 개인사를 중심으로

자료 제공자: 홍준의(서원대학교), jun0572@seowon.ac.kr
준비물: 유인물(PPT)

개관

인류 문명사에서 가장 자랑스러운 재산은 과학 지식이라고 할 수 있다. 이제까지 인류가 이루어 놓은 찬란한 문명사회는 과학기술이 원동력이 되었고, 그 근간에는 인문학적 철학이 있었다. 인류는 우주의 신비와 인류 자신의 비밀 등을 밝혀내고자 끊임없이 노력해 왔으며, 그 결과 풍부한 지식의 세계를 만들고 비범한 지혜를 창조해 낼 수 있었다. 이렇게 인류가 자연의 역사를 탐구하고 발견하는 것은 지식을 통해 자신의 역사를 알아 가는 과정이라고 할 수 있다.

이 과목은 수학, 화학, 물리학, 천문학, 의학, 전기학, 광학, 상대성 이론, 유전자 이론 등 동시대의 서양과 동양에서 과학 발전의 전체적인 윤곽과 흐름을 이해하고, 과학의 발전사와 시대적 의의에 대한 과학사적 기초를 쌓기 위해 당대에 많은 기여를 한 과학자의 삶을 중심으로 강의를 진행한다. 또한 이들의 성과가 가지는 과학사적 의미를 생각해 봄으로써 현대 과학의 위치와 역할을 올바로 이해할 수 있다. 과학 발달 과정에서 과학자들의 역할을 인물 중심으로 살펴봄으로써 개인의 역할이 사회에 미치는 영향에 대한 이해를 도모할 수 있다.

수업 진행

과학자의 삶에 대한 기본적인 지식이 부족하거나 없는 학생들을 위해 사진 자료를 중심으로 강의를 진행한다. 예를 들어 뉴턴은 가난하지는 않았지만 불우한 어린 시절을 보내면서 혼자 사색하던 것이 결국 중요한 발견으로 이어졌다든가, 패러데이는 가난한 집안에서 태어나 교육도 제대로 받지 못했지만 과학에 대한 열정으로 훌륭한 과학자가 되었고, 다윈은 19세기 신흥계급으로 성장한 부르주아 집안에서 태어나 20대 초반에 비글호를 타고 여행을 하면서 진화론을 착상하게 되었다는 등, 한 개인의 삶의 여정과 당시의 사회경제적인 배경을 같이 이야기해 줌으로써 과학자 개인과 사회를 엮을 수 있도록 안내해 준다.

마리 퀴리와 같이 여성이 차별받던 시대에 살았던 여성 과학자의 삶에 대해 생각하면서, 학생들에게 자신이 그 입장이라면 어떤 선택을 하였을지(예: 가정주부로 남지 않고, 계속 과학 연구를 해 나갔을 것인지 등) 질문을 던져 보고 발표를 하도록 유도한다. 또는 훔볼트와 같은 사람은 부유한 집안의 자제로 부모의 유산을 물려받고 아메리카로 떠나 7년간 순수한 과학 탐구 목적의 여행을 하면서 열정을 불태운 사연을 안내하고, 근현대 유럽인들의 식민지 개척 혹은 신세계 탐험에 대한 입장을 생각해 보도록 한다.

수정과 확장

강의노트 7과 연계하여 활용하거나, 강의노트 61에서 '과학적인 출석 부르기'와 연계하여 활용할 수 있다.

참고문헌

마이클 앨러비 · 데릭 예르트센, 이충호 옮김, 2011, 『세상을 바꾼 위대한 과학자 마이클 앨러비』, 한승.

송성수, 2015, 『한 권으로 보는 인물과학사: 코페르니쿠스에서 왓슨까지(2판)』, 북스힐.

한문정 · 홍준의 · 김현빈 · 이봉우, 2014, 『과학 선생님 독일 가다』, 푸른숲.

홍준의 · 최후남 · 고현덕 · 김태일, 2011, 『살아있는 과학 교과서 1 · 2』, 휴머니스트.

제3강

과학 탐구

강의노트 · 13

직접 체험을 통한 창의성 이해하기

자료 제공자: 나지연(춘천교육대학교), jyna@cnue.ac.kr
준비물: 신문지 2장, 풀, 화이트 보드, 펜

개관

과학 수업에서 창의성을 신장하기 위해서는 먼저 교수자가 창의성에 대한 개념을 이해하고 직접 경험할 필요가 있다. 이에 이 자료는 교수자(예비 교사)들이 과학교육에서 창의성 신장을 위한 교수 학습 방법 및 전략을 습득하기 전 단계에서 직접 체험을 통해 창의성을 경험하고 이해하도록 구성되었다.

수업 진행

1. 창의성 문제 경험하기

창의성 검사 문항(예: Torrance Tests of Creative Thinking, TTCT) 중 일부 또는 창의성을 요구하는 간단한 퀴즈 한 문제 정도를 제시하여 풀면서 동기를 유발한다.

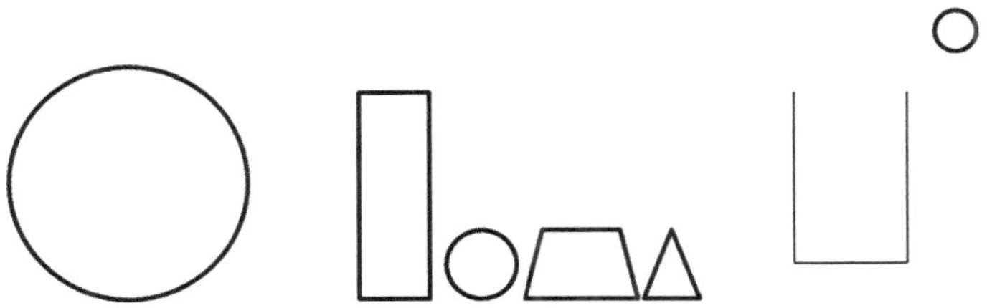

그림 구성하기　　그림 결합하기　　그림 완성하기

2. 창의성에 대한 사전 개념 정의하기

모둠별로 화이트보드에 자신들이 생각하는 '창의성'에 대한 정의와 '과학에서의 창의성'에 대한 정의를 적으며 토의하고 이를 발표한다. 이때 강의자는 각 모둠에서 나온 정의의 핵심 용어들을 추출하여 제시한다. 다양한 학자들이 말하는 창의성에 대한 정의를 안내하며, 다양한 창의성의 정의와 그 사이의 공통점 및 차이점에 대해 학생들의 정의와 비교하여 이야기한다.

3. 창의성 직접 체험하기

- 미션 주제: "더 높고 튼튼한 구조물을 만들어 보자. 단, 산출물이 창의적이어야 함."
- 이 활동은 브란트 박사(Dr. Jacek W. Brant, Institute of Education)의 특강에서 아이디어를 얻은 것으로 학생들이 신문지를 이용하여 구조물을 만드는 활동을 통해 창의성을 발현하도록 구성되어 있다. 모둠별로 '신문지 2장과 풀 1개'만 제공한다. 완성된 구조물은 1명의 학생이 동일한 바람을 일으켰을 때에 쓰러지지 않아야 한다. 학생들은 모둠별로 토의하여 1개의 산출물을 만든다.
- 제한 시간: 20분
- 가장 창의적이라고 생각하는 모둠의 작품을 선정하고 그 이유 생각해 보기

4. 체험 결과를 바탕으로 창의성 이해하기

- 직접 체험을 하면서 학생들이 겪은 어려움, 역할, 사고 등을 창의성 개념과 연

결 지어 본다.

1) 미션의 창의적 구조물을 만들기 위해 어떤 사고가 필요하였는가?

- 창의적 구조물을 만들기 위해 모둠 구성원들은 새로운 아이디어를 많이 생성해야 했다. 이 과정에서 '확산적 사고(민감성, 유창성, 융통성, 독창성)' 등이 필요했음을 인식한다.
- 이러한 창의적 산출물을 생성하기 위해서는 생성된 아이디어들을 비교·분석하고 선택해야 했는데, 이때 수렴적 사고 또한 필요했다. 이를 통해 창의성은 확산적 사고뿐만 아니라 수렴적 사고 또한 필요하다는 점을 인식한다.
- 새로움뿐만 아니라 적절성, 지식 등의 조건도 필요했다. 균형, 무게중심 등과 같은 과학 개념 또한 알 필요가 있었다는 것을 인식한다.
- 가장 창의적인 모둠을 뽑는 과정과 비교하여 집단과 문화에 따라 창의성을 판단하는 기준이 유사한 점도 있지만 다를 수도 있음을 인식한다.

2) 창의성은 영역 일반적인가, 영역 특수적인가?

- 만약 미션의 산출물을 미술 전문가, 과학 전문가 등 여러 영역의 사람들이 각각 평가한다면 그 평가 관점과 결과가 어떠할지 생각해 본다.
- 과학에서의 창의성은 어떤 점에서 다른 영역과 같고, 어떤 점에서 다를 것 같은지 이야기해 보고 그 예를 찾아본다.

3) 이 활동에서 드러나지 않은 창의성 개념은 없는가?

- 창의성 개념과 관련하여 궁금했으나 체험에서 얻지 못한 것을 질의응답 시간을 통해 이야기 나눈다.

수정과 확장

이 자료는 '창의성'에 대한 기본적 이해에 중점을 두고 있다. 따라서 이 활동이 끝난 후 '과학적 창의성'을 경험할 수 있는 탐구 활동을 제시하고 직접 해 보면서 창의성이 어떠한 상황에서 필요하고, '과학적 창의성'은 어떤 특징이 있는지 살펴보는 것이 필요하다.

참고문헌

Beghetto, R. A. & Kaufman, J. C., 2010, *Nurturing Creativity in the Classroom*. 이경화 · 김명숙 · 김정희 · 김혜진 · 박숙희 · 성은현 · 윤초희 · 이명숙 · 최병연 · 태진미 옮김, 2014, 『교실에서의 창의성 교육』, 학지사.

Runco, M. A., 2007, *Creativity_Theories and Themes: Research, Development, and Practice*. 전경원 · 이경화 · 고진영 · 김정희 · 박숙희 · 박춘성 · 성은현 · 유경훈 · 전경남 · 최병연 · 하주현 · 한순미 · 함정현 옮김, 2010, 『창의성: 이론과 주제』, 시그마프레스.

조연순 · 성진숙 · 이혜주, 2008, 『창의성 교육: 창의적 문제해결력 계발과 교육 방법』, 이화여자대학교출판부.

[그림 출처]

http://innovators-guide.ch/wp-content/uploads/2012/12/torrance-creativity-test.pdf

강의노트 · 14

다양한 개방도의 탐구 실험 개발

자료 제공자: 남정희(부산대학교), jhnam@pusan.ac.kr
준비물: 중학교 과학 교과서

개관

예비 교사들은 장차 과학 교사가 되었을 때 탐구적인 수업을 수행할 수 있어야 한다. 탐구적인 수업에는 여러 가지 방법이 있지만 무엇보다도 탐구 실험을 이용한 수업이 필요하다. 따라서 예비 교사들은 탐구 실험을 개발하여 이를 수업에 적용하는 방법을 습득해야 한다. 그러기 위해서는 우선 기존의 과학 교과서에 제시된 탐구 실험의 개방 정도를 판단하고, 이를 수정하여 개방도가 높은 탐구 활동으로 변환할 수 있는 능력이 필요하다. 이 수업은 탐구 수업에 대한 기본적인 이론(탐구의 의미, 개방도 등)을 학습한 후 이루어진다.

수업 진행

1. 모둠별로 중학교 과학 교과서를 선택한 후 한 단원에서 실험으로 구성된 활동을 선정하도록 한다.
2. 모둠별로 토의를 통해 선정한 실험의 개방 정도 및 그 근거를 분석한다.

3. 각 모둠이 자신의 모둠에서 선정한 실험 활동 및 개방 정도를 발표한다.
4. 모든 모둠의 발표가 끝난 후, 각 모둠은 분석한 실험 활동의 개방도를 높인 형태로 활동을 수정한다.
5. 각 모둠별로 선정한 실험 활동의 수정 전과 수정 후 내용을 발표한다.
6. 전체 토론을 통해 실험 활동의 개방도를 높였을 때의 장단점에 대해 토론한다.

수정과 확장

이 수업을 마친 후 학생들은 모둠별로 새로운 탐구 실험 활동을 개발하는 과제를 수행한다. 과제 수행 시 선정한 주제와 관련된 기존의 활동을 분석한 후 새로운 활동을 개발하도록 한다. 또한 자신이 개발한 활동의 개방 정도에 따라 교사용 안내 지침을 개발하도록 한다.

강의노트 · 15

과학 탐구: 3개의 얼굴

자료 제공자: 박영신(조선대학교), parkys@chosun.ac.kr
준비물: 3개의 탐구 수업을 기술한 시나리오

개관

과학적 소양이 달성되기 위해서는 과학 탐구의 과정이 필요하다. 이 수업에서는 3개의 다른 과학 수업 시나리오를 보여 주고 그 안에서 과학 탐구가 일어나는지를 모둠별로 의논하게 한다. 또한 과학 탐구의 목적에 따라 탐구가 일어나는 교실 분위기가 다를 수 있음을 이해하게 한다. 각 시나리오는 개념습득(contents-on)이 주가 되는 탐구 교실, 탐구 기능(hands-on and minds-on)을 학습하는 것이 주가 되는 탐구 교실, 마지막으로 과학에 대한 태도 및 흥미를 바탕으로 하여 과학의 본성(과학 지식의 본성, 과학자의 인성 등)을 경험(hearts-on)하는 것이 주가 되는 탐구 수업으로 이루어져 있으며, 이를 통해 3개의 다른 탐구 수업을 경험하고 참 과학 탐구(Authentic scientific inquiry)가 무엇인지 알아본다.

수업 진행

1. 과학교육의 목적이 무엇인지 질문을 한다. 과학적 소양이라는 대답이 나오면 그것이 무엇인지 서로 토론을 통해 정의를 확인한다. 과학적 소양을 위해 우리가 하는 것이 과학 탐구임을 안다. 과학 탐구란 무엇인지 질문을 한다.
2. 3개의 다른 과학 탐구의 면모를 경험할 수 있는 교실 시나리오를 소개한다. 학생들은 각자 읽고 주어진 각 시나리오에서 과연 탐구가 일어나고 있는지의 유무를 체크하고 왜 그런지를 쓰도록 한다. 모둠별로 토론한 후 발표한다. 탐구 기준에 대해 수렴하게 된다.
3. 학생들의 토론을 중심으로 교사는 과학적 소양을 달성하기 위한 과학 탐구가 다르게 나타날 수 있음을 알게 된다. 즉 개념습득(contents-on), 실험 기능(hands-on), 사고 기능(minds-on), 그리고 정의적 영역(hearts-on)이 있음을 알게 된다.
4. 정의적 영역에 해당하는 hearts-on에 대해 알고자 한다. 과학에 대한 태도 및 흥미 외에도 어떤 영역이 과학을 배우는 정의적 영역에 해당하는지 알아본다. 다음과 같은 질문을 한다. "네이버 지식인에서 이러한 질문이 있었다. '중학교 2학년인데요, 왜 대륙이동설은 법칙이 아니에요?' 여러분은 과학 교사로서 어떠한 대답을 할 수 있을 것인가?" 각자 생각할 시간을 주고 모둠별로도 토론할 시간을 준다.
5. 이론과 법칙은 어떻게 다른지 학생들로 하여금 생각나는 이론과 법칙을 물리, 화학, 생물, 지구과학 영역에서 발표하도록 한다. 이때 이론과 법칙은 각각 다른 과학적 지식의 산출물로 자연현상을 기술한 것은 법칙이고, 자연현상을 설명한 것은 이론임을 알게 된다. 또한 이는 문화 및 사회의 토대 안에서 과학 지식이 형성된다는 것을 이해하게 한다. 그 외에 7가지의 NOS(과학의 본성 by Norm Lederman)를 순서대로 주어진 지문을 이용해서 반영된 과학의 본성이 무엇인지 토론한다.
6. 참 과학 탐구가 무엇인지 4가지의 ON으로 마무리 짓는다.

수정과 확장

국내에서 접할 수 있었던 여러 가지 교육정책에 대해 참 과학 탐구의 관점으로 해석해 본다. 자유탐구, 창의인성 프로그램, 지속가능발전 프로그램, STEAM 교육 등은 참 과학 탐구의 관점에서 보면 무엇이 같고 다른지 토론해 본다.

[부록 1] 과학 탐구 3가지의 다른 모습

• 교실 1

한 학생의 호기심이 발동했다. 물통에 든 물에 변화가 생겼기 때문이다. 지난 주 금요일에는 물통에 물이 가득 차 있었는데, 주말이 지나고 오늘(월요일) 학교에 오니 물이 줄어들었다. 이 학생은 교실에서 키우는 토끼가 토끼장에서 나와 마신 것 같다고 의견을 제시했다. 이때 선생님이 이 의견을 확인할 수 있는 방법을 찾아보자고 했다. 우선 학생들은 같은 물통에 물을 채운 후 토끼가 마시지 못하도록 뚜껑으로 덮었다. 며칠이 지난 후에 살펴보니 물통의 물은 여전히 줄어들어 있었다. 그러자 선생님은 다른 의견을 제시해 보도록 학생들을 격려하였다.

여기서, 한 학생의 질문이 왜 물이 사라졌는지에 대한 연속적인 실험 탐구를 가능하게 한 것을 볼 수 있다. 이때 교사는 질문을 통해 다른 대안을 설명할 수 있도록 하고, 설명을 정당화하기 위해서는 확실한 증거를 사용할 것과, 그 설명을 다시 확인할 수 있는 다른 실험을 할 수 있도록 하였다. 또한 교사는 절대로 증발 또는 그와 관련된 개념을 설명하지 않았다.

• 교실 2

학생들은 전지와 전구에 대해 연구하기로 하였다. 선생님은 모둠별로 학생들에게 한 개의 전지, 꼬마전구, 몇 개의 전선을 주고, 우선 전구에 불이 들어오게 한 번 해 보자고 하였다. 주어진 시간 안에 학생들은 전구에 불이 들어오도록 배열하고, 전지와 전선, 전구의 배열에 대해 관찰하였다. 그다음에 선생님은 더 많은 전지, 전선, 작은 버저, 그리고 다른 재료를 공급하고 학생들에게 다른 배열을 시도해 보면서 무엇을 배울 수 있는지 확인하라고 하였다. 또한 학생들의 이런 활동으로 나오는 전지, 전구, 전선, 버저의 배열 체계를 설명하기도 하였다.

며칠 후 선생님은 다음과 같은 개념을 도입하였다. (1) 전기회로에서 전기는 빛, 열, 소리, 자기장을 형성한다. (2) 전기회로란 완성된 배열 체계가 필요하다. (3) 전기회로란 열, 빛, 소리가 형성될 때 필요한 전기에너지를 공급할 수 있는 것을 뜻한다. 마지막으로 학생들은 전기에 대한 기본 개념을 배웠다.

• 교실 3

먼저 학생들은 과학자와 그들의 업적에 대해 설명하는 책을 골랐다. 학생들이 고른 것은 파스퇴르, 마리 퀴리, 아인슈타인, 한국의 황우석 등 과학자들 이야기를 다룬 책이었다. 3주 동안 학생들은 과제물로 이 책들 중 하나를 읽고, 3명씩 이루어진 그룹별로 다음과 같은 질문에 대한 답을 작성하였다. (1) 과학자들이 품었던 질문은 무엇인가? (2) 그들은 그 질문을 해결하기 위해 어떠한 종류의 실험을 하였는가? (3) 과학자들이 사용한 도구와 장비는 무엇인가? (4) 과학자들은 질문에 답하기 위해 관찰한 내용을 어떻게 활용하였는가? (5) 그들이 탐구를 하는 데 양심에 걸린 일을 한 것은 없는가?

대답을 작성한 후 선생님은 "과학자들은 어떻게 연구(탐구)를 하였는가?"라는 주제로 그룹별로 구두 발표를 준비하라고 하였다.

[부록 2] 과학의 본성

과학의 본성은 다음 7가지로 구분된다.

(1) 과학은 변할 수 있다.

(2) 과학은 실질적인 증거가 있어야 한다.

(3) 과학은 주관적이다.

(4) 과학은 상상력과 창의성을 바탕으로 한다.

(5) 과학은 사회적·문화적 영향을 주고받는다.

(6) 과학적 지식을 위한 추론과 관찰의 기능과 관계 이해하기

(7) 과학적 지식인 이론과 법칙의 기능과 상호관계 이해하기

다음 글에서는 어떠한 과학의 본성이 반영되어 있는가?

대륙이동설에 관한 이야기를 생각해 보자. 베게너는 지질학자도 아니었지만 대륙이동에 관한 여러 가지 증거를 제안했다. 대륙 연안선의 일치, 지질구조 및 화석에 대한 여러 가지 증거는 베게너가 대륙이동설을 제안하기에 충분한 증거였다. 하지만 그러한 대륙의 이동을 증명할 수 있는 원동력을 설명하지 못했고, 또한 지질학자가 아니라는 이유로 그의 주장은 받아들여지지 않았다. 더 많은 증거를 찾기 위해 남극에서 대부분의 시간을 보낸 베게너는 본인의 생일날 사고로 행방불명이 되고, 30년이 지난 후에 그의 시체가 남극에서 발견되었다. 그의 주장이 다시 각광을 받게 된 것은 1945년 제2차 세계대전 시 전쟁과 동시에 과학이 발달하는 경우를 보여 준다. 즉 헤츠와 디에츠는 잠수함을 이용하여 여러 가지 해저의 특징을 발견하게 되었고, 해저확장설을 발표하기에 이른다. 그전에 영국의 홈스가 맨틀대류설을 제안하였고, 이와 더불어 해저확장설이 제안되어 이전의 대륙이동설이 다시 관심거리가 된다. 이를 총망라한 것이 판구조론이다. 어떤 한 지식은 절대로 새로 생기지 않는 이전의 여러 가지 지식을 토대로 한다. 또한 기술의 발달과 함께 지식은 변하게 되어 있으며, 검증 가능한 것이어야 과학적 지식으로 인정을 받게 된다. 베게너가 처음에 인정을 받지 못한 것은 사회적인 위치에 의함이다. 지질학자였다면 그래도 그의 주장이 받아들여지지 않았을까? 과학은 사회적 합의의 결과이기에 사회적 무리가 결정짓는 과학적 지식의 산물은 그 사회의 여러 가지를 반영하게 되어 있다.

다음 글에는 어떠한 과학의 본성이 반영되어 있는가?

갈릴레오가 왜 망원경을 개발하였을까? 그 후에도 기술적인 발전과 더불어 생긴 과학의 발전은 무엇이었을까? 허블망원경이 주는 이점은 무엇인가? 왜 허블망원경이 개발되었을까?

[부록 3] 참 과학 탐구(Authentic Scientific Inquiry)의 4-ON

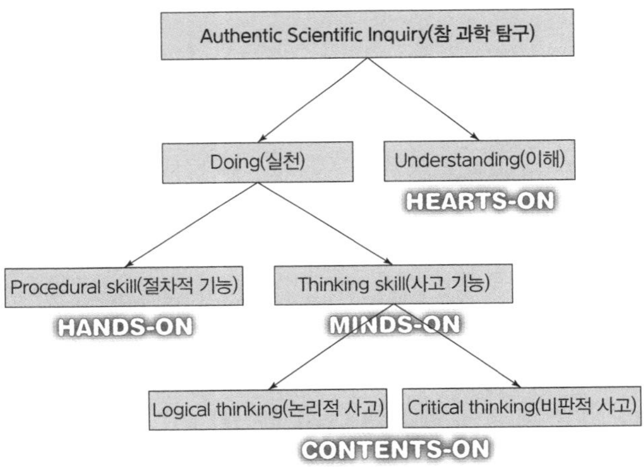

강의노트 · 16

기초 탐구 과정 이해하기

자료 제공자: 박종석(경북대학교), parkbell@knu.ac.kr
준비물: 없음(강의용 컴퓨터, 빔프로젝터)

개관

과학교육에서 탐구는 항상 강조되는 분야이다. 특히 탐구는 3차 교육과정기 이후 강조되어 왔고, 제7차 교육과정 때 탐구 과정과 탐구 활동으로 구분하여 제시되면서 더욱 관심이 커졌다. SAPA(Science A Process Approch)에서는 탐구를 기본적 탐구와 통합적 탐구로 구분하였고, 이를 참고하여 우리 교육과정에서는 기초 탐구 과정으로 관찰, 분류, 측정, 예상, 추리 등, 통합 탐구 과정으로 문제 인식, 가설 설정, 변인 통제, 자료 변환, 자료 해석, 결론 도출, 일반화 등으로 구분하였다. 여기서는 기초 탐구 과정의 요소를 어떻게 이해할지 생각해 보는 활동을 제시한다.

수업 진행

1. 탐구와 실험을 비교해서 생각해 보게 한다. 실험을 하면서 배울 수 있는 탐구 요소들을 조별로 논의할 수 있게 한다.

2. 간단한 실험을 예시로 하여 탐구 요소들을 정의하고, 조별로 논의한 탐구 요소들과 연계되는지 살펴본다.
3. 조별로 논의해서 도출한 탐구 요소들을 기초 탐구 과정과 통합 탐구 과정으로 분류한다.

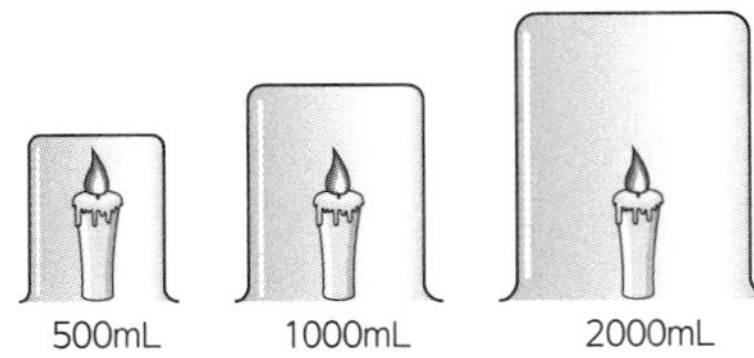

초를 비커로 덮는 실험

출처: 조희형(2003), 일반과학교육학

4. 오른쪽 그림과 같은 간단한 실험(실제로 할 수도 있고, 또는 사고 실험으로 가능하다)을 제시하여 기초 탐구 과정 요소에 대한 이해의 폭을 넓힌다.
5. 불이 타고 있는 촛불을 관찰하여 관찰한 내용을 기록하게 한다. '촛불이 3개 있다. 초가 타는 냄새를 맡을 수 있다.' 등과 같이 관찰은 오감으로 한다는 것을 인식하게 한다.
6. 같은 크기의 초를 크기가 다른 비커로 덮은 후 촛불이 꺼질 때까지 소요되는 시간을 측정하여 기록한다. 실제 측정을 하는 활동으로, 측정이라는 것을 이해한다.
7. 크기가 1500mL인 비커를 사용해서 똑같은 촛불을 덮을 때 불이 언제 꺼질지 예상하게 하여, 예상에 대한 이해를 높인다.
8. 3개의 촛불이 꺼지는 시간을 측정한 자료를 이용해서 관찰한 결과를 어떻게 설명할 수 있을지 진술하게 하여, 추리를 이해한다.

수정과 확장

이 활동으로 기초 탐구 과정 요소를 학습할 수 있으나, 분류에 대한 논의가 부족하다. 분류를 어떻게 이해할 수 있을지 이 활동과 관련해서 생각해 보게 하고, 통합 탐구 과정을 배울 수 있는 방안을 모색하게 한다.

강의노트 · 17

기초 탐구 과정 기능의 명시적 수업

자료 제공자: 손연아(단국대학교), yeona@dankook.ac.kr
준비물: 명시적 수업을 위한 관련 실험 재료 및 기구

개관

'명시적'이라는 표현은 학생들에게 가르치려고 하는 것을 교사가 설명(explaining)하고 제시하는(presenting) 형태를 강조하는 의미를 띠고 있으나, 명시적 수업은 단지 이러한 설명과 제시만을 의미하는 것은 아니며, 오히려 간접적이고(indirect), 암시적이며(implicit), 비구조화된(unstructured) 수업과 대조적인 의미로 사용된 용어이다. 명시적 교수법은 교사가 학생들에게 구체적인 기능, 개념, 그리고 행동 들을 제시하고, 제시한 아이디어나 기능을 학생들이 연습하도록 지도하며, 동시에 학생들에게 능동적으로 개입하도록 유도하면서 개인의 수행을 자주 평가하고 계속적으로 개인적인 피드백을 주는 것을 포함하는 것으로 구조화되는 교수법을 말한다(Grossen, 1993).

과학 수업에서 관찰, 측정, 분류 등의 기초 탐구 과정 기능을 언급하거나 활용하는 경우가 많은 데 비하여, 예비 과학 교사나 과학 교사에게 좋은 관찰과 바람직하지 않은 관찰은 무엇인지, 학생들의 측정 탐구 기능을 향상시킬 방법은 무엇인지 등을 질문했을 때 자신 있게 답변하는 경우는 많지 않다. 여기에 예시로 제안하는 기초 탐구 과정 기능에 대한 명시적 수업 전략(홍석준·손연아, 2011)은 이를 해결하기 위한 아이디어를 제공해 줄 수 있을 것이다.

수업 진행

1. '관찰' 기능 향상을 위한 명시적 수업 전략

	'관찰' 기능 향상을 위한 교수·학습 전략	예시(개구리 해부)
동기 유발 하기	• 관찰 기능의 학습에 관한 목표를 직접적이고 분명하게 제시한다. • 관찰 기능과 관련하여 학생이 일상생활에서 접할 수 있는 내용을 소개함으로써 학습 동기를 촉진시키고 호기심을 유발한다.	• 관찰 기능의 정의와 방법을 학습하고 개구리 해부 탐구 활동을 통해 개구리의 내부, 외부 생김새와 척수반사를 관찰할 것임을 학습 목표로 제시한다. • 콜라의 맛, 칠판을 긁는 소리, 지우개의 촉감 등 일상생활에서의 관찰 사례를 제시한다.
직접적으로 설명 하기	• 관찰의 명확한 정의를 제시하고 중요성을 인식하게 한다. • 관찰 기능의 실행 과정과 활용 방법을 직접적으로 설명한다.	• 관찰의 정의, 중요성, 실행 과정, 활용 방법에 대해 기초 탐구 기능의 적용 준거를 바탕으로 프레젠테이션 자료로 정리하여 설명한다.
시범 보이기	• 구체적 사례를 통해 초보적 관찰, 조작적 관찰을 시범 보임으로써 안내된 연습, 독립적 연습 단계에서 학생이 직접 활동하는 데 어려움을 겪지 않도록 한다. • 관찰과 추론 내용을 구별해야 함을 구체적 사례를 통해 시범 보일 때, 명확한 언어를 사용함으로써 학습에 혼란이 생기지 않도록 한다.	• 장미꽃과 백합꽃을 해부하여 관찰한 사례를 제시하여 설명하면서 관찰 기능을 시범 보인다. • 관찰한 내용과 추론한 내용을 구별해야 함을 장미꽃과 백합꽃의 관찰 사례를 통해 구체적으로 설명한다.
질문 하기	• 관찰 기능에 대해 학생의 이해와 기억의 정도를 확인하고, 학생이 이해하지 못한 내용을 추가적으로 설명한다.	• 직접적으로 설명하기 단계와 시범 보이기 단계에서 설명한 내용을 학생들에게 질문하고 이해가 부족한 내용은 추가 설명한다.
안내된 연습 하기	• 학생이 초보적 관찰, 조작적 관찰을 직접 수행해 볼 수 있도록 자극 단서를 제공한다. 학생의 인지 수준에 적합한 흥미 있는 자극 단서를 점차적으로 제공한다.	• 어류, 양서류, 조류, 포유류의 내부 생김새를 그림을 통해 점차적으로 제시하면서 학생들이 공통된 내부 기관을 찾는 관찰을 수행하도록 유도한다.

독립적 연습 하기	• 학습 목표에 제시된 교과 내용 지식의 습득을 위해 학생 스스로 개인 또는 조별 탐구 활동을 수행하도록 한다. • 수행하는 탐구 활동을 관찰 기능의 수업 적용 준거와 관련지어 자신의 언어로 표현하도록 격려하여, 학생 서로 간의 의견 교환이 이루어지도록 한다.	• 개구리의 생김새와 척수반사를 조별 탐구 활동을 통해 학생이 직접 관찰할 수 있도록 한다. 초보적 관찰을 통해 생김새를 관찰하고, 조작적 관찰을 통해 척수반사를 관찰하도록 유도하며, 조별로 의견 교환을 위한 토론 시간을 갖는다.
정리 및 평가 하기	• 수업을 통해 학습한 교과 내용 지식, 관찰 기능에 대한 내용을 교사가 요약·정리한다. • 교과 내용 지식의 이해와 관찰 기능의 수행에 대하여 자기평가를 할 수 있도록 유도함으로써 수업을 통해 습득한 내용을 검토하고, 부족한 부분을 확인할 수 있게 한다.	• 관찰 기능을 프레젠테이션 자료로 요약·정리하여 제시한다. • 개구리의 내부 및 외부 생김새와 척수반사에 대해 프레젠테이션 자료로 요약·정리하여 제시한다. • 활동지 작성을 통해 탐구 활동과 관찰 기능의 수행이 효과적으로 이루어졌는지 자기평가를 할 수 있도록 유도한다.

2. '측정' 기능 향상을 위한 명시적 수업 전략

	'측정' 기능 향상을 위한 교수·학습 전략	예시(야채 로켓 만들기)
동기 유발 하기	• 측정 기능의 학습에 관한 목표를 직접적이고 분명하게 제시한다. • 측정 기능과 관련하여 학생이 일상생활에서 접할 수 있는 내용을 소개함으로써 학습 동기를 촉진시키고 호기심을 유발한다.	• 측정 기능의 정의와 방법을 학습하고 야채 로켓 만들기 탐구 활동을 통해 야채 로켓이 날아간 거리와 걸린 시간, 속력을 측정할 것임을 학습 목표로 제시한다. • 체온계의 사용, 신발과 옷의 치수 등 일상생활에서의 측정 사례를 제시한다.
직접적으로 설명 하기	• 측정의 명확한 정의를 제시하고 중요성을 인식하게 한다. • 측정 기능의 실행 과정과 활용 방법을 직접적으로 설명한다.	• 측정의 정의, 중요성, 실행 과정, 활용 방법에 대하여 기초 탐구 기능의 적용 준거를 바탕으로 프레젠테이션 자료로 정리하여 설명한다.

시범 보이기	• 측정의 목적을 명확히 알고 측정 횟수와 방법을 결정해야 함을 시범 보임으로써 안내된 연습, 독립적 연습 단계에서 학생이 직접 활동하는 데 어려움을 겪지 않도록 한다. • 정확한 측정과 정밀한 측정을 구체적 사례를 통해 시범 보일 때, 명확한 언어를 사용함으로써 학습에 혼란이 생기지 않도록 한다.	• 메스실린더와 저울을 활용한 열쇠의 부피 측정 사례를 제시하여 설명하면서 측정 기능을 시범 보인다. • 정확한 측정과 정밀한 측정을 알고 측정해야 함을 책의 두께를 정확하게 측정하는 사례를 통해 구체적이고 명확하게 설명한다.
질문 하기	• 측정 기능에 대하여 학생의 이해와 기억의 정도를 확인하고, 학생이 이해하지 못한 내용을 추가적으로 설명한다.	• 직접적으로 설명하기 단계와 시범 보이기 단계에서 설명한 내용을 학생들에게 질문하고 이해가 부족한 내용은 추가 설명한다.
안내된 연습 하기	• 측정량을 항상 단위와 함께 써야 함을 알고 측정을 직접 수행해 볼 수 있도록 자극 단서를 제공한다. 학생의 인지 수준에 적합한 흥미 있는 자극 단서를 점차적으로 제공한다.	• 단위가 표시되지 않은 측정량들을 점차적으로 제시하면서 학생들로 하여금 측정량에 단위가 표시되지 않으면 서로 다른 단위의 측정량들이 서로 혼동되기 쉬움을 깨닫도록 한다.
독립적 연습 하기	• 학습 목표에 제시된 교과 내용 지식의 습득을 위해 학생 스스로 개인 또는 조별 탐구 활동을 수행하도록 한다. • 수행하는 탐구 활동을 측정 기능의 수업 적용 준거와 관련지어 자신의 언어로 표현하도록 격려하여, 학생 서로 간의 의견 교환이 이루어지도록 한다.	• 조별 탐구 활동을 통해 야채 로켓이 날아가는 데 걸린 시간과 날아간 거리를 측정하고 이를 통해 속력 또한 측정할 수 있도록 한다. 조별로 추리 내용에 대한 의견 교환을 위하여 토론 시간을 갖는다.
정리 및 평가 하기	• 수업을 통해 학습한 교과 내용 지식, 측정 기능에 대한 내용을 교사가 요약·정리한다. • 교과 내용 지식의 이해와 측정 기능의 수행에 대하여 자기평가를 할 수 있도록 유도함으로써 수업을 통해 습득한 내용을 검토하고, 부족한 부분을 확인할 수 있게 한다.	• 측정 기능을 프레젠테이션 자료로 요약·정리하여 제시한다. • 야채 로켓이 날아가는 원리인 효소 반응에 대해 프레젠테이션 자료로 요약·정리하여 제시한다. • 활동지 작성을 통해 탐구 활동과 측정 기능의 수행이 효과적으로 이루어졌는지 자기평가를 할 수 있도록 유도한다.

3. '분류' 기능 향상을 위한 명시적 수업 전략

	'분류' 기능 향상을 위한 교수·학습 전략	예시(식물 채집)
동기 유발 하기	• 분류 기능의 학습에 관한 목표를 직접적이고 분명하게 제시한다. • 분류 기능과 관련하여 학생이 일상생활에서 접할 수 있는 내용을 소개함으로써 학습 동기를 촉진시키고 호기심을 유발한다.	• 분류 기능의 정의와 방법을 학습하고 식물 채집 및 표본 만들기 활동을 통해 채집한 식물을 계통 분류할 것임을 학습 목표로 제시한다. • 백인과 흑인, 동물의 종 구분 등 일상생활에서의 분류 사례를 제시한다.
직접적으로 설명하기	• 분류의 명확한 정의를 제시하고 중요성을 인식하게 한다. • 분류 기능의 실행 과정과 활용 방법을 직접적으로 설명한다.	• 분류의 정의, 중요성, 실행 과정, 활용 방법에 대하여 기초 탐구 기능의 적용 준거를 바탕으로 프레젠테이션 자료로 정리하여 설명한다.
시범 보이기	• 구체적 사례를 통해 분류 기준을 직관적이고 명확하게 세우는 것을 시범 보임으로써 안내된 연습, 독립적 연습 단계에서 학생이 직접 활동하는 데 어려움을 겪지 않도록 한다. • 분류 기준을 적용하여 대상을 구분했을 때 대상 중에 중복되거나 제외되는 것이 없어야 함을 구체적 사례를 통해 시범 보일 때, 명확한 언어를 사용함으로써 학습에 혼란이 생기지 않도록 한다.	• 다양한 별들을 분류 기준에 따라 분류한 사례를 제시하여 설명하면서 분류 기능을 시범 보인다. • 분류 기준을 직관적이고 명확하게 세워야 함을 별들의 분류 사례를 통해 구체적으로 설명한다. • 별들을 분류할 수 있는 여러 관점 중에서 한 가지 관점에 초점을 맞추어 분류 기준을 세워야 함을 설명한다.
질문 하기	• 분류 기능에 대하여 학생의 이해와 기억의 정도를 확인하고, 학생이 이해하지 못한 내용을 추가적으로 설명한다.	• 직접적으로 설명하기 단계와 시범하기 단계에서 설명한 내용을 학생들에게 질문하고, 이해가 부족한 내용은 추가 설명한다.
안내된 연습 하기	• 학생이 분류의 기준을 세우고 직접 분류를 수행해 볼 수 있도록 자극 단서를 제공한다. 학생의 인지 수준에 적합한 흥미 있는 자극 단서를 점차적으로 제공한다.	• 다양한 동물들의 계통 분류 사례를 점차적으로 제시하면서 학생들이 분류 기능을 수행해 볼 수 있도록 유도한다.
독립적 연습 하기	• 학습 목표에 제시된 교과 내용 지식의 습득을 위해 학생 스스로 개인 또는 조별 탐구 활동을 수행하도록 한다. • 수행하는 탐구 활동을 분류 기능의 수업 적용 준거와 관련지어 자신의 언어로 표현하도록 격려하여, 학생 서로 간의 의견 교환이 이루어지도록 한다.	• 채집한 식물의 계통 분류를 조별 탐구 활동을 통해 학생이 직접 수행할 수 있도록 한다. 계통 분류표를 기준으로 분류하고, 분류 기준을 명시하도록 유도하며, 조별로 의견 교환을 위한 토론 시간을 갖는다.

정리 및 평가하기	• 수업을 통해 학습한 교과 내용 지식, 분류 기능에 대한 내용을 교사가 요약·정리한다. • 교과 내용 지식의 이해와 분류 기능의 수행에 대하여 자기평가를 할 수 있도록 유도함으로써 수업을 통해 습득한 내용을 검토하고, 부족한 부분을 확인할 수 있게 한다.	• 분류 기능을 프레젠테이션 자료로 요약·정리하여 제시한다. • 식물의 채집 및 표본 만들기 방법에 대해 프레젠테이션 자료로 요약·정리하여 제시한다. • 활동지 작성을 통해 탐구 활동과 분류 기능의 수행이 효과적으로 이루어졌는지 자기평가를 할 수 있도록 유도한다.

4. '예상' 기능 향상을 위한 명시적 수업 전략

	'예상' 기능 향상을 위한 교수·학습 전략	예시(개구리 해부)
동기 유발 하기	• 예상 기능의 학습에 관한 목표를 직접적이고 분명하게 제시한다. • 예상 기능과 관련하여 학생이 일상생활에서 접할 수 있는 내용을 소개함으로써 학습 동기를 촉진시키고 호기심을 유발한다.	• 예상 기능의 정의와 방법을 학습하고 개구리 해부 탐구 활동을 통해 개구리의 내부 생김새와 척수반사 결과를 예상할 것임을 학습 목표로 제시한다. • 서울에서 부산까지 가는 데 걸리는 시간 등 일상생활에서의 예상 사례를 제시한다.
직접적 으로 설명 하기	• 예상의 명확한 정의를 제시하고 중요성을 인식하게 한다. • 예상 기능의 실행 과정과 활용 방법을 직접적으로 설명한다.	• 예상의 정의, 중요성, 실행 과정, 활용 방법에 대하여 기초 탐구 기능의 적용 준거를 바탕으로 프레젠테이션 자료로 정리하여 설명한다.
시범 보이기	• 구체적 사례를 통해 초보적 예상, 조작적 예상을 시범함으로써 안내된 연습, 독립적 연습 단계에서 학생이 직접 활동하는 데 어려움을 겪지 않도록 한다. • 예상을 할 때 과학적 근거와 상황 요소에 대한 판단을 포함하는 다양한 측면이 고려되어야 함을 구체적 사례를 통해 시범 보일 때, 명확한 언어를 사용함으로써 학습에 혼란이 생기지 않도록 한다.	• 사진 속 건물의 높이를 건물 주변 상황을 통해 예상한 사례를 제시하여 설명하면서 예상 기능을 시범 보인다. • 예상을 할 때 과학적 근거뿐만 아니라 다양한 측면이 고려되어야 함을 건물의 높이 예상 사례를 통해 구체적이고 명확하게 설명한다.
질문 하기	• 예상 기능에 대하여 학생의 이해와 기억의 정도를 확인하고, 학생이 이해하지 못한 내용을 추가적으로 설명한다.	• 직접적으로 설명하기 단계와 시범 보이기 단계에서 설명한 내용을 학생들에게 질문하고, 이해가 부족한 내용은 추가 설명한다.

안내된 연습 하기	• 학생이 초보적 예상, 조작적 예상을 직접 수행해 볼 수 있도록 자극 단서를 제공한다. 학생의 인지 수준에 적합한 흥미 있는 자극 단서를 점차적으로 제공한다.	• 어류, 양서류, 조류, 포유류의 내부 생김새를 그림을 통해 점차적으로 제시하면서 학생들이 개구리의 내부 생김새를 예상하는 활동을 수행하도록 유도한다.
독립적 연습 하기	• 학습 목표에 제시된 교과 내용 지식의 습득을 위해 학생 스스로 개인 또는 조별 탐구 활동을 수행하도록 한다. • 수행하는 탐구 활동을 예상 기능의 수업 적용 준거와 관련지어 자신의 언어로 표현하도록 격려하여, 학생 서로 간의 의견 교환이 이루어지도록 한다.	• 개구리의 내부 생김새와 척수반사를 조별 탐구 활동을 통해 학생이 직접 예상할 수 있도록 한다. 초보적 예상을 통해 내부 생김새를 예상하고, 조작적 예상을 통해 척수반사 결과를 예상하도록 유도하며, 조별로 의견 교환을 위한 토론 시간을 갖는다.
정리 및 평가 하기	• 수업을 통해 학습한 교과 내용 지식, 예상 기능에 대한 내용을 교사가 요약·정리한다. • 교과 내용 지식의 이해와 예상 기능의 수행에 대하여 자기평가를 할 수 있도록 유도함으로써 수업을 통해 습득한 내용을 검토하고, 부족한 부분을 확인할 수 있게 한다.	• 예상 기능을 프레젠테이션 자료로 요약·정리하여 제시한다. • 개구리의 내부 생김새 및 척수반사에 대해 프레젠테이션 자료로 요약·정리하여 제시한다. • 활동지 작성을 통해 탐구 활동과 예상 기능의 수행이 효과적으로 이루어졌는지 자기평가를 할 수 있도록 유도한다.

5. '추리' 기능 향상을 위한 명시적 수업 전략

	'추리' 기능 향상을 위한 교수·학습 전략	예시(루미놀 반응을 이용한 혈흔검사)
동기 유발 하기	• 추리 기능의 학습에 관한 목표를 직접적이고 분명하게 제시한다. • 추리 기능과 관련하여 학생이 일상생활에서 접할 수 있는 내용을 소개함으로써 학습 동기를 촉진시키고 호기심을 유발한다.	• 추리 기능의 정의와 방법을 학습하고 루미놀 반응 탐구 활동을 통해 혈액이 루미놀 용액과 만나 형광색을 띠는 현상의 원인을 추리할 것임을 학습 목표로 제시한다. • 소설 속 셜록 홈스의 사건 해결 등 일상생활에서의 추리 사례를 제시한다.
직접적으로 설명 하기	• 추리의 명확한 정의를 제시하고 중요성을 인식하게 한다. • 추리 기능의 실행 과정과 활용 방법을 직접적으로 설명한다.	• 추리의 정의, 중요성, 실행 과정, 활용 방법에 대하여 기초 탐구 기능의 적용 준거를 바탕으로 프레젠테이션 자료로 정리하여 설명한다.

시범 보이기	• 구체적 사례를 통해 관찰 사실들을 경험, 지식과 연결하여 추리함을 시범 보임으로써 안내된 연습, 독립적 연습 단계에서 학생이 직접 활동하는 데 어려움을 겪지 않도록 한다. • 추리를 통해 결론을 도출함에 있어서 논리적 비약이 없어야 함을 구체적 사례를 통해 시범할 때, 명확한 언어를 사용함으로써 학습에 혼란이 생기지 않도록 한다.	• 여름철에 컵을 놓아둔 자리에 물이 고이는 현상을 논리적으로 추리한 사례를 제시하여 설명하면서 추리 기능을 시범 보인다. • 추리를 할 때 과학적 지식에 근거하여 논리적 사고를 통해 추리해야 함을 추리의 사례를 통해 구체적이고 명확하게 설명한다.
질문 하기	• 추리 기능에 대하여 학생의 이해와 기억의 정도를 확인하고, 학생이 이해하지 못한 내용을 추가적으로 설명한다.	• 직접적으로 설명하기 단계와 시범 보이기 단계에서 설명한 내용을 학생들에게 질문하고 이해가 부족한 내용은 추가 설명한다.
안내된 연습 하기	• 학생이 과학적 지식에 근거한 논리적 사고를 통해 추리를 직접 수행해 볼 수 있도록 자극 단서를 제공한다. 학생의 인지 수준에 적합한 흥미 있는 자극 단서를 점차적으로 제공한다.	• 혈액과 루미놀 용액이 만나 형광색을 띠는 현상과 관련된 과학적 지식을 점차적으로 제시하면서 학생들이 혈액 발광 현상의 원인을 추리하는 활동을 수행하도록 유도한다.
독립적 연습 하기	• 학습 목표에 제시된 교과 내용 지식의 습득을 위해 학생 스스로 개인 또는 조별 탐구 활동을 수행하도록 한다. • 수행하는 탐구 활동을 추리 기능의 수업 적용 준거와 관련지어 자신의 언어로 표현하도록 격려하여, 학생 서로 간의 의견 교환이 이루어지도록 한다.	• 조별 탐구 활동을 통해 혈액뿐만 아니라 케첩, 잉크, 고추장 등과 루미놀 용액의 반응을 관찰하여 발광 현상의 공통 원리를 추리할 수 있도록 한다. 조별로 추리 내용에 대한 의견 교환을 위하여 토론 시간을 갖는다.
정리 및 평가 하기	• 수업을 통해 학습한 교과 내용 지식, 추리 기능에 대한 내용을 교사가 요약·정리한다. • 교과 내용 지식의 이해와 추리 기능의 수행에 대하여 자기평가를 할 수 있도록 유도함으로써 수업을 통해 습득한 내용을 검토하고, 부족한 부분을 확인할 수 있게 한다.	• 추리 기능을 프레젠테이션 자료로 요약·정리하여 제시한다. • 혈액이 루미놀 용액과 만나 형광색을 띠는 현상에 대해 프레젠테이션 자료로 요약·정리하여 제시한다. • 활동지 작성을 통해 탐구 활동과 추리 기능의 수행이 효과적으로 이루어졌는지 자기평가를 할 수 있도록 유도한다.

수정과 확장

홍석준과 손연아(2011)의 연구에서 개발한 기초 탐구 과정 기능의 명시적 수업 단계는 '동기 유발하기', '직접적으로 설명하기', '시범 보이기', '질문하기', '안내된 연습하기', '독립적 연습하기', '정리 및 평가하기'의 7단계로 구성되어 있다. 그리고 이 공통 단계에 따라, 각 기초 탐구 과정 기능(관찰, 측정, 분류, 예상, 추리)에 대한 실제 수업의 예시를 추가로 개발하여 제안하였다.

여기서 제시하는 기초 탐구 과정 기능의 명시적 수업 전략의 예시는 통합 탐구 기능인 문제 인식, 가설 설정, 변인 통제, 자료 변환과 자료 해석, 그리고 결론 도출과 일반화에 대한 명시적 교수 전략을 개발하는 데 시사점을 줄 수 있다. 이와 같이 지속적으로 과학 탐구 기능에 대한 명시적 수업 전략 개발과 실제 수업에 적용하는 기회, 그리고 이를 평가하는 과정에서 예비 과학 교사나 현장 과학 교사의 탐구 수업 전문성이 향상될 수 있다.

참고문헌

홍석준·손연아, 2011, 중학생의 기초 탐구 기능 이해를 위한 명시적 교수·학습 전략의 개발 및 적용 사례 분석, 『한국과학교육학회지』, 31(4), 641-662.

Grossen, B., 1993, Instructional design considerations for teaching science to diverse learners, *Effective School Practices*, 71, 136-142.

강의노트 · 18

게임을 통해 과학적 관찰에 대하여 학습하기

자료 제공자: 권혁순(청주교육대학교), hskwon@cje.ac.kr

준비물: 관찰 활동지(학생 개인별 1장, 모둠별 1장), 양초, 점화기, 간단한 시상품(모둠별)

양초 관찰하기

_______학교 __학년 __반 이름 ______

각 모둠별로 책상 위에 주어진 양초를 관찰하시오. 양초에 대한 관찰 사실을 아래에 10개의 문장으로 기록하시오.

① ....
② ....
③ ....
④ ....
⑤ ....
⑥ ....
⑦ ....
⑧ ....
⑨ ....
⑩ ....

양초 관찰하기

모둠 이름 ________

우리 모둠원들이 관찰한 것 중에서 좋은 관찰이라고 생각하는 5가지를 골라서 아래에 기록하시오.

① ....
② ....
③ ....
④ ....
⑤ ....

개관

관찰은 가장 기본적이며 중요한 과학적 탐구 과정의 하나로서, 과학은 자연 세계에 대한 관찰에서 시작된다는 의미에서 과학의 출발점이라고 할 수 있다. 그러나 관찰은 단순히 사물을 바라보는 것으로 이루어지지 않으며, 관찰자의 사전 지식이나 경험 또는 신념의 영향을 받아 관찰 결과는 개인마다 다를 수 있다. 관찰은 사람의 오감(시각, 후각, 청각, 미각, 촉각)이나 감각을 확장시키는 도구(돋보기, 현미경, 망원경 등)를 사용하여 사물과 현상으로부터 필요한 정보와 자료를 얻는 과정이다. 정성적(定性的) 관찰뿐 아니라 정량적(定量的) 관찰을 통해 보다 더 세밀한 정보를 얻을 수 있으며, 조작을 통한 변화를 관찰하는 것도 매우 중요하다.

이 수업은 관찰 활동과 그와 관련된 놀이 활동을 통하여 관찰의 본질을 이해하고 관찰과 관찰이 아닌 것을 구분하며, 보다 나은 관찰을 하기 위한 방법을 익히는 데 그 목적이 있다. 초등학생의 경우에는 관찰이란 무엇이며 어떻게 하면 좋은 관찰을 할 수 있는지에 대한 내용을 먼저 간단히 소개한 후에 이 활동을 하면서 익히도록 하는 것이 좋다. 중학교 이상에서는 이 활동을 한 이후에 관찰에 대하여 정리하는 것이 바람직하다.

수업 진행

1. 한 모둠에 3~5명의 학생들이 속하도록 전체 학급의 학생들을 몇 개의 모둠으로 나눈다.
2. 각 모둠에 양초 1자루와 점화기를 나누어 주고, 자유롭게 양초를 관찰하도록 한다.
3. 학생 개별적으로 양초에 대한 관찰 사실을 10개의 문장으로 활동지에 기록하도록 한다. 학생들이 관찰 사실 10가지를 적는 것에 매우 힘들어하는 경우 최소 5가지 이상 기록하도록 허용할 수도 있다.
4. 모둠별로 모여서 각자 기록한 관찰 사실을 발표하고 비교하도록 한다. 이때 옆 모둠에 들리지 않도록 조용히 발표하게 하거나, 각자 기록한 내용을 돌려가며 보도록 할 수도 있다.
5. 각 모둠에서 관찰 기록 5가지를 선정하여 모둠 활동지에 기록한다. 선정된 관찰 기록 5가지는 반드시 그 모둠원이 관찰하고 기록한 것이어야 한다.

6. 각 모둠의 대표가 나와서 주사위를 던지거나 가위바위보로 발표 순서를 정한다.
7. 모둠별로 돌아가며 자신의 모둠에서 선정한 관찰 기록을 하나씩 발표한다.
8. 각 모둠에서는 관찰 기록을 보면서 자신의 모둠에서 발표한 것 또는 다른 모둠에서 발표한 것이 있으면 번호 위에 × 표시를 한다.
9. 다른 모둠의 발표를 듣고 난 후, 발표한 내용이 관찰 사실이 아니거나 잘못된 부분이 있다면 손을 들고 문제를 제기할 수 있다. 발표한 모둠은 제기된 문제에 대하여 답변을 하고, 전체 토론을 진행한다. 만일 문제 제기한 내용이 받아들여지면 발표 모둠은 탈락하게 되며, 문제 제기한 내용이 기각되면 그대로 진행한다. (문제 제기 및 토론을 활성화하기 위해 자유롭게 문제 제기를 할 수 있게 하고, 또 문제 제기가 기각되어도 그대로 진행할 수 있다. 그러나 토론이 너무 과열되거나 지나치게 지엽적인 것으로 문제 제기를 하는 분위기라면 기각된 문제를 제기한 모둠을 탈락시키는 것으로 규칙을 바꿀 수도 있다.)
10. 모든 모둠이 한 번씩 다 발표하고 난 다음에 각 모둠에 남아 있는 관찰 기록의 개수를 헤아린다. 가장 많이 남은 모둠이 승리하게 된다. 승리한 모둠에게 간단한 시상을 한다.
11. 게임이 끝난 후 남아 있는 관찰 기록들을 살피면서 어떤 특징이 있는지 함께 이야기한다.

수정과 확장

양초를 관찰한 내용을 가지고 모둠별로 빙고 게임을 할 수도 있다. 학생들이 관찰한 내용을 각 모둠별로 9가지를 선정하여 다음 그림의 각 셀에 임의로 배치하도록 한 후, 모둠별로 관찰 사실을 하나씩 발표하면서 지워 나가도록 한다. 이때 자신의 모둠에서 선정한 내용을 다른 모둠에서 발표하면 그 셀에 크게 × 표시를 한다. 가로축이나 세로축 또는 대각선으로 연이은 세 개의 셀을 먼저 지우는 모둠이 우승을 하게 되는 것이다. 이 활동에서 이기는 비결은 누구든 관찰할 수 있는 사실을 잘 선정하여 나열하는 것이다. 반대로 누구든 쉽게 관찰하기 어려운 것들을 관찰하도록 격려하기 위해서는 게임의 규칙을 바꿔서 가장 나중에 빙고가 맞춰지도록 하면 된다.

①	②	③
④	⑤	⑥
⑦	⑧	⑨

빙고 활동지

참고문헌

이대형, 2012, 『교과서 속 기초 탐구』, 한울림어린이.

Rezba, R. J., Sprague, C. R., McDonnough, J. T., & Matkins, J. J., 2007, *Learning and assessing science process skills*, 5th Ed. Dubuque, Iowa: Kendall Hunt Pub Co.

강의노트 · 19

관찰과 표현하기

자료 제공자: 박현주(조선대학교), hjapark@chosun.ac.kr
준비물: 메모지

개관

관찰한 사실을 어떻게 표현하는가는 관찰의 구체성뿐만 아니라 과학의 언어적 표현에 영향을 준다. 관찰한 사실을 언어적으로 표현하는 활동을 통해 과학 탐구 능력과 과학적 표현력을 신장한다.

수업 진행

1. 관찰할 수 있는 현상을 제시한 후 학생들에게 '한 글자'로 나타내게 한다. 예를 들면, 물이 떨어지는 모습을 보여 주면서 그 현상을 한 글자로 표현하게 한다. 예상되는 답은 '물'.
2. 두 글자로 나타내게 한다. 예를 들면, 방울, 흰 물 등
3. 세 글자로 나타내게 한다. 예를 들면, 물 방울, 물 흐름, 하얀 물 등
4. 네 글자로 나타내게 한다. 예를 들면, 흐르는 물, 똑똑흐름.
5. 다섯 글자, 여섯 글자, 일곱 글자…… 등으로 표현하게 함으로써 표현과 관찰

이 구체화될 수 있도록 한다. 예를 들면, 동그란 물이 땅이 똑 떨어지면서 작은 물방울이 다시 뛰어오른다 등.

수정과 확장

이 활동을 하면서 학생들은 관찰을 글로 표현하기 위해 관찰을 하고 생각을 하고 표현하게 된다, 관찰한 현상을 주어진 글자 개수대로 표현하기 위해서는 현상을 자세히, 그리고 구체적으로 관찰해야 한다.

학생들에게 물이 흐르는 현상을 다양하고 구체적으로 관찰하고 표현하는 경험을 통해, 관찰의 구체성과 표현의 중요성을 인식하게 한다.

강의노트 · 20

백문이 불여일견

자료 제공자: 서혜애(부산대학교), haseo@pusan.ac.kr
준비물: 다양한 유형의 물건, 소형 장식품 등등, A4 용지, 필기도구

개관

'백 번 듣는 것이 한 번 보는 것만 못하다.'는 속담이 있다. 과학 수업에서 학생들은 자연현상이나 사물을 관찰하여 기록할 때, 이 속담이 무슨 의미인지를 알게 될 것이다. 학생들은 과학 수업에서 관찰 대상에 대해 주의 깊게 설명해야 한다. 그림은 관찰 대상을 설명하는 매우 좋은 방법이 될 수 있다. 학생들은 이 활동을 통해 주의 깊게 관찰하여 설명하는 방법과 그림으로 그리는 방법을 체험하게 될 것이다. 또한 교사는 이 활동에 대해 다음과 같은 학습 목표를 설정할 수 있다. 1. 과학자들이 연구 대상을 관찰하여 설명하고 기록하는 방법을 체험한다. 2. 과학자들이 모르는 사물이나 현상을 관찰하고 기록하면서 발견해 가는 과정을 이해한다.

수업 진행

1. 학생들은 2인 1조로 활동에 참여한다. 한 사람은 관찰하는 물건을 설명하는

관찰자가 되며, 다른 한 사람은 관찰 대상을 보지도 만지지도 않지만, 설명을 듣고 무엇인지를 찾아내기 위해 그림을 그리는 역할을 한다.

2. 관찰자인 학생은 교사로부터 관찰해야 할 물건을 받아 오며, 그 물건을 다른 조원에게 보여 주지 않는다.
3. 학생들은 조별로 등을 맞대고 앉는다. 관찰자는 관찰 물건을 가지고 앉는다.
4. 관찰자는 다른 조원에게 관찰 물건을 설명해 준다. 단, 관찰 물건을 설명하는 데 다음의 용어만 사용해야 한다.

〈사용할 수 있는 용어〉

a. 선(line): 수평, 수직, 대각선, 점선, 곡선 등으로 설명한다.
b. 공간(space): (선과 선) 사이, 주변, 아래, 위, 안쪽 등의 공간, 넓이/공간을 설명한다.
c. 모양(shape): 모양은 삼각형, 사각형 등으로 설명하거나, 관찰 대상의 길이와 넓이로 설명한다.
d. 형태(form): 자연에서는 5가지 기본 형태가 있다. 구형/공(sphere), 정육면체(cube), 원뿔체(cone), 각뿔체/피라미드(pyramid), 원통/원기둥(cylinder)으로 설명한다.
e. 겉면(texture): 관찰 대상의 바깥 부분/표면의 질감이다. 시각적 특징이나 만져서 느끼지는 촉각적 특징을 설명한다.
f. 등급(value): 관찰 대상의 위치에 따른 명암의 상대적 등급을 설명한다.
g. 색깔(color): 색깔의 종류, 명암, 선명도의 3가지 특징을 설명한다.

5. 관찰자의 설명에 따라 그림을 그리는 역할을 하는 조원은 관찰 대상 물건이 무엇인지를 찾아낸다.
6. 서로 역할을 바꾸고, 교사는 새로운 관찰 대상 물건을 바꾸어 주며, 학생들은 활동을 다시 한다.

수정과 확장

관찰자는 관찰 대상 물건을 객관적으로 설명하도록 지도한다. 관찰자가 설명할 때 그림을 그리는 사람이 어떻게 그리는지를 보면서 설명하지 않도록 지도한다. 관찰 대상으로 학생들이 한두 가지 설명을 듣고 무엇인지 알아차리는 것은 적절하지 않다. 익숙지 않거나 상상하기 어려운 것들이 적절하다. 독특한 장식이 달린 열쇠고리, 집게 등등을 준비할 수 있다. 이 활동을 통해 느낀 것을 과학자가 수행하는 연구의 특징에 비교해 보고 유사한 점들에 대해 발표하도록 지도할 수 있다.

참고문헌

BSCS., 2006, *Biology: A human Approach*, 3th Ed. Colorado Springs, CO: Biological Science Curriculum Studies, 2-7.

강의노트 · 21

과학자 되어 보기

자료 제공자: 서혜애(부산대학교), haseo@pusan.ac.kr
준비물: (4인 1조) 책 1권, 30cm 자, 연필 1개

개관

실험실에서 탐구 실험을 수행하고 있는 과학자들을 상상해 보자. 흰색 실험복을 입고 혼자서 연구하는 생물학자를 본 적이 있는가? 생물학자를 포함한 모든 과학자들은 피부 색깔도 다르고 키도 다르며, 남녀 과학자가 있고 문화적 배경도 서로 다르다. 요즘 과학자들은 홀로 실험실에서 연구하는 경우는 거의 없다. 항상 2명 또는 3명 이상이 함께 협력하여 과학적 혁명을 일으키는 발견을 이루어 내고 있다. 학생들은 이 활동을 통해 과학자들이 어떻게 상호 협력하면서 실험 활동을 수행하는지를 체험하게 된다.

수업 진행

학생들은 2인 1조로 활동에 참여한다. 조 구성원들은 상호 다른 생각을 서로 비교하여 학습지의 질문에 대해 답을 작성한다. 각 조는 다른 조와 생각을 교환하고 비교한다. 즉 4인 1조로 서로 다른 점을 비교하면서 논의하고 레이더 게임을 한다. 학생들은 다음의 질문에 답한다.

1. 과학을 하는 방법(How to do science)에 대한 자신의 생각을 써라.
2. 자신이 작성한 것을 2인 1조의 조원에게 설명하고, 또 설명을 들은 후 비교하여 차이점을 써라.
3. 2인 1조로 작성한 내용을 다른 2인 1조의 조원에게 설명하고, 또 설명을 들은 후 비교하여 차이점을 한 번 더 써라.
4. 이제 학생들은 한 테이블(2인용 책상을 맞붙여 테이블을 만든다)에 4명이 둘러앉으며, 학생들은 테이블 위에 아무것도 없도록 자신의 소지품을 테이블 아래로 내려놓는다. 4명으로 구성된 한 조는 이제 레이더 게임 활동을 수행한다.
5. 한 테이블에 앉아 있는 4명의 조원 가운데 먼저 눈가리개를 쓸 조원 2명과 도우미 역할을 할 도우미를 나머지 2명으로 선정한다.
6. 눈가리개를 하여 눈이 보이지 않는 역할을 할 학생 2명은 한쪽 테이블에 함께 앉으며, 나머지 도우미 역할을 할 2명은 반대편 테이블에 앉는다. 활동 전체 시간 동안 눈가리개를 한 학생은 앉은 의자를 떠나지 않고 계속 앉아 활동에 참여한다.
7. 레이더 게임 동안에 지켜야 할 규칙은 다음과 같다.

레이더 게임 규칙

a. 도우미는 어떤 실험 재료도 건드리지 않으며, 눈가리개를 한 조원도 건드리지 않는다. (만약 눈가리개를 한 학생이 실험 재료를 바닥에 떨어뜨리면 그것을 주워서 테이블 위 제자리에 두거나 눈가리개 한 학생의 손에 돌려준다.)

b. 도우미는 말을 하지 않는다. 교사에게도 눈가리개를 한 학생에게도 말을 건네

지 않는다. 눈가리개를 한 학생이 질문을 해도 답하지 않는다. 도우미는 전적으로 말을 하지 않는 벙어리 역할을 한다.

c. 교사는 2명이 눈가리개를 한 후에 도우미에게 실험 재료를 제공한다. 눈가리개를 한 학생은 교사의 지시에 따라 실험을 수행한다.

d. 눈가리개를 한 학생은 말을 할 수 있다. 눈가리개를 한 학생들끼리 말을 할 수 있다. 교사에게 자신이 속한 조의 조원인 도우미에게 말을 할 수 있다. 또한 다른 조의 눈가리개를 한 학생이나 도우미에게도 말을 할 수 있다.

e. 눈가리개를 한 학생은 실험 재료를 만질 수 있다.

8. 도우미는 교사로부터 눈가리개를 받아서 눈가리개를 할 학생에게 씌워 준다.

9. 교사는 시범적으로 실험 재료(예: 연필, 자, 책 등)를 일정 모양으로 정렬하여 도우미에게 보여 준다. 그리고 눈가리개를 한 학생들에게 제공된 실험 재료로 자신들이 모르는 모양을 만드는 과제를 제시한다. 교사는 눈가리개를 한 학생들에게, 도우미는 과제가 어떤 모양인지를 알지만 말로 설명해 줄 순 없고 도와줄 수는 있다고 말한다. 교사가 안내하는 일정 시간 동안 활동을 수행한 후 중지한다.

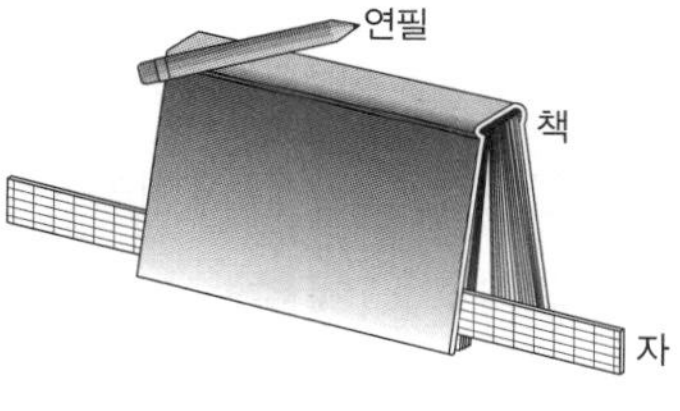

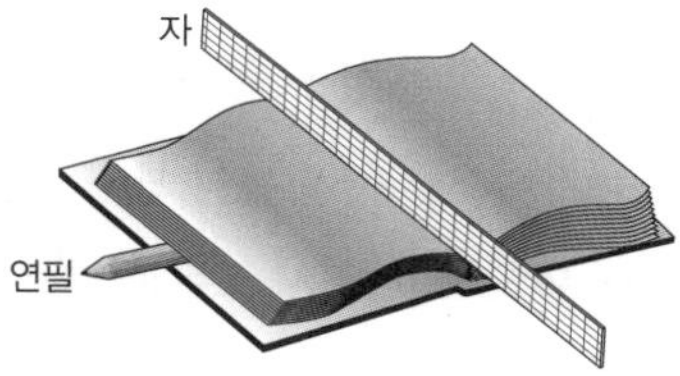

10. 학생들은 조별로 얼마나 성공했는지에 대해 논의한다.

a. 무엇을 했나?

b. 어떤 느낌이 들었나? (얼마나 당황스러운지를 말하게 된다.)

c. 왜 당황스러웠는가? (의사소통을 하지 못했기 때문에 당황스러웠음을 이야기한다.)

d. 만일 규칙을 변경하고자 한다면 어떻게 변경시키고 싶은가?

e. 이 활동의 어떤 측면이 과학자가 하는 활동과 연결되는가?

11. 1번에서 과학을 하는 방법에 대해 작성한 내용을 다시 살펴보고, 수정하고 싶은 내용을 포함하여 다시 작성한다.

수정과 확장

눈가리개를 한 학생들이 억지로 실험 재료를 보려고 하지 않도록 지도한다. 도우미 학생들이 절대 말하지 않도록 지도한다. 도우미 학생들은 눈가리개를 한 학생들이 위 그림과 같이 배열하는 과제를 수행해야 하는 것을 알지만 말로 도와주지는 못한다. 눈가리개 한 학생들이 한참 고민한 후 도우미 학생들에게 질문하고, 도우미는 손으로 책상을 한 번 치면 '맞다', 두 번 치면 '틀린다' 등의 의사소통 약속으로 도움을 얻을 수 있음을 스스로 알아차릴 때까지 답답한 시간을 보내도록 한다. 이 과정에서 학생들은 많은 것을 느끼게 된다. 눈가리개를 한 학생들은 이렇게 도움을 얻을 수 있는 것을 처음에는 알아차리지 못하다가 나중에야 알아차리고 질문하면서 도움을 얻게 된다.

참고문헌

BSCS., 2006, *Biology: A human Approach*, 3th Ed. Colorado Springs, CO: Biological Science Curriculum Studies, 2–7.

강의노트 · 22

통합 탐구 과정

자료 제공자: 심규철(공주대학교), skcshim@kongju.ac.kr

준비물: 중·고등학교 교과서

개관

과학에서 밝혀진 과학적 지식은 탐구 과정과 분리하여 설명할 수 없다. 과학교육에서 과학 개념의 이해, 과학 관련 태도와 아울러 과학 탐구는 매우 주요한 목표 영역이다. 과학자들은 관찰로부터 문제를 인식하고, 객관적인 자료를 수집·정리하며, 규칙성을 설명할 뿐만 아니라 예측하는 가설을 설정하고 이를 바탕으로 연구를 수행하게 된다. 과학자들이 자연 사물이나 현상들을 탐구할 때 사용하는 보편적인 과정과 기능들을 과학 탐구 기능(scientific inquiry skill)이라고 한다. 학생들은 과학 탐구 기능을 습득하고 사용해야 한다. 과학 탐구 기능은 기초 탐구 기능과 통합 탐구 과정 기능으로 구분할 수 있다. 이러한 능력을 종합적으로 발휘하여 탐구 과제를 해결할 수 있게 되는 것이다.

과학과 교육과정을 근거로 하여 학교 현장에 활용하도록 개발된 교과서를 통해 탐구 활동의 분석을 실시함으로써 통합 탐구 기능에 대해 실제적으로 이해할 수 있다. 탐구 활동의 분석은 탐구 주제에 대해 탐구 유형, 탐구 과정, 탐구 상황 등으로 구성된 3차원 분석틀을 이용하여 분석한다.

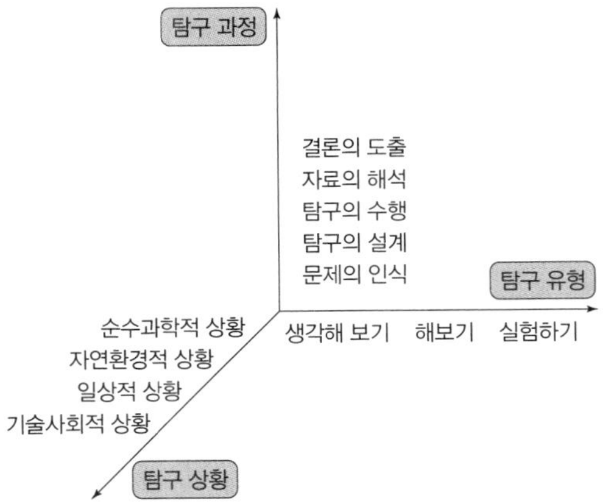

수업 진행

1. 3~4명 정도의 모둠을 구성한 후, 교과서 단원을 모둠에 배당하여 협동학습이 이루어지도록 한다.
2. 탐구 분석 틀에 대한 설명을 구체적으로 실시하고 탐구 활동에 대한 분석 과제를 부과하여 1~2주 후에 발표할 것으로 공지한다.

탐구 유형은 탐구 활동이 수행되는 활동 형태와 활용하는 탐구 재료의 특성에 따라 그 유형을 생각해 보기, 해 보기, 실험하기 3개로 구분한다. 탐구 과정은 문제의 인식, 탐구의 설계, 탐구의 수행, 자료의 해석, 결론의 도출 등 5개로 구분하였으며, 하위 요소들로 세분하여 분석한다. 탐구 상황은 순수과학적, 자연환경적, 일상적, 기술사회적 상황 등 4개로 구분하여 분석한다.

1) 탐구 유형

탐구의 유형	설명
생각해 보기 (Minds-work)	• 그림, 도표나 모형 등의 형태로 제시되어 자료를 보면서 주로 사고 과정을 통한 탐구

해 보기 (Hands-work)	• 가설 설정, 실험 설계나 변인 통제의 과정이 생략된 채, 구체적인 실험 수행 절차 없이 간단한 도구나 실험 재료를 사용하여 과학적 현상을 확인하는 탐구(단순 사육 재배, 단순 관찰 확인, 측정 등)
실험하기 (Experimenting)	• 실험의 설계, 변인의 관계 등을 파악하거나 실험 도구나 기구를 활용하여 구체적인 실험 과정을 통한 탐구

2) 탐구 과정

탐구의 과정	설명
문제의 인식 (Perceiving a problem, PP)	• 주어진 상황에서의 연구 문제를 이해하고 문제를 인식하는 활동 • 주어진 탐구(실험) 상황에서 검증 가능한 가설을 세우는 활동
탐구의 설계 (Designing an inquiry, DI)	• 탐구에 대한 가설 검증의 변인을 찾아내고, 실험에서 통제되어야 할 변인을 구별하는 활동 • 여러 가지 실험 방법 및 과정을 생각해 내는 능력이며, 종합적이고 전체적인 실험 계획을 수립하는 활동
탐구의 수행	• 논리적으로 서열화된 실험 절차에 따라 실험 기구를 조작하는 활동 • 사물의 형태나 사건의 현장으로부터 오감을 이용하여 올바른 정보나 자료를 찾아내고 기술하는 활동 • 주어진 물체의 특성에 따라 적절한 측정 도구를 이용하여 관찰한 것을 정량화하는 활동 • 수집된 사물이나 사건으로부터 여러 가지 특성을 찾아내고 그 특성에 따라 체계적으로 나누는 활동 • 관찰이나 측정된 결과를 기록하여 다른 사람에게 전달하는 활동 • 관찰, 측정 등을 통해 수량적으로 표시된 자료를 모아 정리하고 표나 그래프 등으로 나타내는 활동 • 어떤 대상(식물, 동물, 곤충 등)을 널리 찾아서 모으는 활동 • 특정 상황을 설명하는 사물과 사상에 관한 정보를 수집하는 활동
자료의 해석 (Interpreting data, ID)	• 관찰된 사실이나 주어진 자료 내에 들어 있는 변인들 간의 인과관계와 상관관계 등 관계를 해석하는 활동
결론의 도출 (Formulating a conclusion, FC)	• 수집된 자료로부터 모든 중요한 정보들을 추출하여 실험 사실을 포괄적으로 설명할 수 있는 종합적인 아이디어를 이끌어 내는 활동 • 주어진 자료의 경향성과 규칙성을 파악하여 보다 넓은 범위로의 해석이나, 그러한 특성을 폭넓게 설명할 수 있는 아이디어를 이끌어 내는 활동

3) 탐구 상황

탐구의 상황	설명
순수과학적 (Natural Scien-tific, NS)	• 기본 과학 개념의 체계적 이해와 이들 개념의 형성에 상호작용하는 과학 교과 내적 탐구 상황
자연환경적 (Natural Envir-onmental, NE)	• 학습한 기본 과학 개념과 탐구 능력을 활용하여 해결할 수 있는 과학 교과 외적 자연환경 상황
일상적 (Daily Life, DL)	• 학생들이 일상생활에서 직면하는 문제의 탐구와 해결에 과학적 사실이나 원리를 활용하고, 일상생활 속에서 기본 과학 개념이나 탐구 능력을 적용할 수 있는 탐구 상황
기술사회적 (Techno-Social, TS)	• 과학과 기술의 발달이 인간과 사회에 미치는 영향을 과학적 자료에 근거를 두고 의사 결정하는 능력이나 과학 지식과 방법이 산업적 혹은 실용적 목적으로 응용되는 상황

3. 탐구 분석 결과 발표에 대한 평가 기준을 사전에 공지하고, 모둠별로 탐구 분석 결과를 발표하고 토론하도록 한다. 발표에 대한 평가는 탐구 분석의 정확성, 발표 자료의 충실성, 발표 내용의 전달력, 질의응답에 대한 성실성, 발표 시간 준수 등을 중심으로 실시한다.

수정과 확장

탐구 활동에서 분석적 접근을 통해 결과만을 논의하고, 교과서에 제시된 탐구 유형, 탐구 과정, 탐구 상황의 편중성은 어떠하며, 이러한 경향이 학교 현장 교육에서 보완하거나 개선할 점이 무엇인지에 대해 토론한다. 또한 탐구 활동의 탐구 능력을 보다 함양하기 위해 개선해야 할 부분은 무엇이며, 이를 학교에서 활용하기 위한 새로운 탐구 활동에 대해 제안을 하도록 한다.

참고문헌

교육부, 1997, 고등학교 교육과정, 교육부 고시 제1997-15호, 제2015-40호.

김수동·전영석, 2005, 과학 수업에서 학생평가를 잘 하려면, 한국교육과정평가원 연구보고서.

심규철·김현섭·박영철, 2002, 제7차 교육과정 7학년 과학 교과 생명 영역의 탐구분석, 『한국과학교육학회지』, 22(3), 550-559.

강의노트 · 23

과학적 모델과 모델 중심 탐구 활동

자료 제공자: 윤혜경(춘천교육대학교), yoonhk@cnue.ac.kr
준비물: 미스터리 원통, 막대자석, 못이나 클립, 수조, 스티로폼 조각, 펜치, 흰색 전지, 유성 펜, 칠판에 전지를 부착하기 위한 자석이나 테이프

개관

과학자들은 관찰한 현상을 설명하기 위해 모델을 만들고, 이 모델을 통해 현상을 일으킨, 보이지 않는 실체나 과정에 대해 설명한다. 과학적 모델은 이전에 수집된 데이터를 설명하고 특정 상황에서 무엇이 일어나는지를 예상하는 데 사용한다(Schwartz & White, 2005). 또 이러한 예상은 실험이나 추가적인 관찰을 통해 테스트된다. 추가적인 증거가 모델에 의해 설명이 가능하면 그 모델은 더욱 신뢰를 얻게 되고, 모델로 설명할 수 없는 불일치 증거는 그 모델을 거부하거나 수정하도록 한다.

어떤 현상에 대한 설명적 모델을 구성하여 이에 기초해서 현상을 예상하고, 검증하고, 모델을 다시 수정하는 능력은 과학 탐구의 핵심적인 능력이다. 이러한 과학적 모델의 역할을 이해하는 것 자체가 과학의 본성에 대한 이해를 구성하는 중요 요소이다.

이 수업은 자석을 이용해 클립을 자화(磁化)시키고, 자화된 클립의 특성을 관찰한 후, 자화에 대한 과학적 모델을 예비 교사 스스로 구성하여 사용하고 수정

해 보는 경험을 통해 과학적 탐구 능력과 과학적 모델에 대한 이해(과학 본성에 대한 이해)를 동시에 증진시키는 것을 목표로 한다. 이 수업은 한 번에 시행되기는 어렵고 최소 2~3회 정도로 나누어 충분한 시간을 가지고 실시하는 것이 좋다.

수업 진행

1. 모델이란 말을 이해하기

먼저 자신이 알고 있는 과학적 모델에는 어떠한 것들이 있는지, 과학자들은 어떤 목적으로 모델을 만들고 사용한다고 생각하는지 질문한다. 일반적으로 예비교사들은 과학 지식을 쉽게 설명하기 위해, 보이지 않는 것을 가시화하기 위해 모델을 사용한다는 생각을 가지고 있다. 즉 모델은 의사소통을 위한 수단으로 인식되며, 자연현상을 설명하고 예측하기 위한 목적으로는 거의 인식되지 않고 있다.

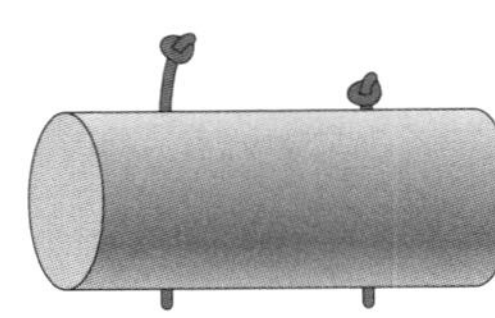

미스터리 원통

학생들에게 '미스터리 원통'(National Academy of Science, 1998)을 모둠별로 1개씩 배부한다. 뚜껑이 있는 원통의 측면에 4개의 구멍이 있고 이 구멍으로 4개의 끈이 나와 있다(과자가 담겨 있던 종이 원통을 이용하면 쉽게 만들 수 있다. 길이가 다른 2개의 끈을 중간에서 한 번 꼬이도록 한 후 각각의 구멍에 끈을 하나씩 끼운다).

이 4개의 끈을 여러 가지 방법으로 잡아당겨 보고 원통 내부에 끈이 어떻게 배치되어 있는지 추론하도록 한다. 이때 통의 뚜껑은 절대 열 수 없음을 강조한다. 끈의 배치를 추론하는 활동이 실제 과학자들의 탐구 과정과 어떤 점에서 유사한지에 대해 토론하도록 한다.

학생들은 끈을 잡아당겨 보면서 다양한 방법으로 관찰, 측정, 기록해야 하며, 이를 통해 통 내부 끈의 배치를 추론해야 한다. 또 자신이 생각하는 배치가 맞는지 여러 가지 방법으로 테스트해 보아야 하는데, 뚜껑을 열어 볼 수 없으므로 끈의 배치를 직접적으로 확인하는 것은 불가하다. 이와 같이 과학자들도 자신이 수집한 데이터를 기반으로 어떠한 현상의 원인과 과정을 추론하며, 이것이 맞는지 계속해서 다양한 방법으로 테스트한다는 것을 인식하도록 한다.

2. 현상을 관찰하고 초기 모델을 구성하기

자화에 대한 간단한 실험은 대개 초등학교 3학년에서 다룬다. 초등학생에게는 자화에 대한 모델을 가르치지 않지만, 교사들은 자화 현상과 관련된 많은 지식을 이미 학습한 상태이므로 충분히 자신의 자화 모델을 생성할 수 있다.

자화는 작은 못이나 철로 만든 머리핀, 클립 등을 이용해서 실험할 수 있다. 주변에서 쉽게 구할 수 있고 펜치로 자르기도 편한 클립은 일자로 펴서 사용하면 편리하다. 클립을 자화시키기 전과 막대자석으로 문질러 자화시킨 후 무엇이 달라졌는지를 탐색하는 실험을 한다. 막대자석으로 문지른 클립은 자석과 같이 N극과 S극, 서로 다른 두 극을 가지게 된다는 사실을 관찰하도록 한다. (물이 담긴 수조를 준비하고 작은 스티로폼 조각에 클립이나 못을 올려놓고 다른 클립이나 못을 가까이 가져가 반응을 관찰한다.) 그리고 막대자석으로 문지르기 전과 문지른 후 클립 내부에 어떤 변화가 있었는지, 이에 대한 생각을 그림과 글로 표현하고 발표하도록 한다. 흰색 전지에 모둠별로 자화 후 클립 내부에 어떠한 변화가 있었는지 그림으로 그리고 칠판에 부착하거나 교실 벽에 부착하여

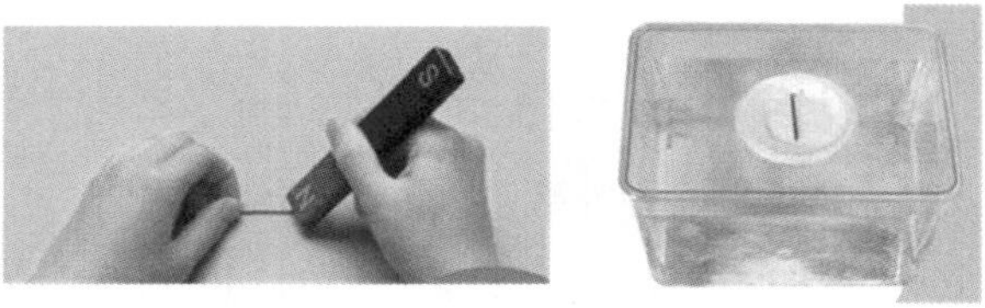

막대자석으로 클립을 자화시킨 후 클립에 N극과 S극이 생긴 것을 확인할 수 있다.

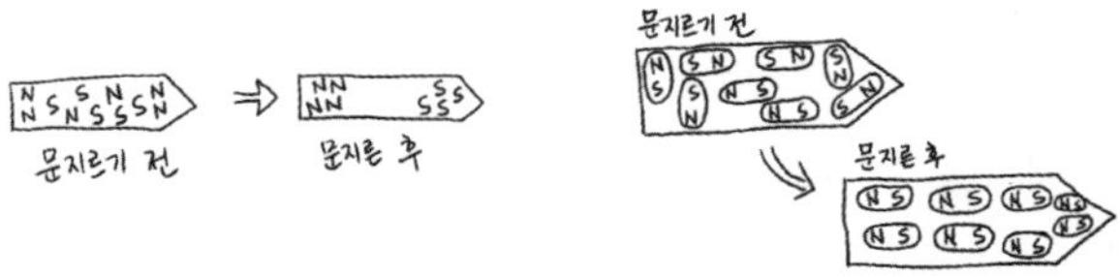

자화되기 전과 자화된 후 클립 내부가 어떻게 달라졌는지 모델을 통해 설명해 본다.

직접 설명하도록 한다.

3. 모델에 근거해서 예상하기

과학적 모델을 통해 관찰된 현상을 설명할 뿐만 아니라 새로운 현상을 예상해야 한다는 것을 설명한다. 이전에 만든 자신의 모델에 근거해서 자화된 클립을 반으로 자르면 어떻게 될지, 반이 아닌 다른 길이(예를 들면 4분의 3과 4분의 1)로 자르면 어떻게 될지 예상해 보도록 한다. 즉 반으로 혹은 4분의 3 지점을 자른 클립의 내부를 그림으로 나타내고, 두 조각의 각 끝부분이 N극인지 S극인지, 아니면 극이 없는지 예상해 보도록 한다. 보통 학생들은 '모델에 근거해서 예상한다'는 것이 무엇인지 잘 이해하지 못한다. 자신이 생성한 모델과 전혀 상관없이 그냥 단순하게 결과만 예상하는 경우가 많다. 이때 앞에서 활동한 '미스터리 원통'을 상기하고 자신의 모델이 맞는다면, 그러면 어떻게 될지를 말하거나 설명해 보도록 독려한다.

4. 예상을 확인하고 모델을 수정하기

실제 실험을 통해서 위의 예상을 확인해 보도록 한다. 예비 교사들은 실험을 통해 자화된 클립을 반으로 자르거나 서로 다른 길이로 자르더라도 각각의 도막이 막대자석처럼 N극과 S극을 가지게 된다는 사실을 확인할 수 있다. 실제 실험에서 클립을 자를 때 큰 충격이 가지 않도록 유의해야 한다. 자신들의 예상과 관찰 결과가 정확하게 일치했다면 원래의 모델을 유지하도록 하며, 예상과 관찰 결과가 일치하지 않을 경우 모델을 수정하도록 한다.

5. 여러 모델 중 가장 좋은 것을 선택하기

각 모둠에서 제시된 여러 모델 중 어느 것이 가장 좋은지 전체 토론을 실시한다. 과학자들이 여러 모델 중 가장 타당한 것을 논박을 통하여 찾아가듯, 학생들도 사회적 협의를 통해 과학 지식을 생성하는 것임을 강조한다. 예비 교사들이 제안한 모델 중 과학적 모델이 없으면 교수가 자연스럽게 제안하여 토론 대상이 되도록 한다.

6. 선택한 모델을 새로운 상황에 적용하기

여러 모델 중 과학적 모델이 가장 그럴듯한 것으로 선택되면, 다시 이 모델이 다른 상황에서 성공적으로 여러 가지 현상을 설명할 수 있는지 적용해 본다. 센 자석의 N극과 약한 자석의 N극이 서로 붙는 현상 혹은 자석을 클립에 가까이 가져갔을 때 클립이 끌려와서 붙는 현상을 보여 주고 과학적 모델을 적용해서 이 현상들을 설명해 보도록 한다.

7. 되돌아보기

실제 과학의 역사에서도 여러 유형의 자기 모델(윌리엄 길버트의 조화·부조화 모델, 르네 데카르트의 나선형 입자 모델, 프란츠 에피누스의 유체 모델, 샤를 쿨롱의 자기 실체 모델 등)이 제안되고, 수정되고, 발달되어 왔음을 설명한다. 즉 과학의 과정은 모델을 개발하고, 검증하고, 수정하는 과정임을 설명하고, 자화에 대한 학생들의 탐구 과정도 그와 유사한 과정이었음을 되돌아보도록 한다. 시간이 허락한다면 과학에 대한 기어리(Giere, 1991) 모형을 소개하도록 한다.

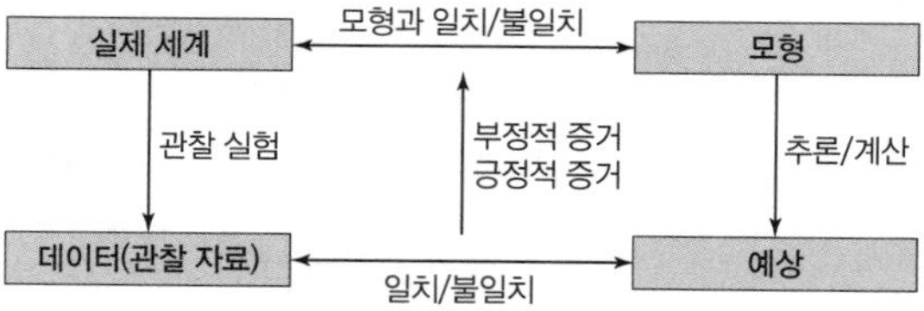

수정과 확장

시간이 부족하거나 예비 교사들이 자화 현상에 대해 모델을 구성하는 것을 매우 어려워하는 경우 교수가 몇 가지 모델을 제시할 수 있다(예: 클립 내에서 자유전자가 이동하는 모델, N이나 S 입자가 이동하는 모델, 작은 자석 모델 등).

과정 1(모델이란 말을 이해하기)과 과정 7(수업 되돌아보기)은 매우 짧게 진행하거나 경우에 따라서 생략할 수 있다.

참고문헌

윤혜경, 2011, 초등 예비 교사의 자기 모델 탐구 과정과 과학적 모델에 대한 이해 변화, 『초등 과학교육』, 30(3), 353–366.

Giere, R. N., 1991, *Understanding scientific reasoning*, Fort Worth, TX: Holt, Rinehart, & Winston.

National Academy of Sciences(US), Working Group on Teaching Evolution, 1998, *Teaching about Evolution and the Nature of Science*, Joseph Henry Press.

Schwarz, C. V., & White, B. Y., 2005, Metamodeling knowledge: Developing students' understanding of scientific modeling, *Cognition and instruction*, 23(2), 165–205.

강의노트 · 24

가설이란 무엇인가?

자료 제공자: 윤혜경(춘천교육대학교), yoonhk@cnue.ac.kr
준비물: 초의 연소 후 수면이 상승하는 실험 동영상 혹은 실험 준비물(양초, 비커, 샬레, 점화기)

개관

과학에서 가설이 중요하다는 것은 알지만 정작 가설이 무엇인지 제대로 이해하고 있는 학생은 많지 않으며, 단순한 예상을 가설로 잘못 알고 있는 경우도 많다. 여기서는 우선 학생들이 현상을 관찰하고 그 현상에 대한 자신의 가설을 세워보도록 한다. 교사는 이 중 가설과 가설이 아닌 것을 구분하는 과정에서 가설의 특징에 대해 좀 더 자세히 안내할 수 있다. 마지막으로 실제 수업의 예시를 통해 가설 검증은 하나의 실험으로 이루어지는, 단순한 과정이 아님을 알게 하고 후건긍정의 오류가 무엇인지 설명한다.

수업 진행

1. 가설에 대한 ○, × 퀴즈 풀기

다음과 같은 문장을 함께 읽으며 문장이 참이라고 생각하면 문장이 끝날 때 손뼉을 쳐서 박수 소리를 내도록 한다. 교사는 박수 소리 크기로 학생들의 생각을 짐작할 수 있다.

- 가설은 잠정적인 설명이다.(○)
- 가설은 테스트될 수 있는 것이다.(○)
- 가설은 탐구 가능한 질문이다.(×)
- 가설은 결과가 어떻게 될지 예상하는 것이다.(×)
- 가설을 통해 예상을 할 수 있다.(○)
- 가설은 이론이 되고 결국은 법칙이 된다.(×)
- 가설은 탐구를 안내하고 어떤 데이터를 주목할 것인지 결정하게 한다.(○)
- 가설을 세우는 것은 창의성과 상상을 필요로 한다.(○)
- 가설은 "만약~이면, 그러면~"과 같은 형태로 진술될 수 있어야 한다.(○)

가설이 무엇인지, 과학에서 가설이 왜 중요한지 등에 대해 학생들이 직접 자신의 생각을 말해 볼 수 있도록 한다. 바로 퀴즈의 정답을 말해 주기보다는 수업이 모두 끝난 후 가설에 대한 자신의 이해가 달라졌는지 점검하도록 하는 것이 좋다.

2. 자신의 가설 세워 보기

다음과 같은 실험 동영상을 보여 주거나 직접 실험해 보도록 한다. 그리고 각자 이 현상과 관련된 가설을 진술해 보도록 한다. 개인적으로 하는 것을 어려워하면 두세 명이 함께 가설을 세워 보도록 한다.

샬레에 물을 담고 초를 세운다. 초에 불을 붙이고 잠시 후 비커를 덮는다. 불이 꺼지고 나면 비커 안으로 물이 들어가 수면이 높아진다.

학생들이 세운 자신의 가설을 발표하게 하고, 이것을 칠판에 정리하여 목록을 만든다. 그리고, 이 중 가설이라고 할 수 있는 것과 가설이라고 할 수 없는 것을 하나씩 구분해 가며 이러한 구분 과정에서 가설의 특징을 예비 교사들이 잘 이해할 수 있도록 안내한다. 중요하게 설명되어야 할 것은 다음과 같다.

- 가설과 예상은 엄밀한 의미에서 동의어가 아니다.
- 예상은 어떤 일이 일어날지 서술하는 것이고, 가설은 왜 어떤 일이 일어나는지 설명하는 것이다.
- 가설은 검증 가능해야 하고 반증 가능해야 한다.

3. 가설 검증의 복잡성

위의 주제에 대한 수업 사례를 소개한다.

〈수업 사례〉

김 선생님은 과학 영재 학생들을 대상으로 초가 꺼지면 수면이 상승하는 현상을 시범으로 보여 주었다. 학생들은 이 현상을 보고 초가 타면서 비커 안의 산소가 소모되어 산소가 있던 자리를 메우기 위해 물이 비커 안으로 들어간다고 생각했다. 그래서 '초의 개수가 많을수록 산소를 많이 소모해서 수면이 높아질 것이다.'라고 생각했다. 학생들은 이 생각을 검증하기 위해 실제 초의 개수를 1, 2, 3개로 늘려 가면서 실험을 실시해 보았다. 실험 결과 초의 개수가 많을수록 수면의 높이는 높아졌다. 이러한 실험 결과를 토대로 학생들은 산소 소모설이 옳다는 결론을 내렸다.

그러나 김 선생님은 수면 상승의 주된 원인이 산소 소모 때문이 아니라 촛불로 뜨거워진 공기가 촛불이 꺼지면서 수축하여 비커 내부와 외부의 기압 차이가 생기기 때문이라고 설명했다. 그리고 이것을 직접 보여 주기 위해 비커를 뜨거운 물로 헹구어 내고 그 비커를 찬물이 들어 있는 샬레에 거꾸로 세워 수면이 상승하는 것을 보여 주었다. 학생들은 가설을 세우고 실험을 통해 자신의 예상과 같은 실험 결과를 얻었지만 애써 실험한 결과는 현상을 이해하는 데 별 도움이 되지 않았다.

위와 같은 수업의 문제점이 무엇인지 질문하고 어떻게 이 수업을 개선할 수 있는지 토론하도록 한다. 그리고 이 수업을 논리적인 관점에서 분석해 보도록 한다.

- 시험 명제: 초가 연소하면서 산소를 소모한 만큼 물이 올라가는 것이면, 양초가 많을수록 수면이 높아질 것이다.(A)
- 실험 결과: 초의 개수가 많을수록 수면이 높아졌다.(B)
- 추리: 따라서 수면이 상승하는 것은 산소가 소모되었기 때문이다.

우리는 흔히 과학 수업에서 이와 같은 논리적인 오류를 범하기 쉽다. 실험 결과가 가설에 의한 예상대로 나왔다고 하더라도 가설이 옳다는 것을 증명한 것은 아니다. 어떤 명제(A→B)가 참이라도, 그 역명제(B→A)가 반드시 참은 아니기 때문이다. A가 B가 될 때, B를 보고 A라고 추리하는 것을 논리학에서는 후건 긍정의 오류라고 한다. 따라서 예상한 실험 결과가 나왔어도 우리의 추리가 틀릴 가능성이 있다. 그래서 실험 결과를 다르게 해석할 수 있는 가능성이 있는지, 다른 가설로도 그 현상을 설명할 수 있는지를 따져 보는 것이 중요하다. 특히 앞선 사례의 경우 초의 개수가 증가하면 실제로 산소 소모량이 많아지는지에 대한 또 다른 검증도 필요하다. 과학에서의 가설은 하나의 실험에 의해 참, 거짓이 판명되는 것이 아님을 설명하고, 과학 그리고 과학 수업에서는 실험 자체도 중요하지만 실험 결과에 대한 해석과 토론이 매우 중요하다는 것을 강조한다.

수정과 확장

MBL을 이용해서 비커 내부의 산소 농도를 측정하거나 온도를 측정하는 실험 등 심화 탐구 활동으로 이어 갈 수 있다.

참고문헌

장병기·윤혜경, 2016, 『초등과학을 어떻게 지도할까?』, 춘천교육대학교 출판부.

Yoon, H. G., Joung, Y. J., & Kim, M., 2012, The challenges of science inquiry teaching for pre-service teachers in elementary classrooms: Difficulties on and under the scene, *Research in Science Education*, 42(3), 589-608.

강의노트 · 25

탐구 수행 능력 & 탐구 지도 능력

자료 제공자: 이봉우(단국대학교), peak@dankook.ac.kr
준비물: 없음

개관

탐구는 과학교육에서 아주 오래전부터 관심을 받아 온 주제로, 과학을 다른 교과와 구분 지을 수 있는 중요한 활동이다. 탐구 활동을 통해서 학생들은 과학의 개념을 이해할 수 있을 뿐만 아니라, 과학의 본성은 물론 과학에 대한 긍정적인 태도를 갖출 기회도 얻게 된다. 오래전부터 교육과정 수준에서 탐구를 중시해 왔지만, 실제 학교에서는 학생들이 탐구를 수행할 수 있는 기회를 얻지 못하고 있다. 거기에는 입시 위주의 수업, 탐구의 본질을 학습할 수 없게 되어 있는 요리책식 교과서 실험 등 여러 가지 요인이 있지만, 또 하나의 요인으로는 교사 변인을 들 수 있다. 교사 스스로도 탐구를 직접 수행해 본 경험이 없을 뿐만 아니라 탐구를 지도하는 방법을 제대로 배운 적이 없다는 것이다. 이 강의에서는 예비 교사들이 탐구를 직접 수행하면서 탐구 수행 능력을 키움과 동시에 탐구를 지도하는 능력을 신장시키는 것을 목표로 한다.

수업 진행

수업 진행은 두 가지 트랙으로 진행한다.

1. 탐구 수행 능력 신장을 위한 활동

1) 1, 2주차 강의에서는 탐구에 대한 기본적인 안내를 하고, 탐구 주제의 선정 방법에 대하여 강의를 진행한다.
2) 학생들은 개별적으로 수행할 탐구 주제 3개(임시 주제)를 정하여 이 주제를 선정한 이유, 탐구 주제를 정하게 된 과정 등을 포함한 '탐구주제선정계획서'를 작성하여 발표하고(5~10분), 다른 동료와 지도 교사로부터 조언을 받는다.
3) 지도 교사와 1:1 면담을 통해 탐구 주제를 확정한다.
4) 중간고사 실시 이후에 탐구 수행 중간발표를 실시하고 동료와 지도 교사의 질의응답 & 조언을 받는다.
5) 최종 발표회(포스터 발표)를 실시한다. 전체 예비 교사를 반으로 나누어 발표팀/관람팀으로 정하고 각각 1시간씩 발표회를 수행한다. 관람팀 예비 교사들은 발표 내용을 평가한다.

2. 탐구 지도 능력 신장을 위한 활동

1) 학교 인근의 고등학교와 MOU를 통해 고등학생들과 예비 교사들의 탐구 지도 수행 계획을 세운다.
2) 예비 교사 2~3명을 한 팀으로 구성한다. 이때 팀의 개수는 고등학생의 탐구팀 개수와 동일하게 한다.
3) 모든 학생과 예비 교사들이 같이 만나서 수행하는 '공식 멘토링' 6회(2주 1회) 실시하고, 각 모둠별로 개별적으로 진행되는 '개별 멘토링'을 실시한다. 과정 중간에 탐구의 주제, 주제의 선정 이유, 이론적 배경, 탐구 과정 계획 등을 포함한 탐구 계획서를 발표하는 포스터 발표가 이루어지고, 모든 탐구가 마무

리된 이후에 구두 발표 및 포스터 발표가 진행된다.

4) 각 과정 중에 예비 교사들은 고등학생들의 탐구를 지도하며, 탐구 지도의 과정 등을 지도 교사의 도움을 통해 진행한다.

5) 예비 교사들은 탐구 지도 중에 '멘토 일지'를 작성하고, 모든 지도 과정이 끝난 이후에 '멘토링 보고서'를 작성하여 제출한다.

수정과 확장

이 수업에서는 예비 교사들이 고등학생들을 직접 지도할 수 있는 기회를 갖는다는 점에서 매우 의미가 있다. 다만 제대로 된 활동을 위해 적절한 고등학생들과의 연계를 조직적으로 수행할 필요가 있다. 예비 교사들이 탐구를 지도한 경험이 없기 때문에 매주 예비 교사들과의 면담을 통해 학생들을 지도하면서 겪는 어려움을 잘 해결해 줄 수 있어야 한다. 수업 중에는 예비 교사들이 겪는 다양한 사례를 발표하고, 이 사례에 관해 논의하는 과정을 포함하면 더욱 효과적일 것이다.

참고문헌

이봉우, 2013, '탐구 멘토링' 프로그램에서 예비 과학 교사들이 겪은 어려움, 『한국과학교육학회지』, 33(7), 1285-1296.

강의노트 · 26

'문제 발견' 해 보기

자료 제공자: 정용재(공주교육대학교), yjjoung@gjue.ac.kr

준비물: (시연용) PPT 자료, 풍선, 고무관, 클립, 양초, 성냥, 자
(활동용)(※위의 시연을 학생들이 직접 해 보게 하고자 한다면, 위의 자료를 준비한다.)

개관

2009 개정 과학과 교육과정에서는 기초 탐구 기능과 통합 탐구 기능을 제시하고 있다. 이 중에서 통합 탐구 기능 중 첫 번째 단계는 '문제 인식'이다. 2009 개정 교육과정에 따른 초등학교 과학 교사용 지도서(2015년 출판)에 따르면 '문제 인식'에 대해, "해결해야 할 문제를 발견하거나 제시된 문제를 파악하고, 기존 지식과 경험을 활용하여 문제를 해석하고 자신의 언어로 문제를 재구성하는 과정"을 말한다(p.54). 즉 '문제 인식'이란, 문제를 발견하고 문제를 재구성하는 과정을 말한다. 그런데 실제로 문제를 인식하기 위해서는 문제를 발견하는 단계부터 어려움을 겪는 경우가 많다. 이 강의는 실제로 문제를 발견해 보는 활동을 하면서, 문제를 발견하는 데 영향을 미치는 것들을 생각해 보고, 어떻게 하면 좀 더 문제를 잘 발견할 수 있을지에 대해 고민해 보는 것을 목표로 한다.

수업 진행

1. 지난 시간에 했던 기초 탐구 기능(관찰, 분류, 측정, 추리, 예상, 의사소통)에 대해 상기시킨 후, 통합 탐구 기능(문제 인식, 가설 설정, 변인 통제, 자료 변환, 자료 해석, 결론 도출)에 대해 간략히 소개한다.
2. 문제 인식과 관련해서 다음과 같은 교사용 지도서 내용(p.54, p.58)을 소개한다.

문제 인식의 뜻	해결해야 할 문제를 발견하거나 제시된 문제를 파악하고, 기존 지식과 경험을 활용하여 문제를 해석하고 자신의 언어로 문제를 재구성하는 과정
문제 인식의 예	• 전자석의 세기에 영향을 주는 요인은 무엇일까? • 식물의 뿌리 모양과 잎의 모양은 어떠한 관계가 있을까? • 종이비행기를 어떻게 하면 더 멀리 날게 할 수 있을까? • 어떤 물체는 물에 뜨고 어떤 물체는 물에 가라앉을까?
문제 인식 활동의 예	• 그림자와 관련된 궁금한 점을 브레인스토밍을 통하여 나열하고, 이것을 질문 형태로 진술하여 본다. • 실험 활동이 끝나고 더 탐구하여 보고 싶은 내용을 질문 형태로 진술하여 본다.

3. 문제 인식을 위해서는 먼저 이상하다고 느껴지는 것이나 궁금한 문제가 있어야만 자연스럽고 강력한 문제 인식과 함께 전체적인 탐구의 동력이 얻어질 수 있다는 인식을 공유한다.
4. 다음과 같은 4가지 현상(동영상 및 사진)을 보여 주고, 4가지 현상 중에서 이상하다고 느껴지는 현상을 찾아보도록 한다. 학생들에게는 4가지 현상 중에 사실은 그렇지 않은데 그렇게 보이도록 강의자가 조작한 현상이 있을 수도 있다고 말해 주는 것도 좋다. 이때 조작한 것이 하나일 수도 있고, 모두 다일 수도 있으며, 모두 다 아닐 수도 있다고 말하면 학생들의 좀 더 다양한 반응을 유도할 수 있다.
   1) "공기의 양이 다른 두 풍선을 연결한 후, 잡았던 손을 놓으면 어떻게 될까?"라는 질문을 던지고 동영상을 보여 준다. 이때 동영상 속에서는 큰 풍선에서 작은 풍선 쪽으로 공기가 이동한다.

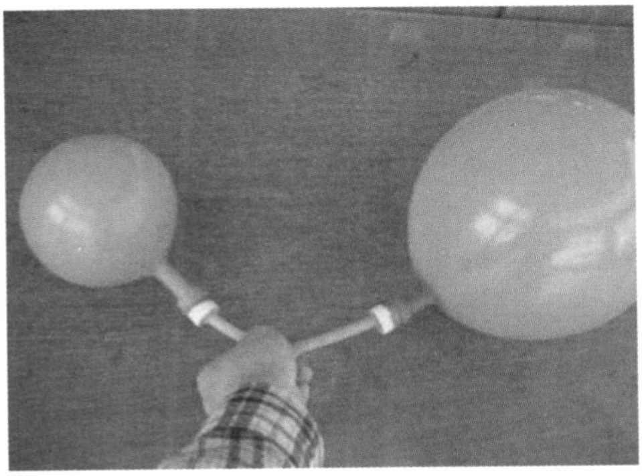

그림 1. 공기의 양이 다른 두 풍선 연결하기

2) "빵빵한 풍선에 클립을 꽂으면 어떻게 될까?"라는 질문을 던지고 동영상을 보여 준다. 이때 동영상 속에서는 풍선이 터지지 않고 클립이 꽂힌다. 테이프를 붙여서 해 본 학생들이 있을 수 있으므로, 동영상 속 현상은 테이프를 붙이지 않은 상태에서 일어난 것임을 알려 줄 필요가 있다.

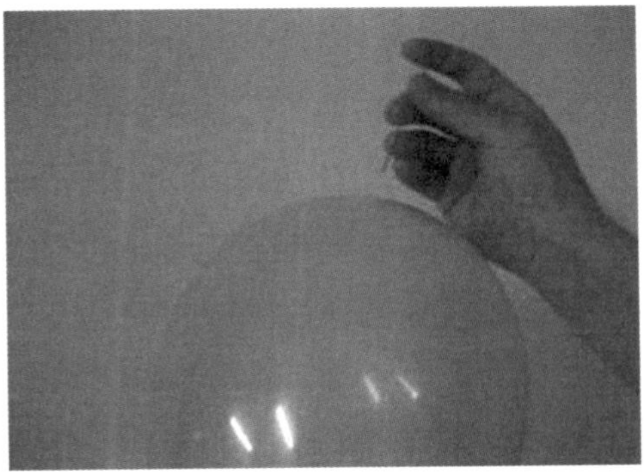

그림 2. 풍선에 클립 꽂기

3) "흙에 전혀 심은 적이 없었던 콩나물과 고구마도 자랄 수 있을까?"라는 질문을 던지고 다음의 사진을 보여 준다.

그림 3. 흙에 한 번도 심은 적이 없는 콩나물과 고구마

4) "불에 전혀 닿지 않은 성냥에 불이 붙을까?"라는 질문을 던지고 동영상을 보여 준다. 이때 동영상 속에서는 불에 닿지 않은 성냥에 불이 붙는다.

그림 4. 불에 대지 않고 성냥에 불붙이기

5. 학생들에게 위 4가지 현상 중 이상하다고 생각되는 현상, 즉 조작했다고 생각되는 현상이 몇 번일지 묻는다.
   - 많은 학생들이 3번은 조작이 아니라고 얘기한다. 생활 속에서 수경으로 식물을 키워 본 경험이 있기 때문이다. 그러나 초등학생의 경우에는 3번을 조작한 것으로 대답하는 학생들이 꽤 있다. 식물은 흙으로부터 대부분의 양분을 얻는다고 생각하기 때문이다.
   - 많은 학생들은 2번을 조작한 것이라고 얘기한다. 보통 테이프를 붙여 놓고

바늘을 꽂으면 풍선이 터지지 않지만, 2번은 테이프를 붙이지 않은 상태라고 얘기했기 때문에 이상하다고 여기는 학생들이 많은 것으로 보인다.

6. 이제 마지막 네 번째부터 실제로 일어나는 현상을 시연으로 보여 준다.
   - 4번은 발화점 이상으로 온도가 올라가면 불에 닿지 않아도 불이 붙는다.
   - 3번은 강의자가 실제 키웠던 것을 사진으로 찍은 것이다. 즉 조작이 아니다.
   - 2번은 테이프를 붙이지 않아도 풍선이 터지지 않게 할 수 있다. 고무가 뭉쳐 있어 두꺼워진 부분에 클립을 끼우면 풍선이 터지지 않는다. 즉 조작이 아니다.
   - 1번은 조작이다. 중간에 고무관을 잡았던 손을 놓으면, 공기는 크기가 작은 풍선에서 큰 풍선 쪽으로 이동한다. 즉 작은 풍선이 더 작게 된다. 이는 풍선의 탄성과 관련이 있다. 풍선이 커지면 고무의 두께가 얇아지면서 탄성이 줄게 되고, 이에 따라 크기가 큰 풍선 내부의 압력은 더 작아지고, 작은 풍선 내부의 압력이 오히려 더 커진다. 따라서 작은 풍선에서 큰 풍선으로 공기가 이동한다. 풍선을 불 때 처음에 가장 힘들었다가 풍선이 어느 크기 이상이 되면 오히려 쉽게 불 수 있었던 경험을 떠올리게 하면 학생들이 쉽게 수긍한다. 1번을 조작한 방법은 동영상을 거꾸로 재생시킨 후 다시 찍으면 된다.
7. 10여 학기를 강의해 본 결과, 1번이 조작이라고 응답하는 학생은 대체로 10%를 넘지 않는다. 그렇다면 왜 이렇게 정답률이 낮은 것인지 학생들에게 묻는다. "아는 만큼 보인다."라는 말을 상기시키고, 관찰의 이론 의존성에 대한 얘기를 이어서 해 준다. 즉 문제를 발견하는 것 자체가 관찰자의 선개념과 이론에 의존하게 되므로, 동일한 현상을 본다고 해서 동일한 문제를 발견하는 것이 아닐 수 있음을 논의한다.
8. 문제의 발견은 논리적인 추리 과정에 의해서도 가능하고, 직관적인 과정을 통해서도 가능하다. 다만, 어느 과정을 거치든 간에 나의 지식과 이론이 문제 발견에 영향을 미칠 수 있음을 의식하고, 인식의 한계를 스스로 돌아보면서 좀 더 유연하고 비판적인 사고를 하고자 의도적으로 노력하는 것이 필요함

을 논의한다.

수정과 확장

그림 5. 덕수궁의 자격루

다음은 덕수궁에 있는 자격루 사진이다. 원래 자격루는 스스로 시각을 알려 주는 장치가 있었다고 하나, 현재 덕수궁의 자격루는 물시계에 해당하는 부분만 남아 있는 것이다. 학생들에게 사진을 보여 주고, 이상하거나 궁금한 점을 찾아보게 한다. 그리고 그 이상하거나 궁금한 점을 탐구 문제로 재구성해 보도록 한다. 이때에도 물시계가 갖춰야 할 조건, 물의 높이에 따른 수압 등 기존에 알고 있는 지식이나 선입관이 문제 인식에 영향을 미칠 수 있으므로, 자신의 지식과 선입관을 돌아보면서 좀 더 유연하고 비판적인 사고를 할 수 있도록 장려한다.

참고문헌

1. 기초 탐구 과정과 통합 탐구 과정에 대한 것은 2009 개정 과학과 교육과정과 그에 따른 교사용 지도서를 참조할 수 있다.
2. '탐구' 및 '문제 인식' 혹은 '문제 설정' 등과 관련된 좀 더 본래적이고 이론적인 내용은 다음 문헌을 참조할 수 있다.

정용재, 2014, '탐구공동체'의 과학교육적 함의에 대한 이론적 고찰: '과학 교실 탐구공동체'를 향해서, 『한국과학교육학회지』, 34(3), 303-319.

Dewey, J., 1910, *How we think*, Boston: D.C. Heath, Lexington. Reprinted, Dover Publication, Mineola, NY, 1997.

강의노트 · 27

반성적 사고를 강조한 실험보고서 RERUN

자료 제공자: 최혁준(한국교원대학교), hjchoi@knue.ac.kr
준비물: RERUN 실험보고서(A4 1장 분량)

Recall 실험실에서 어떤 실험 절차를 수행하였는지 쓰세요. 이 실험 절차는 무엇을 알기 위함이었는지 생각해 보고 적으세요.	
Explain 이 실험의 목적을 쓰세요. 이 사실로 이해할 수 있는 자연현상 혹은 실생활 현상을 적으세요.	
Results 실험의 결과를 적으세요.	
Uncertainties 실험에서 오차의 원인을 쓰세요. 본인이 잘 이해가 안 되는 부분을 적으세요.	
New 배운 것 중에서 새로운 것을 적으세요.	

개관

RERUN은 라슨(Larson, 1991)이 실험보고서 작성 시 학생의 과학적 글쓰기 능력을 향상시키기 위해 만든 양식으로, 펙과 브레스(Peck & Bres, 1994)는 RERUN을 좀 더 간단한 형식으로 바꾸어 학습자가 실험 수행 과정을 돌아볼 수 있도록 하였다. RERUN의 각 단어는 다음과 같은 의미를 가지고 있다.

R = Recall: 실험실에서 물리적으로 한 내용을 묘사하라.
E = Explain: 실험의 목적을 설명하라.
R = Results: 실험의 결과를 말하라.
U = Uncertainties: 오류가 존재하는 불확실을 묘사하라.
N = New: 배운 내용 중 새로운 것을 적어라.

기존의 실험보고서 작성 시 학생들은 실험의 의미를 파악하지 못한 채 보고서를 작성하는 경우가 많은데, RERUN 적용을 통해 학생들이 실험에서 배운 내용을 더 잘 기억하고, 왜 실험을 수행해야 하는지를 더 깊이 생각하며, 자신의 생각을 글로 더 잘 표현하는 데 도움을 줄 수 있다(Larson, 1991).

일반물리학 실험 강좌에서 반성적 사고를 강조하기 위해 기존 실험보고서의 '검토 및 토의' 부분을 RERUN의 형식으로 대체하였다.

수업 진행

1. 강의 첫 주 RERUN 보고서 작성의 의미 및 작성 방법을 소개한다. RERUN 보고서 작성의 의미를 소개하며 실험의 의미를 파악하고, 실험 내용을 기억하며 글쓰기에 도움이 됨을 언급한다. 작성 방법은 RERUN 보고서 양식을 제시하고 각 단계에서 무엇을 작성해야 하는지 설명해 준다.
2. (필요한 경우 예비 보고서 작성을 포함하여) 수업 시간에 실험을 진행하고, 실험 결과를 기록하며, 실험에 대한 결론을 도출하는 단계까지는 기존의 실

험 수업과 동일하다.

3. 마지막 단계인 '검토 및 토의' 부분은 RERUN 보고서를 작성하는 것으로, 이 부분은 다음 실험 전까지 개별적으로 작성하여 제출하도록 한다.

수정과 확장

작성한 내용, 특히 'U' 단계에 대해 발표 및 토의하는 별도의 시간을 가질 수 있다.

참고문헌

이윤희·최혁준, 2016, 일반물리실험에서 반성적 사고를 강조한 실험보고서 적용 가능성 탐색, 『과학교육연구지』, 40(3), 202–216.

Larson, A., 1991, "Rerun" Your labs, *The Science Teacher*, 58(6), 72.

Peck, L. H. & Bres, M., 1994, RERUN revisited from laboratory to lecture, *Journal of College Science Teaching*, 24(2), 130.

제4강

과학 교수 학습이론

강의노트 · 28

내 과학 선생님을 소개합니다

자료 제공자: 강경희(제주대학교), kkh6554@jejunu.ac.kr
준비물: 소개 자료(ppt 파일 등)

개관

예비 과학 교사의 교수 역량 강화는 향후 과학교육의 수준에 큰 영향을 미친다는 점에서 매우 중요하다. 교수 역량을 이론적 교수 역량과 실천적 교수 역량이라는 차원에서 볼 때, 예비 과학 교사들의 교수 역량은 단순히 교과 내용 지식과 교과 교육 지식만으로는 형성되지 않는다. 교사의 전문성이라는 측면에서 예비 과학 교사들이 과학 교사와 과학 수업에 대해 이해하는 것은 교수 역량을 함양시키는 과정에서 중요한 토대가 될 수 있다.

학습자들의 '과학 교사'에 대한 인식은 자신의 중·고등학교 시절 선생님에 대한 생각과 밀접하게 관련되어 있다. 그 생각이 긍정적이든 부정적이든 이 인식은 향후 자신의 '교사상'을 형성하는 데 직간접적으로 영향을 줄 수 있다. 따라서 이 강의를 통해 예비 과학 교사들이 '좋은 과학 교사'에 대해 생각해 보는 시간을 갖도록 하는 데 목적이 있다.

이 강의는 주로 '과학교육론' 강의의 첫 부분에 진행하는데 이를 통해 과학 교수–학습이론, 과학 교수–학습 방법 등을 잘 안다는 것이 좋은 과학 교사가 되기 위한 충분조건이 아님을 인식하게 하는 데 주안점을 둔다. 또한 '과학교육론'을 배우는 이유가 '과학 수업의 기술'을 익히기 위한 것이 아님을 학습자들과의 논의 과정에서 이끌어 낸다.

수업 진행

1. 학생들에게 자신의 중·고등학교 시절 과학 선생님을 소개하는 활동을 할 것임을 사전에 공지하고, 소개할 내용을 다양한 형식으로 작성하도록 한다(ppt 파일로 작성하는 방법, 우드락 등을 이용한 소개판을 작성하는 방법, 선생님에게 쓰는 편지 등).
2. 본 수업 시간에 각자 준비해 온 내용을 설명하고, 왜 이 과학 선생님을 소개했는지를 설명한다.
   - 과학 선생님 외에도 다른 교과 선생님에 대한 내용도 가능하다는 것을 사전에 공지한다.
3. 발표가 끝난 후 '어떤 교사가 좋은 과학 선생님인가?'라는 주제로 자유롭게 토의한다.
   - 토의를 '좋은 교사란?'으로 확장해 진행하도록 한다.
4. 예비 교사들의 의견을 정리하여 좋은 과학 선생님의 특성을 몇 개의 항목으로 정리한다. (주로 학생들과의 상호작용 강화, 실험 등 구체적인 활동 경험, 학습 내용의 재구성 등이 공통적으로 추출된다.)
5. *National Science Education Standards*(National Reserch Council, 1996), 『유능한 교사의 자질』(꿈을이루는사람들, 2008)의 주요 내용을 살펴보고 이에 내포된 과학 교사의 자질들에 대해 토의한다.

수정과 확장

이 수업에서 교수는 자신의 의견을 먼저 제시하지 말고 예비 과학 교사들의 생각을 충분히 표현할 수 있도록 하는 데 주력할 필요가 있다. 특히 '좋은 과학 교사'에 대한 생각을 토대로 '좋은 과학 수업'이라는 주제로 연결시키는 것이 바람직하다. 또한 선배들이 소개했던 과학 선생님 소개 자료를 활용하여 공통적인 내용을 찾아보는 활동도 효과적이다.

참고문헌

곽영순, 2003, 좋은 수업을 하는 현장 교사들이 제안한 과학 교사교육 개선방안, 『한국지구과학회지』, 24(3), 17-127.

오필석, 2013, '좋은' 과학 수업에 관한 중등 과학 교사들의 사고, 『한국과학교육학회지』, 33(2), 405-424.

제임스 H. 스트론지, 한소영 옮김, 2008, 『유능한 교사의 자질』, 꿈을이루는사람들.

강의노트 · 29

개념 변화의 조건

자료 제공자: 김용진(경상대학교), gnuedu@nate.com
준비물: 없음

개관

과학 학습에서 인지갈등 모형이나 개념변화 모형을 알아보려면, 포스너와 스트라이크(Posner & Strike, 1982)가 학습을 개념 변화의 과정으로 생각하고 제시한 '기존 개념이 새로운 다른 개념으로 대체되는 조건 4가지'를 이해하는 것이 필요하다. 대학생들의 생활에서 친숙한 소재를 활용하여 유머 있게 수업을 운영하면서, 기존 개념의 조건 1가지와 새로운 개념의 조건 3가지를 이해하고 암기하는 것을 돕는 활동이다. 과학 개념을 애인에 비유하는 표현을 잘하면 대학생들이 재미있게 웃음을 띤다. 단, 성적 농담이나 희롱이 되지 않도록 언행을 조심하고, 학생들의 이해와 기억을 돕기 위한 것으로 양해를 구하는 멘트를 하는 것도 좋다.

수업 진행

1. 인지갈등 현상을 제시하여(또는 과거의 경험을 떠올리게 한다), 학생들이 알

고 있는 기존 개념으로 설명할 수 없을 때 기존 개념에 대해 어떤 느낌을 갖는지 질문한다. 새로운 개념을 지도하여 인지갈등 문제를 해결하게 한다. 새로이 학습한 개념은 그럴듯하고 다른 문제를 해결하는 데도 적용할 수 있을지 질문한다.

2. 포스너와 스트라이크가 제시한 과학 학습에서의 개념 변화가 일어날 수 있는 조건을 설명하고, 학생들이 인지갈등 현상을 해결하면서 느꼈던 기존 개념과 새로운 개념의 조건과 비교하여 생각하게 한다.
3. 기존 개념을 옛 애인, 새로운 개념을 새 애인으로 비유하게 한 후, 개념 변화의 과정에 대해 옛 애인을 차고 새 애인을 사귀는 과정으로 비유하여 생각해 보고 발표하게 한다.
4. 애인의 변화 과정으로 과학 개념 변화의 조건 4가지를 다음과 같이 설명한다.
   - 새로운 멋진 사람이 나타났을 때, 애인을 바꿀까 말까 고민하는 과정에서 기존 애인은 여러모로 부족하여 나의 어려움을 해결해 주지도 못했고 좋지 않았던 점이 생각난다. (→ 기존 개념에 대한 불만족)
   - 새로운 멋진 애인이 하는 행동은 모두 내 마음에 들어 그(녀)가 하는 것은 모두 이해가 된다. (→ 새로운 개념은 이해 가능함)
   - 새로운 멋진 애인은 그동안 나의 어려운 문제를 해결해 주고 등록금도 내주고 … 남들이 보기에도 새 애인은 그럴듯하며 내 마음에 쏙 든다. (→ 새로운 개념은 그럴듯해야 함)
   - 새 애인은 나의 새로운 인생을 맡기고 개척하는 데 도움이 될 것처럼 보인다. (→ 새로운 개념은 유용한 연구프로그램의 가능성을 제안)

수정과 확장

1. 과학 개념과 애인의 비유는 인지갈등이나 개념 변화와 관련된 학습모형에서 초기 단계에 요구되는 '생각의 명료화'와 관련지어 설명하는 데 확장하여 활

용할 수 있다. 즉 멋진 사람이 나타났을 때, 애인을 바꿀지 말지 인지갈등을 겪기 위해서는 현재의 기존 애인을 친구처럼 생각하는지 진짜 애인으로 생각하는지 스스로 확인하는 것이 필요하다. 애인이 아니고 친구라고 생각했다면 애인을 바꾸는 것에 대한 갈등을 느끼지 않을 것이며(개념 변화를 위한 인지갈등 없음), 사랑하는 애인이라고 생각(선개념에 대한 확신)했다면 새로운 애인의 출현과 교체에 심각한 갈등을 느낄 수 있기 때문이다(인지갈등).

2. 개념변화 모형에서 '새로운 생각의 평가', '생각의 변화 검토' 단계 등을 설명할 때에도 새로운 애인이 다른 일에도 더 도움이 되고 좋다는 것을 느끼는 것(새로운 생각의 평가), 새 애인을 사귀더라도 가끔은 옛 애인이 생각나고 그리울 때가 있으므로 옛 애인과 새 애인을 비교하여 점검함으로써 새로이 잘 선택했다는 생각을 가져야 한다는 것(기존 개념으로 되돌아가지 않음, 생각의 변화 검토)에 비유할 수 있다.

참고문헌

Posner, G., Strike, K., Hewson, P., & Gertzog, W., 1982, Accommodation of a scientific conception: Toward a theory of conceptual change, *Science Education*, 66(2), 211–227.

Strike, K. & Posner, G., 1982, Conceptual change and science teaching, *European Journal of Science Education*, 4(3), 321–340.

강의노트 · 30

피아제의 인지발달론 개념도 작성하기

자료 제공자: 박현주(조선대학교), hjapark@chosun.ac.kr
준비물: 핵심어 카드(인지구조, 도식, 조작, 조절, 동화, 평형화 등), 빈 카드, 도화지, 여러 색깔의 네임펜

개관

피아제의 인지발달론의 주요 핵심어들을 개념도로 제시하고, 한 개의 문장으로 연결하고 표현하는 활동이다. 이 활동을 하면서 피아제의 인지발달론의 주요 핵심어 및 이론을 이해하고 추상적인 개념을 구체화하게 된다.

수업 진행

1. 학습을 위한 준비로, 피아제의 인지발달론을 예습하고 수업에 들어온다.
2. 활동은 조별로 진행하고, 각 조는 3~4명의 학생으로 구성한다.
3. 한쪽 면에 핵심어가 적힌 카드를 각 조에 제공한다.
4. 조별로 논의를 통하여 핵심어가 적힌 카드의 뒷면에 핵심어에 대한 정의, 설명을 적는다.
5. 조별로 도화지의 윗면에 핵심어 카드와 빈 카드를 이용하여 인지발달론의 개념도를 만든다. 빈 카드는 핵심어 이외에 다른 개념어를 적어 개념도를 완성

할 수 있다.

6. 도화지의 아래쪽에는 인지발달론을 나타낸 개념도에 대한 설명을 한 문장으로 정리한다.

수정과 확장

1. 피아제의 인지발달론이 과학교육에 미치는 영향에 대하여 토의한다.
2. 교사로서, 학생의 인지 발달을 이해하지 못함으로써 발생할 수 있는 가르침의 어려움을 토의한다.
3. 교과서 분석을 통하여 학생들의 인지 발달과 개념 수준의 적절성을 조사한다.

참고문헌

김영민·박윤배·박현주·신동희·정진수·송성수, 2014, 『과학교육학의 세계』, 북스힐.

강의노트 · 31

몸짓을 이용한 역할놀이 비유 활동

자료 제공자: 윤혜경(춘천교육대학교), yoonhk@cnue.ac.kr
준비물: 과자와 과자 그릇, 장애물로 사용할 상자, 긴 줄

개관

과학 교수 학습 과정에서는 비유를 자주 활용하게 된다. 적절한 비유를 통해 학생의 과학적 사고나 개념 이해를 도울 수 있다. 비유는 대개 시각 자료나 텍스트 등을 통해 제시되기도 하지만, 학생 자신이 신체 활동을 통해 비유에 참여할 수도 있다. 이와 같은 활동을 '역할놀이 비유 활동' 혹은 '몸짓 역할놀이'라고 하는데, 학생들이 비유물에 대해 가상적인 역할을 담당하여 직접 신체, 감각적인 활동을 하는 것을 말한다. 간단한 전기회로에 대한 역할놀이 비유 활동을 직접 실시해 보고 실제 전기회로와 비유 활동의 대응 관계를 생각해 보도록 한다. 또 이러한 비유를 활용할 때 교사가 유의해야 하는 사항을 알도록 한다.

수업 진행

1. 전기회로에 대한 자신의 비유 만들기

건전지, 전구, 전선으로 이루어진 전기회로에서 어떻게 전구에 불이 켜지는지

설명해 보도록 한다. 실제 도선 내에서 무슨 일이 일어나는지 설명해 보게 한다. 또 이것을 초등학생이나 중학생에게 쉽게 설명하기 위한 비유를 제안해 보도록 한다. 학생들이 가장 많이 알고 있는 비유 중 하나는 건전지를 펌프에, 전류를 흐르는 물에, 꼬마전구를 물레방아에 비유하는 것이다. 펌프로 끌어올린 물이 높은 곳에서 낮은 곳으로 흐르면서 물레방아를 돌게 한다는 설명이다.

2. 과자를 이용한 몸짓 역할놀이

1) 교실 한쪽 바닥이나 복도에 테이프나 분필 등으로 큰 원을 그린다. 그 원 위에 학생 7~8명이 같은 간격으로 서도록 한다. 학생 사이의 간격은 50cm 정도로 하고, 시계 방향 혹은 반시계 방향으로 원 위를 걸으며 일정한 빠르기로 돌 수 있도록 한다.
2) 원의 중간에 작은 종이 상자 하나를 놓는다. 이 종이 상자는 장애물이 된다. 학생들이 가볍게 넘을 수 있는 정도의 크기가 좋다.
3) 한입에 먹을 수 있는 크기의 과자와 과자 그릇을 준비하고, 일정한 빠르기로 학생들이 돌면서 과자 그릇에서 과자를 하나씩 집어 들도록 한다. 조그만 책상을 준비해서 과자를 쉽게 집을 수 있도록 한다. 또 장애물(종이 상자)을 넘어가면서 집어 든 과자를 먹게 한다. 다시 용기에 도달하면 새 과자를 하나 가지고 출발하며, 용기에 있는 과자가 다 사용되면 멈추도록 한다.
4) 이 비유 활동과 실제 전기회로의 대응 요소를 말해 보도록 한다(과자에 대응되는 것은 에너지, 장애물에 대응되는 것은 전구의 필라멘트이다. 움직이는 사람은 도선 내 자유전자에 대응된다).
5) 전구를 직렬로 하나 더 연결하는 경우 이 비유 활동에서 무엇을 변화시켜야 하는지 생각해 보도록 한다.
6) 이 비유 활동으로 잘 설명되는 전기회로 현상과 잘 설명되지 않는 전기회로 현상에 무엇이 있는지 토론한다.

3. 줄을 이용한 몸짓 역할놀이

1) 긴 줄을 준비하여 여러 명이 줄을 잡고 둥글게 서 있도록 한다. 건전지 역할을 할 사람을 정하고, 그 반대편에 꼬마전구 역할을 할 사람을 정한다.
2) 건전지 역을 맡은 학생이 양손으로 줄을 당겨 줄이 돌아가도록 한다. 건전지는 일정한 힘으로 줄을 당기게 하며, 역할을 맡은 사람이 임의로 힘의 크기를 바꾸지 않도록 한다.
3) 학생들은 손가락으로 줄이 통과할 수 있는 구멍을 만들어 줄을 잡는다. 가급적 구멍을 크게 해서 줄이 잘 통과하도록 한다.
4) 전구 역할을 맡은 사람은 구멍을 작게 하여 줄이 겨우 지나갈 수 있도록 한다. 혹은 네 손가락으로 줄을 살포시 움켜쥔다.
5) 건전지 역할을 맡은 사람이 줄을 돌리면 꼬마전구 역을 맡은 사람은 손에서 열을 느끼게 된다. 이것은 꼬마전구의 필라멘트가 달아올라 빛이 나는 것을 나타낸다.
6) 이 비유 활동과 실제 전기회로의 대응 요소를 말해 보도록 한다(예: 줄의 빠르기는 전류의 세기에 대응되고, 손가락으로 줄을 잡는 정도는 저항에 대응된다. 줄을 돌리는 사람의 힘은 전압에 대응된다).
7) 전구를 직렬로 하나 더 연결하는 경우 이 비유 활동에서 무엇을 변화시켜야 하는지 생각해 보도록 한다.
8) 이 비유 활동으로 잘 설명되는 전기회로 현상과 잘 설명되지 않는 전기회로 현상에 무엇이 있는지 토론한다.

* 이 활동은 장병기 · 윤혜경(2016)에 좀 더 자세히 설명되어 있다.

4. 비유 활용의 장단점

1) 과학 교수 학습 과정에서 비유의 필요성과 한계점에 대해 설명한다.
2) 비유란 친숙한 영역인 비유물(analog)과 새로 학습하려는 영역인 목표물(target) 사이의 유사성을 비교하는 것을 말한다. 비유물과 목표물은 둘 다 각각의 속성을 가지고 있으며, 이 속성 중에는 구조적으로 공통된 또는 유사한

속성이 있다. 따라서 비유물과 목표물을 비교하는 과정에서 친숙한 영역에서 친숙하지 않은 영역으로 생각이 전이될 수 있다. 비유는 추상적인 정보나 개념을 좀 더 구체적이고 상상 가능한 형태로 표상해 주므로 과학 수업에서 많이 활용되고 있다. 그러나 공유 속성과 비공유 속성을 혼동하면 올바른 전이 과정을 거치지 못하므로 목표물에 대해 잘못 이해하게 된다. 따라서 이러한 잘못을 방지하기 위해서는 비유가 성립되지 않는 부분도 함께 언급해야 할 필요가 있다.

수정과 확장

1. 몸짓 역할놀이 활동은 위에 제시한 두 가지 중 하나만 실시할 수 있다.
2. 과정 1 단계를 생략하고 전기회로를 물 흐름으로 설명하는 것의 장단점을 토의하는 것으로 시작할 수 있다.

참고문헌

김영민, 2012, 『과학교육에서 비유와 은유 그리고 창의성』, 북스힐.
윤혜경, 2016, 『과학 연극을 이용한 과학 교수 학습』, 교육과학사.
장병기·윤혜경, 2016, 『초등과학을 어떻게 지도할까?』, 춘천교육대학교 출판부.

강의노트 · 32

하브루타를 활용한 구성주의 소개

자료 제공자: 조광희(조선대학교), khjo@chosun.ac.kr
준비물: 구성주의의 특징을 요약한 자료(대부분의 과학교육 교재에 나와 있음)

개관

구성주의는 과학교육의 실제적 발전과 학문적 성장에 커다란 영향을 끼쳤다. 대부분의 과학교육 교재들은 과학 교수 학습 이론을 다룰 때, 구성주의를 기존 교육관과 비교하면서 시작하거나 구성주의의 특징을 요약하여 제공한다. 달리 말하면, 과학교육론을 학습하는 예비 교사들에게 구성주의의 관점에 대한 이해는 일종의 출발점과 같은 구실을 한다. 그런데 구성주의는, 교육 분야에서 전통적인 관점이라고 할 수 있는 행동주의나 객관주의와 대립적인 경향이 있다.

이와 같은 점을 고려하면, 예비 교사들에게 구성주의적 해석에 대한 토론을 유도하는 방법은 의미 있는 시도가 될 수 있다. 이 글에서는 전통적인 관점을 옹호하는 학생과 구성주의적 관점을 옹호하는 학생이 서로 자신의 생각이 옳음을 주장하는 과정을 통해 두 관점의 차이를 탐색할 수 있도록 하는 방법을 소개하고자 한다. 유대인의 학습법으로 알려진 하브루타를 토대로 몇 가지를 변형(일명 '5분 짝토론')하여 실제 강의 중에 시도해 보니 학생들의 반응이 긍정적이었고 호응도 좋았다. 구체적인 사항은 다음과 같다.

수업 진행

1. 구성주의의 특징을 요약한 자료를 간략히 제시한다. 또는 주교재로 사용하는 책자의 해당 내용을 미리 읽어 오도록 사전에 안내하거나, 활동 전에 내용 강의를 일부 진행한다.
2. 질문이 포함된 문제 상황을 설명한다. 예를 들어 다음과 같은 제시문이 가능하다.

> 교무실에서 초보 교사인 김 교사가 "열심히 수업을 준비해도 학생들이 이해를 잘하지 못해서 너무 괴로워요. 이것은 모두 제 잘못인가요?"라고 호소하였다. 이때 박교사는 "많이 힘들죠? 그래도 학생들은 백지상태로 수업에 들어오니까, 아무래도 내용을 전달하는 교사의 책임이 크다고 해야겠지요."라고 말했다. 그러자 최 교사는 "같은 내용을 가르쳐 주어도 학생이 어떻게 보고 인식하느냐에 따라 많이 다르더라구요. 학생들의 생각을 고려해 보면 어떨까요?"라고 말하였다. 여러분은 어느 교사의 의견에 동의하는가? 그렇게 생각하는 이유는? 박 교사와 최 교사의 입장에서 각각 상대를 설득할 수 있을까?

3. 수강생들은 2명씩 짝을 지어 앉도록 한다. 한 명이 남으면 교수와 짝을 짓거나 3명이 한 모둠을 만들도록 조정한다.
4. 짝이 된 2명 중 1명은 박 교사, 1명은 최 교사를 대변하도록 한다. 자신의 견해와 같은 입장을 택하면 가장 좋지만, 그렇지 않더라도 큰 문제는 없다.
5. 2~3분 정도의 시간을 주고 짝에게 자신의 주장을 서로 피력하도록 한다.
6. 종전과 반대의 입장을 가지고(예를 들어 조금 전에 박 교사를 옹호하던 수강생은 이번에는 최 교사를 옹호함) 상대방을 설득하도록 안내한다. 이 단계는 1~2분 내에 할 수 있도록 한다. 다만 시간이 부족하면, 이 단계를 생략하고 바로 다음 단계로 넘어갈 수도 있다.
7. 마지막으로 교수가 대표적인 의견을 모아 수강생 전체와 공유한다. 자신의 의견이나 타인(짝)의 의견 중에서 설득력이 있는 주장을 함께 나눌 수 있도록 짧게 발표하는 시간을 가진다. 이때 교수가 전반적인 내용을 정리하거나, 의

견을 조율할 수 있다.

수정과 확장

이 교수 학습 활동과 관련하여 몇 가지 조언을 추가하면 다음과 같다.

1. 이 활동(5분 짝토론)은 꼭 구성주의 도입부에만 활용할 수 있는 것은 아니다. 거의 모든 주제에서 사용할 수 있다(예: 물리를 모든 고등학생들에게 가르쳐야 하는가? 상대성 이론을 초등학생에게 가르칠 수 있는가? 등) 그런데 실제 운영을 해 보니, 답이 불분명한 끝열린 질문(open-ended question), 찬반을 논할 수 있는 과학 관련 이슈(Socio-Scientific Issues) 등에서 학생들이 더욱 잘 참여하는 경향이 있었다.

2. 효과적인 활용을 위해 몇 가지를 유의할 필요가 있다.

1) 하브루타에 대한 안내가 필요하다. 막연히 토론식 수업을 하자고 수강생에게 강요하기보다, 하브루타의 장점을 소개하고 자연스러운 대화가 이루어질 수 있도록 초기에 안내한다. 예를 들어 하브루타에 관한 동영상을 소개하는 방법도 효과적이다.

- 대표 동영상: EBS 다큐프라임, 661회(2014년 1월 28일 방영), "왜 우리는 대학에 가는가–5부 말문을 터라".

2) 강의 전에 교수가 미리 적당한 질문과 내용을 준비해야 한다. 특히 질문을 잘 만드는 것이 중요하다.

3) 수강생에게 A안과 B안(또는 찬성과 반대) 중 하나를 배타적으로 정하게 하여 논쟁을 유발하면 더 적극적으로 참여하는 경향이 있다. 답이 명확하거나 교재에 나와 있으면 긴장감이 줄어든다.

4) 되도록 수강생이 서로 자신과 토의하기에 적절한 상대를 고르도록 교수가 배려해야 한다. 상대적으로 교육대학과 사범대학은 유사한 성취 수준의 학생들이 수강하므로 짝을 구성하기가 좋지만, 간혹 성취도 차이가 큰 경우에는 일방적인 가르침이 될 수 있다. 그러나 시간이 별로 없으면, 바로 옆에 앉은

학생과 해도 무방하다.

5) 2명이 짝을 지어 말하는 활동이 친구 사이의 대화처럼 자연스럽게 진행될 수 있어야 한다. 왁자지껄한 분위기가 되도록 교수가 학생들을 격려할 필요가 있다.

6) 상호 토론하는 2~3분 동안, 교수는 돌아다니면서 수강생이 열심히 말하도록 격려한다.

7) 짝토론 후에 좋은 의견, 그럴듯한 답안을 공개적으로 모으고 칭찬한다. 이때 타인의 의견을 말해도 된다는 언급을 하여, 발표의 부담감을 줄이는 것도 하나의 요령이다.

8) 시간을 잘 관리하여 너무 길어지지 않도록 한다. 자칫하면 계획된 강의에 차질이 생길 수 있다. 몇 번 시행하면 익숙해져서, 대개 5~7분 안에 마무리된다.

9) 어느 정도 익숙해지면 수강생들이 매우 활발하게 토론하므로, 강의 중반부(20~30분경)와 같이 다소 지루한 시기에 시도할 수 있다(어떤 학생들은 잠을 깰 수 있어 좋다고 한다). 이때 토론 내용은 강의 전반부와 후반부를 이어 주는 다리 구실을 할 수 있다.

참고문헌

권재술 · 김범기 · 강남화 · 최병순 · 김효남 · 백성혜 · 양일호 · 권용주 · 차희영 · 우종옥, 정진우, 2013, 『과학교육론』 개정판, 교육과학사.

김찬종 · 채동현 · 임채성, 1999, 『과학교육학개론』, 북스힐.

오대영, 2014, 이스라엘 유대인의 창의성의 사회문화적 배경, 『교육종합연구』, 12(2), 103-131.

이명숙 · 조광희 · 송진웅, 2004, 소집단 실험 활동에서 나타난 중학생 질문-응답의 유형과 빈도, 『한국과학교육학회지』, 24(2), 277-286.

전제응 · 신애경 · 고전 · 장승희, 2011, 교육대학 토론 수업의 문제점과 해결 방안: 좋은 강의 실천 모임 사례를 중심으로, 『한국초등교육』, 22(2), 301-316.

조희형 · 김희경 · 윤희숙 · 이기영, 2014, 『과학교육론』, 교육과학사.

강의노트 · 33

과학 교사의 칭찬

자료 제공자: 한재영(충북대학교), jyhannn@chungbuk.ac.kr
준비물: 없음

개관

행동주의 교수 학습이론은 구시대적인 이론으로 '선진적인' 과학교육에서는 잘 다루지 않는 것 같다. 하지만 가네의 위계학습 이론은 학습지도안을 작성할 때 여전히 많이 사용되고 있다. 그리고 칭찬은 고래도 춤추게 한다는 말이 있듯이, 교육에서 보상과 강화는 매우 중요한 기능을 하고 있다. 이 활동은 학생에게 제공할 수 있는 재미있고 효과적인 보상에 어떤 것이 있는지 서로 정보를 공유하게 하며, 특히 과학 교사가 해 줄 수 있는 보상에 대해 생각하면서 과학교육의 의미를 되새겨 보게 하는 활동이다.

수업 진행

1. 자신이 기분 좋게 받았거나, 받지 못했지만 받고 싶었던 보상에 무엇이 있었는지 생각해 보도록 한다. 또한 보상 중에 학생들이 별로 좋아하지 않는 보상은 무엇인지 생각해 보도록 한다. (1과 2는 미리 과제를 내주어도 좋다.)

2. 자신이 가장 긍정적으로 생각하여 칭찬을 해 주는 학생의 행동에는 어떤 것이 있는지 생각해 보도록 한다. 일반적인 교사로서 칭찬을 해 주는 학생 행동이 있을 수 있고, 특별히 과학 교사로서 과학을 가르칠 때 칭찬을 해 줄 수 있는 학생 행동이 있다. 이 중 과학 교사라면 어떤 것을 칭찬해 주어야 할지 생각해 보도록 한다.
3. 생각한 내용을 다음 표와 같이 정리한다. (학생들이 직접 나와 표에 입력하도록 한다.)

이름	좋은 보상	안 좋은 보상	과학 시간에 칭찬할 만한 행동
한재영	칭찬, 인정	학용품, 동료 압박	독창적인 관찰을 했을 때
…			

4. 각자 발표를 하면서 왜 그것이 좋은/나쁜 보상인지 설명하게 한다. 과학 시간에 칭찬할 만한 행동에 대해 얘기하다 보면, 자신이 과학 수업에서 무엇을 중요하게 생각하는지 드러나게 된다. 다른 사람의 생각을 들으면서 과학 수업의 가치에 대해 폭넓게 생각해 보도록 한다.

수정과 확장

이렇게 정리한 파일은 지우지 말고 잘 보관해 두었다가, 그다음 해에 이어서 적도록 한다. 선배가 생각한 내용에 어떤 것이 있었는지 보는 것도 재미있어하며, 몇 가지 독특하거나 모범적인 내용을 소개할 수도 있다.

몇 년 전 '신나는 과학을 만드는 사람들' 홈페이지 게시판에서 본 내용인데, 대전 모 중학교 황국주 선생님이 사용하는 보상으로 '교사 상품권'이라는 것이 있다고 한다. 먼저 과학자가 들어간 지폐를 웹사이트 Scientists and Mathematicians on Money(http://www-personal.umich.edu/~jbourj/money.htm)에서 다운받아 인쇄/코팅한 다음, 수업 중에 칭찬받을 만한 일을 한 학생에게 그 지폐를 주고 그 안에 있는 과학자가 누구인지 조사해 오면 교사가 발행하는 상품권을 준다. 그 교사 상품권에는 '독서권(아무 책이나)', '자리옮김권', '떠들권

(혼자서)', '잠권', '음식권', '자유이용권' 등이 적혀 있다. 이 중 음식권은 수업 시간에 혼자 음식을 먹을 수 있는 상품권인데, 무엇을 먹으면 좋을까? 컵라면, 뻥튀기, 김밥 등등. 엄청난 효과를 낸 것은 불판에 직접 구워 먹은 삼겹살이었다고 한다.

한편 2014년 어느 중학교에서 학생들이 세월호 참사 때문에 가지 못한 수학여행을 2학기에 가자고 하니, 교장 선생님이 학업성취도 평가에서 기초학력 미달 학생이 한 명도 없으면 갈 수 있다고 했다. 결국 한 명도 없었다! 만약 누군가가 기초학력 미달이 되어 수학여행을 못 가게 되었을 때 그 학생이 받게 될 동료 압박은 실로 엄청났던 것이다. 동료 압박은 효과 있는 벌일 수는 있지만 너무 잔인한 벌이기도 하다.

강의노트 · 34

칭찬 목록 만들기

자료 제공자: 한재영(충북대학교), jyhannn@chungbuk.ac.kr
준비물: 없음

개관

칭찬을 받는 것을 무척 좋아하며, 야단맞는 것을 무엇보다 싫어하는 학생이 의외로 많다. 그런데 한국 사람들은 칭찬에 참 인색하다. 그래서 그런지 한국어에는 다른 사람을 칭찬하는 말이 그렇게 많지 않다. 영어 교육에서는 학생을 칭찬하는 100가지 방법이라는 것이 있어, 그것을 외우고 연습하도록 한다. 우리나라 말보다 영어에 유독 칭찬하는 말이 더 많은 것일까? 아니면 영어권에서도 교육 상황에서는 칭찬하는 것이 어려워 그렇게 정리해 놓고 외워 쓰라고 하는 것일 수도 있다. 이 수업은 한국어로 칭찬하는 말을 직접 만들고 연습해 보는 활동이다.

수업 진행

1. 자신이 들어 보았던 칭찬 말을 적어 보도록 한다. 아마도 10개를 넘지 못할 것이다.

2. 인터넷에서 '100 Ways to Praise a Child' 또는 '100 Ways to Praise Your Child'로 검색을 하여 영어로 된 칭찬 목록을 준비한다. 학생들에게 직접 검색해 찾아보도록 해도 좋다.
3. 영어 칭찬 목록을 참고하여, 3명이 한 조가 되어 칭찬 말 50개를 적어 내도록 한다. 영어를 그대로 번역하지 말고 우리나라 교육 상황에 맞는 말을 찾거나 만들도록 한다.
4. 학생들이 적어 낸 목록을 수합하여 한쪽으로 정리하여 나누어 준다. 최신 유행어 등을 사용한 경우에는 무슨 뜻인지 묻고 답하는 것이 필요할 수도 있다.

수정과 확장

이 활동을 하면서 학생들은 매우 즐거워한다. 칭찬 말을 찾아 서로 말하다 보면 칭찬을 듣는 느낌이 난다고 한다. 매시간 이 목록을 보면서 1분간 서로 칭찬을 한 다음에 수업을 시작하는 것도 좋다. 강의 중 잠깐 쉬는 시간에도 칭찬 활동을 하게 한다. 칭찬도 해 봐야 는다. 최신 유행어를 사용한 칭찬은 유행어가 새로 만들어지고 사라짐에 따라 갱신해야 한다.

다음은 충북대학교 화학교육과 학생들이 한 활동을 정리한 것이다. 이 목록을 보고 외우는 것도 좋지만, 그보다 자신이 만들어 낸 것이 훨씬 더 기억에 잘 남는다.

2호선 타겠는걸?	굉장해	꿀잼~ 핵잼~
A⁺이야	귀엽구나	나는 너를 사랑한단다
감동적이었어	그래	나쁘지 않구나!
감성적이구나	그림 잘 그리는구나	난 너를 믿어
개성이 좋구나	글을 잘 쓰는구나	난 너의 긍정적인 생각을 좋아해
경이로워	긍정적이다	난 널 신뢰해
계속해! 넌 점점 나아지고 있어~	기가 막히네!	난 널 좋아해
고마워	기쁘다	날 사랑한다고 말해
	깔끔해	

남자답네! 여자답네!
너 대단한 거 인정하는 각 이구여 판사님ㅇㅈ? 판사: ㅇㅇㅈ
너 덕분이야
너 때문에 웃어
너 매력적이야!
너 예리했어
너 의지가 불타오른다
너 책임감 있구나
너가 날 행복하게 해
너가 해낼 줄 알았다
너는 발전하고 있어
너는 보물이야
너는 빛나는 별이야
너는 승리자야!
너는 이제 완벽하게 이해했어
너는 좋은 학생이야
너는 특별해
너는 행운의 7이야
너의 노력이 훌륭하게 보였어
너의 도움에 감사해
너의 스타일이 좋아
넌 감각적이야
넌 나에게 많은 걸 의미해
넌 나에게 한줄기 빛 같아
넌 날 완벽하게 만들었어
넌 날 웃게 해
넌 넘버원이야
넌 돋보여
넌 빛나
넌 사랑 그 자체구나
넌 사막의 오아시스 같아
넌 소중해
넌 열심히 노력했구나
넌 용감해
넌 유일해
넌 자신감을 가져도 돼
넌 재밌어
넌 정말 도움이 된다
넌 정말 뛰어나다
넌 정석이야
넌 좋은 친구야
넌 중요해
넌 최고야
넌 포옹을 받을 만한 가치가 있어
넌 일인자야
네 방식이 좋아
네 유머 감각을 사랑해
네가 그렇게 하고 있는 것을 보니 행복해
네가 할 수 있을 줄 알았어
노력이 빛을 발하는구나
논리적이네
놀랍다
뇌에 뭐가 들었니? 정말 기발하다.
능력 있다
대단한 능력이야!
대단해
대박
더할 나위 없다
따봉!
똑똑하다
뛰어난 결과야
마법 같구나
맛깔나구나
맞아!
매너 있구나
멋있다
멋지다
명쾌하구나
모범이 되는구나(솔선수범하는구나)
무협 같구나
미소가 예쁘다
믿을 수 없어
박수 쳐 주자
반할 뻔
배려심이 좋구나
백점이야
베리 굿
보석같이 영롱하구나
브라보(bravo)
비범하다
빙고
ㅅㅇㄷ ㅇㅈ
사랑스러워
속이 다 시원하다
슈퍼스타
심쿵이네
아름다워
아무도 널 말릴 수 없어
앙 기모띠
양심적이구나
어느 누구도 널 대신할 수 없을 거야
어머 어떻게 그런 생각을 다 했니?
엄지 척!
에너지가 넘치네
엑설런트(excellent)
역동적이다
열심히 하는구나
영감을 주는구나
영리하다
예뻐죽겠다
예쁘다!

예술이다.
오지구여, 지리구여~
옷 잘 입네
와우(Wow)
완벽하다
용기 있었네
우아하구나
의젓하구나
이것은 내가 원하던 모든 것이야
이보다 더 좋을 순 없어
인정~
일등감이다
자랑스럽구나
잘 기억하고 있어
잘하고 있어
잘했다
재능이 있구나!
정말 어려운 일을 해냈구나
정의롭구나
정직하구나
존경스럽다
좋아
좋아 보여
좋은 계획이야
좋은 대답이야
좋은 생각이야
좋은 예야
좋은 이유야
좋은 재능을 가지고 있어
주의 깊구나
짱이다
쩐다
착하구나!
창의적이다
창의적인 생각이야! 생각지도 못했어
천재적이네, 지니어스인 줄
철들었네
축하해
친절하구나!
태도가 좋구나
특출 난 아이구나
파이팅!
판타스틱(Fantastic)
펄풱(Perfect~)
하나를 알면 열 가지를 아는구나!
해답을 잘 찾았네
향기롭구나
현명해
호기심이 많구나
화려하군
환상적이야
훌륭하다
훌륭한 발견이야
훨씬 잘했어
훨씬 좋아졌다

강의노트 · 35

타인이 나를 사랑할 수밖에 없는 이유 100가지 찾기

자료 제공자: 박현주(조선대학교), hjapark@chosun.ac.kr
준비물: 메모지

개관

우리나라 학생들은 자기 스스로에 대한 칭찬에 인색하다. 학생들의 긍정적인 자아는 학문의 성취와 문제 해결력에 영향을 주고, 개인, 타인, 공동체와의 긍정적인 인식 및 관계의 확립은 현대 교육의 기본 목표이다. 이 활동은 자신의 장점을 찾아서 자기 스스로에 대하여 긍정적인 인식을 하도록 하는 것이다. 스스로에 대한 긍정적인 감정은 학생들로 하여금 교과 학습에 대한 동기 유발, 욕구, 열정 등의 의지를 생기게 한다. 그리고 학습에 대한 긍정적인 경험은 학생들로 하여금 학습 동기 유발, 학습에 대한 열정, 욕구 등을 불러일으켜 선순환적인 자기주도 학습이 가능하게 한다.

수업 진행

1. 메모지에 '타인이 나를 사랑할 수밖에 없는 이유 100가지'를 생각하여 10분 이내에 적도록 한다.

2. 주어진 10분이 경과하면 학생들이 정리한 이유들을 발표하고, 친구들의 이유와 비교하게 한다.
3. '타인'을 누구로 설정하고 이유를 적었는지 이야기하게 한다.
4. '타인'을 특정인(어머니, 아버지, 친구, 애인 등)으로 설정하여, 나를 사랑할 수밖에 없는 이유 100가지를 적도록 한다.
5. 3명을 1조로 구성하여, 학생들이 사랑할 수밖에 없는 과학 교사의 이유 100가지를 적도록 한다.
6. 정리한 과학 교사의 이유 100가지를 유목화하여, 그것을 가질 수 있는 방법과 노력에 대하여 논의하게 한다.

수정과 확장

이 활동을 하면서 학생들은 당황하는 한편 즐거워한다. 자신이 가지고 있는 좋은 점을 발견하여 가치를 부여하고, 그러한 과정에서 자신감과 긍정적인 자아를 느끼게 되는 것이다.

'타인'에 따라 사랑받을 수 있는 이유가 달라질 수 있음을 알고, 과학 교사로서 학생들에게 사랑받을 수 있는 이유를 충족하기 위한 노력을 하도록 한다. 그리고 이러한 과정이 과학 교사의 전문성 계발로 이어짐을 인식하게 한다. 긍정적인 교사는 궁극적으로 학생을 긍정적으로 성장하게 한다.

제5강

과학 교수 학습모형

강의노트 · 36

비유 만들기

자료 제공자: 강훈식(서울교육대학교), kanghs@snue.ac.kr
준비물: PC 또는 스마트폰, 인터넷, 음향 시설, 활동지

개관

비유는 학생들의 추상적인 개념에 대한 이해 및 사고력 향상, 동기 유발 등에 유용한 도구이다. 그러나 비유물의 생소함으로 인한 학생들의 이해 부족과 이를 고려하지 않는 교사의 비유 사용 때문에, 교사 중심으로 진행되는 비유 사용 수업이 항상 효과적이지는 않다. 이러한 교사 중심의 비유 사용 수업의 단점을 극복하기 위한 한 가지 방안으로 학생의 비유 만들기 활동이 유용할 수 있다. 즉 비유 만들기 활동은 학생들이 개념을 이해하고 회상하는 데 도움이 될 뿐만 아니라 창의력, 비판적 사고력, 문제 해결력, 학습 동기 등을 신장시킬 수 있다.

여기에서는 비유 만들기 활동을 직접 경험해 보고, 비유 만들기 활동의 장단점에 대하여 생각해 보도록 한다. 또한 비유 만들기 활동의 확장 활동을 소개한 후, 이러한 활동들의 효과적인 활용 방안에 대하여 토의 및 발표를 하도록 한다.

수업 진행

1. 교사 중심의 비유 사용 수업의 장단점에 대하여 조별로 토의하게 한 후, 전체적으로 공유하도록 한다. 그 후 다음 자료를 활용하여 내용을 정리해 준다.

장점	단점
① 추상적인 개념에 대한 이해를 촉진한다. ② 추상적인 것을 눈으로 볼 수 있도록 한다. ③ 학생들의 동기를 유발한다. ④ 교사로 하여금 학생들의 사전 지식을 고려하도록 한다. ⑤ 비유물과 목표물의 유사점과 차이점을 찾는 활동을 통해 사고력을 향상시킨다.	① 비유물과 목표물 간의 잘못된 전이로 인해 오개념이 생길 수 있다. ② 비유물에 대한 생소함으로 인해 비유물 자체를 잘못 이해할 수 있다. ③ 인지 발달 수준이 낮은 학생들에게는 어려울 수 있고, 인지 발달 수준이 높은 학생들에게는 비효율적일 수 있다.

2. 교사 중심의 비유 사용 수업의 단점을 보완할 수 있는 방법에 대하여 조별로 토의하게 한 후, 전체적으로 공유하도록 한다.
3. 특정 개념에 대한 비유 만들기 활동을 실습한 후, 활동 결과를 전체적으로 공유하도록 한다. 그 후 자신이 비유를 만들었던 과정을 각자 생각해 보고, 좋은 비유를 만들기 위한 조건에 대하여 조별로 토의하도록 한다. 이때 각자 활동지에 적은 후 조별로 토의하며, 조별 활동 결과를 전체적으로 공유하도록 한다. 구체적인 활동지는 다음과 같다.

- 초등학교 과학 교과서에 제시된 과학 개념 중 하나를 선택하여 비유를 가능한 한 많이 만들고, 가장 적합하다고 생각하는 비유 한 가지를 골라 목표 개념과의 유사점과 차이점을 적어 보자.

목표 개념	
비유 상황	
유사점	
차이점	

- 자신이 비유를 만들었던 과정에 대해 다시 생각해 보고, 좋은 비유를 만들기 위한 조건과 비유 만들기 활동의 장단점을 적어 보자.

자신이 비유를 만들었던 과정	
좋은 비유를 만들기 위한 조건	
비유 만들기 활동의 장단점	

4. 일반적인 비유 만들기 과정을 설명하고, 이를 바탕으로 좋은 비유를 만들기 위한 조건 및 비유 만들기 활동의 장단점에 대하여 정리해 준다. 즉 비유 만들기 과정의 각 단계에 필요한 조건들을 설명하고, 이에 기초하여 비유 만들기 활동들을 지속적으로 반복하고 훈련하면 그 조건들이 향상될 수 있음을 설명해 준다.

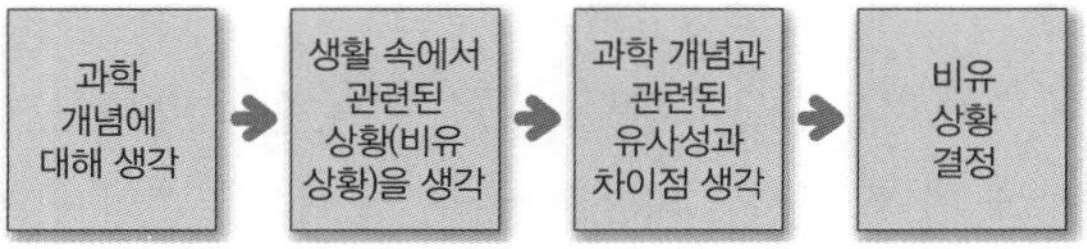

일반적인 비유 만들기 과정

〈좋은 비유를 만들기 위한 조건〉

과학 개념에 대한 이해, 다양한 경험, 창의적 사고(확산적·수렴적·연관적 사고), 탐구력, 어휘력, 표현력, 의사결정 능력 등

5. 비유 만들기 활동의 다양한 확장 활동, 예를 들어 과학 시화, 과학송, 과학 속담 만들기 등과 같은 활동에 대하여 소개한다.
6. 비유 만들기 및 확장 활동의 효과적인 활용 방안에 대하여 토의 및 발표를 하도록 한 후, 다음 자료를 활용하여 내용을 정리해 준다.

활용 방안	구체적인 활용 내용
수업 전략 도구	수업 중간의 이해 도우미, 단원 정리나 복습의 도구로 활용
흥미 유발 도구	학습 동기 유발

평가 도구	수행평가나 과제, 빈칸 채우기나 제목 맞추기, 틀린 곳 찾기 형태, 포트폴리오
새로운 활동	학교 축제나 과학의 달 행사, 학급별 전교 대회, 환경 미화용, 방학 과제
통합 교육으로 발전	국어 및 미술 과목의 통합, 사회동시, 환경동시, 수학동시, 음악동시 등

수정과 확장

1. 비유 만들기 실습에서 교사가 특정 개념을 지정하여도 좋다. 또한 역할놀이 비유를 포함하여 비유의 형태에 제한받지 않고 자유롭게 비유를 만들도록 한다.
2. 수업 전략 도구의 경우 수업 전략으로서의 비유 만들기를 소개할 수도 있다. 예를 들어 TWA 모형의 6단계, 즉 목표물 소개(1단계), 비유물 소개(2단계), 비유물 특징 열거(3단계), 유사성 대응(4단계), 결론 도출(5단계), 비유물의 한계 논의(6단계) 가운데 '2단계. 비유물 소개' 단계에서 교사가 비유를 제시하는 것을 학생들이 직접 비유를 만드는 활동으로 진행하는 방법을 소개할 수 있다.
3. 과학 시화의 경우 2006년부터 대한화학회 주관으로 화학시화전이 해마다 개최되고 있으며, 시도 교육청별로 과학시화전이 개최되기도 함을 알려 준다. 또한 개사하거나 직접 제작한 과학송이 웹을 통해 널리 유포되고 있으며, 국립과천과학관 주관으로 매년 전국 청소년 과학송 경연대회가 개최되고 있음을 알리고 관련 홈페이지를 소개해 준다. 과학송의 경우 UCC로 제작하여 공유하게 하면 교육적 효과가 높아질 수 있음도 설명해 준다.

기관명	기관 사이트	해당 사이트
LG 사이언스 랜드	http://www.lg-sl.net/index.jsp	http://lg-sl.net/product/sciencesong/sncsong/sncsongList.mvc?initPage=init
대한화학회	http://kcsnet.or.kr/	http://new.kcsnet.or.kr/contest
국립과천과학관	http://www.sciencecenter.go.kr/scipia/	http://www.sciencesong2016.com/

참고문헌

권난주, 2005, 『초등학생과 예비, 현직 초등교사에 대한 과학 교수 학습 전략으로서 과학동시의 활용, 『초등과학교육』, 24(5), 487-494.

김경순·최은규·차정호·노태희, 2006, 중학교 과학 개념 학습에서 비유 만들기를 이용한 수업이 학생들의 개념 이해에 미치는 효과, 『대한화학회지』, 50(4), 338-345.

김영민, 2012, 『과학교육에서 비유와 은유 그리고 창의성』, 북스힐.

강의노트 · 37

비유(Analogy) 만들어 보기

자료 제공자: 강경희(제주대학교), kkh6554@jejunu.ac.kr
준비물: 중등 과학 교과서(학과 교수 학습 자료실에 비치되어 있는 교과서 활용), 기록지

개관

비유는 친숙한 것(비유물)을 이용하여 친숙하지 않은 것(목표물: 과학 개념)을 이해하는 데 도움이 되는 것으로 알려져 있다. 또한 개념 구조를 생성 또는 재구조화하는 데에도 효과적이다. 비유를 활용한 교수법은 과학 학습에서 학생들의 과학 개념 이해를 돕는 데 많은 효과를 나타내지만, 한편으로는 학생들이 과학 개념을 오인하게 하는 부작용이 있을 수 있다는 점이 지적되고 있다. 그러므로 교사가 과학 교수 활동 중 효과적인 비유를 활용할 수 있는 것은 중요하다. 기존 교과서에 제시된 비유에 대한 분석 연구는 지속적으로 이루어지고 있다. 이 수업은 예비 교사들이 직접 비유를 만들어 보면서 비유 전략의 특징을 이해하고 비유의 한계점에 대한 검토를 할 수 있는 기회를 제공하기 위한 것이다.

수업 진행

1. 비유의 속성에 대해 설명한다.

2. 예비 교사들이 배웠던 교과서 중 비유가 활용된 예를 생각해 보고 발표하도록 한다.
3. 현행 과학 교과서에 제시된 비유를 찾아보고, 발표하도록 한다.
4. 제시된 비유 중 효과적이라고 생각되는 예를 찾고, 이에 대해 이야기를 나누어 보도록 한다.
5. 제시된 비유 중 이해하기 어렵거나 개념 설명에 효과적이지 않다고 생각되는 예를 찾아보고, 이에 대해 이야기를 나누어 보도록 한다.
6. 예비 교사들이 직접 과학 개념을 선정하고, 그에 적합한 비유를 만들어 본다.
7. 예비 교사들이 만든 비유를 발표하고 각각의 장단점에 대해 논의한다.

〈예: 예비 교사 B가 개발한 비유〉

목표 개념		비유물
전도	…	학생들이 쪽지를 건네서 전달
대류	…	쪽지를 들고 가서 친구에게 전달
복사	…	이메일을 통해 쪽지 전달

수정과 확장

비유를 활용한 수업모형으로 TWA(Teaching With Analogy) 모형(Glynn, 1971), GMAT(General Model of Analogy Teaching) 모형(김영민 · 박승재, 2001) 등에 대해 설명한다. 예비 교사들이 직접 만든 비유를 이 수업모형에 적용해 보도록 한다.

참고문헌

권재술 외, 2012, 『과학교육론』, 교육과학사.
김영민 · 박승재, 2001, 『비유론과 과학교육』, 원미사.

강의노트 · 38

순환학습 모형에 기초한 과학 교수 학습모형 강의

자료 제공자: 강훈식(서울교육대학교), kanghs@snue.ac.kr
준비물: 활동지

개관

"구성주의적 과학 교수 학습모형을 강의할 때 나는 구성주의적으로 수업하고 있는가?"라는 물음에서 시작하여, "순환학습 모형에 대하여 강의할 때 순환학습 모형의 단계대로 수업해 보면 어떨까?"라는 생각이 떠올랐다. 이에 필자는 교수 학습모형 수업을 할 때 다음과 같은 방법으로 수업을 진행하고 있다. 즉 예비 교사들에게 순환학습 모형에 기초한 수업 시연을 실시하여 순환학습의 특징 및 장단점에 대하여 스스로 생각해 볼 수 있는 기회를 제공한다. 그 후 선행 연구 및 문헌에 제시된 순환학습의 단계와 형태, 각 단계별 특징 및 실례에 대하여 소개하고, 직접 순환학습에 기초한 수업을 계획하여 발표하도록 한다. 그리고 나서 기말 과제 성격으로 다른 예비 교사들을 대상으로 수업 시연을 실행하고, 스스로 또는 다른 예비 교사들과 함께 반성 및 평가하는 시간을 갖는다.

이 강의를 통해 예비 교사들은 특정 교수 학습모형을 여러 차례 경험할 수 있고, 그 모형의 특징에 대해서도 반복적으로 생각해 볼 수 있다. 다른 교수 학습 모형의 경우에도 이러한 형태로 수업을 진행하면 효과적이다.

수업 진행

1. 교수가 학교 현장에서 실제로 사용할 수 있는 순환학습 모형에 기초한 수업 자료를 준비하여 예비 교사들을 대상으로 수업 시연을 실시한 후, 순환학습의 특징 및 장단점에 대하여 조별로 토의하도록 한다. 그 후 조별 토의 결과를 전체적으로 공유하도록 한다.
2. 조별 토의 결과와 관련지어 선행 연구 및 문헌에 제시된 순환학습의 특징 및 장단점에 대하여 소개한다. 이때 다음의 자료를 활용할 수 있다.

표 1. 순환학습 모형의 특징 및 단계별 활동

	서술적 순환학습	경험-귀추적 순환학습	가설-연역적 순환학습
특징	• 관찰 사실을 설명하지 않고 단순히 관찰한 것을 기술하거나 계열화하거나 분류함 • '왜(why?)'가 아니라 '무엇(what?)'에 대해 답함 • 인지 갈등을 유발하지 않음 • 학생들의 인지 수준이 낮거나, 선개념이 없는 내용을 가르칠 때 적합함	• 관찰은 서술적 형태로 이루어짐 • 잘 설정된 가설에 의한 것이 아닌 경험적인 실험을 수행함 • 다른 상황에서 학습한 개념을 현재 상황에 끌어오는 귀추나 비유적 추론을 통해 원인을 설명함	• 인과적 질문으로 시작함 • 대안적 가설을 명확히 설정하고, 이를 논리적 연역과 실험 결과를 비교하여 검증함
탐색 단계	(학생) • 자연현상을 관찰 탐구하여 단순히 규칙성을 발견하고 기술함 (교사) • 학생들에게 관찰할 사실을 단순히 제시함	(학생) • 자연현상을 관찰 탐구하여 규칙성을 발견하고 기술함 • 규칙성의 원인에 대해 설명함 (교사) • 현상에 대한 서술적이고 인과적인 의문을 불러일으킴	(학생) • 현상을 탐색하여 문제를 인식한 후, 이를 설명하기 위한 가설을 설정함 • 가설을 검증하기 위한 실험을 설계하고 수행함 • 실험 결과를 분석하여 가장 적합한 가설을 선택함 (교사) • 현상에 대한 서술적이고 인과적인 의문을 불러일으킴

개념 도입 단계	(학생) • 관찰 결과를 발표하고 규칙성에 대해 기술함 (교사) • 학생들이 발견한 규칙성에 적합한 용어를 도입함	(학생) 또는 (교사) • 학생들의 대안적 설명에 적합한 용어를 도입	(학생) • 적합한 가설을 기술함 (교사) • 학생들이 선택한 가설에 적합한 용어를 도입함
개념 적용 단계	(학생) • 토의하거나 관련 개념을 다른 상황에 적용함 (교사) • 관련 개념을 다른 상황에 적용하는 기회를 제공함	(학생) • 토의하거나 관련 개념을 다른 상황에 적용함 (교사) • 관련 개념을 다른 상황에 적용하는 기회를 제공함	(학생) • 토의하거나 관련 개념을 다른 상황에 적용함 (교사) • 관련 개념을 다른 상황에 적용하는 기회를 제공함

3. 특정 주제를 선정하여 순환학습에 기초한 수업을 조별로 계획하고, 전체적으로 공유하도록 한다. 이때 순환학습 모형의 단계별 특징 측면에서 다른 조에서 계획한 각 단계 활동의 적합성을 판단하고 수정 방향에 대한 조언을 제공하도록 한다.

단계	교사 활동	학생 활동
탐색 단계		
개념 도입 단계		
개념 적용 단계		

4. 학기 말에 다른 예비 교사들을 대상으로 수업 시연을 실행하고, 스스로 또는 다른 예비 교사들과 함께 반성 및 평가하는 시간을 갖도록 한다.

수정과 확장

1. 교육 실습이 포함된 학기에 개설된 강좌에서 위의 수업을 진행한다면 이 강좌에서 개발한 수업 자료를 교육 실습에서 실제 학생들을 대상으로 적용한 후, 교육 실습 후 강좌 수업에서 교육 실습에서의 수업 경험에 대하여 교수 학습모형 관점에서 반성 및 평가하는 시간을 갖도록 한다.
2. 예비 교사들이 진행하는 수업 시연의 경우, 2명 이상의 교사가 직접 수업을 계획·실행·평가하는 코티칭을 이용하여 실시하도록 하며, 필요한 경우 교수가 멘토링을 제공할 수 있다. 또한 3명 이상으로 조를 편성할 경우 발표자는 수업 당일 제비뽑기로 2명만 정하는 형태로 진행하면 무임승차를 예방할 수 있을 뿐만 아니라 예비 교사들의 흥미와 긴장감을 유발할 수 있다.

참고문헌

김찬종·채동현·임채성, 1999, 『과학교육학 개론』, 북스힐.

윤혜경·장병기·김미정·정용재·김희경·강훈식·강남화, 2008, 생활과학교실 강사 양성 및 재교육을 위한 커리큘럼 개발, 2007년 한국과학문화재단 사업 연구결과보고서.

Lawson, A. E., Abraham, M. R. & Renner, J. W., 1989, *A theory of instruction: Using the learning cycle to teach science concepts and thinking skills*, NARST MONOGRAPH, Number One.

강의노트 · 39

과학 놀이 만들기

자료 제공자: 강훈식(서울교육대학교), kanghs@snue.ac.kr
준비물: 과학 교과서, 실험 관찰, 도화지, 색연필, 매직펜, 가위 또는 칼

개관

교사라면 누구나 '단원 마무리 시간이나 1~2시간 정도의 여유가 있을 때 학생들에게 어떤 의미 있는 활동을 할까?'라는 고민을 해 보았을 것이다. 어떤 교사는 그동안 하지 못했던 실험을 했을 수도 있고, 어떤 교사는 교과서에 제시된 문제를 풀어 보도록 했을 수도 있다. 이럴 때 재미있는 과학 놀이를 해 보면 어떨까? 이 강의에서는 예비 교사들에게 과학 놀이의 한 가지 예인 '과학 원카드'를 직접 경험하도록 한 후 이 놀이의 장점에 대하여 토의할 수 있는 기회를 제공한다. 또한 직접 과학 놀이를 만든 후 시연 및 반성하는 기회를 제공한다. 이를 통해 예비 교사들은 현장에서 의미 있게 사용할 수 있는 과학 놀이에 대한 정보와 자료를 다양하게 얻을 수 있을 것이다.

수업 진행

1. '과학 원카드' 놀이 방법에 대하여 설명하고, 직접 수행하도록 한다.

1단계: 생각 그물(mind map) 만들기

조별로 해당 단원과 관련된 내용을 바탕으로 생각 그물을 만든다. 이때 교과서에 없는 내용이더라도 관련된 개념은 모두 포함할 수 있다.

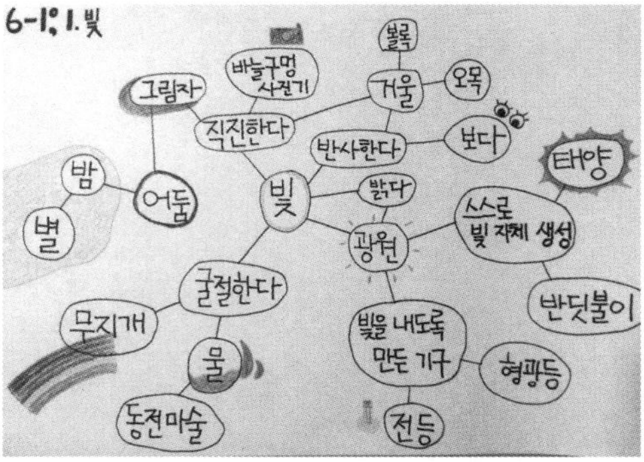

〈생각 그물 예시: 6-1학기 1단원 빛〉

2단계: 카드 만들기

생각 그물을 통해 정리한 단어들을 바탕으로 카드를 약 60장 만든다. 이때 1개의 카드에는 한 단어(어둠, 밤, 빛, 굴절한다 등)만 적혀 있어야 하며, 중복되지 않아야 한다.

3단계: 과학 원카드 놀이하기

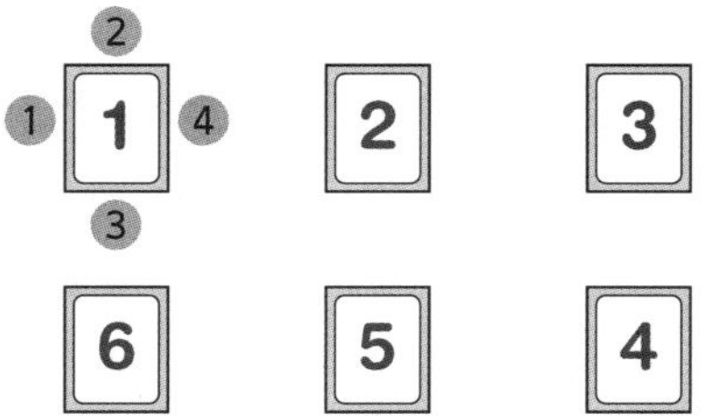

1) 각 조에서 1명만 남기고 다른 조로 이동하여, 서로 다른 조원 4~5명으로 구성된 1개 놀이 조를 새로 편성한다.
2) 남아 있는 조의 학생이 자신의 조가 만든 카드를 새로 편성된 다른 조원들에게 한 사람당 8장씩 나누어 준다. 이때 받은 카드는 자신만 보고 다른 사람에게 보여 주지 않는다.
3) 남은 카드는 글자가 보이지 않도록 뒤집어 쌓아 놓고, 맨 위의 카드 한 장만 쌓인 카드 뭉치 옆에 글자가 보이도록 제시한다.

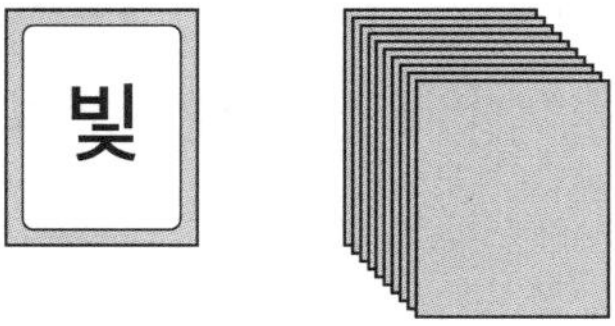

4) 카드를 배분한 학생부터 다음 규칙에 따라 놀이를 시작하고 시계 방향으로 놀이를 계속 진행한다.
 - 제시된 카드와 관련된 카드를 가지고 있을 경우, 그 카드를 낸다. 카드를 낼 때에는 두 단어가 어떻게 연관이 있는지 한 문장으로 말하면서 낸다. 예를 들어 '물'이 쓰여 있는 카드가 제시되어 있고, '증발'이 쓰여 있는 카드를 들고 있었다면 '물은 0도에서도 증발한다'고 말하면서 낸다.
 - 제시된 카드와 자신이 낸 카드의 연관성에 나머지 학생들의 과반수가 동의하면 다음 차례로 넘어가고, 동의하지 않으면 벌칙으로 카드 2장을 가져간다.
 - 관련된 카드가 없을 경우에는 쌓여 있는 카드 1장을 가져간다.
 - 게임은 15분간 진행하되, 15분 이내에 카드가 한 장도 없는 학생이 생기면 게임을 마친다.

5) 다른 조에서 만든 카드로 바꾸어 놀이를 반복한다.

4단계: 점수 계산하기

1) 놀이가 끝난 후 카드를 가장 적게 가지고 있는 순서대로 1, 2, 3, 4등을 정하며, 각 등수에 따라 각각 4점, 3점, 2점, 1점을 부여한다. 조원이 5명이어서 2명이 한 조에 편성된 경우, 2명 중 점수가 더 낮은 사람의 점수를 부여한다.
2) 각자 자신의 조로 돌아가서, 부여받은 점수를 활동지에 적어 합산한다.

(　　)조 점수표

조원 이름	첫 번째 게임 점수	두 번째 게임 점수

총점	점

2. '과학 원카드' 놀이를 모두 마친 후 이 놀이의 장점에 대하여 토의하고, 조별 토의 결과를 전체적으로 공유하도록 한다.
3. 조별 토의 결과와 관련지어 '과학 원카드' 놀이의 장점에 대하여 설명해 준다. 이때 다음의 자료를 활용할 수 있다.

〈과학 원카드 놀이의 장점 예시〉

- 학생들이 생각 그물을 작성하면서 이전에 배웠던 내용을 재미있게 복습할 수 있다.
- 학생들이 생각 그물을 작성하거나 놀이를 하면서 연관되는 개념들을 서로 관련지어 생각할 수 있으므로 개념 이해나 사고의 폭이 넓어진다.
- 조별로 생각 그물을 작성하면서 협동심을 기를 수 있다.
- 제시된 카드와 자신이 낸 카드의 연관성을 판정하는 과정을 통해 학생들의 의사결정력이나 의사소통 능력 등을 기를 수 있다.
- 학생들이 직접 만들 카드를 활용하여 놀이를 하고 모든 학생들이 놀이에 참여하므로, 놀이에 대한 흥미와 참여도가 높다.

4. 조별로 과학 놀이 활동을 직접 개발하도록 한다. 학기 말에 직접 시연한 후, 개발한 과학 놀이 활동의 장단점에 대하여 스스로 또는 다른 예비 교사들과 함께 반성 및 평가하는 시간을 갖도록 한다.

수정과 확장

1. 생각 그물 만들기 활동의 경우, 단원 내용에서 너무 벗어나지 않도록 첫 단어와 마지막 단어를 먼저 써 놓고 나머지 부분들을 여러 개념들로 채워 나가는 방식으로 진행할 수 있다.
2. 순서를 뒤바꾸는 '거꾸로 카드', 한 학생을 넘어서 진행하는 '점프 카드' 등과 같이 특정한 카드를 만들어서 놀이를 진행하면 흥미나 긴장감 유발에 도움이 된다.
3. 한 학기나 학년 말에 활동을 진행할 경우, 각 조에게 단원을 골고루 배분하여 카드를 만들게 한 후 활동을 진행하면 그동안 배운 여러 단원의 내용을 모두 다루어 볼 수 있다.

강의노트 · 40

인지갈등 수업 전략

자료 제공자: 김지나(부산대학교), mailtojiuna@pusan.ac.kr
준비물: 없음

개관

교수 학습모형에 대한 강의를 하다 보면 예비 교사들이 교수 학습모형 자체를 암기하고 있지만, 실제로 예비 교사들이 교수 학습모형을 제대로 적용하여 수업하는 것이 어렵다는 것을 관찰할 수 있다. 교수 학습모형을 적용하여 현장에서의 수업을 할 수 있도록 지도할 필요가 있다. 여기에서는 인지갈등 전략을 수업에 어떻게 적용할 것인가를 제시하고자 한다.

수업 진행

1. 인지갈등 모형을 먼저 제시하면, 인지갈등 모형 자체를 예비 교사들이 암기하고 그 모형에 대한 이해를 잘하지 못하는 것을 알 수 있다. 다음의 발문과 답변을 통해 인지갈등 모형을 이해할 수 있도록 한다.

교수의 발문과 설명	예비 교사의 답변과 설명
[선개념(C1) 확인] 무거운 물체와 가벼운 물체를 동시에 떨어뜨릴 때, 학생들은 어느 물체가 먼저 떨어진다고 생각하는지 발문한다.	무거운 물체가 먼저 떨어진다고 생각하는 경우가 많다고 답변한다.
[선개념이 형성된 환경(R1) 확인] 학생들이 왜 무거운 물체가 먼저 떨어진다고 생각하는지 발문한다.	종이와 돌멩이를 떨어뜨렸을 때, 돌멩이가 먼저 떨어지는 것을 관찰한 경험이 있기 때문이라고 답변한다.
[선개념으로 설명할 수 없는 환경(R2)을 제시하여 C1과 R2 사이의 인지갈등 유발] 이 학생에게 자신의 생각이 잘못되었다는 것을 설명하는 것만으로는 학생들의 선개념을 과학적 개념으로 변화시키기 어려우며, 자신의 선개념과 불일치하는 현상을 제시하는 것이 중요하다는 것을 설명한다.	구긴 종이와 돌멩이를 떨어뜨려 보인다고 답변한다.
[과학적 개념(C2)을 제시하여 R2 설명, C1과 R2 사이의 갈등 해소] 구긴 종이와 돌멩이가 동시에 떨어지는 현상을 설명하게 한다. 선개념과 불일치한 현상을 관찰한 학생에게 인지갈등이 유발될 수 있으며, 과학적 개념을 도입하면서 이 갈등을 해소할 수 있도록 해야 한다고 설명한다. [C2와 R1 사이의 갈등 및 해소] 펼친 종이가 천천히 떨어진 현상에 대해 의문점을 가지고 인지갈등이 유발될 수 있다고 설명한다. [C1과 C2의 비교] 학생에게 각 상황에 따라 선개념과 과학적 개념으로 각각 설명하거나, 개념 간의 갈등이 일어날 수도 있음을 설명한다.	무거운 물체와 가벼운 물체는 동시에 떨어지는 것이라고 설명한다. 펼친 종이가 천천히 떨어지는 것은 공기저항이 작용하고 있기 때문이라고 설명한다. 공기저항이 없는 진공 상태에서 깃털과 돌멩이를 떨어뜨리면, 동시에 떨어진다는 것을 설명하거나 동영상을 보여준다고 설명한다.
[적용] 새로운 환경을 제시하여 과학적 개념으로 설명하여 과학적 개념이 유용하다는 것을 설명할 수 있도록 지도해야 한다고 설명한다.	

2. 다음과 같이 권재술의 인지갈등 모형을 제시하여 C1, C2, R1, R2를 설명하고, 한쪽 화살표, 양쪽 화살표, 갈등 1, 갈등 2, 갈등 3에 대해서 설명한다.

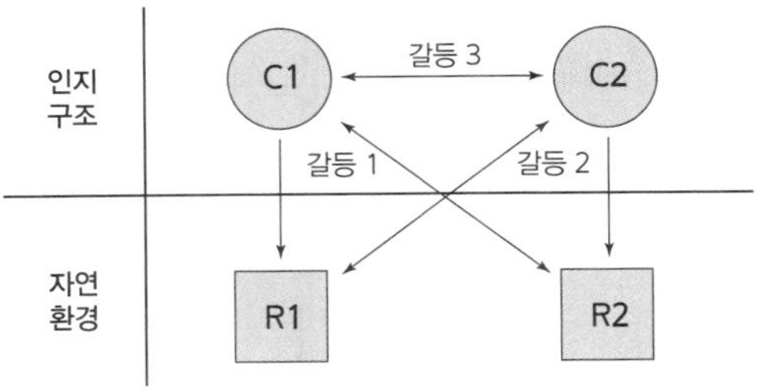

3. 인지갈등 요소에 대해 토의하도록 한 뒤 설명한다.
4. 인지갈등 모형을 이용하여 수업할 때의 수업 단계에 대해 설명한다.
5. 인지갈등을 이용한 개념 변화 유형을 설명하고, 그 예를 찾아보도록 한다.
   – 확장형 개념 변화, 상호전환형 개념 변화, 혁명적 개념 변화
6. 상황에 따른 학생들의 개념에 대해 설명한다.

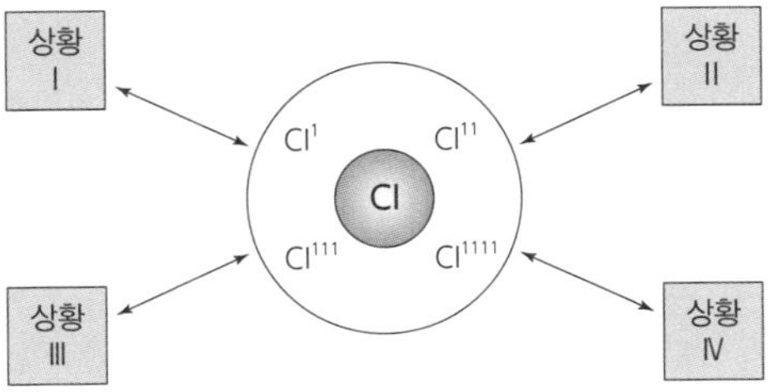

7. 피아제의 인지발달 이론, 파인스(Pines)와 웨스트(West)의 포도덩굴 모형, 하슈웨(Hashweh)의 개념변화 모형을 이용하여 개념변화 이론을 설명한다.

수정과 확장

일반 막대와 무거운 추를 단 막대를 기울여 떨어뜨릴 때, 어느 막대가 바닥에 먼저 닿을지 예비 교사들에게 예상하게 하고, 인지갈등 수업모형을 이용하여 수업을 진행한다.

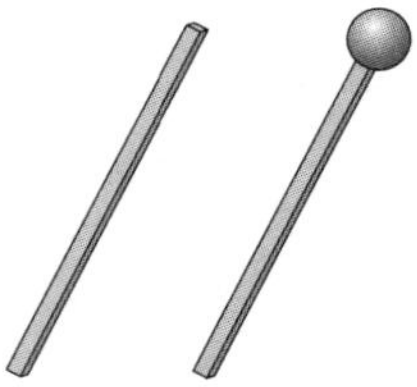

참고문헌

송진웅·김익균·김영민·권성기·오원근·박종원, 2004, 『학생의 물리 오개념地圖』, 북스힐.

강의노트 · 41

인지갈등을 일으키는 수업 예시

자료 제공자: 김지나(부산대학교), mailtojiuna@pusan.ac.kr
준비물: 시범 실험 교재

페트병에 물을 채우고, 그 안에 스티로폼 공을 고무줄에 매달아 놓는다.

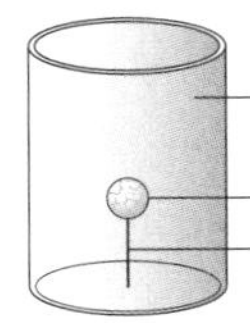

개관

인지갈등을 통한 개념 변화를 위해서는 학생들의 선개념에 불일치하는 현상을 제시하는 것이 중요하다. 학생들의 선개념에 불일치하는 현상을 제시하려면 학생들의 오개념을 파악하고, 그 오개념의 특성을 이해하는 것이 중요하다. 과학 교재론 등의 강의 시간을 통하여, 과학 교재를 활용하여 학생들의 선개념에 불일치하는 교재를 개발하는 것이 이 주제의 목적이다.

수업 진행

1. 다음의 내용을 예비 교사들에게 제시하여 학생들의 오개념을 파악하고, 그 오개념의 특징을 이용하여 선개념에 불일치하는 현상을 제안하도록 한다.

다음은 수직 위로 던져진 공에 작용하는 힘에 대한 어느 학생의 생각이다.

〈학생의 생각〉

공이 위로 올라가는 동안에 위쪽으로 힘이 작용하고, 최고점에 도달했을 때에는 작용하는 힘이 없으며, 다시 아래로 떨어지는 동안에는 아래쪽으로 힘이 작용한다.

〈문제〉

1) 이 학생은 힘과 운동에 대한 어떤 오개념을 가지고 있는가?
2) 이 학생에게 효과적으로 인지갈등을 일으킬 수 있는 다른 운동의 구체적인 예를 고안해 보자.

2. 예비 교사들이 제시하는 문제 1)의 예상 답은, '물체가 운동하는 방향으로 물체에 힘이 작용하고, 물체가 정지한 동안은 물체에 힘이 작용하지 않는다.' 이다.
3. 예비 교사들이 제시하는 문제 2)의 답을 하도록 하고, 답안에 대한 피드백을 한다. 물체가 운동하는 방향으로 힘이 작용한다고 학생들이 생각하고 있기 때문에, 운동 방향으로 물체의 힘이 작용하지 않는 현상을 제시하도록 예비 교사에게 안내한다.

다음 표는 실제 강의 시간에 예비 교사가 제안한 현상과 이유, 예비 교사가 제안한 현상에 대한 학생의 생각을 제시한 것이다.

예비 교사가 제안한 현상	예비 교사가 제안한 현상 제시에 대한 이유	예비 교사가 제안한 현상에 대한 학생의 생각(피드백)
마찰이 작용하는 바닥에서 굴러가던 공의 속력이 점점 줄어들어 멈추는 현상을 보여 준다.	공의 속력이 줄어드는 것은 운동 방향과 반대 방향으로 힘이 작용하기 때문이다.	굴러가던 공의 속력이 줄어드는 것은 운동 방향으로 작용하는 힘이 점점 들기 때문이라고 생각하기 때문에, 학생에게는 불일치 상황이 아니며 인지갈등이 일어나지 않는다.
원운동하는 물체의 운동을 보여 준다	원운동의 방향은 접선 방향이며, 힘의 방향은 원의 중심 방향이다.	원운동하는 물체에 작용하는 힘의 방향은 접선 방향이라고 학생들이 생각하기 때문에, 학생들에게 불일치한 상황이 아니다.
……		

4. 오개념과 틀린 개념에 대한 차이를 설명해 준다. 학생들은 환경과 상호작용하여 지식을 구성해 나간다. 힘과 관련된 현상은 학생들이 어릴 때부터 관찰한 현상이며, 이 현상을 통하여 나름대로의 논리를 가지고 있다. 그 논리로 형성된 자신의 이론이 과학적 지식과 다를 뿐이다. 과학적 지식과 다른 학생의 오개념은 견고하며, 과학적 개념으로 쉽게 바뀌어지지 않는다.
5. 불일치 상황으로 인식되는 조건에 대해 생각해 보게 한다.
6. 힘의 방향은 눈으로 보이지 않는 것이고, 물체의 운동 상태가 변화하는 것을 관찰하고 유추하는 것이기 때문에, 학생들은 힘의 방향에 대한 오개념을 많이 가지고 있다. 따라서 학생들에게 힘의 방향을 유추할 수 있는 교재를 개발하여 제시하고 학생들이 자신의 생각과 불일치하는 현상임을 인식하게 하는 것이 효과적이다.
   - 1단계: 그림과 같은 교재를 만든다.

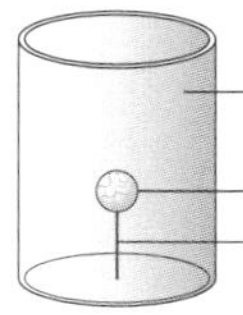

   - 2단계: 이 기구를 오른쪽으로 힘을 주어 이동시켰을 때, 스티로폼 공이 어떤 방향으로 움직일지 예상하게 한다.
   - 3단계: 이 기구를 오른쪽으로 힘을 주어 이동시키고, 스티로폼 공이 움직이는 방향을 관찰하게 한다. 여기서 가속할 때 공이 움직이는 방향을 관찰하게 한다.
   - 4단계: 이 기구에 힘을 가하면, 힘을 가하는 방향으로 스티로폼 공이 이동함을 관찰하게 하고, 스티로폼 공이 움직이는 방향이 힘의 방향이라는 것을 인식시킨다.
   - 5단계: 이 기구를 떨어뜨렸을 때 스티로폼 공이 이동하는 방향을 예상하게 한다.
   - 6단계: 기구를 위로 던져 올리면서 운동 방향에 따른 스티로폼 공의 이동

방향을 관찰하게 한다.

7. 예비 교사에게 다음을 설명하여, 학생의 선개념에 불일치한 상황을 효과적으로 제시하는 방법에 대해 생각해 보게 한다.
   - 학생들의 오개념은 견고하고 나름대로의 논리성을 가지고 있기 때문에, 교사가 제시하는 현상을 자신의 선개념으로 해석할 수 있다. 힘과 같이 눈으로 보이지 않지만 일상생활에서 경험할 수 있는 현상에 대해서는 특히 오개념을 많이 가지고 있으며, 이 오개념을 과학적 개념으로 바꾸어 주기 위해서는 자신의 개념이 틀렸다는 것을 인식시킬 필요가 있다. 그 첫 번째 단계가 학생의 선개념과 불일치한 현상을 제시하는 것이다. 교사가 제시하는 현상이 학생에게 자신의 선개념과 불일치한 현상이라는 것을 인식시키기 위해서는 학생의 선개념을 잘 이해해야 한다. 현상을 관찰한 학생들이 어떤 생각을 가질 수 있는가를 교사가 알아야 효과적인 불일치 상황을 제시할 수 있다.

수정과 확장

예비 교사들에게 원운동하는 물체에 작용하는 힘의 방향에 대한 학생들의 선개념을 조사하고, 학생들의 선개념에 불일치하는 현상을 제안해 보도록 한다.

참고문헌

송진웅 · 김익균 · 김영민 · 권성기 · 오원근 · 박종원, 2004, 『학생의 물리 오개념地圖』, 북스힐.

강의노트 · 42

360° 파노라마를 활용한 가상 야외 지질답사

자료 제공자: 김희수(공주대학교), heesoo54@kongju.ac.kr
준비물: PC, 스마트폰

개관

과학교육에서 야외 실습이 필요한 주요 영역에는 지구과학 영역, 생물학 교육 영역, 환경교육 영역 등이 있다. 특히 지구과학 지질학 학습에서는 야외 답사가 수행되어야 실질적인 지질 교육이 될 수 있다. 그런데 학교 현장에서는 야외 지질답사와 관련된 수업을 할 때 지질구조 수업은 모형 실험으로, 암석–광물–화석 관찰 수업은 전형적인 몇 가지 표본 활용 수업으로 대신하고 있는 실정이다. 야외 관찰과 야외 실습은 거리, 시간, 비용, 범위, 안전성 등의 문제가 있기 때문이다. 이에 대한 하나의 대안이 3D 파노라마 기술을 활용한 가상현실(Panorama Vitual Reality, PVR) 지질학습장이다. PVR을 활용한 가상현실 지질학습장은 비용, 시간, 인력이 상당히 필요한 일반적인 가상현실(Virtual Reality, VR)과 달리 최소의 비용과 기술로 가상의 3차원 세계를 구현하여 학습에 활용할 수 있다. PVR을 활용한 과학교육의 장점은 다음과 같다.

- 실제 3차원 자연을 그대로 사이버상에 표현한 기술로서 실제 자연학습장

을 인터넷 환경에서 쉽게 접할 수 있다.

- 학습장은 학습자가 사이버 투어를 하면서 관찰 지역을 스스로 찾아 관찰할 수 있다.
- 지질 환경뿐만이 아니라 보다 확장된 정보를 얻을 수 있다. 즉 PVR 학습 상황에서 비디오, 오디오, 2D 사진, 3D 물체 등을 사용자 요구에 따라 듣거나 볼 수 있다.
- 특정 화석-암석 등 표본을 클릭하여 3차원 물체를 돌려 보고 확대하는 등 상호작용이 가능하고, 해당 내용에 대한 전문가의 해설을 들을 수 있다.
- PC나 스마트폰의 인터넷 환경이 되어 있는 곳에서는 누구든지 활용 가능하다.
- 시간과 날씨 그리고 비용 등에 구애를 받지 않는다.
- 국내의 유명 지질답사 지역을 3차원 파노라마로 구현하면 누구든지 언제 어디서나 인터넷 환경이 되어 있는 곳에서는 구경이 가능하다.
- PVR 기술을 활용한 자연학습장은 융합 교육에 매우 적절한 환경이다.
- 반복 학습이 가능하고, PC뿐만 아니라 스마트폰 등으로도 쉽게 학습할 수 있다.
- PVR 자연학습장은 과학관 등에서 효과적으로 활용할 수 있고, 과학의 대중화 및 과학 문화 확산에 기여할 수 있다.
- 아름다운 자연환경을 학습에 활용함으로써 자연에 대한 심미안, 바람직한 자연관과 호연지기 기르기뿐만 아니라 인성 교육에도 도움이 될 수 있다.
- 박물관-과학관-연구소 등 유명한 곳을 사이버 투어로 미리 가 보기가 가능하다.
- 개발이 용이하여 현장의 교사 수준에서 쉽게 제작할 수 있다.
- 게임처럼 재미있게 사이버 자연답사를 할 수 있다.
- 야외 지질학습장이나 정보를 순차적 또는 비순차적으로 학습자 요구에 맞는 내용을 즉시적으로 확인할 수 있다.

수업 진행

1. 교사가 지질학 학습 단원 소개를 간단히 한다. 그리고 지질학 학습을 성공적으로 수행하기 위한 야외 지질답사의 필요성을 안내한다.
2. 시간, 비용, 안전사고 등의 문제 때문에 실제적인 야외 지질답사를 하기 어려운 상황을 설명하고, 대신 가상 지질답사(PVR) 방법으로 답사를 할 수 있음을 안내한다.
3. 이를 위해 먼저 공주대학교구과학교육과(http://earth.kongju.ac.kr/hskim/panorama/homepage/index.htm)로 들어간다(이때 PC나 스마트폰 등을 이용한다). 그러면 〈그림 1〉과 같은 화면이 뜬다.

그림 1. 사이버 지질학습장

4. 360°파노라마 가상 지질답사 방법을 간단히 안내한다. 화면은 크게 가상 지질답사 화면과 하단의 메뉴 화면으로 나눌 수 있다. 메뉴 가운데는 '사전학습–관찰학습–정리학습'의 버튼들이 있다. 사전학습 버튼에는 본 지질답사 지역인 채석강의 지질과 지형에 관련된 미리 알아 두어야 할 내용들이 포함되어 있고, 관찰학습 버튼은 실제로 사이버 투어 학습 장면으로 연결된 버튼이다. 정리학습 버튼은 사이버 관찰학습 후 정리할 수 있도록 하는 내용이 연결되어 있다.

그리고 하단 메뉴의 좌·우측 끝에는 각각 화면의 확대 및 축소, 상하좌우 이동, 화면의 자동 회전 및 정지, 해설이나 음악의 실행 및 멈추기, 도움말 기능, 전체 화면으로 보기 등의 버튼들이 있다. 또 화면 좌측 상단에는 채석강 주요 20곳의 섬네일 영상들을 한꺼번에 볼 수 있도록 구성되어 있다. 우측 상단에는 리스트로 투어 지역을 나타내어 이동이 용이하게 구성되어 있다. 따라서 학생들은 투어 형태로 처음부터 차근차근 학습해 나갈 수도 있고, 임의의 섬네일을 직접 클릭하여 원하는 답사 지역으로 직접 이동한 다음 관찰해 나갈 수도 있다. 화면 좌측 중간에는 구글맵 버튼을 두었다. 이곳을 클릭하면 채석강 일대의 구글맵이 보여 전체적인 채석강의 모습과 개별 관찰 지역이 표시되어 있다. 다시 누르면 오므라든다.

모든 화면에는 방위가 표시되어 있고, 화면 가운데에는 방위를 표시해 주는 컴퍼스가 위치해 있어 지층의 방향을 대략 확인할 수 있다. 또 지층의 경사를 확인해 볼 수 있도록 각도기를 놓아두었다. 이 각도기는 마우스로 이동이 가능하다. 따라서 지층의 경사 등을 확인할 때 이를 해당 지층이 있는 곳에 끌어 놓으면 그곳 지층의 경사각을 대략 읽을 수 있다.

5. 본격적인 PVR 활용 가상 지질답사를 하기 위하여 화면 하단 중앙의 '사전학습' 버튼을 눌러 미리 알아 두어야 할 학습 내용을 먼저 학습하도록 한다.
6. 사전학습이 끝나면 본격적인 가상 지질답사를 할 수 있도록 한다. 이때 관찰 지점별 학습과제 버튼을 눌러 관찰 지점별로 관찰해야 할 주요 학습과제를 〈그림 2〉처럼 확인한다. 학습과제 버튼은 화면 오른쪽 중심 끝에 있다. 실제 관찰 과정에서는 관찰 지역의 전체적인 지형 살펴보기, 암석의 분포와 종류, 지질 구조 및 방향 등을 관찰해 나간다. 주요 관찰 지역 부근에는 참고가 될 만한 설명을 위한 버튼들이 있다. 그 버튼들을 누르면 관찰 현상을 이해하는데 도움이 될 수 있다.
7. 관찰 지점별로 제시된 학습과제들에 대한 관찰 결과들을 정리한다.
8. 가상 지질답사가 모두 끝나면 화면 하단 오른쪽 '정리학습' 버튼을 누른다. 그러면 가상 지질답사 결과를 정리할 수 있는 양식이 제시된다. 이를 활용하여

그림 2. 가상 지질답사 지역의 학습과제를 보인 장면

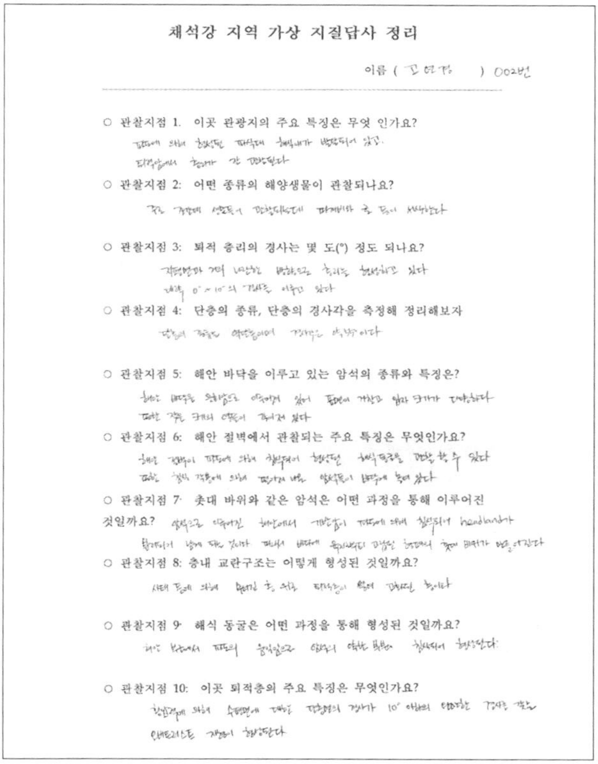

채석강 지역 가상 지질답사 정리

이름 ( ) 002번

○ 관찰지점 1. 이곳 관광지의 주요 특징은 무엇 인가요?

○ 관찰지점 2: 어떤 종류의 해양생물이 관찰되나요?

○ 관찰지점 3: 퇴적 층리의 경사는 몇 도(°) 정도 되나요?

○ 관찰지점 4: 단층의 종류, 단층의 경사각을 측정해 정리해보자

○ 관찰지점 5: 해안 바닥을 이루고 있는 암석의 종류와 특징은?

○ 관찰지점 6: 해안 절벽에서 관찰되는 주요 특징은 무엇인가요?

○ 관찰지점 7: 촛대 바위와 같은 암석은 어떤 과정을 통해 이루어진 것일까요?

○ 관찰지점 8: 층내 교란구조는 어떻게 형성된 것일까요?

○ 관찰지점 9: 해식 동굴은 어떤 과정을 통해 형성된 것일까요?

○ 관찰지점 10: 이곳 퇴적층의 주요 특징은 무엇인가요?

그림 3. 관찰 지점별로 정리한 주요 관찰 결과

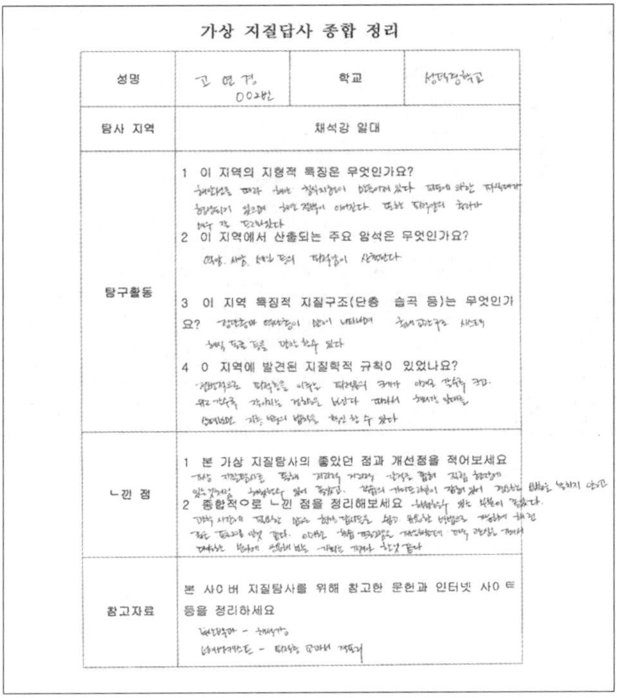

가상 지질답사 종합 정리

성명	학교
탐사 지역	채석강 일대
탐구활동	1 이 지역의 지형적 특징은 무엇인가요? 2 이 지역에서 산출되는 주요 암석은 무엇인가요? 3 이 지역 특징적 지질구조(단층 습곡 등)는 무엇인가요? 4 이 지역에 발견된 지질학적 규칙이 있었나요?
느낀 점	1 본 가상 지질탐사의 좋았던 점과 개선점을 적어보세요 2 종합적으로 느낀 점을 정리해보세요
참고자료	본 사이버 지질탐사를 위해 참고한 문헌과 인터넷 사이트 등을 정리하세요

그림 4. 가상 지질답사 결과 종합 정리

전체적인 가상 지질답사 결과를 종합 정리한다.

수정과 확장

1. 가상 지질답사를 수행한 후 얻은 종합적인 느낀 점을 발표한다.
2. 학생 각자가 가상 야외 지질답사에서 찾아낸 탐구 활동 결과를 발표한다.
3. 가상 지질답사 과정에서 관찰한 내용 중 궁금하여 해결하지 못한 사항들을 발표하고 토의한다.
4. 교사는 종합적으로 과학 교과서에 나온 지질학 내용과 가상 지질답사 지역에서 관찰한 내용들을 관련지어 설명하고 정리해 준다.
5. 학생 각자에게 자유 학습 과제를 부여한다. 즉 자기 마을 주변에 어떤 암석들

이 분포하고 있는지, 층리나 단층 등 어떤 지질학적 구조를 보이는 현상들이 있는지 조사하기 등의 자유 학습 과제를 일정 기간 내에 수행할 수 있는 수행 과제를 부여한다.

참고문헌

중학교 과학 교과서에 나온 지질학 영역

고등학교 지구과학 교과서에 나온 지질학 영역

경기도교육청, 2013,『지질탐구 학습백과』.

김건우·이기영, 2011, 플래시 파노라마를 활용한 웹기반 가상야외지질답사 개발 및 활용방안 탐색: 제주도 화산지형을 중심으로,『한국지구과학회지』, 32(2), 212-224.

김화성·함호식·이문원, 2013, 화성암 지역의 야외지질학습장 개발 및 적용,『한국지구과학회지』, 34(3) 274-285.

김희수, 2014, 3D 파노라마 가상현실 기술을 이용한 지질답사 학습자료의 개발과 적용,『한국지구과학회지』, 35(3), 180-191.

김희수, 2014, 적벽강 지역의 가상 야외지질답사 자료 개발 및 적용,『현장과학교육』, 8(3), 205-215.

박재문·양우현·조규성, 2007, 전북 부안군 채석강 일대의 야외지질 학습자료 개발 및 적용,『한국지구과학회지』, 28(7), 747-761.

신홍자·이창진, 2012,『조암광물 박편 아틀라스』, 교육과학사.

우영균·박종호·조용현, 1994, 공주지역 야외실습자료 개발 및 지도방안에 관한 연구,『과학교육연구』, 25, 공주대학교 사범대학 과학교육연구소, 133-178.

한국지구과학회, 2013,『가족이 함께 떠나는 주말 지질여행』.

허준혁·이기영, 2013, 고등학교 지구과학 수업에서 플래시 파노라마 기반 가상 야외답사의 활용이 학생들의 공간 시각화 능력 및 화산개념 이해에 미치는 영향,『한국지구과학회』, 34(4), 345-355.

Allison K., and Cuffey, K., 2012, Virtual Field Trip for Introductory Geoscience Classes, *The California Geograhper*, 52, 1-18.

Caliskan, O., 2011, Virtual field trips in education of earth and environmental sciences, *Procedia Social and Behavioral Sciences*, 15, 3239-3243.

Uricchio, W., 2011, A 'proper point of view': The panorama and some of its early media iterations, *Early Popular Visual Culture*, 9, N0. 3, 225-238.

강의노트 · 43

과학 스토리텔링 수업

자료 제공자: 손정우(경상대학교), cnbe@gnu.ac.kr
준비물: A3 용지, 12색 사인펜

개관

브루너는 인간의 사고 양식을 '패러다임 사고(또는 논리-과학적 사고)'와 '내러티브 사고'로 분류하였다. 패러다임 사고는 자연 세계의 사물을 다루는 이론적이고 형식논리적이며, 추상적이고 일반적인 진술로 구성된 과학적 사고이다. 반면에 내러티브 사고는 사람들 간의 관계 맥락과 교류 상태, 행위의 의도 등 인간의 삶의 문제를 다루는 구체적이고 상황 특수적인 사고로 이야기 형태와 관련이 있다. 내러티브 사고는 사람과 그들의 행위, 행위 의도, 목적, 주관적 경험에 초점을 맞추고 있으므로, 상황 맥락마다 달리 나타난다. 이러한 내러티브 사고에 의해 만들어지는 사람들의 의도와 그 변화가 개입된 스토리를 수업 중에 작성하고, 서로 공유하는 수업을 스토리텔링 수업이라고 한다.

현대 과학은 실제로 직접적인 실험 관찰에 의한 발견보다는 추론에 의해 구성되고 만들어지는 측면이 더 강하고, 이러한 과학자 활동은 주로 개인 간 스토리텔링 형태로 이루어지므로, 과학 수업에서도 이러한 스토리텔링을 활용하여 살아 있는 과학 만들기 수업을 할 때 학생들이 실제에 가까운 지식을 습득할 수 있을 뿐 아니라 개념 변화 및 과학적 세계관 형성이 가능하다.

스토리텔링의 구성 요소는 다음과 같다. 특히 개념 이해를 위해서는 서사나 열거의 방법으로, 개념 변화를 위해서는 대조/비교의 방법을 사용한다.

항목	요소
목적	동기 유발, 개념 이해, 개념 변화, 태도 향상
소재	사건, 인물, 일상 경험, 픽션
시간	과거, 현재, 미래
유형	학습 내용 안내, 학습자의 경험, 사회적 이슈
구조	도입, 본문, 결말, 읽기 자료
방법	묘사, 서사, 열거, 대조/비교

수업 진행

1. 모둠을 구성한 뒤, 모둠원 토의를 통해 스토리텔링 수업의 대상이 되는 중학교나 고등학교 과학의 소단원 한 가지를 정하도록 한다. 가급적이면 과학사나 일상 경험이 많은 소재가 담긴 소단원을 택하도록 한다.
2. 다음의 제시된 스토리 작성 단계를 설명한다. 이때 예시 스토리를 바탕으로 단계를 소개하면 좋다.

단계		과정
1	이야기에서 다룰 과학 개념은 무엇인가?	• 이야기의 주제가 될 과학 개념을 고른다. • 그 개념에 대해서 학생들이 어떤 것을 배우면 좋을지 결정한다.
2	과학 주제에 대해서 학습하라.	• 이야기에서의 과학 개념을 명확하고 정확하게 설명할 수 있어야 한다. • 설명이 너무 복잡하거나 혼란스럽고 오해의 여지가 있을 정도로 단순하면 안 된다.
3	이야기의 배경과 문제 상황을 만들어라.	• 과학 주제와 관련하여 있을 수 있는 일상생활 상황을 생각하여라. • 주인공의 성격에 재미있는 점이 드러날 수 있는 상황을 구상하여라. • 학생들의 호기심과 흥미를 유발하고 주제로의 빠른 도입을 도와주는 극적인 사건, 인물, 문제 상황을 배치하여라.

4	재미있거나 극적인 스토리라인을 구성하여라.	• 등장인물들이 적극적으로 참여하거나 감정적인 점이 있는가? • 중심 인물과 줄거리를 발전시켜 학생들이 이야기에 빠져들게 한다. • 강하고 재미있는 인물들은 좋은 이야기에 필수적이다.
5	과학 개념과 이야기를 연결시키는 장치를 만들어라.	• 줄거리를 효과적으로 전개하여 학생들이 연관성을 찾을 수 있도록 한다. 과학 개념과 사건들을 결합하여 창의적으로 구성하라. • 사실에서 너무 동떨어지지 마라.
6	긴장과 갈등을 배치하라.	• 좋은 이야기는 대부분 해결 가능한 문제와 답이 나타날 질문을 가지고 있다. • 나중에 해결될 요소들을 서서히 키워 가면서, 학생들을 위해 예상과 기대감을 창조해야 한다.
7	인물들 간 대화를 활용하라.	• 대화는 아주 유용한 도구이다. 과학적인 설명을 녹여내는 것을 도와줄 뿐만 아니라, 인물들이 살아 있게 도와준다. • 대화를 활용하라. 한 인물이 과학적 아이디어나 이론을 다른 인물에게 설명할 수 있다. 인물들은 상대방이 이해할 때까지 개념에 대해 말하게 된다.
8	과학 개념이 문제를 해결하도록 하여라.	• 당신의 과학적 개념이 이야기에 제시된 문제를 해결하거나 질문에 대한 답을 찾는 도구로 이용되어야 한다. • 당신의 과학적 아이디어는 대화를 통해 설명되고 문제에 대한 충분한 해결책이 제공되어야 한다.
9	이야기의 제목을 창조하라.	• 눈에 띄는 제목을 만들어라. 제목은 재미있거나 해학적이거나, 간단히 과학적 내용에 따를 수도 있다. • 제목 예: 압력에 깔려(공기압력), 열광의 도가니(열의 신비), 뉴턴의 사과 주스(중력), 아르키메데스는 목욕이 필요해(밀도), 무지개 쫓아가(빛의 철회)
10	사실 vs 허구	• 이야기의 마지막 부분에서 역사적으로 정확한 부분과 이야기의 재미를 위해서 지어낸 부분을 나열하는 것은 아주 중요하다. • 목표는 과학 개념을 조금 더 의미 있고 접근 가능하게 만들기 위함이다.

예시 스토리 〈누가 내 쭈쭈바를 터뜨렸을까?〉

1. 매점

티처: 쭈쭈바 35개 주세요.

주인: 동시에 다 들고 가면 터질 수 있어요. 봉지 몇 개에 나누어 들고 가세요.

티처: 괜찮아요. 그냥 들고 갈게요. (바삐 나간다.)

2. 교실
티처: 얘들아, 연구 수업 잘 들었으니까, 쭈쭈바 줄게. (나누어 준다.)
학생 1: 선생님, 쭈쭈바가 터졌어요.
학생 2, 3: 저도요. (화를 내며.)
티처: 진정하고 선생님한테 줘 봐. (살펴보더니 매점으로 간다.)
3. 매점
티처: 매점 아줌마, 이게 어떻게 된 일이죠? (쭈쭈바를 건넨다.)
주인: 내가 나누어서 가져가라고 했잖아요…….
티처: 그게 무슨 상관이에요?
주인: 내 말 잘 들어 봐요. 만약 10개씩 나누어 담았다면, 아래에 있는 쭈쭈바는 5개 정도의 무게를 받았겠지요. 하지만 35개를 한 봉지에 다 담았기 때문에 아래에 있는 쭈쭈바는 개당 10개 정도의 무게를 받아서 압력을 견디지 못하고 터졌을 거예요.
티처: 제가 잘 알지 못하고 그랬군요. 바꿔 주실 수 있나요?
주인: 안 돼요, 당신은 내 경고를 무시했어요.
그래서 선생님은 새로 3개를 사 갔다.

3. 스토리 작성 단계에 따라 스토리를 작성하도록 한다. 이때 스토리텔링의 구성 요소를 참조하여 스토리가 작성되도록 한다. 시간은 약 30분 정도 내외로 걸린다.
4. 스토리 작성이 끝나고 나면, 모둠별 발표(스토리텔링)를 통해 다음 사항들을 평가해 보도록 한다.
   • 스토리텔링의 목적은 무엇이며, 그 목적이 명확히 드러나도록 이야기가 구성되었는가?
   • 스토리에 사용된 과학 개념이 오류 없이 사용되었는가?

수정과 확장

과학 개념 학습, 스토리 제작, 스토리텔링의 3단계로 구분하여 수업을 진행하는 방안을 고려해 볼 수 있다. 이때 과학 개념 학습은 기존의 강의식이 아닌 읽기 자료 등을 통해 그 자료에 담긴 내용을 분석하면서 익히도록 한다. 그리고 스토리 제작에 도움이 되는 자료들을 제시하여 스토리 작성의 안내가 될 수 있게 한다. 마지막으로 스토리텔링은 단순히 대본 형식을 벗어나 인포그래픽을 이용할 수 있도록 안내한다.

다음은 이러한 과정을 담은 수업 지도안과 작성된 스토리 예시이다.

<table>
<tr><th>대단원</th><td colspan="4">힘과 운동</td></tr>
<tr><th>소단원</th><td colspan="4">떨어지는 사과를 보고</td></tr>
<tr><th>준비물</th><td colspan="4">A3, 12색 사인펜, 인터넷 검색 가능한 태블릿, 각종 활동지</td></tr>
<tr><th>학습 목표</th><td colspan="4">힘의 종류를 알고, 그 힘의 쓰임새를 다양하게 표현할 수 있다.</td></tr>
<tr><th rowspan="5">학습 활동 및 내용</th><td>단계</td><td>교수-학습 활동</td><td>유의점</td><td>시간</td></tr>
<tr><td>스토리 이해하기</td><td>- 자료 1: 뉴턴의 사과 이야기 소개(읽기 자료)
- 활동지 1: 이야기 분석하기(중력, 힘의 종류)</td><td>교사
학생</td><td>15분</td></tr>
<tr><td>스토리 제작하기</td><td>- 자료 2: 이야기 자료 제공(마찰력), 샘플 제시
- 활동지 2: 마찰력 개념을 활용 스토리 작성</td><td>교사
학생</td><td>30분</td></tr>
<tr><td>스토리 텔링</td><td>- 스토리 및 인포그래픽 발표 자료 제작
- 모둠별 발표 및 질의응답</td><td>학생</td><td>30분</td></tr>
<tr><td>정리</td><td>- 교사의 피드백
- 평가</td><td>교사</td><td>15분</td></tr>
<tr><th>평가</th><td colspan="4">- 자기평가 및 동료평가</td></tr>
</table>

급식이 뭐길래

1년전…

(3년 내내 똑같은 반이 유지되는 한 중학교)

선생님: 얘들아, 체육대회에서 꼭 우승해야 하는거 알지?

학생: 그럼요! 우승해야 밥을 일찍먹을 수 있잖아요

선생님: 우리모두 화이팅!

⋮

1년 후

학생: 선생님 돈까스가 또 다 떨어졌대요
날치알 비빔밥인데 날치알이 없어요
치킨마요에 치킨이 없어요

선생님: 올해는 꼭 우승해보자

학생: 점수가 제일 큰 줄다리기를 연습해요

선생님: 요즘은 연습보단 템빨이지

학생: 네? 그게 무슨 소리에요?

선생님: 우리 반은 반티대신 MkN에서 만든 마찰력 킹왕짱 신발을 사는거지. 마찰력이 커야 끌려가지 않아

1년후, 선생님 날치알 가득 한 날치알 비빔밥을 드디어 먹어봤어요!! (그들은 행복했다고 한다)

<셀기꾼이 아니야!>

#1. 카페

주선자: (사진을 보여주며) 이 남자 어때?

여: 눈이 엄청 크다. 내 스타일이야

주선자: 전화번호 알려줄게 만나봐

#2. 그날밤 방안

(여자와 남자가 카톡을 주고 받고 있다.)

안녕하세요
내일 벚꽃 보러 가실래요?

#3. 다음날 벚꽃나무 아래서

여: (화를 내며) 사진과 너무 다른 거 아니에요? 눈이 왜이렇게 작아요? 저 갈래요.

남: (여자의 팔목을 잡으며) 잠깐만요. 햇볕에 안경을 쓰고 왔어요. 제 안경은 오목렌즈라서 빛을 퍼뜨리는 쪽으로 굴절시켜서 눈이 작게 보이는 거에요 (안경을 거칠게 벗는다.) 제 눈을 보세요!

여: 사랑해요.

강의노트 · 44

과학 수업에서 V맵의 활용

자료 제공자: 심재호(부산대학교), sim307@pusan.ac.kr
준비물: V맵 모형(한글, 엑셀, 파워포인트, 그림판 등 사용)

개관

V맵은 노박과 노원이 고안한 것으로 탐구 활동에서 방법론적 측면과 이론적인 측면을 연관시키기 위해 개발한 것인데, V맵 작성의 어려움 때문에 학교에서는 잘 사용하지 않는 경향이 있다. 하지만 V맵에 포함된 요소들은 메타 인지를 향상시킬 수 있는 도구가 될 뿐 아니라, 실험이나 탐구 활동에서 지식과 가치를 생성할 수 있는 도구로 충분히 활용될 수 있다. 교사나 학생들 모두 강의식 수업에 길들여진 현재의 과학교육 문제를 극복하기 위해서도 V맵의 활용이 적극 권장된다.

수업 진행

1. V맵 작성에 관한 안내

1) 처음 V맵을 접하는 교사나 학생들 모두 V맵의 구성 요소에 어떤 내용을 적어야 할지를 잘 모르는 경우가 많다. V맵을 활용하기 전에 충분히 각 구성 요소

를 설명하고, 시범적으로 작성해 보는 활동이 전제되어야 한다.

2) 다음 5가지 질문을 고려하여 작성한다.

- 실험하려는 문제가 무엇인가? 또는 무엇이 궁금한가?
- 관련된 주요 개념, 개념의 구조는 무엇인가?
- 실험에 어떤 탐구 방법이 적용되는가?
- 실험을 통해 얻은 주요 지식은 무엇인가?
- 실험을 통해 얻은 지식은 어떤 가치가 있는가?

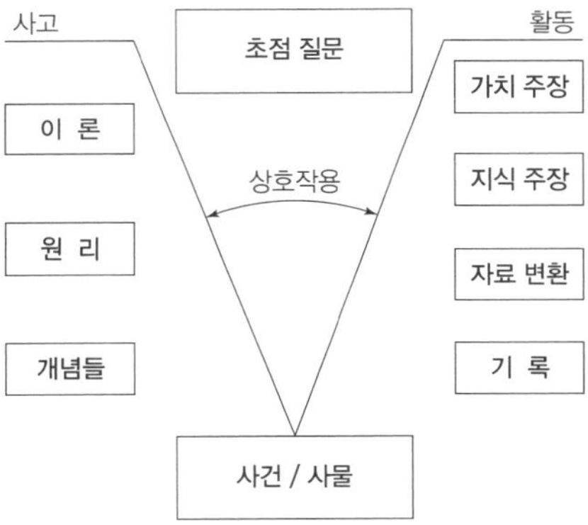

V맵(Novak and Gowin, 1984)

3) V맵을 실험 활동에만 한정해서 사용할 수 있다는 제한점을 극복할 필요가 있다. V맵은 교사가 수업 설계나 수업 지도안을 작성할 때 사용할 수 있으며, 순환학습 모형, 개념변화 수업모형, 탐구 수업모형, 발견학습 모형 등의 다양한 수업모형을 적용하는 수업에서도 학생들이 V맵을 사용할 수 있다.

4) V맵의 작성에서 특히 어려워하는 요소는 이론적인 측면에서 원리, 이론, 철학, 세계관을 작성하는 부분이다. 이 경우 원리, 이론, 철학, 세계관에 대한 선행 학습 및 변별 학습이 요구된다. 또한 방법론적 측면에서 지식 주장과 가치 주장이 어떻게 다른지에 대해서도 의문을 가진다. 이 또한 변별 학습이나 사례 제시가 필요하다.

5) 처음 V맵을 작성할 경우 상당한 시간이 소요된다. 수업 내용이나 실험 활동의 각 단계를 구분해야 하고, 자신이 어떤 생각을 가지고 있는지를 파악해야

한다. 즉 메타 인지와 학습 내용 및 활동 단계의 특징을 파악하는 것에 익숙하지 않기 때문이다. 이러한 장애는 여러 번의 V맵 작성 활동을 통해 극복될 수 있다.

2. V맵 작성 연습 및 적용 절차

1) 중·고등학교 교과서에 제시된 다양한 탐구 활동 및 실험 내용을 분석한다.

2) 각 내용에 적합한 수업모형을 결정한다.

3) 수업 지도안 또는 탐구 활동 지도안을 작성한다.

4) 예비 탐구를 수행하고 V맵을 작성한다.

5) V맵의 내용을 분석하고, 개선한다.

3. V맵 작성 예시

다음 그림처럼 엑셀, 아래한글, 파워포인트 등을 이용하여 V맵 틀을 만든다. 그 다음 각 요소에 해당 내용을 교사가 작성하거나 학생 모둠별로 작성한다.

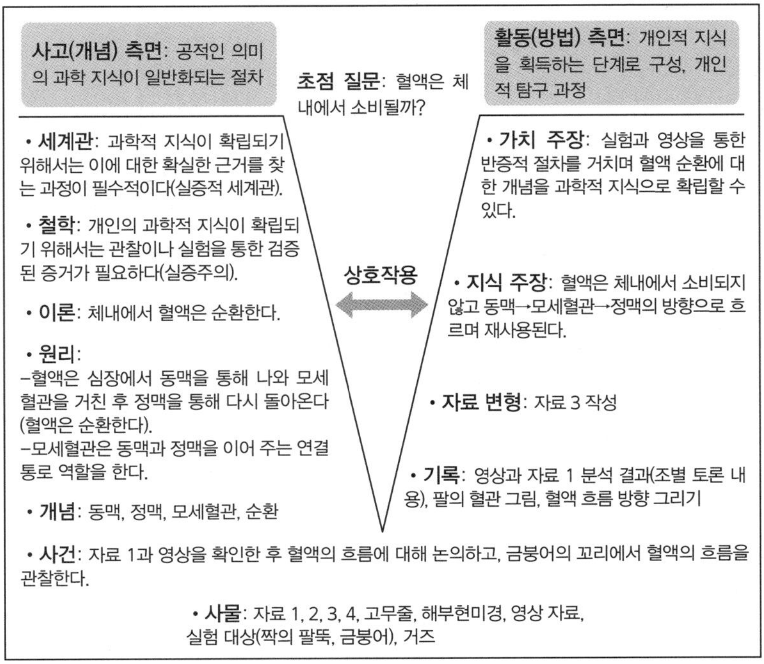

수정과 확장

교사가 학생 개인 또는 모둠별로 만든 V맵의 구성 내용을 평가하여 점수를 부여하는 데 목적을 두는 것은 바람직하지 않다. 교사는 V맵에 나타난 학생들의 구성주의적 사고를 파악하고 학생들의 탐구와 사고를 개선하는 데 도움을 주는 것이 바람직하다. 예를 들면 V맵의 활동 측면에 해당하는 관찰, 기록, 자료 변환, 지식 주장, 가치 주장의 내용에 대해 학생들이 작성한 것을 검토한 후, 이를 바탕으로 학생들이 알고 있던 개념, 원리, 이론과 어떻게 연관되는지를 설명해 보는 활동을 할 수 있다. 이러한 활동은 학생들로 하여금 자신이 수행한 탐구가 자신이 알고 있던 개념, 원리, 이론과 어떤 관계가 있는지를 이해하는 데 도움을 줄 것이다. 그 외에도 학생들 간, 모둠 간에 작성한 내용을 발표하게 하여 왜 각자가 기술한 내용 간에 차이가 있는지를 설명하게 함으로써 같은 관찰 또는 실험을 하더라도 그 결과의 기술이나 가치 인식은 다를 수 있음을 인식시킬 필요가 있다.

참고문헌

권재술 · 김범기 · 강남화 · 최병순 · 김효남 · 백성혜 · 양일호 · 권용주 · 차희영 · 우종옥 · 정진우, 2013, 『과학교육론』, 교육과학사, 356–368.

Mintzes, J. J., Wandersee, J. H., & Novak, J. D., 1998, *Teaching Science for Understanding: a Human constructive View*, Academic Press, 108–115.

Novak, J. D., 1998, *Learning, Creating, and Using Knowledge: Concept Maps as Facilitative Tools in Schools and Corporations*, Lawrence Erlbum Associates, Publishers, London, 195–198.

강의노트 · 45

과학기술 관련 사회쟁점 수업

자료 제공자: 이현주(이화여자대학교), hlee25@ewha.ac.kr
준비물: 인터넷이 연결된 컴퓨터나 스마트 기기

개관

현대 과학기술의 급격한 발전은 인간의 삶을 윤택하게 하는 긍정적 효과(예: 양질의 식품 생산, 의학기술의 발달로 인한 질병 치료, 에너지 생산의 증가, 신물질의 개발 등)를 가져다주었다. 그러나 동시에 여러 가지 사회·윤리적 문제들도 함께 야기하고 있다. 과학기술과 관련된 사회쟁점을 과학교육 분야에서는 SSI(Socioscientific Issues) 교육이라고 칭한다. SSI 교육은 미래 사회의 주체인 학생들이 과학·기술을 올바르고 안전하게 사용하고, 관련 쟁점들에 대해 현명하게 대처할 수 있는 역량과 인성을 지닌 시민으로 성장하는 과학적 소양을 함양하는 데 그 목표가 있다.

SSI는 그 본성상 다양한 관점과 가치 및 해결 방안을 포함하는 성격을 띠고 있어, 종종 다양한 관점 사이의 윤리적·도덕적 갈등이나 논쟁을 불러일으킨다. 다음은 SSI의 예이다.

- 최근 원자력 발전의 안전성에 대한 논쟁이 많이 일어나고 있다. 원자력 발

전의 장단점을 고려한 후, 우리나라가 이대로 원자력 발전의 비중을 높여 가는 것이 바람직할지, 아니면 재생가능 에너지원으로 변화시켜 나가는 것이 좋을지에 대해 생각해 보자.

- 생명공학의 발전은 인간 건강에 많은 기여를 하고 있다. 그러나 맞춤아기와 같이 인간의 유전자를 일부 변형하거나 대체하는 일이 보도됨에 따라 인간 존엄성에 대한 위협을 느끼기도 한다. 여러분은 맞춤아기 기술에 대해 어떻게 생각하는가?
- 새로운 약품이나 화장품 등이 개발되면 보통 동물에게 시험적으로 테스트를 하고 있다. 이를 위해 한 해에도 엄청난 숫자의 동물들이 사육되고 죽게 된다. 그렇다고 인간의 안전을 고려하지 않을 수 없다. 여러분은 이러한 동물 실험에 대해 어떻게 생각하는가?

이외에도 과학 수업 시간에 다룰 수 있는 SSI는 다양하다. 위의 사례에서도 나타나는 바와 같이 주제를 둘러싸고 다양한 입장이 존재하며, 정답을 찾기보다는 여러 사람이 머리를 맞대고 소통하고 합의하는 집단 지성이 요구된다. 이러한 특징 때문에 SSI 수업은 주로 토의·토론이나 역할극을 통해 다양한 사례나 입장을 탐색하고, 그 안에서 최선의 해결책을 찾아 나가는 의사결정 수업을 주로 활용한다. 이현주 등(2014)은 SSI 수업을 위한 모형을 〈그림 1〉과 같이 6개로 제시하였다. 이 중에서 '안락사'라는 주제로 '실제 사례 탐색 수업모형'의 예를 제시하고자 한다. 실제 사례 탐색 수업모형은 주어진 SSI와 관련하여 사회 속에서 실제 벌어져 온 사례들을 수집 및 조사해 봄으로써 문제의 현실성, 실제성을 인지하도록 하는 데 초점을 둔다.

CI 기반 SSI 수업모형의 유형	수업모형의 목표 및 특성	수업모형
1 발산적 모형 (Generative Model)	SSI에 대한 의견이나 해결 방안을 다양하게 발산해 보도록 하는 데 초점을 둔 수업모형	a. 아이디어 생성 수업모형 (Idea-generating model) b. 미래 상황 예측 수업모형 (Predictive story-generating model)
2 탐색적 모형 (Exploratory Model)	SSI 실제 사례들이나 이를 둘러싸고 있는 다양한 논점들을 탐색하여 SSI의 복잡성을 이해하는 데 초점을 둔 수업모형	a. 쟁점 탐색 수업모형 (Perspective-exploring model) b. 실제 사례 탐색 수업모형 (Case-exploring model)
3 의사결정 모형 (Decision-making Model)	의사결정을 합리적으로 하도록 집단의 의견을 수렴하고 조정하는 데 초점을 둔 수업모형	a. 집단적 합의 수업모형 (Consensus-making model) b. 대안 결정 수업모형 (Alternative-making model)

그림 1. 집단 지성의 원리를 적용한 SSI 교수 학습모형

수업 진행

안락사 주제에 대한 실제 사례 탐색 수업모형은 〈그림 2〉와 같이 4단계로 진행된다.

1. 문제 상황의 명료화	➡	2. 실제 사례의 수집	➡	3. 사례 공유 및 사례 간 비교	➡	4. 논쟁의 속성에 대한 평가

그림 2. 실제 사례 탐색 수업모형

1. 문제 상황의 명료화: 전체 수업에서 안락사의 의미와 안락사가 논쟁이 되고 있는 이유(예: 어떠한 이유로도 인간이 생명을 중단시키는 것은 합당화될 수 없다 vs. 환자나 환자 보호자의 입장을 존중하는 한 안락사가 가능하다)에 대해 이해한다. 그리고 왜 우리가 안락사 문제를 생각해 보아야 하는지에 대해 공유하는 시간을 갖는다.
2. 실제 사례의 수집: 국내외에서 화제가 되었던 안락사 논쟁 사례에 대해 인터넷이나 책, 신문 기사 등을 활용하여 개별(혹은 모둠별)로 조사한다. 안락사 논쟁 사례의 대표적 예는 카렌 퀸란, 낸시 크루잔, 테리 샤보, 잭 케보키언, 보

라매병원 사건 등이 있다.

3. 사례 공유 및 사례 간 비교: 개별적으로 수집한 사례를 웹(예: 리노잇, 페이스북 등)에 게시하여 다른 친구들과 공유한다(〈그림 3〉 참조). 다양한 사례들을 보면서, 모둠원들과 몇 가지 기준을 선정하여 사례 간 공통점과 차이점을 정리한다.

그림 3. 리노잇의 예시

4. 논쟁의 속성에 대한 평가: 여러 가지 사례에 대한 조사와 분류 활동을 기반으로 '안락사의 윤리성에 대해 어떻게 생각하는가?'라는 주제로 모둠 토의를 진행한다. 모둠원끼리 충분한 토의한 내용을 정리한다. 전체 수업에서 모둠별 토의 내용을 발표하며 공유한다.

수정과 확장

실제 사례 탐색 수업모형 외에도 〈그림 1〉에서의 '집단적 합의 수업모형'을 활용할 수 있다. 집단적 합의 수업모형은 사례 탐색 수업모형에 비해 개인의 의사결정과 나아가 집단의 입장을 결정해 보는 과정을 강조하는 수업모형이다. 즉 합의된 입장을 내기 위해 생각을 교류하고, 수용하고, 조정하는 과정을 학습하도록 한다. 〈그림 4〉와 같이 5단계로 구성되어 있다.

1. 문제 상황의 명료화 → 2. 잠정적 가치판단 → 3. 가치판단의 구체화 → 4. 교류와 조정 → 5. 합의된 해결책의 제시

그림 4. 집단적 합의 수업모형

안락사 수업에 적용하면, 문제 상황을 명료화한 후(실제 사례 탐색 수업모형과 동일) 개인 스스로 안락사 문제에 대한 자신의 입장을 결정한다(2단계). 입장을 결정한 후에는 왜 그렇게 생각하는지에 대한 근거를 자료 탐색을 통해 마련한다(3단계). 그 후 모둠(또는 전체 수업)으로 찬반 입장을 나누고 본격적인 토론을 벌임으로써 각 입장이 주장하는 내용에 대해 교류하고 타당성을 평가한다(4단계). 마지막으로 서로 다른 관점들을 조정하며 모둠별(또는 수업 전체)로 합의된 해결책(합의문)을 만들고 근거와 함께 제시한다(5단계).

참고문헌

가치를꿈꾸는과학교사모임, 2009, 『과학 일시정지』, 양철북.

가치를꿈꾸는과학교사모임, 2011, 『정답을 넘어서는 토론학교 과학』, 도서출판 우리학교.

가치를꿈꾸는과학교사모임, 2016, 『과학 리플레이』, 양철북.

이현주·최윤희·고연주, 2014, 집단지성 원리를 적용한 과학관련 사회·윤리적 쟁점 수업 모형의 개발, 『한국과학교육학회지』, 34(6), 523–534.

강의노트 · 46

거꾸로 교실과 직소 협동학습의 적용

자료 제공자: 임희준(경인교육대학교), limhj@ginue.ac.kr
준비물: 과학 학습이론에 대한 사전 학습용 강의 동영상 또는 온라인 학습 자료, 없는 경우 강의 PPT

개관

행동주의 학습이론, 피아제와 브루너의 인지주의 학습이론, 오수벨의 유의미학습이론 등의 과학 학습이론은 일반적인 교육학에서의 학습이론에 기초하고 있는 경우가 많기 때문에 학생들의 입장에서는 중복하여 듣게 되는 일이 자주 발생한다. 과학 학습이론에서는 과학 교과에 맞게 과학 특이적인 사례나 예를 사용하지만, 기본 학습이론의 틀은 유사하고, 사실 학습이론 부분이 교수의 강의로는 지겹고 따분한 수업이 되기도 한다. 따라서 학생들은 교육학 또는 교육대학교의 경우 다른 교과교육론에서 어떤 방식으로든 다루어서 처음 듣는 경우가 아닐 때에는 거꾸로 교실 수업(Flipped Learning)을 통하여 사전학습을 수행하도록 하고, 이 강의에서 교수는 토론을 조직하고 조력하는 역할을 수행하고, 학생 주도적인 의견 교환이 이루어지도록 하는 것도 좋은 방법이다.

필자는 과학 학습이론에 대하여 플래시를 활용한 온라인 학습 자료를 개발하여 이를 사전학습 자료로 활용하였다. 이러한 자료가 미리 만들어 있지 않을 경우에는 최근에 나온 손쉬운 동영상 강의 자료의 제작 방법들을 활용하여 강의

PPT를 활용한 사전학습 자료를 개발하면 된다. 또는 강의용 PPT 자체나 강의 교재를 사전학습 자료로 활용하는 것도 무방하다.

수업 진행

1. 과학 학습이론에 대한 온라인 강의 자료나 동영상 자료 또는 PPT 자료를 탑재하여 이를 먼저 학습해 올 수 있도록 한다.

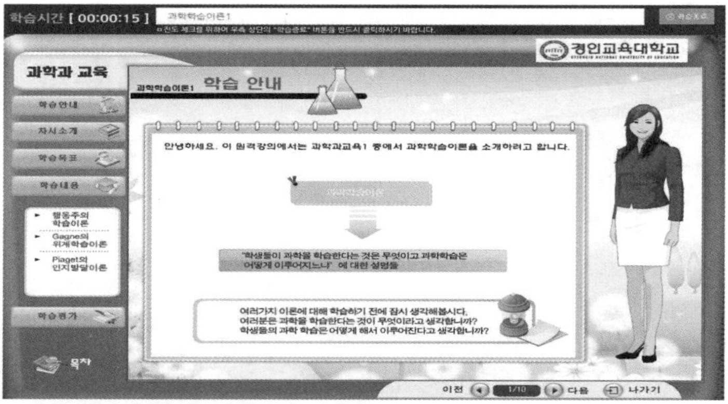

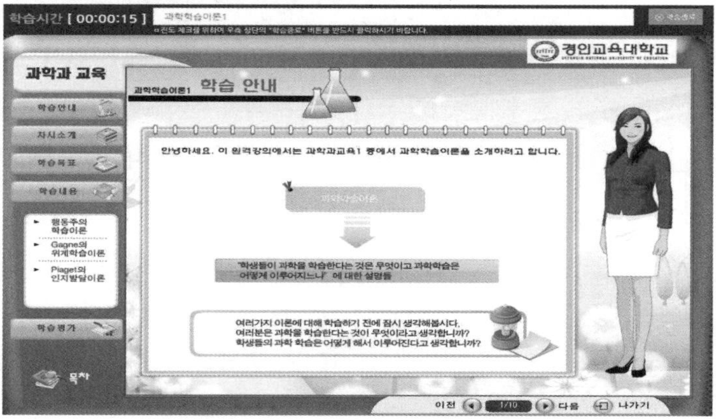

2. 온라인 학습 자료(동영상, PPT 자료 등)에는 과학 학습이론에 대한 설명과 함께 학생들이 생각해 볼 문제나 교육과정이나 교과서를 통하여 조사할 자료 등을 반드시 제시한다. 이러한 과제들은 학생들의 참여를 높임과 동시에, 과

학 학습이론을 보다 실제적인 교육의 맥락에서 생각해 볼 수 있도록 한다. 그리고 이 수업에서 학생들이 조사하거나 생각해 온 문제들을 중심으로 논의하면서 과학 학습이론을 구체적으로 논의하고 이해하도록 할 수 있다.

3. 사전학습에서의 질문이나 생각할 문제 등에 대한 개인의 응답들은 모아서 간단한 보고서로 만들어 오도록 하고, 이를 이 수업에서의 토론 활동에 활용한다.

4. 이 수업에서는 직소(Jigsaw) 협동학습 모형을 적용하여, 사전학습한 내용에 대하여 서로 토의하고 학습할 수 있도록 한다. 먼저, 교수는 과학 학습이론을 통하여 반드시 알아야 할 주제를 제시한다. 예를 들면 다음과 같은 사항을 논의 사항으로 제시할 수 있다.

> 1. 행동주의 학습이론과 피아제의 인지발달 이론의 차이점
> 2. 피아제의 이론에서 말하는 인지가 발달하는 과정(단계가 아니라 인지가 발달되는 메커니즘이 무엇인지 설명) 및 과학 수업에 주는 시사점
> 3. 인지갈등의 예(동화, 조절, 비평형, 평형화의 예): 교과서의 과학 내용을 중심으로
> 4. 나선형 교육과정의 의미와 예시(표상 방식 고려)
> 5. 브루너의 수업(발견학습) 원리와 오수벨의 수업(유의미학습)의 특징 비교
> 6. 개념도 작성과 채점: 개념도에는 오수벨의 수업 원리가 어떻게 적용되고 있는가?
> 7. 학생(아동) 개념의 특징과 그 결과로 나타나는 현상들(예를 들어 설명)
> 8. 구성주의 학습 이론에 의하면,
>   1) 학습은……
>   2) 수업을 할 때 이러한 것을 고려해야 할 것 같아요……

5. 학생들을 6모둠으로 원모둠을 구성하고, 한 사람씩 위의 1~6번 주제의 전문가가 된다. (7. 8번 주제는 직소 협동학습 후 원모둠에서 마지막에 같이 논의하는 것으로 하였다. 이것은 학생의 수와 교수에 따라 융통성 있게 운영하면 된다.)

6. 전문가 집단에서는 각 집단에서 맡은 주제에 대하여 심도 깊게 논의하여 충

분히 이해하도록 한다. 이 과정에서 교수는 전문가 집단의 논의가 정확하고 의미 있게 되도록 잘 지도하는 것이 매우 중요하다.

7. 전문가 집단의 토의가 끝난 후, 각 전문가들은 다시 원모둠으로 돌아가서 1번 주제부터 원모둠에 설명하도록 한다. 원모둠원은 질문과 보충을 통하여 각 주제에 대한 이해를 완성해 간다.

수정과 확장

과학 학습이론과 관련된 논의 사항들은 교수에 따라 수정·확장할 수 있다. 논의 사항이 많을 경우, 각 전문가 집단에서 2개의 주제를 다루게 할 수 있다. 또한 대학생들은 비교적 동질적인 집단이기는 하지만 한 명의 전문가가 한 주제를 온전히 다루는 것이 불안하다면 각 조의 2명이 같은 주제를 다룰 수 있도록 전문가 집단을 구성하여 운영할 수도 있다.

참고문헌

변영계·김광휘, 1999,『협동학습의 이론과 실제』, 학지사.
존 버그만·애론 샘즈, 정찬필·임성희 옮김, 2015,『거꾸로교실: 진짜 배움으로 가는 길』, 에듀니티.

강의노트 · 47

과학 교수 학습모형과 거꾸로 교실

자료 제공자: 윤지현(단국대학교), yoonji@dankook.ac.kr

준비물: 과학 교수 학습모형에 대한 설명을 포함한 PPT 자료, 수업 활동지, 과학 교수 학습모형을 사용하여 작성된 수업 지도안*, 온라인 게시판

개관

많은 과학과 교수 학습 모형이 있으며(Cosgrove & Osborne, 1985; Driver, 1986; Eggen & Kauchak, 1988; Erickson, 1979; Karplus, 1964; Lawson, 1995; Nussbaum & Novick, 1982; Suchman, 1966), 예비 교사들은 과학과 교수 학습모형에 대한 이해를 바탕으로 수업을 설계하고 실천할 수 있는 역량을 갖출 필요가 있다. 이 수업에서는 과학 교수 학습모형에 대한 예비 교사들의 이해를 체계적으로 돕기 위한 방법으로 거꾸로 교실(flipped classroom)을 활용한다. 거꾸로 교실 전략을 통해 예비 교사들의 적극적인 참여와 학습 주도성을 유도하고, 과학과 교수 학습모형에 대한 개념과 의미를 스스로 구성해 가도록 하는 데 도움을 주고자 하는 것이 이 수업의 목적이다.

* 학생들이 수업 지도안을 분석하여 문제점을 찾아낼 수 있도록 하기 위해, 학생들에게 제공하는 수업 지도안은 몇 가지의 문제점을 포함하고 있는 수업 지도안이어야 함.

수업 진행

거꾸로 교실을 활용한 과학 교수 학습모형 수업은 '수업 전', '수업 중', '수업 후'의 3단계로 진행되며, 단계별 구체적인 수업 내용은 〈표 1〉과 같다.

표 1. 거꾸로 교실에 기반한 과학 교수 학습모형 수업 내용

단계	세부 단계	수업 내용
수업 전	수업 자료 확인	• 중점: 과학 교수 학습모형과 관련된 객관적 지식과 원리로 PPT 자료 및 수업 활동지를 구성한 후, 이를 온라인 게시판에 탑재. 몇 가지 문제점을 포함하고 있는 수업 지도안도 온라인 게시판에 함께 탑재 • 활동: 1~2개 내외의 과학 교수 학습모형 강의 자료(PPT)와 수업 활동지, 수업 지도안을 온라인 게시판을 통해 예비 교사들에게 제공하고, 예비 교사들이 수시로 반복해서 개별 학습을 할 수 있도록 함
	개별 학습	• 중점: 예비 교사들이 스스로 과학 교수 학습모형과 관련된 내용을 개별 학습함 • 활동 1: 예비 교사들은 수업 활동지에 알게 된 내용, 궁금한 내용, 더 알고 싶은 내용 등을 작성 • 활동 2: 예비 교사들은 학습한 내용을 바탕으로, 수업 지도안에서 잘된 부분과 잘못된 부분 등을 분석
수업 중	예비 교사-예비 교사 상호작용	• 중점: 예비 교사들 간의 질의응답 및 피드백 제공 활동 • 활동 1: 예비 교사들은 수업 활동지에 작성한 알게 된 내용, 궁금한 내용, 더 알고 싶은 내용 등을 바탕으로 질의응답 • 활동 2: 예비 교사들은 개별적으로 분석한 수업 지도안을 바탕으로 잘된 부분과 잘못된 부분에 대한 질의응답
	교수-예비 교사 상호작용	• 중점: 교수와 예비 교사들 간의 질의응답 및 피드백 제공 활동 • 활동 1: 예비 교사들의 학습 이해도에 따른 피드백 제공
	교수 설명	• 중점: 과학 교수 학습모형에 대한 교수 설명 제공 • 활동 1: 교수가 과학 교수 학습모형에 대한 설명을 제공하고, 이를 바탕으로 예비 교사들이 관련 내용을 정리할 수 있도록 함
수업 후	수업 시연 준비	• 중점: 학습한 내용을 바탕으로, 예비 교사들이 수업 시연을 준비

수정과 확장

거꾸로 교실을 활용한 수업은 과학 교수 학습모형뿐만 아니라, 과학 교수 학습과 관련된 수업에서 전반적으로 활용할 수 있다.

참고문헌

Bergmann, J., & Sams, A., 2015, 정찬필·임성희 옮김, 2015, 『거꾸로 교실』, 에듀니티.

Cosgrove, M., & Osborne, R., 1985, Lesson frameworks for changing children's ideas, In Osborne, R. and Freyberg, P., (Eds.), *Learning in science*, London: Heinemann.

Driver, R., 1986, A constructivist approach to curriculum development in science, *Studies in Science Education*, 13(1), 105–122.

Eggen, P. D., & Kauchak, D. P., 1988, *Strategies for teachers: Teaching content and thinking skills*, Englewood Cliffs, NJ: Prentice–Hall.

Erickson, G. L., 1979, Children's conceptions of heat and temperature, *Science Education*, 63(2), 221–230.

Karplus, R., 1964, The science curriculum improvement study, *Journal of Research in Science Teaching*, 2(4), 293–303.

Lawson, A. E., 1995, *Science teaching and the development of thinking*, Belmont, CA: Wadsworth.

Nussbaum, J., & Novick, S., 1982, Alternative frameworks, conceptual conflict and accommodation: Toward a principled teaching strategy, *Instructional Science*, 11(3), 183–200.

Suchman, R., 1966, *Inquiry development program: Developing inquiry*, Chicago: Science Research Associates.

강의노트 · 48

과학 스도쿠

자료 제공자: 한재영(충북대학교), jyhannn@chungbuk.ac.kr
준비물: 필기도구

개관

초·중등학생들이 많이 하고 있는 스도쿠를 푸는 방법을 알고, 풀어 보며, 이것을 과학 수업에 적용하는 방안을 찾아보는 활동이다.

수업 진행

1. 스도쿠란 무엇인가? 스도쿠는 다음 그림과 같이 9×9 네모칸 안에 1에서 9까지의 숫자를 채워 넣는 퍼즐이다. 모든 행과 열에는 1에서 9까지의 숫자가 한 번만 들어갈 수 있다. 또한 진하게 표시한 3×3 상자에도 1에서 9까지의 숫자가 한 번만 들어갈 수 있다. 이 간단한 규칙을 이용하여 빈칸에 숫자를 채워 넣어 보자.

					8	1	4	
9	4	2	3		1		8	
3			6		7		5	
8	6	7	9		4	5	2	
	2	9	8		5	3	7	4
	8		5		9			2
	9		4		3	8	1	6
	3	1	7					

2. 스도쿠의 활용: 주기율표 22~30번 전이금속으로 만든 다음 스도쿠도 풀어 본다. 그리고 스도쿠를 응용하여 수업에 활용할 수 있는 방안을 생각해 본다.

Co		Fe		Zn			V	Cu
						코발트	Mn	
Ti						Zn		
Cu				크롬	니켈			
	Cr		티타늄	바나듐	망간		구리	
			구리	철				망간
		니켈						Ti
	구리	티타늄						
아연	바나듐			Ti		Fe		Cr

수정과 확장

스도쿠는 1984년 일본에서 만들어졌다. 과학에서 단순 암기를 해야 하는 내용을 조금이나마 재미있게 하기 위해 스도쿠를 활용할 수 있다. 스도쿠를 모두 풀어내면 성취감을 느낀다.

영국 왕립화학회(Royal Society Chemistry)에서는 2005년에 이미 『화학 스도쿠』라는 책도 냈다. 화학에 스도쿠를 활용하는 방안은 원소기호 외우기, 다원자이온 이름 외우기, 유기 작용기 외우기, 비슷하지만 구분해야 하는 내용(예: sulfate와 sulfite) 등이 있다.

내용 암기가 목적이므로, 너무 어려운 스도쿠를 사용하지 않는 것이 좋다. 기존에 나와 있는 숫자 스도쿠에서 숫자만 과학 내용으로 바꾸면 되므로, 적은 노력으로 자료를 개발할 수 있다. 과학 스도쿠를 과제로 내줄 경우, 풀어 온 학생에게는 퀴즈를 면제해 줄 수 있다. 스도쿠의 채점은 일부분만 해도 된다. (한 곳이 틀리면 전체가 틀린다.)

일부 학생은 과학 내용을 숫자로 바꿔서 푼 다음에 다시 숫자를 과학 내용으로 바꾸기도 하지만, 그렇게 하면 과학 학습이 안 된다는 점을 강조해 준다. 과학 스도쿠를 풀 때 조별로 또는 짝을 지어서 풀게 하면, 서로 이야기를 하는 동안에 저절로 용어(내용)를 잘 사용할 수 있게 된다.

외워야 할 내용이 9개 미만인 경우, 예를 들어 1~7까지는 과학 내용을 넣고, 나머지 8~9는 그냥 숫자를 넣거나 ○, ★ 등의 기호를 넣어도 좋다.

〈스도쿠 해답〉

5	7	6	2	9	8	1	4	3
9	4	2	3	5	1	6	8	7
3	1	8	6	4	7	2	5	9
8	6	7	9	3	4	5	2	1
4	5	3	1	7	2	9	6	8
1	2	9	8	6	5	3	7	4
6	8	4	5	1	9	7	3	2
7	9	5	4	2	3	8	1	6
2	3	1	7	8	6	4	9	5

Co	Mn	Fe	Ni	Zn	Cr	Ti	V	Cu
V	Zn	Cr	Fe	Cu	Ti	Co	Mn	Ni
Ti	Ni	Cu	V	Mn	Co	Zn	Cr	Fe
Cu	Ti	Mn	Co	Cr	Ni	V	Fe	Zn
Fe	Cr	Zn	Ti	V	Mn	Ni	Cu	Co
Ni	Co	V	Cu	Fe	Zn	Cr	Ti	Mn
Mn	Fe	Ni	Cr	Co	V	Cu	Zn	Ti
Cr	Cu	Ti	Zn	Ni	Fe	Mn	Co	V
Zn	V	Co	Mn	Ti	Cu	Fe	Ni	Cr

강의노트 · 49

TGT 협동학습

자료 제공자: 한재영(충북대학교), jyhannn@chungbuk.ac.kr
준비물: ○× 카드

개관

중등학교 수업에서 모든 학생들을 고르게 수업에 참여시키는 것은 쉽지 않은 일이다. 7차 교육과정에서 처음으로 수준별 학습을 도입했지만, 한 교실에서 서로 다른 내용의 학습이 계속 이루어지기는 어렵다. 협동학습은 대부분의 학생들을 학습에 참여시킬 수 있는 대안이 될 수 있다. 여러 가지 협동학습 모형 중에서 학생들의 동기 유발과 참여도 증진에 효과적인 TGT 협동학습을 안내한다.

수업 진행

1. TGT 협동학습에 대해 다음과 같이 간단히 안내하고, 직접 실습을 하며 익힐 것이라고 말한다.

TGT(teams games tournaments) 모형은 기본 기능에 대한 이해력과 적응력을 기르기 위해 고안되었다. 이 모형의 가장 큰 특징은 특별한 형태의 게임을 하는 것인데, 비슷한 수준의 학생들끼리 모여 게임에서 경쟁을 하도록 한다(토너먼트의 일반적 의미와는 다른 게임이다). 즉 학급의 전체 학생들이 동일한 문제를 푸는 퀴즈와는 달리, 성취도가 높은 학생은 높은 학생끼리, 낮은 학생은 낮은 학생끼리 경쟁을 하므로 성공의 기회는 거의 같다. TGT의 수업 과정은 교사의 짧은 수업, 소집단 활동, 퀴즈 게임, 보상 제공의 4단계를 거치며, 단원정리 부분에(한 달에 1~2번 정도) TGT 협동학습을 활용하는 것이 좋다.

- 질문: TGT는 어떤 스포츠와 유사한가? (답: 체급별 씨름)

2. 수업의 첫 단계는 수업에 대한 소개와 교사의 짧은 수업이다. 아래와 같이 설명한다.

수업이 시작되면 교사가 배울 내용을 제시하게 되는데, 예로 단원 전체의 내용을 개략적으로 약 5~10분 정도 직접 가르치거나 정리한다. 이 단계는 교사 주도적 수업으로 진행된다. 특히 교사는 선수 학습 내용과 기능의 복습, 학습 목표와 관련된 주요 학습 내용 및 기능 강조, 내용 이해 확인, 구체적 예 등을 제시하고, 학습하는 이유를 명확하게 제시한다.

3. 두 번째 단계는 소집단 활동 과정으로, 학생들끼리 소집단 학습 과정을 직접 수행하게 한다. 이 단계에서 교사는 학생들 집단을 순회 지도하며 학습의 과정에 적극적으로 개입한다.

소집단은 학업 능력, 성별 등에 기초하여 4~6명 정도로 이질적으로 구성되어야 하고, 학생들은 주어진 교재를 소집단 동료 간의 상호작용을 통하여 학습한다. 이와 같이 동료 사이의 긍정적 상호작용을 통하여 학습 효과를 높이는 소집단 활동이 가장 중요한 특징이다. 소집단 편성 후에 준비된 교재를 이용하여 학습 과제 내용을 공부하여 해결하는 책임을 지게 되고, 소집단 활동은 모든 동료 학생들끼리 학습 과제가 다음에 있을 토너먼트 게임에서 높은 점수를 얻을 수 있다고 생각될 때까지 동료끼리 서로 가르치고 배우는 일이 진행되며, 팀 내에서 해결되지 못하는 과제는 교사에게 질문하게 된다.

TGT 실습을 실제로 하는 것이니, 중등 과학 교과서 단원정리 대신 다음의 내용을 서로 공부하도록 한다.

- 문제 1: 과일을 차게 하면 단 이유는 무엇일까? 과당의 α형과 β형의 상대적 양을 고려하여 생각해 보자.
- 문제 2: 새로 지은 밥이 찬밥보다 맛있는 이유는? α-녹말과 β-녹말 사이의 변화를 통해 이야기해 보자.
- 문제 3: 전자레인지가 음식을 데우는 원리는 물 분자의 어떤 운동에너지와 관계있는가? 진동, 회전, 병진 운동 중 어느 것인가?
- 문제 4: H_2O는 −5℃에서 승화가 일어날 수 있을까?
- 문제 5: 안경 닦는 천은 보통 천과 어떻게 다를까? 섬유의 굵기와 친수성, 친유성 등을 이야기해 보자.
- 문제 6: 바퀴벌레는 어떻게 사람이 가까이 오는 것을 느낄까? 바퀴벌레가 느낄 수 있는 진동의 크기는 어느 정도일까?
- 문제 7: 돈벼락(복권 말고)을 실제로 맞은 사람이 있을까?
- 문제 8: 제비가 땅바닥 가까이 날면 비가 오는 이유는?
- 문제 9: 아침과 저녁에 생기는 무지개나 노을은 비와 어떤 관계가 있을까?
- 문제 10: 햇무리나 달무리는 비와 어떤 관계가 있을까?
- 문제 11-12: (TGT) 협동학습에 대한 문제

4. 세 번째 단계는 토너먼트 퀴즈 게임이며, 네 번째 단계는 보상 제공이다. TGT 게임 방법은 다소 복잡하다. 한 학급에 학생수가 30명이고, 5명씩 한 소집단을 구성하여 총 6개 소집단이 있는 경우를 바탕으로 하여 설명한다.

1) 게임을 위한 준비

문제 및 정답 카드 준비: 문제는 12개를 한 세트로 만든다. [문제의 개수는(소집단의 수)×n개이어야 한다.] ○× 형태의 문제를 내면 빠르게 풀 수 있으며, 각 문제 카드에는 다른 문제의 답도 함께 적혀 있다. 연습에 쓰는 문제 카드는 다음과 같다.

문제 1 과일을 차게 하면, 프락토오스(과당) α형보다 β형이 더 많아지므로 더 단맛이 난다.	**문제 2** 밥이 지은 지 오래되면 α-녹말 상태의 밥이 물을 잃어버리면서 점차 β-녹말로 변하기 때문에 맛이 덜하다.	**문제 3** 전자레인지는 물의 진동운동을 빠르게 하는 원리로 음식물을 가열한다.
2번 문제의 답: ○	3번 문제의 답: ×	4번 문제의 답: ○
문제 4 공기 중에 수분이 적으면, 즉 습도가 매우 낮으면 -5℃에서 얼음도 직접 수증기로 승화할 수 있다.	**문제 5** 안경 닦는 천의 섬유는 보통 섬유보다 굵기가 가늘고, 기름 성분보다 수분을 더 좋아한다.	**문제 6** 바퀴벌레는 수소 원자의 직경 크기 정도의 진동도 감지할 정도로 예민하다.
5번 문제의 답: ×	6번 문제의 답: ○	1번 문제의 답: ○
문제 7 1940년 유럽의 어느 지방에서는 아주 굵은 빗방울과 함께 은화와 금화가 떨어진 적이 있다.	**문제 8** 기압골이 접근하면 곤충은 땅바닥 가까이에 머물기 때문에, 제비가 이것을 잡아먹기 위해 낮게 날곤 한다.	**문제 9** 아침에 무지개가 생기거나 노을이 생기면 날씨가 맑을 것으로 예상할 수 있다.
8번 문제의 답: ○	9번 문제의 답: ×	10번 문제의 답: ×
문제 10 햇무리나 달무리는 높은 하늘의 권층운 때문에 생기는 것이므로 날씨가 맑음을 예보해 준다.	**문제 11** 협동학습에서 교사는 학생들 집단을 잘 관찰하고 학습과정에 개입한다.	**문제 12** TGT 협동학습에서 학습을 하는 집단은 이질적으로 구성되지만, 게임팀은 동질적으로 구성된다.
11번 문제의 답: ○	12번 문제의 답: ○	7번 문제의 답: ○

2) 게임의 방법

(1) 각 소집단에서 비슷한 성취 수준의 학생 6명이 모여 하나의 게임팀을 이루면 다음 〈그림 1〉과 같이 성취 수준이 다른 5개의 게임팀이 생긴다.

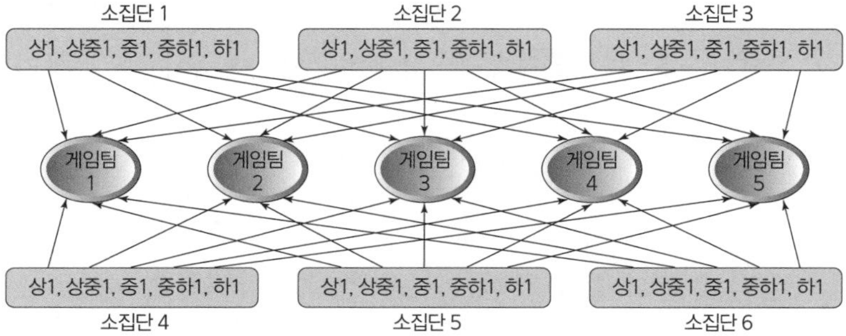

그림 1. TGT 활동 시 게임팀 편성 방법

(2) 각 게임팀에서 학생들의 순번을 정하고, 각자 문제 카드 2개(n개)씩 〈그림 2〉와 같이 나누어 가진다.

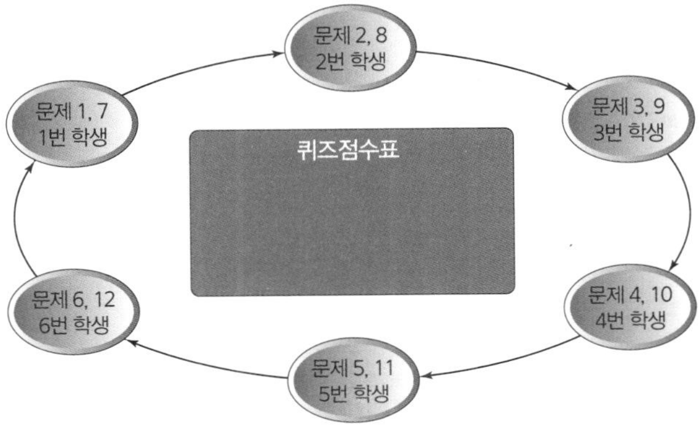

그림 2. TGT 게임 자료 배분 및 진행 방향

(3) 1번 학생은 자신이 가진 1번 문제 카드에서 문제를 읽고(예: '과일을 차게 하면, 프락토오스(과당) ××형보다 ××형이 더 많아지므로 더 단맛이 난다.') 이 말이 맞다고 생각하면 ○, 틀리다고 생각하면 ×를 말한다(또는 ○× 카드를 낸다). 2번 학생도 1번 문제에 대해 맞다고 생각하면 ○, 틀리다고 생각하면 ×를 말한다. 이렇게 3~5번 학생까지 1번 문제에 대하여 답을 말한다. 6번 학생은 1번 문제에 대한 답을 가지고 있으므로, 1번 문제를 풀지 않으며, 1~5번 학생이 답을 한 것에 대하여 채점을 한다.

(4) 아래의 기준에 따라 1번 문제에 대한 점수를 퀴즈 점수표(〈그림 3〉)에 기록한다. 각각의 문제에 대해 학생들이 답을 한 ○, ×를 적고, 그것이 맞고 틀림에 따라 점수를 적는다.

- 1번 학생이 답을 맞힌 경우: +10점
- 2~5번 학생이 답을 맞힌 경우(1번 학생이 틀린 경우): +7점
- 2~5번 학생이 답을 맞힌 경우(1번 학생이 맞은 경우): +5점
- 1~5번 학생의 답이 틀린 경우: −3

예) 1번 문제(정답은 ○): 1번 학생이 ×, 2번 학생이 ○, 3번 학생이 ×, 4번 학생이 ○, 5번 학생이 ○라고 한 경우 답과 점수 기록은 다음 〈그림 3〉과 같다.

• 점수 배정은 학생들과 협의를 해서 조정할 수 있다.

이름 / 문제	1번 학생		2번 학생		3번 학생		4번 학생		5번 학생		6번 학생	
1	×	−3	○	7	×	−3	○	7	○	7		
2			○	10	×	−3	○	5	○	5	×	−3
3												
4												
5												
6												
7												
8												
9												
10												
11												
12												
기본 점수	20		20		20		20		20		20	
총점												

그림 3. 퀴즈 점수표

(5) 같은 방법으로 2번 학생이 2번 문제를 꺼내 읽고 답을 말하며, 3~6번 학생들이 2번 문제에 대해 답을 낸다. 이번에는 1번 학생이 답 확인 및 점수 기록을 한다. 예로 2번 문제의 정답은 ○인데, 2번 학생이 ○, 3번 학생이 ×, 4번 학생이 ○, 5번 학생이 ○, 6번 학생이 ×라고 한 경우 점수 기록은 〈그림 3〉과 같다.

이와 같이 12개의 문제를 모두 풀었을 때, 학생들은 각각 10개의 문제를 풀게 된다(예: 6번 학생은 문제 1과 7은 풀지 않는다).

(6) 기본 점수(20점)를 포함한 총점을 계산하여 등수를 정하고, 이 등수에 따라 다음 게임에서는 어느 팀에서 게임을 할지 결정한다. 즉 총점이 높은 1등과 2등은 다음 게임에서 한 단계 높은 팀으로 이동하고, 총점이 낮은 5등과 6등은 한 단계 낮은 팀으로 이동하여 문제를 풀게 된다. 이것은 개별적인 보상

이다.

- 점수 계산을 쉽게 하기 위해 엑셀 등의 프로그램을 사용하거나 게임팀별로 소형 계산기를 제공하는 것이 시간을 줄일 수 있다.
- 이동을 해야 하는 1·2등, 5·6등이 동점일 경우에는 교사가 추가로 문제를 출제하여 등위를 가린다.
- 질문: 점수 배정을 왜 그렇게 복잡하게 만들었을까? (답: 문제를 가장 먼저 푸는 학생에게 가산점을 주기 위해서)

(7) 게임이 끝나면 학생들은 자기 소집단으로 이동하여 자신의 총점을 조장에게 알려 주고, 조장은 조원들의 총점을 합산한 결과를 교사에게 제출한다(〈그림 4〉).

소집단 이름:(   )
* 우리 소집단원들이 각 게임팀에서 받아 온 점수를 적습니다.
* 소집단원들의 점수를 더하여 적습니다.

게임 날짜 / 이름	월 일	월 일	월 일
점수 합계			

그림 4. 소집단 점수 기록표

(8) 교사는 다음 과학 시간이 시작되기 전 과학 신문(또는 인터넷 학습 게시판, 홈페이지 등)을 통해 조별 점수를 발표하고(〈그림 5〉), 다시 조정된 TGT 게임팀을 알려 준다. 시간이 허락한다면 학습이 끝난 후 최단 시간 내에 소집단 점수를 게시하는 것이 효과적이다. 조별 보상을 할 때 각 소집단의 활동 상황과 학습에서 반성할 점 및 기타 조언도 할 수 있다.

게임 날짜 / 조이름	월 일		월 일	
	점수	순위	점수	순위
1조				
2조				
3조				
4조				
5조				
6조				

그림 5. 학급 소집단별 점수 기록표

수정과 확장

1. TGT 협동학습과 게임을 해 보고 나서 반응이 시큰둥한 경우는 별로 보지 못했지만, 이 모형에도 분명히 단점이 있다.

1) 매 단원마다 TGT 퀴즈 게임을 하려면 교사가 준비할 것이 많다. 게임팀의 수준까지 고려해서 쉬운 문제 세트와 어려운 문제 세트를 만드는 것이 이상적인데, 그러면 문제를 2배 이상 만들어야 한다. 여러 학급을 나누어 가르치는 교사가 있을 경우 공동 출제를 하면 좋다. 학생들이 문제를 출제해 와서 교사의 점검을 받고, 그 문제로 TGT 게임을 하는 것도 방법이 될 수 있다. 출제한 학생은 그 문제를 풀지 않도록 배열한다.

2) 학생들이 게임의 규칙에 익숙해지도록 연습이 필요하다. 하지만 학생들은 교사에 비해 빠르게 적응한다.

3) 점수 경쟁이 과열될 수 있다. TGT 협동학습을 지속적으로 하는 경우 보상을 좀 더 강화하여 높은 단계로 올라가는 학생이 많은 조에 점수를 더 줄 수도 있다. 이렇게 하니 어떤 소집단 학생들이 이번 TGT에서 모두(일부러) 떨어졌다가 다음번에 모두 올라가려고 하는 경우도 있다. 그런데 이를 다시 생각해 보면, 떨어지기 위해 문제를 틀리려면 잘 알아야 하므로 그것도 학습의 과정이 될 수 있다.

4) 여러 개 학급에 수업을 하는 경우, 진도가 앞선 반에서부터 TGT 문제가 새어 나갈 수 있다. 따라서 게임 점수를 수행평가 점수로 사용하는 것은 좋지 않다.

5) TGT를 위한 좌석 배치가 필요하다. 교실에서 책상을 옮기거나 할 때는 소음이 발생하므로, 과학 실험실을 활용하는 것이 좋다. 또한 문제를 맞히거나 틀리는 경우, 함성을 지르는 등의 소음 문제가 있다. 옆반에 피해를 주지 말고 독립적인 실험실에서 하는 것이 좋다.

6) 고등학교 학생들에게 적용하는 것은 조심스럽게 한다. 평가 구조상 모든 학생의 점수가 조 점수에 고르게 기여하므로, 점수에 대한 스트레스가 심하다. 어떤 학교에서는 고3 학생들에게 이것을 한 다음에 바로 학부모 항의가 들어온 경우도 있다. 학교 성적 때문에 스트레스를 받고 있는데 이런 활동을 해서 학생들에게 또 스트레스를 주어야 하느냐는 항의였다.

7) 결석, 전학 등의 이유로 소집단 구성원이 남거나 모자를 경우가 있다. 해당 학생을 제외하고 게임을 하거나, 두 학생이 교대로(협동이 아님!) 문제를 풀도록 하는 것도 가능하다. 모든 학생이 게임을 하지 말고, 조별로 게임을 할 학생(동일 수준)을 추첨해서 소집단 대표로 나가 게임을 하게 할 수도 있다.

8) ○× 채점, 점수 계산, 레벨 이동 등을 자동적으로 해 주는 프로그램을 만들어 보는 것도 좋다.

- 질문: 퀴즈 문제는 꼭 ○× 형태로 내야 하는가? (답: 간단히 답할 수 있는 형태라면 객관식이나 주관식도 가능하다.)

2. 대학생이나 교사에게 이 모형을 실습하면서 인터넷 검색을 하며 공부하도록 하면, 정확하지 않은 정보가 검색되는 경우가 종종 있다. 예를 들어 전자레인지가 물의 진동운동을 일으켜 음식물을 데운다고 검색되기도 한다. 더불어 인터넷 검색 정보에 대해 비판적으로 다루라는 교육도 할 수 있다.

3. TGT에서는 소집단 학습 과정을 강조하는 것보다는 퀴즈(게임)를 강화하여 소집단 학습이 일어나도록 한다. 따라서 TGT는 다른 협동학습 모형과 결합하여 사용할 수 있다.

4. 학생용 활동지나 퀴즈 문제 종이 등을 소집단 인원수보다 적게 배부하는 것은 협동학습의 한 가지 팁이다. 2~3명이 하나의 퀴즈 문제를 같이 보도록 하는 것은 그렇게 하여 가까이 머리를 맞대고 앉아 활동을 하라는 의미이다. 모든 학생에게 하나씩 나누어 주면 소집단 구성원끼리 상호작용을 하기보다 혼자 문제를 푸는 경우가 종종 생긴다.
5. 실습 문제에서 어떤 퀴즈 문제는 조금 어렵거나 찍을 수밖에 없는 문제를 포함시킨 이유는 무엇일까? 사범대학 학생이나 교사가 학생의 입장이 되어 보는 경험을 시키기 위해서이다.
6. 위에 소개한 것은 TGT 활동을 조금 복잡하게 하는 것이고, 간단하게 하려면 다음 방법대로 해도 좋다.

1) 조별 학습을 한다: 모든 조원이 내용을 잘 이해할 수 있도록 한다.
2) 조별로 2문항 정도를 낸다: ○× 형태의 문제, 다른 조 학생에게 낼 문제, 문제의 난이도는 4)번을 생각하면 알아서 조정하게 된다.
3) 모든 조원이 다른 조의 학생과 섞여 퀴즈 게임팀을 만든다.
4) 변형된 퀴즈 게임을 한다: 자기 조에서 낸 문제를 다른 조 학생들에게 읽어 주면, 다른 학생들이 동시에 ○× 카드를 내고, 맞은 사람에게 3점을 준다. 그리고 자기 조에서 낸 문제를 (맞힌 학생의 인원수)×(2점)을 자기 점수에 합산한다. (점수 배점은 조정 가능)
5) 모든 조원이 퀴즈 게임에서 받아 온 점수를 합산하고, 최고점 조를 보상한다.

참고문헌

정문성, 2006, 『협동 학습의 이해와 실천』, 교육과학사.

강의노트 · 50

소화기관 그리기

자료 제공자: 홍준의(서원대학교), jun0572@seowon.ac.kr
준비물: 조별: 전지 1장, 색연필, 네임펜, 매직펜

개관

소화기관은 입에서부터 식도, 위, 소장, 대장, 항문으로 이어져 있어 소화기관계를 이루고 있다. 소화작용을 위해 일련의 소화기관이 배열되어 있으며 소화 기능도 각기 다르다. 소화 단원을 수업하면서 기본적으로 각 소화기관의 명칭과 위치, 각각의 기능을 익히도록 한다. 이는 학교 현장에서의 많은 수업이 교사 중심의 강의를 통해 개념을 전달하는 수업이 이루어지고 있는 현실을 변화시켜 보려는 하나의 시도이다. 특히 예비 교사들은 강의식 수업이 어떻게 학생 중심의 활동으로 바뀔 수 있는지를 볼 수 있는 중요한 수업으로 생각된다.

수업 활동은 학생들이 그림을 그려 가면서 참여할 수 있는 기회를 제공하며, 과학에 대한 관심을 불러일으킬 수 있는 수업 방식이다. 수업 전후에 활용한다면 수업 전과 후에 학생들이 가지고 있는 소화기관의 구조와 기능에 대한 개념 변화를 추적할 수 있다. 예비 교사들에게는 다양한 수업 활용의 기술을 익히는 계기가 될 수 있다.

수업 진행

1. 개인 활동: 수업이 시작되면 학생들에게 책과 노트, 휴대폰 등을 모두 교실 앞쪽으로 옮겨 놓으라고 한다. 학생들에게 A4 용지를 한 장씩 나누어 주고 사람의 형태(실루엣)를 그리고, 자신이 소화기관이라고 생각되는 것을 그린 다음 명칭과 기능을 아는 대로 적도록 한다.

2. 모둠 활동

1) 모둠은 4인 1모둠으로 구성하고, 전지를 각 모둠별로 나누어 준다.
2) 모둠원 중 한 사람이 전지 위에 누워서 다른 조원이 전신을 그린다.
3) 사람의 얼굴과 몸통 모양 위에 각 소화기관을 그린다.
4) 각 소화기관의 명칭과 작용을 적는다.
5) 모둠별로 그린 소화기관을 들고 발표를 한다.
6) 발표자, 차트 들고 있는 사람 등 역할을 분담한 후 발표한다.
7) 다른 모둠이 발표했을 때 자신의 모둠에서 미처 생각하지 못했거나 잘못 그리고 설명한 내용을 정정한다.
   - 모둠별로 소화기관을 발표하다 보면 소화기관의 수보다 더 많은 경우가 있을 수 있는데, 이런 경우 복잡한 기관의 기능을 가진 기관 2개를 뽑아 모둠에서 각각 발표하도록 한다(예: 소장, 위).
   - 교수자는 학생들의 발표 내용에서 빠진 부분이 무엇인지 확인하고 추가 설명을 하여 학생들이 해당 단원을 수업하는 데 부족함이 없도록 안내한다.

수정과 확장

모둠 활동 이후 수정된 것은 지금까지 썼던 펜의 색깔과는 다른 펜을 이용하여 적도록 한다. 이렇게 하면 자신이 무엇을 알고 있었고, 무엇을 잘 모르고 있었는지 확인할 수 있다. 수업이 끝난 후 학생들은 이와 같은 활동에 대해 교수 학습 측면에서의 PMI(plus-minus-interest) 평가를 하여 제출하도록 한다.

• 학생들이 자료를 수정하고 보완할 때는 충분히 신뢰할 수 있는 자료를 참고하여 보완하도록 안내한다. 즉 교과서의 내용을 볼 수 있으며, 참고서, 일반생물학 자료, 인터넷 자료 들을 검색하여 활동지(전지)를 완성하도록 한다. 이때 인터넷 등에 있는 확인되지 않은 자료를 너무 신뢰하지 말도록 당부한다.

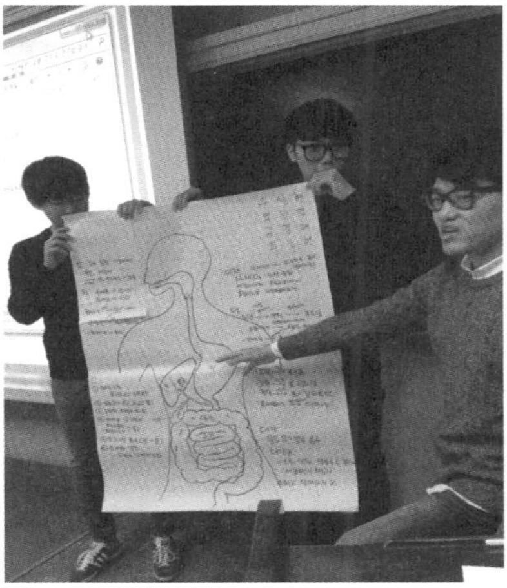

강의노트 · 51

상상의 동물 만들기

자료 제공자: 홍준의(서원대학교), jun0572@seowon.ac.kr
준비물: 전지, 매직펜

개관

2009년 개정 교육과정에 따른 고등학교 생명과학 1, 생명과학 2의 생태계 관련 단원에서 학습할 수 있는 좋은 수업의 팁이다. 수업모형으로는 프로젝트형 수업으로 미션을 주고 관련 자료를 수집한 후, 미션에 맞는 활동을 수행하도록 하는 과정의 수업으로 학생들이 활동하는 데 필요한 시간을 충분히 주어야 한다.

수업 진행

1. 수업 전에 할 일

1) 조편성(2인 1조)

2) 프로젝트를 수행할 생태계 선정 및 생태적 특성 조사–역할 분담

(1) 생태계 이름: 예–사막

(2) 생태계의 기후, 식물, 동물의 특징 조사–ppt 제작

① 자료 조사 시 유의 사항:

- 인터넷 등의 자료를 무조건 신뢰하지 말것. (권위 있는 교재를 선정하여 근거 자료로 활용하기 바람.)
- 자료 인용 시 반드시 출처를 기재할 것

(3) 새로 발견한 생물(상상하여) 설정하기-ppt 제작

① 생물학적 분류 방법에 따른 분류

② 생물학적 방법에 따른 명명: 일반 명칭, 학명

- 학명 명명법: 속명+종명(+명명자)

③ 동물의 특징 정하기: 환경에 적응한 형태일 것이라는 가정을 한다.

- 동물 신체적 구조
- 행동 특성, 서식지
- 먹이의 종류, 먹이를 얻는 방법
- 생존을 위한 다른 적응 형태
- 번식 방법, 암수의 차이

2. 수업 당일에 할 일

1) 생태계 전반에 대한 강의-교수

2) 새로 발견한 생물 밑그림 그리기 및 제작

- 시간이 충분하지 못한 경우에는 그림만 그리고 그에 대한 설명을 적는 것으로 간소화된 버전의 수업을 할 수 있다.

• 준비물: 다양한 환경과 그곳에 사는 동물이 적혀 있는 카드, 동물 만들기에 사용할 다양한 재료(칼, 풀, 털실, 색도화지, 구슬, 조개, 수수깡, 이쑤시개, 풍선 등)

3) 자신의 생태계의 특징 및 새로운 동물에 대한 발표

4) 질의응답

다른 조원들은 상상의 동물의 어떤 점이 생존에 유리한지 질문한다.

• 질문 예: "그 동물의 발은 그 지역에서 생존하는 데 어떤 점에서 유리한가?"

제6강

과학 학습 평가

강의노트 · 52

창의성 평가 문항 만들어 보기

자료 제공자: 강경희(제주대학교), kkh6554@jejunu.ac.kr
준비물: 필기도구

개관

2007 개정 과학교육과정 이후 창의적 문제 해결력은 과학교육에서 주요 목표로 자리매김하였다. 창의적 사고의 중요성에 대한 인식이 높아지고 있는 가운데 STEAM 교육이 확산되면서 창의적 사고의 함양은 과학을 비롯한 많은 교과 교육에서 중요한 지향점이 되었다. 특히 교육과정에서는 창의성 평가에 대한 내용을 다루고 있다. 그러므로 예비 과학 교사들이 창의성의 특징과 요소 등에 대해 이해하고 이를 바탕으로 창의성 평가 문항을 개발해 보는 것은 평가 전문성 신장이라는 측면에서 의미가 있다.

수업 진행

1. 과학교육과정 변천을 살펴보면서 창의적 사고 함양이라는 목표가 도입된 배경에 대해 설명한다.
2. 창의적 사고의 특징과 요소들을 설명한다.

3. 과학 교과와 타 교과에서 창의성 교육이 어떻게 이루어지고 있는지 사례를 통해 알아본다.
4. 창의성 평가와 관련한 교육과정 내용을 조사하고, 이에 대해 동료 예비 교사들과 이야기하도록 한다.
5. 창의성 평가 문항 예시를 소개하고 평가 문항의 개발 과정을 설명한다.
6. 예비 교사들이 직접 창의성 평가 문항을 만들어 보고 발표하도록 한다.
7. 발표 내용을 토대로 창의성 평가 문항의 개발 방향과 적용 방법 등에 대해 토의한다.

〈개발 문항 예시〉

다음 그림은 순서 없이 나열된 것이다. 이 그림에 나타나 있는 동물들은 어떤 대화를 하고 있을까? (이 문항은 비교과 내용을 바탕으로 한 창의성 평가 문항으로, 학생들의 상상력과 독창성 등을 평가할 수 있는 내용임)

* 이 그림은 예비 교사가 직접 그린 것임.

수정과 확장

창의성 평가 문항 개발과 관련해 채점 기준(rubric) 작성에 대한 내용을 추가로 다룬다. 일반적으로 정답이 정해져 있는 평가 문항과 달리 창의성 평가 문항인 경우 아이디어의 수, 아이디어의 정교성, 독창성 등이 주요한 요소이기 때문에 이에 대해 예비 교사들의 생각을 펼쳐 보도록 한다.

참고문헌

권재술 외, 2012, 『과학교육론』, 교육과학사.

강의노트 · 53

개인 스마트폰을 활용하여 평가하기

자료 제공자: 권혁순(청주교육대학교), hskwon@cje.ac.kr
준비물: 스마트폰(학생 개인), 소크라티브(앱)

개관

포트폴리오 평가나 수행평가 등 활동 과정에 대한 평가는 활발히 이루어지고 있으나, 학습 활동이 모두 끝난 후에 학습의 결과를 지필 검사로 확인하는 식의 평가가 여전히 많이 이루어지고 있다. 최근 들어 가정에서 인터넷 강의를 통해서 교과 내용에 대한 학습을 미리 하고, 학교 교실에서는 활동 위주의 수업을 진행하는 플립러닝(Flipped learning)이 소개되면서 온라인과 오프라인을 통합한 블렌디드러닝(Blended learning)에 대한 관심이 높아지고 있다.

플립러닝에서는 사전 온라인 학습이 필수로 전제되어야 하는데, 스마트 기기(스마트폰 또는 스마트 패드 등)를 사용하여 온라인으로 학생들의 학습 준비도를 점검함으로써 사전 온라인 학습을 촉진할 수 있다. 스마트 기기를 사용하여 평가하면 채점에 필요한 교사의 수고와 시간을 덜어 줄 수 있으며, 학생들의 응답을 즉각적으로 파악하여 피드백할 수 있는 장점이 있다. 또한 수업 중에도 학생들의 상태를 실시간으로 빠르게 진단할 수 있다. 스마트 기기를 이용하여 온라인으로 평가할 수 있는 다양한 방법이 있지만, 여기서는 '소크라티브'라는 앱을 활용하는 방식에 대하여 소개한다.

수업 진행

1. '소크라티브'라는 앱을 활용하기 위해서는 교사가 먼저 인터넷 브라우저를 통해서 http://socrative.com에 접속한 후, 계정을 만들어야 한다. 학생 수 50명 이하의 교실에서는 무료 계정으로 충분히 운영할 수 있으므로 화면에서 요구하는 몇 가지 사항을 입력하고 무료 계정으로 등록한다.
2. 홈페이지 상단의 'Teacher login' 버튼을 클릭하여 나타나는 화면에서 사전에 등록한 ID(E-mail)와 암호를 입력하면 다음 그림과 같은 초기 화면이 나타난다. 파란색 바탕의 메뉴바에서 'Rooms'를 클릭하여 방 이름(room name)을 자신이 원하는 대로 지정하면 초기 화면의 중앙에 나타나며, 학생들에게 이 방 이름을 알려 주어 접속하게 한다.

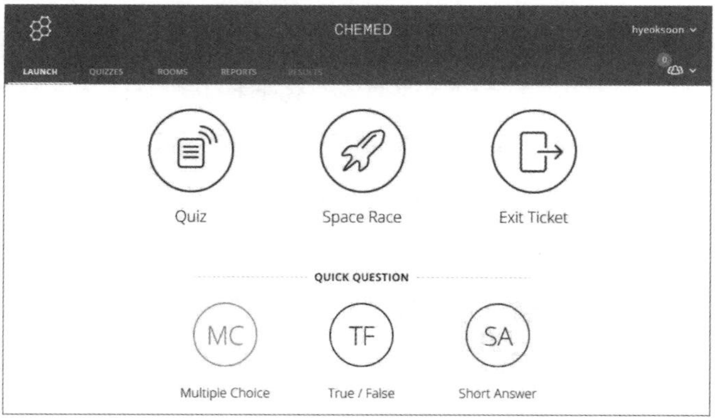

교사용 초기 화면

3. 학생들은 스마트폰에서 'Socrative student' 앱을 설치하여 실행한다. 학생은 별도의 등록 과정이 필요 없으며, 교사가 알려 준 방 이름을 넣고 난 후 'Join' 버튼을 누르면 바로 사용할 수 있다.

학생용 앱

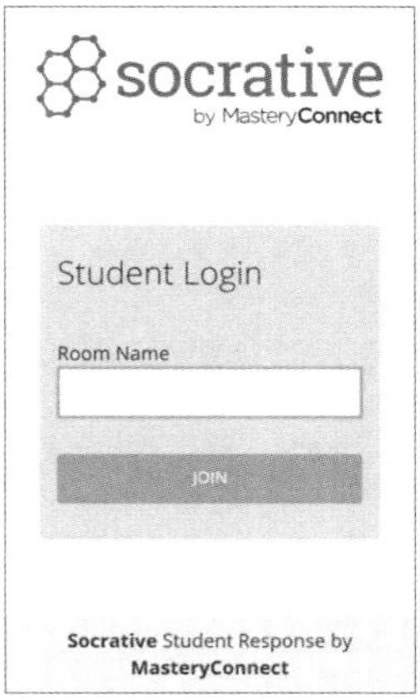

앱 실행 화면

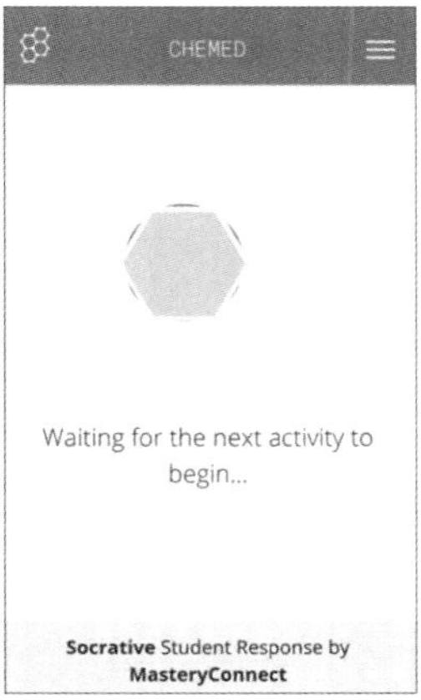

출제 대기 화면

4. 교사는 인터넷 브라우저 또는 교사용 앱을 실행하여 초기 화면에 접속할 수 있다. 초기 화면 하단에 있는 'MC', 'TF', 'SA' 버튼 중 하나를 누르면 즉석 퀴즈를 이용할 수 있는데, 각각 다중선택 문항, 참/거짓 문항, 단답형 문항의 문제를 출제하고 즉석에서 학생들의 응답을 확인할 수 있다. 즉석 퀴즈는 교사가 문제를 불러 주거나 별도로 제시하고, 학생들은 스마트폰을 통해서 응답하여 교사가 학생의 응답을 수합하는 방식이다.

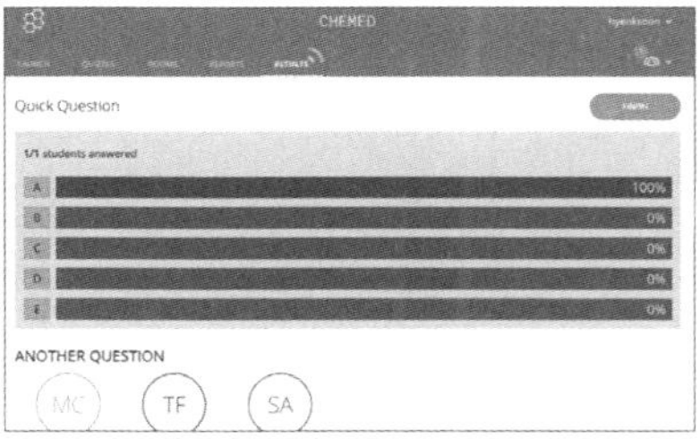

다중선택형 즉석 퀴즈 화면

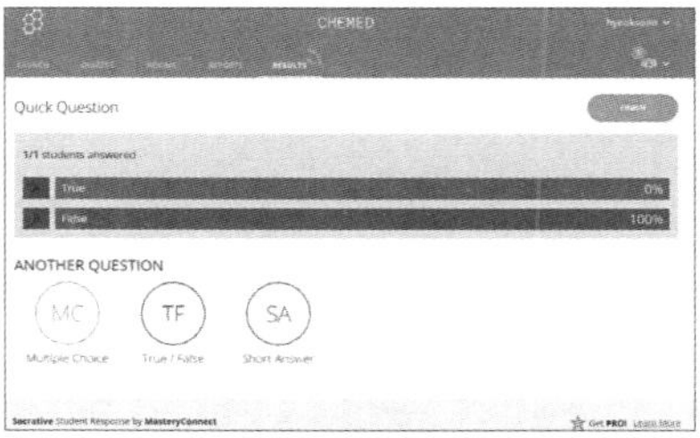

참/거짓형 즉석 퀴즈 화면

단답형 즉석 퀴즈 화면

5. 교사가 즉석 퀴즈 버튼을 누르면 학생의 스마트폰 화면에는 교사가 출제한 유형의 문제에 응답할 수 있는 화면이 나타난다. 학생이 원하는 답을 선택한 후, '제출(submit)' 버튼을 누르면 바로 교사용 화면에서 학생의 응답을 확인할 수 있다.

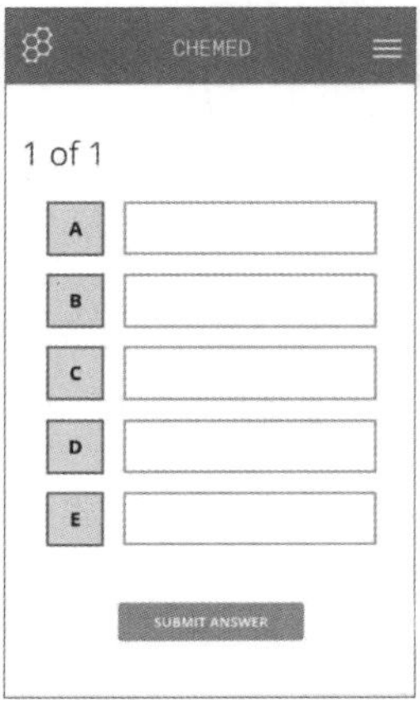

다중선택형 퀴즈

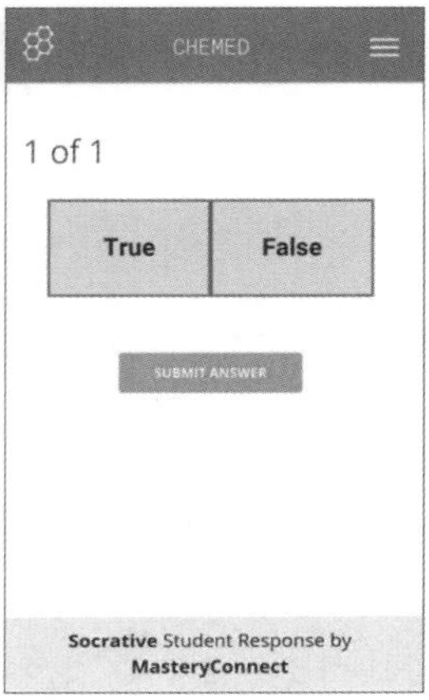

참/거짓형 퀴즈

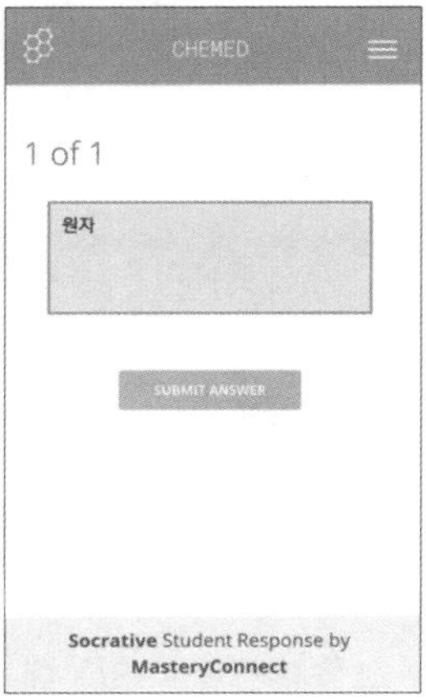

단답형 퀴즈

6. 교사가 사전에 평가 문제를 출제한 후 학생들에게 제시하는 방식도 가능하다. 이를 위해서는 교사용 초기 화면의 상단 메뉴바에서 'Quizzes'를 선택한 후 나타나는 화면에서 문항들을 관리할 수 있다. 우선 'Create Quiz' 버튼을 누르면 나타나는 화면에서 새롭게 문제를 출제하고 저장한다. 'My Quizzes' 버튼을 누르면 자신이 출제한 문제의 목록이 나타난다. 다른 교사가 출제한 문제를 가져올 수도 있으며, 학생들의 응답 결과를 볼 수도 있다.

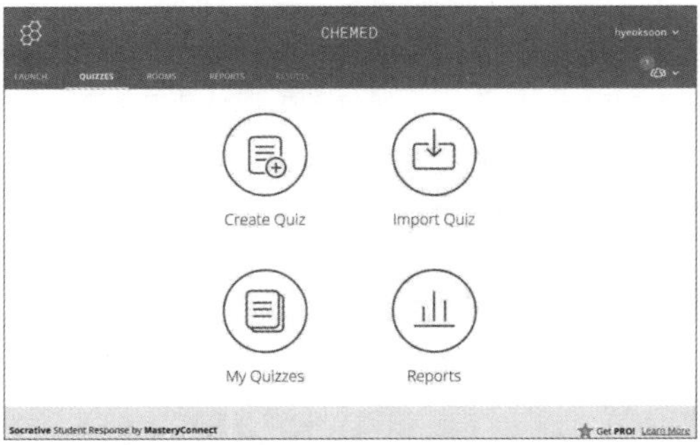

교사용 퀴즈 관리 화면

7. 'Create Quiz' 버튼을 통해서 문제를 사전에 만들어 둔다. 나중에 구분하기 쉽도록 퀴즈 이름을 입력하고, 아래 쪽에 제시된 3가지 유형(다중선택형, 참/거짓형, 단답형) 중에서 원하는 문제 유형의 버튼을 누르면 문항을 출제할 수 있는 화면이 생성된다. 다중선택형 문제를 선택한 경우, 문항 지시문과 답지를 각각 적고, 답지 뒤에 정답을 표시하면 차후에 이를 근거로 채점까지 완료할 수 있다. 참/거짓형 문제를 선택한 경우, 문항 지시문을 입력하고 정답이 참인지 거짓인지 선택하면 된다. 단답형 문제를 선택한 경우, 문항 지시문을 입력하고 정답 추가 버튼을 눌러서 정답을 입력해 두면 차후에 이를 근거로 채점이 된다. 저장 버튼을 누르면 문제 출제가 완료되며, 'My Quzzes' 버튼을 통해서 문제를 불러와서 언제든지 수정 및 편집이 가능하다.

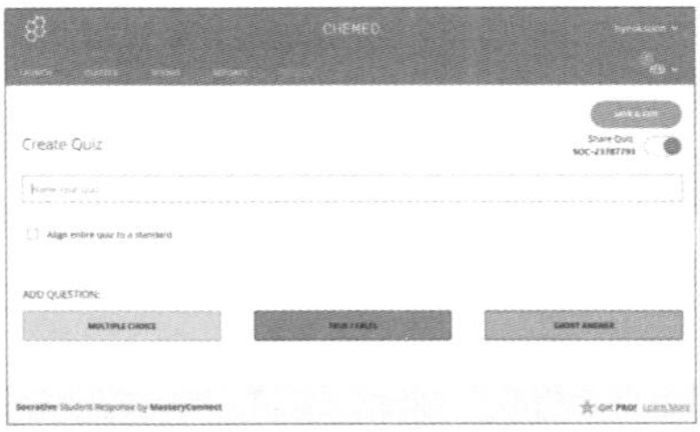

문제 출제 초기 화면

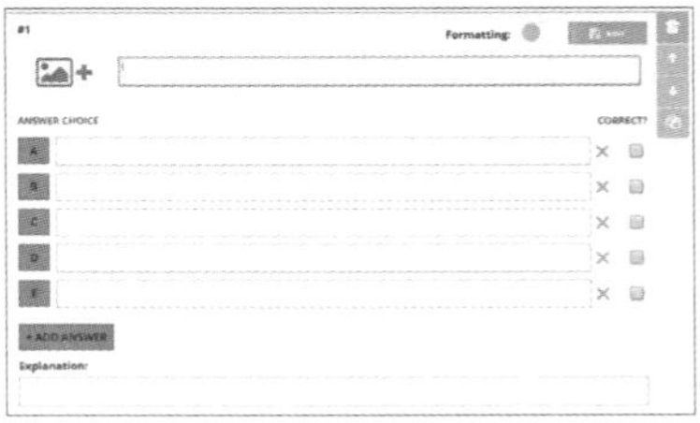

다중선택형 문제 출제 화면

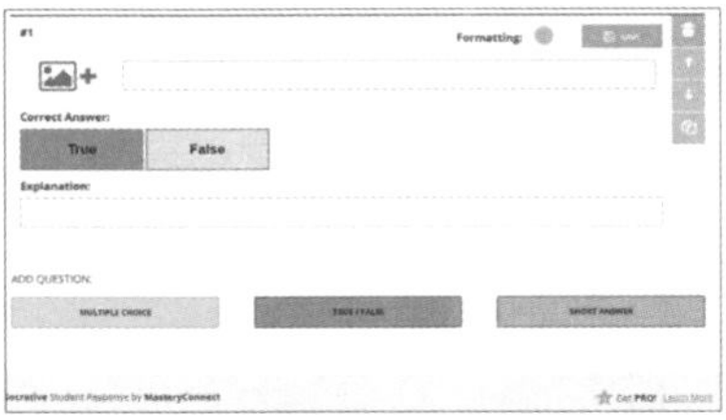

참/거짓형 문제 출제 화면

단답형 문제 출제 화면

8. 문항 출제를 마친 후에는 교사용 초기 화면에서 'Quiz' 버튼을 클릭하여 나타나는 문제 목록 중에서 원하는 문제를 학생들에게 제시할 수 있다. 이때 학생들에게 문제를 제시하는 방식을 지정할 수 있다. 즉 다음 문항으로 넘어가는 것을 학생이 조절할 것인지, 교사가 통제할 것인지, 그리고 피드백을 즉각적으로 줄 것인지 여부를 결정할 수 있다. 또한 학생의 이름을 받을 것인지, 문

제 제시 순서를 무작위로 제시할 것인지, 다중선택형 답지의 순서를 무작위로 제시할 것인지, 문항 피드백을 감출 것인지, 최종 점수를 제시할 것인지를 교사가 미리 선택할 수 있다.

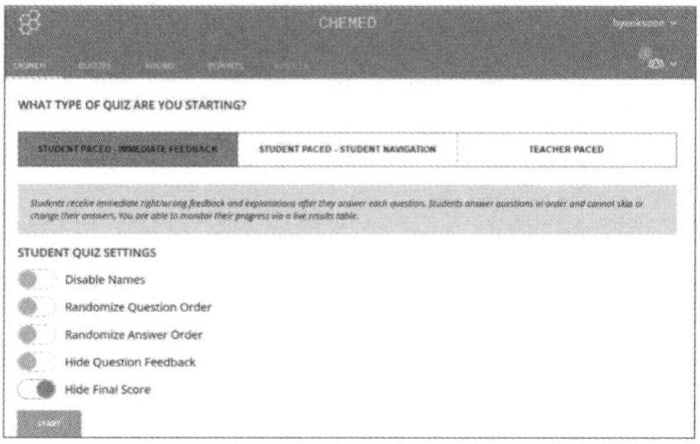

문항 제시 형태 선택 화면

9. 문제 제시 방식을 선택한 후, 아래에 있는 'Start' 버튼을 누르면 학생들의 스마트폰에 사전에 출제한 문제가 제시되어 학생들이 응답할 수 있게 된다. 학생들의 응답이 제출되면 교사용 화면에는 학생의 진척 사항과 함께 제출된 응답이 바로 채점되어 표시된다. 교사는 학생의 이름이나 응답을 보이지 않도록 할 수도 있다.

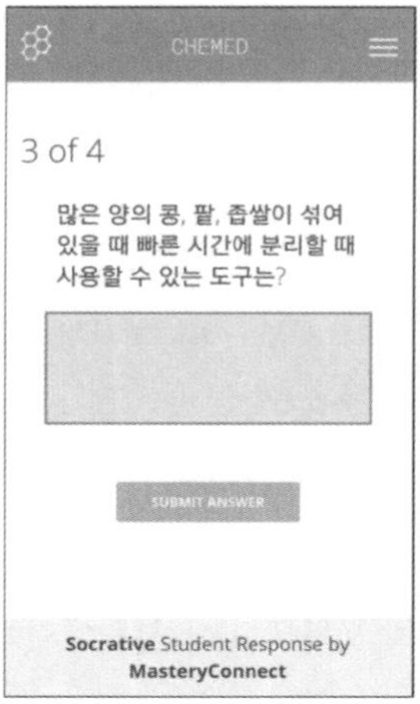

학생용 문제 화면

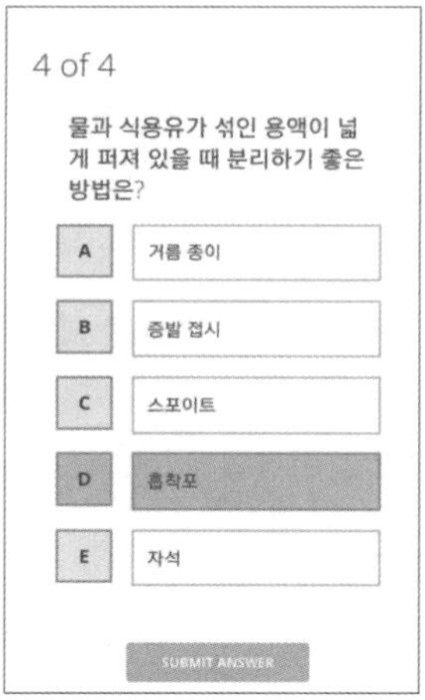

학생용 문제 화면

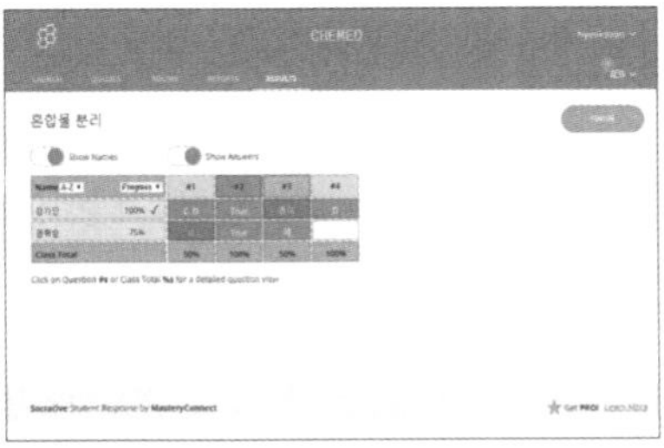

문항 제시 후 교사용 화면

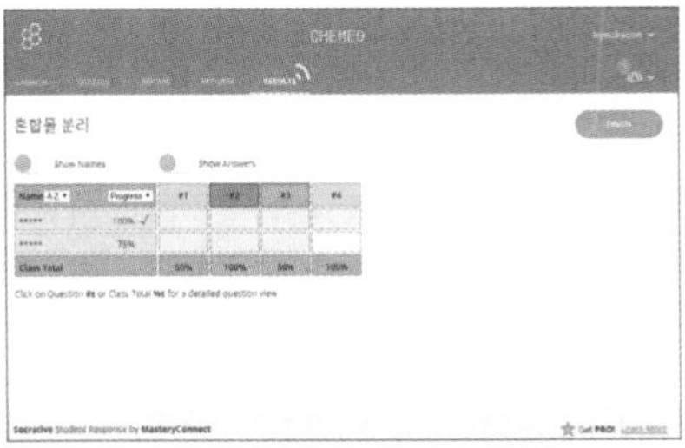

학생 이름과 응답을 가린 교사용 화면

10. 학생의 응답이 모두 완료되거나 주어진 시간이 되면 교사는 'Finish' 버튼을 눌러서 평가를 종료한다. 학생들의 응답 결과를 Chart로 바로 보거나 보고서로 저장하여 나중에 열어 볼 수 있다. 'Download' 버튼을 클릭하면 엑셀 형식의 파일이 컴퓨터에 저장된다. 엑셀 파일을 열어 보면 문제와 함께 각 학생들의 응답과 채점 결과도 볼 수 있다.

결과 확인 선택 화면

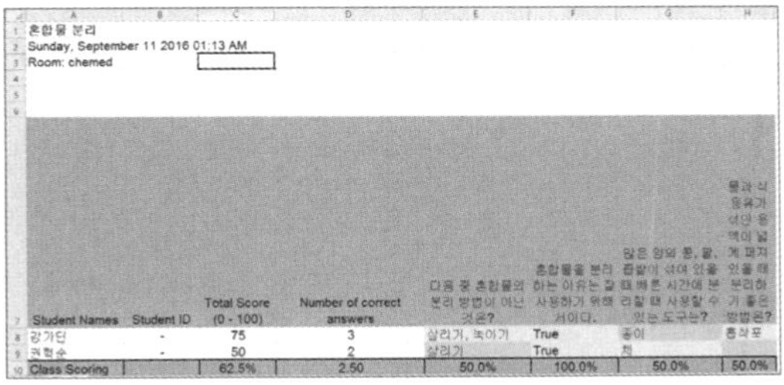

엑셀로 저장된 결과 화면

수정과 확장

여기서는 '소크라티브'라는 앱을 활용한 평가 방법에 대하여 소개하였다. 국내에서 개발한 '핑퐁'이라는 앱은 '소크라티브'와 달리 사전에 출제한 문제를 학생들 스마트폰으로 전송해 보여 주며, 실시간으로 응답을 수집하는 기능은 없지만 다양한 형태의 즉석 퀴즈를 진행할 수 있어서 매우 간편하다. 또한 '소크라티브'에는 없는 이미지 보내기 기능이 있어서 학생들의 응답을 그림이나 사진으로 받을 수 있는 장점이 있다.

앱을 이용하지 않더라도 온라인으로 평가하는 방식은 다양하다. 구글 드라이브(https://drive.google.com/)의 '설문지'를 이용하거나 네이버 오피스(http://office.naver.com/)의 '폼'을 이용하는 방법이 있다. 두 서비스는 모두 PC나 스마트폰의 웹브라우저를 통해서만 접근이 가능하며, 거의 유사한 서비스를 제공하고 있다.

교사는 주관식 단답형, 주관식 서술형, 단일 선택형, 복수 선택형, 목록 선택형, 선호도형, 표형 등 다양한 형태의 문제를 출제할 수 있다. 문제를 출제한 후 학생들이 문제에 접근할 수 있도록 안내해야 하는데, 문제 화면에 이르는 url 주소가 다소 길고 복잡하기 때문에 goo.gl 또는 bit.ly와 같이 url 주소를 단축시켜 주는 서비스를 이용하거나, url 주소 정보를 넣은 QRcode를 학생들이 스마트폰 카메라로 스캔하도록 하면 쉽게 접근할 수 있다.

학생들은 스마트폰에 내장된 웹브라우저를 이용하여 문제 화면을 볼 수 있으며, 문항의 답을 입력하고 '보내기' 버튼을 클릭하면 된다. 학생들이 입력한 결과는 실시간으로 서버에 저장되며, 교사는 응답 화면을 볼 수 있다. 응답 화면은 엑셀의 형식으로 저장되기 때문에 이후에 채점을 하거나 다른 형태로 변환하여 활용할 수 있다.

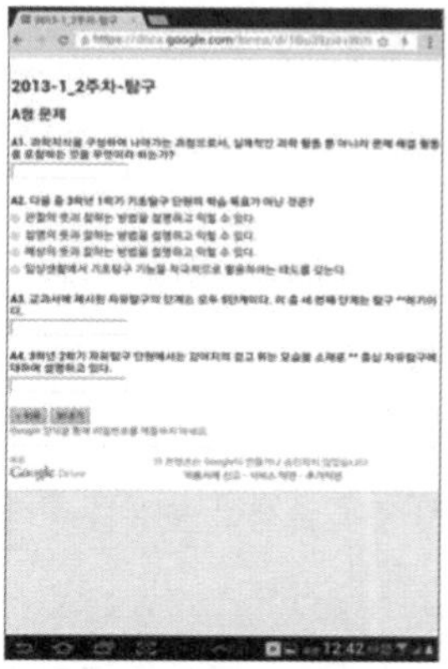

구글 양식 문제 화면

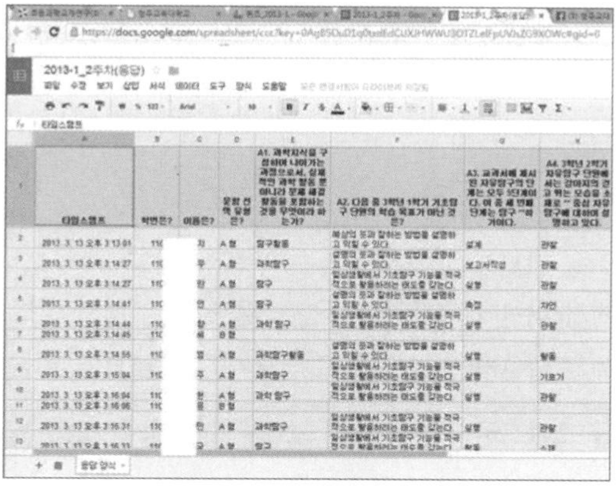

구글 드라이브 양식을 이용한 평가 응답 화면

참고문헌

김원유 · 최섭, 2015, 『앱과 구글로 지금 당장 해 보는 스마트 교육, 앞서가는 교사와 부모들을 위한 지침서!』, 정일.

김정랑 · 김대연 · 김은하 · 김황 · 박수철 · 이용제 · 최창훈 · 한국인 · 광주교육대학교 멀티미디어 연구소, 2013, 『스마트 교육, 아날로그 교사의 스마트 필통』, 교육과학사.

강의노트 · 54

가상 탐구토론대회를 통한 과제 연구 평가

자료 제공자: 손정우(경상대학교), cnbe@gnu.ac.kr
준비물: A3 용지, 인터넷 검색이 가능한 단말기, 12색 사인펜

개관

과학자가 연구하는 데 필요한 첫 번째 능력은 아마도 문제를 발견하고 인식하는 능력(problem finding)일 것이다. 그동안 우리나라의 교육은 주로 문제 해결 능력(problem solving)에 초점을 맞추어 왔다. 결과와 성과를 중시하는 사회 분위기에 따른 어쩔 수 없는 현상이었지만, 지금처럼 과정을 중시하는 교육 패러다임에서는 문제를 발견하는 것이 미래 사회에 꼭 필요한 능력이 되었다. 탐구의 출발 역시 문제를 발견하는 것에서부터 시작한다. 이러한 학생들의 문제 발견과 문제 해결 능력을 평가해 볼 수 있는 도구가 과제 연구 평가이다. 그러나 보통 1~3개월에 걸쳐 진행되는 과제 연구를 예비 교사들이 평가해 보는 경험을 갖기란 쉽지 않다. 그래서 예비 교사들이 수업 2시간 내외로 학생들이 과제 연구의 과정을 경험하고, 동료 평가해 보는 기회를 가지는 수업 활동을 하는 것이 필요하다. 이때 사용되는 것이 가상 탐구토론대회이다.

가상 탐구토론대회는 동일한 주제 영역에 대해 학생들끼리 연구 문제를 정하고, 인터넷 검색을 통해 가상의 연구를 통해 결론을 도출한 뒤, 탐구토론대회를

진행하는 수업이다. 탐구토론의 발표, 반론, 평가조의 역할에 대해 동료 평가함으로써 모둠 평가가가 가능하다.

수업 진행

1. 모둠별 구성이 끝난 뒤, 모둠 수 1/3에 해당하는 과제 연구의 주제 영역을 제공한다. 예를 들어 9개 모둠이 있다면, 3개의 주제 영역으로 각 주제당 3개 모둠이 동일한 주제를 탐구하도록 한다. 주제를 정하기 어려우면 실제 탐구토론 주제를 이용해도 좋다.

부문	2015년 제33회 전국청소년과학탐구대회 탐구토론 주제
초등	(놀이기구의 과학) 놀이터에서 놀다 보면 재미도 있고, 간혹 위험한 상황에 놓이기도 한다. 놀이터의 놀이기구에 숨어 있는 과학적 원리와 안전성을 조사하고, 학교 놀이터에 설치할 수 있는 재미있고 안전한 놀이기구를 제안하시오.
중학	(장애인을 위한 과학) 우리 생활 주변에는 장애인을 위한 공공 편의시설이 있다. 장애인을 위한 공공 편의시설에 숨어 있는 과학적 원리를 조사하고, 이를 발전·개선시킬 수 있는 방안을 탐구하시오.
고교	(빛의 활용) UN은 광학 연구 시작 1000년을 기념하여 2015년을 '세계 빛의 해'로 지정했다. 빛은 과학과 기술, 문화 그리고 산업을 통해 인간에게 풍요로운 삶을 제공하고 있다. 빛이 현대 사회에 활용되는 사례를 조사하고, 이를 발전·개선시킬 수 있는 방안을 탐구하시오.

2. 각 모둠이 주제를 정하고 나면, 각 주제에 해당하는 가상 탐구를 실시한다. 가상 탐구는 주로 모둠별 토론과 인터넷 검색을 통해 이루어지며, 그 결과는 다음과 같은 ㄷ자 형태로 접은 종이에 작성하도록 한다.

1) 제목: 모둠이 정한 탐구의 제목을 적는다.

2) 목적: 의문문으로 탐구의 목적이나 탐구 문제를 적는다.

3) 가설: 목적에 명시한 의문에 대한 예상 답을 적는다.

4) 준비물: 탐구에 필요한 도구, 장치 등을 제시한다.

5) 방법/과정: 탐구를 어떻게 진행할지 또는 예상되는 실험 장면을 그린다.

6) 결과: 표, 그래프, 탐구의 결과물로 예상되는 내용으로 구성한다.

7) 결론: 탐구를 통해 얻게 된 결론을 제시한다.

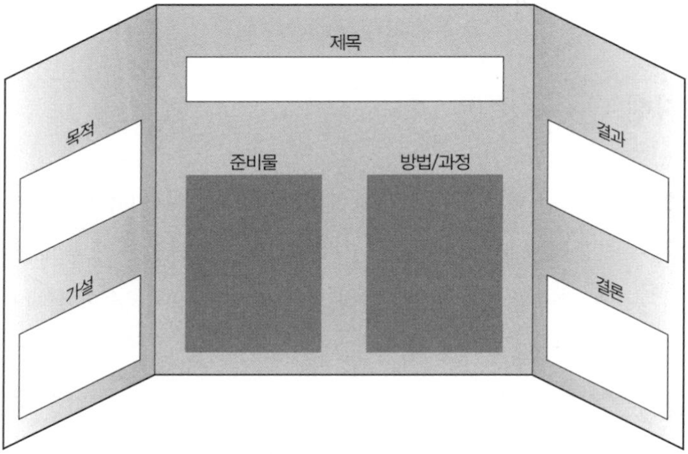

3. 가상 탐구 결과가 끝나면 각 모둠의 발표자, 반론자, 평가자 역할을 정한다.
4. 사다리타기나 제비뽑기를 통해 같은 주제에 대해 발표조, 반론조, 평가조를 선정한다. 이때 발표조는 발표만, 반론조는 반론만, 평가조는 평가만을 하게 되는데, 가상 탐구한 결과는 차후에 게시하게 하여 그 아쉬움을 달래도록 한다.
5. 발표조를 먼저 발표시킨 다음, 반론조가 발표 내용에 대한 반론을 2회 할 수 있게 하고, 발표조는 이에 대한 답변을 할 수 있게 한다. 이때 모둠원별 역할을 분명히 하는 규칙을 미리 정한다.
6. 발표조와 반론조의 토론이 끝나면, 평가조의 평가자가 두 모둠에 대한 평가를 한다. 이때 평가조 전체의 의견 수렴을 위한 시간을 5분 이내로 한다.
7. 전체 학생들이 발표조, 반론조, 평가조의 토론에 대해 거수로 가장 잘한 모둠을 선정한다.
8. 교사는 전체 주제들에 대해 평가 결과를 수합하여 점수를 부여한다. 만약 9개 모둠, 3개 주제 영역이라면 최우수 3모둠, 우수 3모둠, 보통 3모둠으로 평가할 수 있다.

수정과 확장

가상 탐구토론대회를 통해 학생들이 정한 탐구 문제와 탐구 방법 및 과정을 가지고, 교사가 별도로 과제 연구 평가를 실시할 수도 있다. 이때 평가는 다음의 평가표를 이용한다.

항목	기준
탐구	가설 설정에서 변인이 명확하고, 정확한가? 결과 도출을 위한 탐구 과정이 적절한가? 문제에 대한 결과가 정확하고, 명확한가? 문제와 결과가 학문적, 사회적, 과학적으로 가치가 있는가?
태도	전 과정에 대해 구성원 모두 주도적으로 참여하였는가? 과학적인 근거를 바탕으로 정확하고 설득력 있게 발표하였는가?

강의노트 · 55

발표 수업을 학생이 평가하기

자료 제공자: 심재호(부산대학교), sim307@pusan.ac.kr
준비물: 자기, 타인 평가지(자기 평가 생략 가능)

개관

학생들이 발표 수업을 할 때, 보다 충실하게 발표를 할 수 있도록 유도할 필요가 있다. 이를 위해 자신 및 타인 평가지를 활용할 수 있다. 발표자는 자신이 어떤 기준에 따라 발표를 준비해야 할지를 잘 모르는 경우가 많다. 자기 평가지는 이러한 기준에 대한 척도를 제공해 준다. 또한 타인 평가지는 학생이 발표한 것에 대해 모든 청취자가 평가함으로써 교사가 혼자 평가하는 주관성을 벗어날 수 있다. 더불어 타인 평가를 해 봄으로써 자신의 발표 준비를 충실하게 준비할 수 있는 기회로도 사용될 수 있다. 교사도 학생 중 한 명으로 타인 평가에 참가한다. 학기가 끝날 무렵 이러한 평가지를 엑셀 자료에 입력하여 평균값을 산출하면 학생들의 평점을 구할 수 있다.

수업 진행

1. 자기 및 타인 평가 항목과 내용 공유

1) 자기 평가지: 각 3점 척도(객관성이 부족하여 참조만 함. 타인 평가지와 항목 같음)

- 청취자의 이해를 증진시키기 위해 노력하는 정도
- 설명의 체계성
- 자료 활용 능력

2) 타인 평가지: 각 3점 척도

- 청취자의 이해를 증진시키기 위해 노력하는 정도
- 설명의 체계성
- 자료 활용 능력

2. 개인/팀별 발표 수업 진행
3. 발표 수업이 진행되는 동안 또는 종료 후 자기 및 타인 평가지 항목 체크, 기록, 질문 등 수행
4. 수업이 끝난 후 각자 자기 및 타인 평가한 결과물을 교수에게 메일로 전송
5. 각자가 기록한 평가 내용을 모음, 점수의 총계와 평균 구함(엑셀)
6. 학기 말 평가 점수에 포함시킴(총 점수의 20% 정도), 피드백 자료로 활용

수정과 확장

교사는 학생들의 발표 수업에 대해 자기 및 타인 평가지를 활용할 경우 평가를 위한 평가로 사용해서는 안 된다. 평가지는 발표 수업의 평가 척도를 알려 주는 역할을 하며, 발표를 충실하게 하고, 타인의 발표를 충실하게 듣는 수단으로 활용될 수 있도록 한다. 자기 평가지는 평균값을 구할 수 없기 때문에 교사가 참고만 한다. 또는 타인 평가지의 평균 점수와 자기 평가지의 점수 차이가 클 경우 이를 보정하기 위해 사용할 수 있다. 평균 점수 산출이 부가적인 교수 업무가 될 가능성은 있으나 그렇게 많은 시간이 소요되지는 않는다. 학생들 중 평가를 할 때 관대화의 경향과 엄격화의 경향이 큰 학생의 경우에는 점수를 보정할 필요가 있다.

발표 수업-자기 평가지 및 타인 평가지 샘플:

1. 자기 평가지 샘플

* 발표 주제: 선행조직자

평가 항목	상(80% 이상), 중(60~79%), 하(60% 미만)
발표 내용에 대한 평가자의 이해 정도	상
설명의 체계성	중
자료 만족도	중

1) 발표 내용의 이해 정도: 상

- 제가 전달하려 했던 내용을 많이 이해하는 것 같았습니다. 다만 전달 내용에 오개념이 많았던 것은 고쳐야 할 부분입니다.

2) 설명의 체계성: 중

- 준비했던 내용을 모두 전달하지 못한 것은 아쉽지만 준비한 방향대로 진행된 것은 만족했습니다. 다만 전달 내용에 오개념이 많고 학습 과제를 잘못 이해하고 전달하였습니다. 그래서 중을 줍니다.

3) 자료의 만족도: 중

- 설명의 체계성을 충분히 뒷받침하려고 하였습니다. 하지만 발췌 근거를 제대로 들지 못한 것과 발표 교과의 정확한 이해가 부족하였기에 중을 줍니다.

2. 타인 평가지 샘플

1) 발표 일시: 2014. 11. 10.

2) 발표 주제: Learning Cycle Model

3) 발표자: ○○○

4) 청취자: ○○○

5) 분석적 평가 척도

평가 준거	우수(상)	보통(중)	미흡(하)
이해 정도	✓		
설명의 체계성		✓	
자료의 만족도	✓		

(해당 칸에 ✓)

6) 평가를 위한 판단 기준

(1) 이해를 위해 노력하는 정도:

발표자가 청취자의 이해를 돕기 위해 사용한 언어, 태도, 의사소통 능력 평가

우수	상	① 청취자가 알아듣기 쉽게 설명함
	상	② 적절한 발표 진행 속도를 조절함
	중	③ 중간에 이해 정도를 확인하는 절차(눈빛, 제스처, 질문, 의문 제기, 개별 이해 정도 확인 등)를 포함함

(2) 설명의 체계성:

설명을 체계적으로 수행하였는지 평가

보통	중	① 발표 주제의 초점 또는 핵심을 인지시킴
	중	② 개관, 내용 설명, 정리의 절차를 거침
	상	③ 자료를 잘 활용하여 설명함

(3) 자료의 만족도:

수업 발표 자료의 적절성과 만족도에 대한 평가

우수	상	① 다양하고 신빙성 있는 참고 자료를 토대로 수업 자료를 준비함
	상	② 이해하기 쉽도록 재구조화한 자료를 준비함
	중	③ 수업에 필요하고 도움이 되는 자료를 준비함

7) 발표 내용에 대한 청취자의 생각과 평가 기술하기

(1) 발표 내용 중 잘된 점, 인상적인 점 기술

∨ 교재의 순환학습 내용 중 3가지 예시 자료를 잘 나타내었다.

(2) 발표 내용 중 아쉬웠던, 부족했던 점 기술

∨ 예시로 순환학습만을 제시하였는데 그 외에 4E, 5E, 7E에 해당하는 것도 제시했다

면 더 좋았을 것이다.

(3) 발표 내용 중 업그레이드 했으면 하는 내용 기술

∨ POE, PEOE 모형을 추가 설명하면 더 좋았을 것이다.

(4) 발표 내용 중 떠오른 의문점 기술

∨ 순환학습의 강점은 무엇인가?

∨ Lawson의 순환학습의 3가지 분류 중 가설 연역적 순환학습 모형을 더 고차원적이라고 할 수 있는가?

(5) 발표 내용에 대한 의문점 해결 내용 기술

∨ 순환학습의 강점은 개념의 도입과 적용이 변형 가능하며 탐구학습 모형에 적합하다는 것이다.

∨ 순환학습의 목적은 아동의 사고를 과학적 사고로 바꾸는 것이다.

∨ 그렇다. 가장 고차원적이라고 할 수 있다. 실험의 결과까지 예측하게 하므로.

(6) 발표자의 종합적인 발표 수행 능력은? 아래의 해당 내용에 ✓함.

우수	보통	미흡
✓		

강의노트 · 56

최고의 수행평가, 최악의 수행평가

자료 제공자: 한재영(충북대학교), jyhannn@chungbuk.ac.kr
준비물: 없음(강의용 컴퓨터, 빔프로젝터)

개관

수행평가는 중등학교 현장에서 정해진 평가 비율로 실시해야 한다. 과학 평가는 이론이 중요한 문제라기보다는 실행이 중요한 활동이다. 또한 수행평가는 현재 사범대학이나 교육대학을 다니는 예비 교사가 중·고등학교 때부터 많이 경험해 온 평가 방식이다. 수행평가에는 다양한 방법과 사례가 있는데, 교재에 있는 사례에서 그치는 것이 아니라 학생이 경험했던 사례를 모아 논의하면 좀 더 풍부하고 구체적인 정보를 나눌 수 있다. 가장 좋았던 수행평가와 가장 나빴던 수행평가 사례를 모아 이야기하면서, 좋은 수행평가가 가져야 할 특징이 무엇인지 생각해 보게 하는 활동이다.

수업 진행

1. 수행평가라는 말을 들었을 때 어떤 이미지가 떠올리는지 발표시킨다. 아마도 긍정적인 이미지보다 부정적인 이미지가 더 많을 것이다. 수행평가에 부정

적인 기억이 있어도 학교 현장에서는 어쩔 수 없이 수행평가를 해야 하므로, 앞으로 교사가 되어 좋은 수행평가를 하기 위해서는 좋은(또는 나쁜) 수행평가에 대해 많이 알고 있어야 함을 강조해 준다.

2. 자신이 중학교나 고등학교 때 경험했던 수행평가 중 가장 좋았던 수행평가와 가장 나빴던 수행평가를 생각해 보도록 한다. 가능하면 과학 교과의 수행평가를 생각해 내며, 만약 그런 것이 없다면 다른 과목의 수행평가도 상관없다고 말한다. 그 수행평가가 왜 좋거나 나빴는지 이유도 생각하라고 한다(이것은 미리 과제를 내주어 생각해 오도록 해도 좋다. 예를 들어, 과학 빽빽이(깜지) 수행평가는 최악이었다. 왜냐하면 빽빽이는 내가 공부하는 방식이 아니기 때문이다).
3. 다음 표와 같이 정리한다. (학생들이 직접 나와 표에 입력하도록 한다.)

이름	최고의 수행평가	최악의 수행평가
한재영	자신 있는 미술 작품 아무거나 만들기	과학 빽빽이
…	…	…

4. 각자 발표를 하면서 왜 그 수행평가가 최고/최악의 수행평가였는지 설명하도록 한다. 최악의 수행평가인 경우, 어떻게 하면 좋게 바꿀 수 있는지 질문하고 수강생끼리 이야기해 보도록 한다. 최고의 수행평가 과학 내용이 아닌 경우 과학에 어떻게 사용할 수 있는지 이야기해 보도록 한다.

수정과 확장

이렇게 정리한 파일은 지우지 말고 잘 보관해 두었다가, 그다음 해에 이어서 적도록 한다. 선배가 생각한 내용에 어떤 것이 있었는지 보는 것도 재미있어한다.

제7강

그 밖의 주제

강의노트 · 57

과학 커뮤니케이션

자료 제공자: 박영신(조선대학교), parkys@chosun.ac.kr
준비물: 각 나라의 다양한 자연사박물관 전시 패널 내용(공용 준비). 여기서는 국내의 경우만 포함

개관

과학 커뮤니케이션이란 무엇이며, 이것이 전시 패널에 어떻게 반영될 수 있는지를 이해하는 수업이다. 과학을 대중들에게 전달해야 하는 대상인 과학적 소양을 이론으로 본다면, 이 이론을 전달하는 실질적인 방법이 과학 커뮤니케이션이다. 즉 개념을 전달해야 하는 커뮤니케이션, 실험적인 탐구, 과학 탐구의 본성(과학의 본성), 의견, 인식, 흥미 및 즐거움 등을 통해 과학적 소양에 필요한 이론이 전달된다고 생각하면 된다. 과학 커뮤니케이션을 구성하는 6가지 요소를 학습하고 이를 적용하여 자연사박물관의 전시 패널을 분석함으로써 이해를 도모하도록 한다.

수업 진행

1. 과학 커뮤니케이션이 무엇인지 개인적으로 발표해 본다. 또는 모둠별로 모여 과학 커뮤니케이션을 토론하고 전지에 모둠의 의견을 모아 발표하는 시간을

갖도록 할 수도 있다.

2. 모둠별로 발표한 과학 커뮤니케이션을 정리하여 보드에 적어 본다. 교사가 생각하는 과학 커뮤니케이션에 대해서 그 패러다임을 소개하도록 한다(ppt 참고). 기존의 deficit model(결여모형) → engaging model(참여모형)로 변화하면서 새롭게 변하는 과학 커뮤니케이션의 정의에 대해서 학습을 한다.
3. 과학 커뮤니케이션은 '개념', '흥미', '인식', '의견', '즐거움', '과학 탐구의 본성(과학의 본성)'의 6가지 구성 요소로 되어 있음을 설명한다. 이 항목이 과학적 소양의 목표인 '지식(contents-on)', '탐구 기능(실험 기능+사고 기능)(hands-on+minds-on)' 그리고 흥미와 태도를 바탕으로 과학의 본성을 경험할 수 있는 '정의적 영역(hearts-on)'과 서로 연계가 되는 것을 경험하도록 한다.
4. 국내 자연사박물관의 공룡 전시물의 패널을 중심으로 과학 커뮤니케이션의 반영 정도를 파악하는 실습을 하도록 한다. 국내의 4개 전시 패널에 반영되어 있는 과학 커뮤니케이션이 어떻게 다른지 모둠별로 파악하도록 하고 발표 후 6가지 구성 요소로 된 SEPAT(Science Exhibit Panel Analyzing Tool: 전시 패널 분석 도구)를 이용하여 분석하는 실습을 하도록 한다.
5. 편중된(특히 개념 위주로만 되어 있는) 패널의 경우 과학 커뮤니케이션의 다른 어떤 항목을 추가하거나 보강할 수 있는지 모둠별로 토의하여 발표하도록 한다.

수정과 확장

위의 수업과는 별도로 학생들을 데리고 가까운 자연사박물관이나 과학관에 탐방하여 도슨트/해설사의 해설에 참여하게 하고, 해설사에 대한 인상을 서로 공유하도록 한다. 우선 각 학생들이 마음에 드는 전시물을 골라 시나리오(10분짜리)를 작성하게 하고, 모의 해설을 하도록 한다(아직 과학 커뮤니케이션에 대해서 수업을 듣지 않은 상태). 과학 커뮤니케이션에 대한 수업을 들은 후 같은 전시물의 시나리오를 수정하게 하여 다시 모의 해설을 하도록 하고, 과학 커뮤니케이션에 대해서 달라진 이론과 실천을 발표하도록 한다.

[부록 1] 과학 커뮤니케이션의 패러다임의 변화

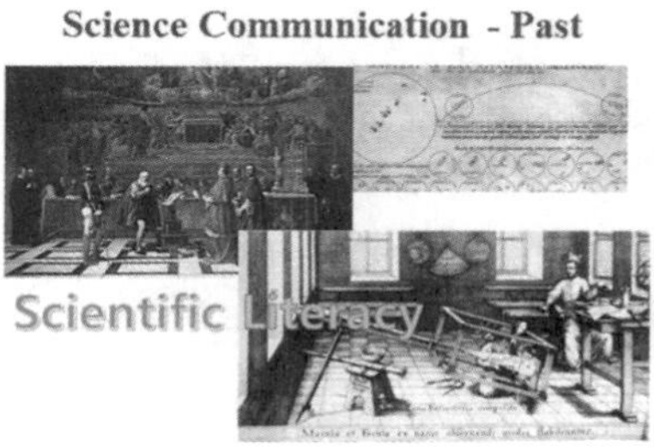

과거의 과학 커뮤니케이션은 지식 전달 위주였다. 즉 상위층 사람들을 대상으로 과학자들이 발견한 지식을 전달하는 내용 위주의 과학 커뮤니케이션이었다. 이때 사용하였던 과학적 소양은 현재의 그것과 다르게 해석되고 있다. 과거의 scientific literacy는 knowledge를 말하는 것이다.

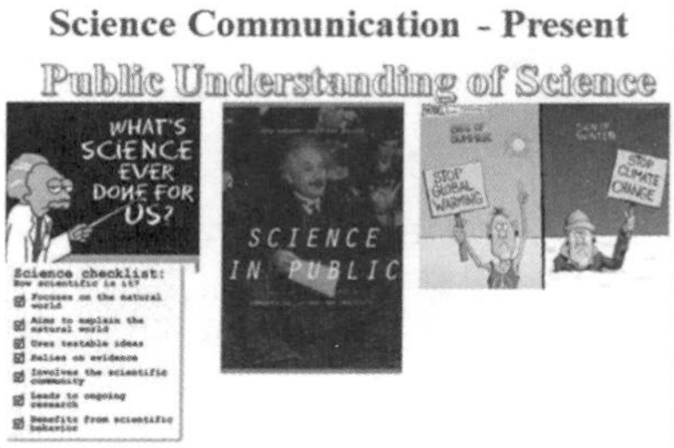

시대는 변하여 과학의 발달이 항상 긍정적인 결과를 가져다 준 것은 아니었다. 시민들이 궁금해하기 시작한 것이고, 부정적인 부분에 대해서는 반대의 감정을 갖기 시작했다. 이젠 시민들은 과학기술의 발달이 긍정적인 것만 초래하지 않는다는 것을 알기 시작했다.

현대부터 앞으로 지향하는 것은 시민들의 목소리이다. 즉 지구를 보호해야 하고, 시민 스스로 우리를 보호해야 하는 것이다. 과학기술의 발달로 인해 자칫 잘못될 수 있는 사회의 부정적인 영향에 대해서는 미리 예방할 수 있어야 하고, 이미 결론이 난 부정적인 결과에 대해서는 다른 해결책을 재빨리 찾아야 한다.

[부록 2] 전시 패널 분석하기

패널 A	패널 B
(1) 한국에서 처음으로 골격을 처리해 복원 조립한 공룡 '청운이' (2) 청운이는 파충류에 속하는 초식 공룡으로 브라키오사우르스와 흡사한 용반류 공룡이다. 목뼈가 13개, 등척추뼈가 12개로 목의 길이가 등의 길이보다 약 1.6배 더 긴 공룡이다. (3) '청운이'는 골격의 85% 정도가 한 개체로서 발굴된 세계적으로 유일한 표본이다. 바닥에 깔린 흙은 미국 와이오밍 모리슨 지층에서 '청운이'의 발굴 시 채취된 흙이다. 몸의 전체 길이는 사람 키의 15배, 몸무게는 코끼리 무게의 15배, 높이는 건물 4층 높이이다.	• 왜 알들의 크기는 크지 않았을까요? 아마도 알이 커지면 당연히 껍질도 두꺼워져서 새끼 혼자 힘으로는 알껍데기를 깨고 나올 수가 없기 때문이라는 것이 그 이유랍니다. • 알둥지에 대해 알아보아요. 공룡 알과 둥지는 화석으로 많이 발견되었기 때문에 형태에 대해선 잘 연구되어 있답니다. 가끔은 공룡알 화석 중에 똑바로 선 채로 발견되는 알들이 있는데, 이런 경우는 아마도 어미 공룡이 앞발을 이용해 알을 이런 모양을 만들었을 것으로 추측하고 있어요. 공룡알 둥지를 자세히 관찰한 결과 크게 4가지 모양으로 구별 할 수 있었어요 01 매우 둥근 모양의 알둥지 02 나선 모양의 알둥지 03 평행한 줄 모양의 알둥지 04 모양이 일정하지 않은 알둥지
이 패널 내용은 거의 '지식'이다. 공룡에 대한 특정한 정보를 제시하고 있다. 하지만 마지막 부분에 공룡의 크기를 사람키에 비교하고, 무게를 코끼리에 비교한 것은 '흥미'를 조장하고 있다고 봐도 좋겠다.	왼쪽 패널과는 달리 공룡이라는 주제가 어린이들에게 적합하다고 생각하였는지 말투가 어린이의 구어체를 사용하여 친근감을 유도하고 있다. 질문으로 시작하는 패널이기에 역시 관람객들에게 궁금증을 유발하고 있다. 그리고 질문에 대답하는 식으로 패널이 기술되어 있다. 공룡알에 대한 기본적인 '지식'과 '흥미'가 같이 어우러져 있다고 볼 수 있다.

위의 두 패널은 공룡에 대해서 텍스트로 묘사할 때 '지식'과 '흥미' 위주의 내용을 포함하였으나, 패널 B의 경우는 A에 시도되지 않은 질문의 형태로 패널이 시작되고 어린이들에게 적합한 구어체로 친근감을 유도한 것이 다른 점이다. 패널의 내용이 무엇인지도 중요하지만 이를 기술하는 전략적인 부분도 패널 작성에 중요한 요소라고 할 수 있겠다. 이때 질문은 부정적이거나 확인을 요하는 질문은 피하는 것이 좋다. "왜 알들의 크기는 크지 않을까요"라는 질문은 알들의 크기가 크지 않다는 것을 미리 확정지어 놓고 그 이유를 묻는 질문이다. 위의 질문보다는 "공룡의 알들도 그 크기가 클까요?"라고 묻는다면 관람객들은 큰지 작은지 먼저 생각을 하게 되고, 왜 작은지 왜 큰지를 생각하게 될 것이다. 따라서 부정적인 질문보다는 긍정적인 질문으로 패널을 작성해야 관람객들에게 동기 부여를 통한 흥미를 조장할 수 있을 것이다.

[부록 3] 과학 커뮤니케이션의 정의와 구성 요소

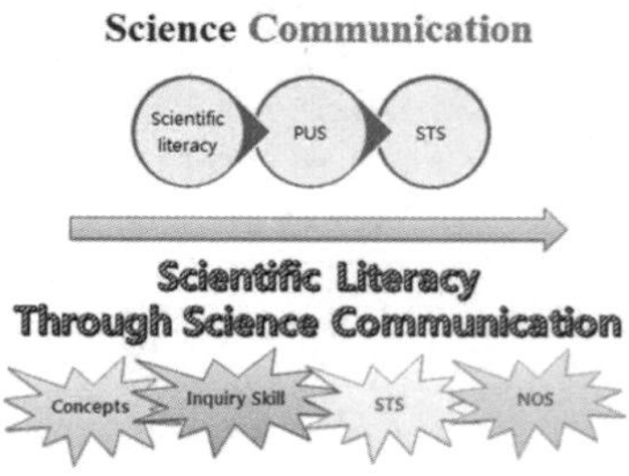

과거 지식 위주의 과학 커뮤니케이션은 시민들이 과학에 대한 관심이 커짐에 따라 지식 이상의 것을 느끼기 시작하였고, 현재는 단순한 지식과 느끼는 것 외에도 본인들의 의견을 표면화하려고 한다. 즉 과학을 발전시키는 데 시민들도 한몫을 하는 것을 원한다는 것이다.

concept: 지식

inquiry skill: 탐구 기능은 실험 기능과 사고 기능을 일컫는다.

NOS: nature of science(과학의 본성)

STS: science technology and society

Components of SC

Component of SC	Definition
Awareness	Including familiarity with new aspects of science
Enjoyment	Appreciating science as entertainment or art
Interest	Voluntary involvement with science or its communication
Opinion	The forming, reforming, or confirming of science-related attitudes
Understanding	Its content, processes, and social factors

A(Awareness): 인식. 과학에 대한 새로운 부분을 알게 되는 것이다.

E(Enjoyment): 과학을 하는 데 있어서 즐거움이다. 일종의 과학을 종합적인 예술로 생각하여 그 즐거움을 경험하는 것이다.

I(Interest): 과학에 대한 흥미이다.

O(Opinion): 과학에 대한 의견을 제시할 수 있다.

U(Understanding): 과학적 지식, 과정, 그리고 사회적 요소

- concept(개념 또는 지식): 공룡에 대한 학문적인 내용이 이에 해당한다. 외모, 학명, 초식동물인지 등, 크기, 무게 등 여러 가지 정보가 이에 해당한다.
- interest(흥미): 공룡을 비교할 때 어린이들이 익숙한 노란 스쿨버스나 큰 건물에 빗대어 비교하거나, 지금의 파충류와는 어떤 것과 비슷한지 등이 이에 해당한다.
- enjoyment(즐거움): 예술이나 다른 오락성으로 흥미의 연장이다. 즉 공룡에 대한 내용을 게임이나 그림 또는 다른 구성 요소로 관람객을 전시물에 오래 머물게 하는 요소이다.
- opinion(의견): 관람객의 입장에서 의견을 제시할 수 있는 기회이다. 전시 패널의 내용이 질문으로 시작한다면 관람객은 암시적으로 생각해 볼 수 있다. 명시적으로 대답을 하는 전시 미디어(터치패널)가 아니어도 전시 패널의 경우 속으

로 생각을 할 수 있는 의견 제시의 기회가 생기는 것이다. 발산적인 사고를 겨냥한 질문보다는 양자택일의 질문이 전시 패널의 경우 더욱 관람객들에게 의견을 제시하도록 권장할 수 있다. 예를 들면 "공룡은 어떠한 동물이었을까요?"보다는 "공룡은 초식동물이었을까요, 육식동물이었을까요?"가 좀 더 관람객들에게 의견을 제시하도록 권장하는 질문 형태이다.

- NOS(Nature of Science, 과학의 본성): 공룡 전시의 경우 이런 질문이 있었다. "공룡의 멸종은 더워서일까요, 아니면 추워서일까요?" 그다음 밑에 북패널(book panel)이 있었다. 관람객은 충분히 둘 중의 대답을 찾아 책장을 넘기듯 북패널의 뚜껑을 올렸다. 각각에 해당하는 이론의 해답이 적혀 있었다. 여기까지는 관람객 입장에서 '의견'을 제시한 것이다. 간단한 질문으로 관람객의 의견을 제시하였고, 대답을 볼 수 있었다. 그 밑에는 이러한 텍스트가 있었다. "두 개의 이론은 모두 현재까지 발견된 증거로 보아 가능성 있는 팽팽한 해답입니다. 이러한 것처럼 과학자들은 여러 가지 증거를 토대로 하여 새로운 과학적 이론을 만들어 냅니다. 앞으로 이러한 지식은 시간이 지나고 또 다른 증거가 포착되면서 어떻게 변할지는 모릅니다. 과학 지식은 변할 수 있습니다." 이 텍스트에서는 공룡의 멸종에 대한 해답이 2개의 다른 이론으로 팽팽히 맞서 있으며, 어느 것이 다른 것보다 우월하다는 말을 할 수 없다는 것이다. 이것은 과학 지식이 어떻게 사회에 반영되는지 역사적인 관점에서 해석한 과학의 본성이다. 과학자들의 노력, 과학 지식의 발달, 과학자의 태도에 대해서 언급한 것은 모두 과학 탐구 및 과학의 본성에 해당한다고 할 수 있다. 우리가 전시 패널을 언급하면서 과학 탐구 및 과학의 본성에 대해서 얼마나 언급하는지 생각해 보자. 거의 없다. 하지만 필요한 부분이다. 지식을 넘어선 감성과 액션을 취하기 위해서는 결정적이다.
- awareness(인식): 인식은 과학이 미치는 영향을 긍정적으로 부정적으로 '아하' 하는 순간이다. 예를 들면 공룡 발자국 화석으로 여러 가지를 추론할 수 있는 것도, 이를 이용해서 다양한 포유물의 생김새 및 얼마나 잘 걸었는지, 보폭이 얼마였는지, 뛰는 동물이었는지 잘 달리는 동물이었는지를 감안하여 공학적으로 운동화를 제작한다면 '아하' 하는 순간이 있다. 이러한 것이 인식이다. 과학에 대해서 좀 더 친근해지는 순간이다. 우리 생활 속에서 과학이 있음을 알아내는 순간이다. 부정적인 부분도 있을 것이다. 과학으로 인해서 윤리적이고 도덕적인 부분이 파멸되는 것도 이에 해당할 수 있다.

[부록 4] 전시 패널 속의 과학 커뮤니케이션 반영 정도 분석하기

이러한 6가지 요소를 바탕으로 하여 과학 교과서나 과학관의 전시 패널에 어떠한 과학 커뮤니케이션이 반영되어 있는지 파악할 수 있다. 다음과 같은 전시 패널 분석도구(SEPAT: Science Exhibit Panel Analyzing Tool 혹은 SCAT: Science Communication Analyzing Tool)를 사용할 수 있다.

number			Component of Science Communication					
theme	reference	Panel	CON	NOS	AW	INT	ENJ	OP
photo of panel with texts								
photo of panel with texts								
photo of panel with texts								
photo of panel with texts								

왜 돌을 삼켰을까요? (OP) 중생대 식물들은 양치식물과 지금의 소나무, 은행나무 같은 겉씨식물들이 많이 살았다(CON). 과학자들은 공룡이 질긴 잎과 거친 나뭇가지들을 이빨로만 씹어서 소화시키기에는 무리였을 것이라고 생각하고 있다(NOS). 그래서 일부 공룡들은 좀 더 소화를 잘 시키기 위해 돌을 삼켰다.

이들은 위 속에 들어가 음식물들을 부수면서 표면이 매끈해지는데 이것을 위석(Gastrolith)이라고 부른다(CON, INT). 이러한 위석은 작은 육식 공룡인 카우디프테릭스(Caudipteryx)에서도 발견된다.

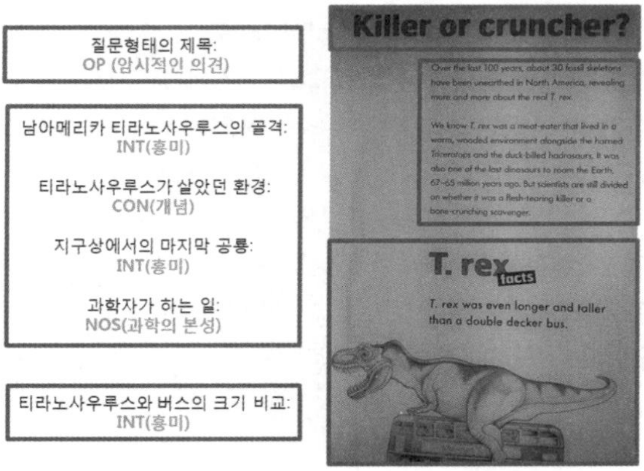

강의노트 · 58

영화와 연극 접목 융합과학 수업

자료 제공자: 손연아(단국대학교), yeona@dankook.ac.kr
준비물: 수업에 적용할 예시 영화나 연극 동영상

개관

기존의 분산적이고 지식 중심의 교육에서 과학적 소양과 예술적 감성을 동시에 기를 수 있는 과학·예술 융합형 수업 자료를 개발하고 적용함으로써 학생들의 창의성과 인성을 함께 계발시키는 것은 앞으로의 2015 개정 교육과정에 따른 과학교육에서 매우 중요하다. 밀러(Miller, 2000)에 의하면, 과학기술은 예술의 상상력과 감성, 시각화 원리와 사고의 힘을 적용하고, 예술은 과학기술의 과학적 발견과 원리를 활용하려는 경향이 강하다. 그러므로 예술교육을 통해 학생들이 정형화된 틀이나 규칙에 얽매이지 않고 직관, 감성 중심으로 문제를 해결하는 방식을 경험하는 것은 학생들의 창의력 신장과 적극적인 태도 함양에 큰 도움이 될 것이다(백윤수 등, 2011; Carpenter, 2007). 다음의 과학과 예술 융합 수업 자료와 평가 자료(손연아, 2012)는 과학교육에서 과학적 소양과 예술적 감성을 동시에 기를 수 있는 과학·예술 융합 수업에 대한 아이디어를 제안하고 있다.

수업 진행

1. 과학과 영화 융합 수업의 개요

수업 주제 및 목표	[오감과 자극 반응 경로(중2)] 1. 감각기관의 기능과 활용에 대해 설명할 수 있다. 2. 오감의 반응 경로에 대해 설명할 수 있다. 3. 영화에 나오는 과학적 오류를 찾을 수 있다.
수업의 흐름	전 시간 학습 내용 상기: 감각기관의 종류와 특성 ↓ 수업 목표 확인하기 ↓ '라따루이' 영화 속의 감각기관 ↓ 오감의 연관성 토의 – 딸기 맛 우유와 바나나 맛 우유 – 여러 가지 색의 음식 ↓ 자극 반응 경로 설명하기 ↓ 영화 속의 오류 찾기 ↓ 수업 내용 정리 및 평가

2. 과학과 연극 융합 수업의 개요

수업 주제 및 목표	[멘델의 유전법칙(중3)] 1. 멘델의 유전법칙 중 독립의 법칙을 이해할 수 있다. 2. 연극을 통해 의사소통 능력을 키울 수 있다. 3. 연극을 통해 예술적 소양을 함양할 수 있다.
수업의 흐름	동기 유발: 과학 연극 공연 찾아보기 ↓ 수업 목표 확인하기 ↓ 연극을 통한 과학 학습에 대한 소개 (연극 줄거리와 대본 설명, 연극 규칙 설명) ↓ 배역 정하고 연극 연습하기 ↓ 본격적으로 연극 공연하기 ↓ 연극에 대한 감상과 느낌 표현하기 ↓ 연극에 포함된 과학적 개념을 연극 상황과 연결하여 이해하기 ↓ 수업 내용 정리 및 평가

3. 융합과학 수업에서 과학적 소양과 예술적 감성 요소를 평가할 수 있는 분석틀

범주	영역	하위 영역	영역별 5점 척도 평가(✓)					분석 의견 (영역별 평가 근거)
			5	4	3	2	1	
과학적 소양	과학 지식	□ 통합적이고 맥락적인 과학 개념 이해하기						
	과학적 사고 습관	□ 의사소통과 협력 능력 함양하기 □ 체계적 사고력과 정보 처리 능력 함양하기						
	과학에서의 가치관	□ 사회적 · 윤리적인 측면에서 공감하기 □ 사회적 책임감 갖기						
	과학 본성의 이해	□ 과학 지식의 특성 이해하기 □ 과학과 사회의 관련성 이해하기						
	초인지 사고와 자기주도	□ 자기주도적으로 계획하기 □ 자기주도적으로 검토하기						
예술적 감성	감성의 표현	□ 언어적, 비언어적으로 명확하게 표현하기						
	타인의 감정 인식	□ 타인의 감정을 이해하고, 자신의 내부에서 재경험해 보기						
	감성의 조절	□ 자신의 긍정적인 기분을 유지하고 지속시키기						
	타인의 정서 조절	□ 타인의 감정을 조절하고 바꾸려고 노력하기						
	감성의 활용	□ 감성을 활용하여 창조적으로 사고하고 문제 해결하기						
	동기화를 통한 도전의식	□ 도전적인 과제를 지속할 수 있도록 자신감 증가시키기						

* 이 분석틀에서 '과학적 소양' 영역은 Choi et al.(2011)의 연구에서 제안한 것을 재구성하여 정리하였고, 예술적 감성 영역은 Salovery & Mayer(1990)와 Goleman(1995)의 연구에서 추출한 요소들을 과학교육 전문가의 검토를 받아 정리하였다(손연아, 2012).

수정과 확장

이러한 영화와 연극의 직접적인 접목뿐만 아니라, 이야기의 맥락과 상황을 강조하는 스토리텔링, 개념의 연관성과 표현을 강조하는 릴레이 연극 기획, 가면무도회, 과학사에서 과학자들의 패러다임 전환 과정을 표현해 보는 재연 기법 등을 과학 수업에 적용할 수 있다. 또한 모션그래픽, 밸런스, 시지각, 색온도, 조명, 몽타주 기법 등을 학생들이 활용할 수 있다. 그리고 다양한 공연 작품과 영상 작품을 분석하는 기회를 과학 수업 시간에 가질 수 있다. 이러한 과정에서 학생들은 과학적 개념 및 탐구 기능뿐만 아니라, 예술적 감성을 함께 함양하여 과학적 소양과 예술적 감성을 바탕으로 한 창의와 융합에 대한 역량을 기를 수 있다.

참고문헌

백윤수·박현주·김영민·노석구·박종윤·이주연·정진수·최유현·한혜숙, 2011, 우리나라 STEAM 교육의 방향, 『학습자중심교과교육연구』, 11(4), 149-171.

손연아, 2012, 예비과학교사들의 과학과 예술 융합 수업 준비와 시연과정에서의 STEAM 교육에 대한 인식 변화 및 수업 분석과 피드백-영화와 연극 접목 융합 수업을 중심으로-, 『생물교육』, 40(4), 475-493.

Carpenter, M., 2007, Preppy, straight up or with a twist. http://www.post-gazette.com/pg/07218/807248314. stm. 접속일자: 2012년 6월 1일.

Choi, K., Lee, H., Shin, N., Kim, S., & Krajcik, J., 2011, Reconceptualization of scientific literacy in South Korea for the 21st century, *Journal of Research in Science Teaching*, 48(6), 670-697.

Goleman, D., 1995, *Emotional Intelligence*, N.Y.: Bantam Books.

Miller, R., 2000, *Caring for Answer Life: Essays on Holistic Education*, Brandon, VT: Foundation for Educational Renewal.

Salovey, P., & Mayer, J. D., 1990, What is emotion intelligence? In Salovey, P. & Sluyter, D.(Eds.), *Emotional Development and Emotional Intelligence: Implications for Educator*, NY: Basic Books.

강의노트 · 59

교실 응답 시스템(혹은 클리커)을 활용한 질문하기

자료 제공자: 차정호(대구대학교), chajh@daegu.ac.kr
준비물: 클리커(교사용, 학생용), 수신기, 소프트웨어, 컴퓨터, 프로젝터

개관

우리나라 학생들은 수업 시간에 질문을 잘 하지 않기로 유명하지만, 그래도 아예 없진 않을 것이다. 가르치는 사람 입장에서도 학생들의 사고를 자극하고, 수업 내용을 이끌어 가기 위해 이런저런 질문들을 던지기 마련이다. 그런데 문제는 이들 대부분이 미리 계획되었다기보다는 즉흥적으로 던져지는 경우가 많아서 질문이 가지는 효과는 그리 크지 않다. 이런 취지에서 한때는 플래시 카드라고 해서 서로 다른 색을 가진 카드로 자기 의견을 표현하는 방법이 사용되었다. 예를 들어 학생들에게 빨간색과 파란색 카드를 나누어 준 뒤에 찬성은 빨간색, 반대는 파란색을 들도록 하는 것이다. 이 경우 200명이 넘는 대형 강의라 할지라도 전체적인 의견 분포를 한눈에 파악하는 데 도움이 되었다.

교실 응답 시스템(classroom response system) 혹은 학생 응답 시스템(student response system) 등의 공식 명칭을 가지고 있는 클리커(clicker)는 플래시 카드의 디지털 버전으로, TV 리모컨과 같이 단말기를 통해 학생들에게 진위형, 선다형의 질문에 대한 답을 제출하도록 하는 것이다. 복잡한 단말기는 텍스

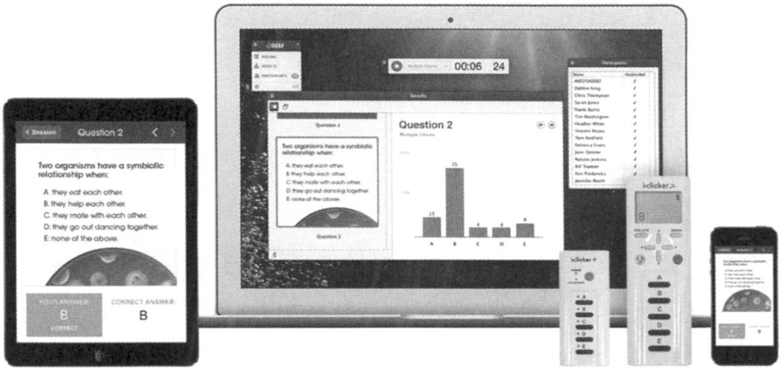

그림 1. 교실 응답 시스템의 예-iClicker

출처: http://iclicker.com

트를 입력할 수도 있으나, 오지선다형을 위한 단말기가 가장 보편적으로 사용되고 있으며, 최근에는 스마트 기기를 활용할 수 있도록 개발되었다.

수업 진행

1. 파워포인트 슬라이드 혹은 흔글이나 PDF 문서를 통해 진위형 혹은 선다형 문항을 제시한다. 이때 제시하는 질문은 개념 확인을 위한 것일 수도 있고, 설문조사를 위한 문항일 수도 있다.
2. 학생들이 문제를 읽고 생각할 수 있도록 충분히 기다려 준다. 투표를 시작하면 학생들이 생각을 멈추게 되므로, 투표부터 시작하지 않도록 주의한다.
3. 투표를 시작한다. 학생들은 각자가 가진 클리커를 이용하여 자신의 생각을 익명으로 제출할 수 있다.
4. 투표를 종료하고 결과를 보여 준다. 응답 분포를 확인한 후에 각 답지를 선택한 이유를 발표시킨다. 익명으로 투표한 것의 장점을 살리기 위해서는 각 답지를 선택한 학생은 어떤 뜻으로 골랐을지 생각해 보도록 유도함으로써 자유롭게 말할 수 있는 분위기를 조성한다.
5. 각 답지별로 충분한 논의가 되었다면, 관련 내용을 정리 및 요약해 주고 다음

내용으로 넘어간다.

수정과 확장

1. 스마트 기기 활용하기

클리커의 한 가지 약점이라고 한다면, 학생 개개인이 휴대하기에는 가격이 비싸다는 것이다. 국내에서는 학교 단위로 구비하기에도 만만치 않다. 그러나 길은 있다. 바로 스마트폰을 활용하는 것이다. 최근 들어 클리커의 기능을 수행할 수 있는 다양한 애플릿(applet)들이 개발 보급되고 있다. 그중 하나로 소크라티브(Socrative)를 들 수 있는데, 교사용과 학생용 앱으로 구분되어 있으면서 주관식·서술식 응답 제출까지 답변을 제출할 수 있는 기능을 가지고 있다. 비교적 단순한 기능으로 초·중등학교에서 활용되고 있는 핑퐁도 사진 첨부 기능까지 포함하고 있다. 또한 객관식 문항의 복수 정답 선택이 가능하며, 정답 선택에 대한 이유를 서술하게 하고, 서술형이나 논술형 문항에 대한 답안을 작성할 수 있는 '평가도우미' 앱도 있다(김용진 외, 2014). 스마트 기기의 장점은 기존 클리커 활용에 필요한 수신기와 같은 하드웨어가 필요 없다는 것이다. 인터넷을 사용할 수 있는 환경만 된다면, 해당 앱을 실행시켜 학생들의 응답을 수집할 수 있다. 비록 초·중등학교에서는 학생들의 스마트 기기 휴대에 제약이 많은 것이 현실이지만, 학교 자체적으로 스마트 기기를 보유하고 있는 경우는 도서관 등

그림 2. 클리커를 대체할 만한 앱

의 지정 공간에서 활용할 수 있겠다.

2. 플리커(Plicker) 활용하기

앞에서 언급한 스마트 기기를 활용하는 앱들은 학생들도 단말기를 가지고 있어야 한다는 단점이 있다. 그러나 플리커를 이용할 경우 스마트 기기는 교사에게만 필요하다. 학생들에게는 QR코드와 같이 특별한 형태로 부호화된 카드를 나누어 주게 되는데, 네 변이 A~D를 뜻하고, 카드를 회전하여 위에 위치하는 것이 각자의 응답이 된다. 스마트 기기용 앱에서는 이 방향을 인식하여 학생의 응답을 입력받게 된다.

그림 3. 플리커 카드(좌)와 스마트 기기용 앱의 작동 화면(우)

출처: http://plickers.com

참고문헌

김용진 외, 2014, 과학영역 평가방법 및 평가모델 개발 연구(연구보고 BD14060004), 교육부·한국과학창의재단.

Bruff, D., 2009, *Teaching with classroom response systems: Creating active learning environments*, San Francisco: Jossey-Bass.

강의노트 · 60

과학교육 강의와 유머

자료 제공자: 한재영(충북대학교), jyhannn@chungbuk.ac.kr
준비물: 인터넷 검색이 되는 컴퓨터, 빔프로젝터

개관

'과학교육론', '과학교재 연구 및 지도법', '과학 논리 및 논술'처럼 딱딱하고 재미없는 강좌가 또 있을까? 과학 교사가 수업 시간에 유머를 쓰기를 원한다면, 과학 교사 교육자도 강의 시간에 유머를 찾아 쓰는 모습을 보여 주어야 하지 않을까?

수업 진행

1. 자신이 가르칠 내용과 관련되는 유머를 검색해 보자. 개인적으로 이런 검색을 엄청나게 하며 강의 준비를 열심히 하는 교수를 한 명 알고 있다(필자는 아니다). 예를 들어, 과학의 본성을 가르칠 때 '침대는 과학 유머'라는 검색어로 인터넷을 뒤져 보자.
2. 수업을 처음 시작할 때 서먹서먹한 분위기를 없애기 위해, 또는 쉬는 시간이 끝나고 수업 시간에 집중하도록 할 때, 아니면 지루한 강의를 하는 도중 학생

들의 눈이 흐려지는 것을 보았을 때, 또 어떤 때 유머를 사용할 수 있을까?

3. 학생들에게 과제를 내주어도 좋다. 오늘 배운 내용이나 다음 주에 배울 내용과 관련하여 유머를 찾아오면 추가 점수를 준다고 한다.
4. 과학 교사 교육자끼리 이런 유머를 찾아 공유하는 게시판을 만들어 보면 좋을 것 같다. 책으로 내는 것은 저작권에 문제가 생기기 때문이다.

수정과 확장

'과학자와 사귀어야만 되는/사귀면 안 되는 이유'를 검색해 보자.

참고문헌

한재영 · 강훈식 · 김용진 · 박영신 · 손정우 · 임성민 · 정정인 · 차정호 · 홍준의, 2016, 『유쾌한 과학 수업』, 지성사.

강의노트 · 61

나노-간단 아이디어

자료 제공자: 한재영(충북대학교), jyhannn@chungbuk.ac.kr
준비물: 그때그때 필요한 것들

개관

중·고등학교 교사는 수업 시간에 써먹을 만한 소재나 내용을 발견하면 매우 기뻐한다. 여행하거나 영화를 볼 때 혹은 책을 읽을 때, 인터넷을 검색하거나 심지어는 스마트폰 게임을 할 때에도 과학 수업에 얘기해 줄 만한 내용을 보면 사진을 찍고 메모를 남긴다. 참신한 수업 내용을 찾는 데 혈안이 되어 있는 사람도 많다. 중·고등학교 과학 교사에게 수업을 재미있고 즐겁게 하면서 과학 내용이나 현상을 효율적으로 가르치는 것은 자신의 중요한 삶의 부분이 된다.

이에 반해 대학교수는 어떨까? 여러분은 새로운 강의 아이디어에 열광하는가, 아니면 새로운 연구 아이디어에 열광하는가? 동일한 강의 내용이라고 하더라도 약간 변형하여 학생들과 호흡을 맞추고 내용 설명을 더 깔끔하게 하는 경우를 경험하면 그 즉시 메모를 하며 이렇게 말한다. "이 내용을 이런 식으로 설명한 것은 너희들이 처음이다." 이러한 초간단 강의 아이디어를 생각나는 대로 정리해 본다.

수업 진행

주제, 상황	내용	비고
모든 교과 교육학 강의	학습 일지 작성 – 한 학기 강의를 수강하면서 자신이 학습한 내용에 대해 반성 일지를 적어 내도록 한다. – 2~3주에 한 번 적어 내고, 교수는 그 일지에 피드백을 적어 준다. – 반성 일지에 적을 만한 내용을 간단히 안내해 주는데, 배운 내용의 요약보다 자신의 생각이나 느낌을 적도록 강조한다. – 강의 내용에 대해 자신의 생각은 어떠한가? – 새로 알게 된 내용은 무엇인가? – 가장 흥미 있는 내용은 무엇인가? – 중학교나 고등학교에서 다루면 좋을 만한 내용에 어떤 것이 있는가? – 이해가 잘 안 되는 내용은 무엇인가? – 풀리지 않는 문제는 무엇인가? – 더 알고 싶은 내용은? – 반성적 실천가로서 교사가 되기 위한 연습임을 안내해 준다.	교과 내용학 강의에서도 학습 일지를 적게 해도 좋다. 피드백을 해 주는 데 시간이 꽤 많이 걸린다.
브루너, 학문 중심 교육과정	브루너는 지식의 구조를 가르치도록 하였다. 지식의 구조는 다른 말로 '학문', '사물을 보는 안목', '사고방식'이다. 여기서 '안목'이란 무슨 말일까? 옆에 있는 친구는 어디에 안목이 있는지 적어 보도록 한다. 이 활동을 하며 동료 사이에 상호 이해를 높일 수 있다.	
구성주의와 과학교육	'과학 수업'이라고 하면 떠오르는 이미지를 각자 그려 보도록 한다. 그림 그리기를 주저하고 있으면 교사, 학생과 같은 사람과 수업을 하는 장소를 그리라고 안내해 준다. 교실에 나란히 앉아 있는 그림을 그리는 학생도 있고, 실험실에서 조별로 활동하는 그림을 그리는 학생도 있다. 자신이 가진 이미지는 맞고 틀린 것이 없으며, 지금까지 받아 온 과학 수업이 그런 모습임을 말해 준다. 그리고 본인이 하고 싶은 과학 수업의 모습을 새로 정립해 보도록 안내한다.	화이트보드를 준비해 두면 여러모로 쓸모가 있다.

구성주의	구성주의에 의하면 '교사는 학생들에게 지식을 전달한다'라는 표현은 적절하지 않다. 그럼 어떻게 표현해야 할까? '전달'이라는 표현은 택배 기사가 물건을 배달하듯 주는 사람이 받는 사람에게 일방적으로 무엇인가를 전하는 뉘앙스를 띠고 있다. 학생들은 이러한 표현을 아무런 생각 없이 사용하는데, 그 속에 교수-학습에 대한 전통적인 가정(백지상태를 채워 주는 것이 교사의 역할)이 들어 있음을 말해 준다. 지식을 '제시'하거나 '전시'한다고 하는 것이 더 적절하지 않을까?	논문을 쓸 때에도 이러한 표현은 주의하자.
과학적인 출석 부르기	학생들 이름을 웬만큼 외웠으면, 출석을 부를 때 자기가 좋아하는 원소를 하나씩 말하도록 하고 출석부에 적어 둔다. 그리고 그다음 시간부터 원소 이름이나 원소기호로 출석을 부른다. 중·고등학교에서 주기율표를 가르치면서 활용할 수 있다고 언급해 준다. 원소가 지겨우면 과학자 이름으로 바꾼다. 학생 수가 많으면 서로 다른 과학자를 찾기 어려울 것이니, 존경하는 사람이나 위인 이름을 말하도록 해도 좋다. 이것도 지겨우면 연예인 이름도 가능하고, 학생들에게 어떤 것로 출석하면 좋을지 물어봐도 좋다.	어떤 학생은 자기 부모님 성함을 말하기도 한다.
초성 퀴즈	지난 시간에 배운 내용을 재미있게 복습하는 방법이다. 칠판에 한글 단어의 첫 자음만 적는다. ㄱ ㅅ ㅈ ㅇ(구성주의) ㅅ ㅎ ㅎ ㅅ(순환학습) ㅅ ㅎ ㅍ ㄱ(수행평가) ㄱ ㅊ ㅇ ㅇ ㄹ ㅇ ㅈ ㅅ(관찰의 이론의존성) 빠르게 답을 말하는 사람을 정확히 찾는 방법은 카톡을 이용하면 된다. 초성 퀴즈를 학생들이 내도록 해도 좋다. 2인 1조로 화이트보드에 한 문제씩 적어 돌아가며 들어 올려 풀게 한다.	초성 퀴즈를 만들다 보면 저절로 복습이 된다.
학생 선정	발표 순서를 정할 때(제일 처음 사람을 정하고 그다음 출석부 순서로 발표), 한 명을 정해서 무엇인가를 할 때, 여러 명을 정할 때 등에 모든 수강생과 교수자가 가위바위보를 동시에 한다. 전원 손을 들고 '가위바위보!' 교수자에게 지는 사람은 손을 내리고, 비기거나 이긴 사람은 계속 손을 들고 있는다. 4~5번 정도 전체 가위바위보를 하면 1명 또는 3~4명을 정할 수 있다.	

과학적 태도	과학자의 특성, 과학적 태도 중에는 회의(skepticism)를 중요시하는 것이 있다. 권위는 과학적인 근거가 될 수 없다. 이것을 말로 이해하는 것은 쉽지만, 그런 태도를 가지는 것은 어렵다. (학생들이 아는) 대학교수가 저자로 들어간 교과서에 나온 실험을 그대로 따라 했는데 기구가 깨지고 실험 결과가 의도한 대로 나오지 않았다고 학생이 말했다. 교과서도 믿지 말고, 지도서도 믿지 말고, 참고서나 문제집은 더더욱 믿지 말고, 이 말을 하고 있는 나도 믿지 말라고 하였다.	
교수 학습 지도안	학습 목표를 행동 목표로 적어야만 하는 규칙은 행동주의 교수 학습관에 기초해서 만들어진 것이다. '이해한다', '안다'와 같은 동사를 쓰지 말아야 한다고 하는데, 실제 중학교 교과서를 보면 그런 동사를 사용한 학습 목표가 많다. 그럼에도 임용시험을 보기 위해서는 행동동사를 사용해서 학습 목표를 적는 연습을 해 두어야 한다. 학생들에게 학습 목표에 대해 가르치기 전에 교과서의 목차만 보면서 학습 목표를 하나씩 적어 보도록 한다. 교직 과목에서 지도안을 작성해 본 적이 없는 학생은 '이해한다', '안다' 동사를 사용할 것이니, 그것을 다른 동사로 바꿔 쓰도록 지도한다. 말로만 강의를 해도 잘할 거라 생각했지만, 나중에 모의 수업 시연을 위해 지도안을 작성하라고 하면 그 동사를 여전히 사용한다. Learn to fail or fail to learn. 틀리면서 배우지 않으면 나중에 또 실수하게 된다.	
오수벨의 유의미 학습	하위적 학습, 파생적 포섭, 상관적 포섭, 상위적 학습, 병위적 학습에 대해서는 간단한 내용 설명 후 직접 사례를 찾아보도록 하는 것이 좋다. 카톡에 답을 적도록 한 후 같이 보면서 코멘트를 해 주거나, 서로 고쳐 보도록 하는 것도 좋은 방법이다. 교수와 학생들이 스마트폰을 매개로 상호작용하는 장면이 펼쳐진다. 다른 학생이 적은 사례를 보고 따라 하지 않게 하려면, 단톡방을 학생 개인별로 열어 입력하도록 하면 된다.	
관찰의 이론 의존성-1	관찰의 이론 의존성은 '과학적 관찰이나 사실에는 이미 특정한 가정이 내재되어 있으며, 결과적으로 이론에 의존하지 않는 중립적인 과학적 관찰이나 사실이란 존재할 수 없다'는 것을 말한다. 즉 외부의 정보에 대해 관찰자의 지식 및 선행 경험에 따라 서로 다른 기대감 형성하고, 그 결과 서로 다른 인식 및 해석이 일어나게 되는 것이다. 그렇다면 학생들이 과학적인 관찰을 동일하게 하려면 어떻게 해야 할까? 과학 이론을 잘 가르쳐 주면 된다. 그래서 과학 이론이 중요한 것이라고 말할 수도 있다.	

관찰의 이론 의존성-2	관찰의 이론 의존성 설명할 때, '보이지 않는 고릴라' 동영상 보여 주는 것도 재미있다. 이 동영상은 인터넷에서 쉽게 찾을 수 있고, 그 제목의 책도 있다. 학생들이 농구공을 패스하는 횟수를 세도록 말한 후, 동영상을 다 보고 난 뒤 고릴라를 보았는지 묻는 것이다. 이것은 선택적 지각이라고 말하기도 하는데, 본인이 관심을 가진 것만 본다는 것이 관찰의 이론 의존성과 연결되는 부분이다. 동영상을 다시 되돌려 보여 준 다음에 또 묻는다. "커튼 색이 어떻게 바뀌었나요?"	
관찰의 중요성	과학적 발견에서 관찰은 매우 중요한 역할을 한다. 다른 사람이 관찰하지 못한 것을 처음으로 관찰한 것은 유명한 발견이나 발명으로 이어진다. 학생들에게 "자신이 제일 처음 관찰하거나 알아낸 과학 내용은 무엇인가?"를 질문하고 그것을 발표시킨다. 이 질문은 교수 본인에게 해 보아도 좋다. • 초등학교 때 개를 관찰하여 1쪽 보고서를 썼는데, 선생님께서 보고서를 보면서 한 곳에 밑줄을 그어 주셨다. 사람은 눈을 깜박일 때 위 눈꺼풀이 아래로 내려오는데, 그때 관찰한 개는 아래 눈꺼풀이 위로 올라온다. • 거미가 집을 짓는 순서는 참 오묘하다. 1시간 넘게 서서 관찰해 보았다. • 태양을 등지고 스프레이를 뿌려 만드는 무지개는 어떨 때는 2개가 보인다. 왼쪽 눈에 보이는 무지개와 오른쪽 눈에 보이는 무지개가 서로 분리되는 태양-물-눈의 각도를 찾을 수 있다.	
순환학습	순환학습에는 서술적 순환학습, 경험-귀추적 순환학습, 가설-연역적 순환학습의 3가지 모형이 있다. 이 3가지의 차이는 말로 설명해서는 좀처럼 구분하기 어렵다. 특히 경험-귀추적 순환학습과 가설-연역적 순환학습은 많이 비슷하다. 학생들을 2인 1조로 구성하여 세 가지 순환학습의 사례를 찾아 수업의 단계를 간략히 적어 보도록 한다. 시간이 없으면 각 조에서 3가지 순환학습 중 하나의 모형에 대해 수업 사례를 찾도록 한다. 화학 분야에서는 서술적 순환학습과 가설-연역적 순환학습은 찾기가 쉽지만, 경험-귀추적 순환학습은 찾기 어렵다. 지구과학 분야에서는 아마도 경험-귀추적 순환학습을 찾기 쉬울 것이다.	

독후감 과제	과학교육론 강의에서는 교육에 대해 생각하게 하기 위해 독후감 작성 과제를 제시한다. 아래는 도서 목록이며, 약 두 달간의 기한을 준다. 분량은 A4 2쪽. 내가 교사가 돼도 되나? / 발칙하고 통쾌한 교사 비판서 / 핀란드 교실 혁명 / 학교를 칭찬하라 / 교사는 수업으로 성장한다 / 선생하기 싫은 날 / 무엇이 수업에 몰입하게 하는가 / 가르칠 수 있는 용기 / 교사도 학교가 두렵다 / 핀란드 교육의 성공	
볼만한 동영상	예비(과학) 교사로서 한 번 볼만한 동영상을 정리해 본다. Last lecture: 암에 걸린 대학교수가 정말로 마지막으로 한 강의 EBS 왜 우리는 대학에 가는가, 5부 말문을 틔워라: 질문의 중요성을 강조하는 영상	

기후위기 과학특강:

“도와줘요, 기후 박사!”

기후위기 과학특강 :

“도와줘요, 기후 박사!”

사람들이 가장 많이 묻는 17가지 질문

김해동 지음

한티재

차례

기후위기 앞에서

인간과 기후는 끊임없이 영향을 주고 받는다. 기후는 인간의 삶을 바꾸었고, 인간의 삶은 기후를 변화시켜 왔다. 인간이 지구상에 태어난 이래로 기후는 언제나 거칠었다. 소빙하기(Little Ice Age)처럼 인간의 멸종을 가져올 수도 있을 만큼 험악한 기후가 지구상 이곳저곳에서 끊이지 않았다. 최근 기후변화(climate change)의 여파로 기후재난이 많이 발생하여 인간의 삶을 위협한다고 하지만, 인류 역사상 기후가 인간의 삶을 위협하지 않은 적은 없었다.

인간 삶에 위협이었던 기후는 언제나 사람들이 극복해야 할 대상이었다. 그 극복의 과정이 농업의 시작과 산업화로 이어진 인류 문명의 역사이다. 고대문명의 발상지는 비교적 온난한 기후대와 일치하였다. 기후에 힘입었던 것이다. 때로는 건조하고 추운 지역에서도 세력이 융성해진 집단이 나타나 세계를 제패하는 역사가 나타나기도 하였다. 그들은 기후와의 투쟁을 통해서 단련된 집단이었는데, 그들의 세력이 강성했던 시기는 대체로 그곳의 기후가 상대적으로 온후했던 기간과 겹친다.

인간은 기후를 변화시키기도 한다. 인간의 꿈은 멈출 줄을 모른다. 미지의 대상을 알고 싶어 하는 호기심도, 부족한 바를 채우려는 욕구도 멈추지 않는다. 이러한 욕구는 자연까지도 마음대로 조절하고 싶어 한다. 이런 마음이 비닐하우스를 만들어 겨울에도 채소와 과일을 재배하고 메마른 땅에 관개시설을 하여 농사를 지을 수 있게 만들었다. 요즘엔 인공강우 실험을 하고, 거대한 영역에 걸쳐서 토지 피복(Land Cover)을 개조하여 기후대 자체를 변화시키려 하기도 한다. 또한, 산업 활동으로 인구밀도가 높아지면서 도시 고온화를 발생시켰고, 인간 활동에 필요한 에너지를 화석연료로부터 얻는 과정에서 대기 중의 탄소 농도를 높여 기후변화를 유발하기도 하였다.

보다 윤택한 삶을 살아갈 수 있는 문명을 창조하는 과정은 의도하였든 그렇지 않았든 간에 기후를 바꾸는 행위로 이어졌다. 오늘날 전 세계가 주목하고 있는 기후위기의 문제는 비의도적으로(inadvertent) 인간이 기후를 바꾼 대표적인 사례에 해당한다. 지구온난화(Global Warming)로 유발된 지금의 기후위기는 현대 문명을 이루어 내는 과정에서 일어난 필연적인 결과였다.

따라서 기후위기 극복 대책은 지금의 문명을 떠받치고 있는 에너지와 삶의 방식을 전부 바꿀 수 있는 방법이어야 한다.

2020년 8월부터 12월까지, 기후변화 문제와 그것의 영향, 그리고 대응 대책에 관하여 『오마이뉴스』에 13회에 걸쳐 글을 실었다. 2021년 3월에는, 일반 시민들의 이해와 실천을 돕기 위해 '도와줘요 기후위기 박사'라는 제목으로 서울환경운동연합과 교육용 영상을 제작하였다. 그 작업을 위해 시민들 대상으로 기후변화에 관한 질문을 공모하였다. 꽤 많은 질문이 모였는데, 그것을 열일곱 개 범주로 묶어서 정리하고, 답을 하였다.

이렇게 과학자로서 내가 글과 말을 통해 전하려 한 메시지는 바로 기후변화의 원인과 그것을 극복하기 위한 근본 대책에 관한 것이었다. 그리고 그렇게 시민들과 직접 소통하는 과정을 바탕으로 이 책을 쓸 수 있었다. 말하자면 이 책은 실제 독자들과 함께, 묻고 답하는 강의 현장에서 함께 쓴 책이라고 할 수 있겠다.

이 책에서 다룬 내용을 소개하면 다음과 같다. 지구 역사 속에서 지금의 기후와 자연 생태계가 차지하고 있는 위치부터 이야기를 시작한다. 기후위기를 말하는 지금, 아직도 우리에게 기후위기를 되돌릴 시간이 있는 것인지, 우리에게 다가올 기후위기는 어떤 모습이며 거기에 어떻게 적응해야 하는지를 이야기했다. 최근 북극과 남극의 온난화가 큰 화제가 되고 있다. 극지방의 고온화는 급작스러운 기후 재앙을 만드는 도화선이 될 수 있다. 이 문제가 2020년 여름철 우리나라에 나타났던 최장 장마 기간과 물 폭탄, 2021년 여름 전 세계적으로 충격을 준 북아메리카 서부 지역의 대형 폭염 사건을 만들었다. 앞으로 또 어떤 놀라운 극한 기후가 현실로 다가올지 두려울 따름이다. 책의 마지막 부분에서는 기후위기 대응의 최종 수단이라고 일컬어지는 기후조절, 기후공학의 문제도 다루었다. 인류가 기후 비상행동에 실패한다면 기후공학 기술에 기대려 할 것이다. 그것이 내포하고 있는 가공할 위험은 무엇일지 소개하였다.

기후위기가 인간에게 전하는 메시지는 무엇일까? 탄소 중심의 삶을 벗어나라는 것, 자연과 공생해야 한다는 것, 그리고 양극화된 불평등한 현실을 극복하고 모든 계층의 사람들이 더불어 사는 새로운 삶의 양식으로 전환하라는 것이라고 생각한다. 이 길은 멀고도 험난할 것이다. 그 길을 묵묵히 끝까지 가려면 우선 기후위기 문제의 본질을 잘 이해하여야 한다. 이 책의 독자들과 함께, 용기를 잃지 않고, 언제나 과학에서 지혜를 구하며, 그 길을 함께 헤쳐 나가고 싶다.

2021년 10월

김해동

1 CLIMATE CRISIS

기후위기 공부, 먼저 알아야 할 것들은 무엇인가요?

온실가스의 역할

지구의 반지름이 약 6,400킬로미터인 것에 비하여, 지구 대기는 지상에서 100킬로미터 내외밖에 안 된다. 지구 대기의 공기 밀도는 지상에서 하늘로 올라갈수록 기하급수적으로 빠르게 감소한다. 공기의 80% 정도는 지상에서 10킬로미터 이내(대류권)에 존재한다. 구름이 만들어지고 비가 내리는 고도는 태풍이나 토네이도와 같은 특별한 경우가 아니면 대체로 지상 3킬로미터 이내이다.

인간 활동에 실제로 영향을 미치는 대기의 두께는 이처럼 극히 얇다. 비행기를 타고 하늘을 날아가는 짧은 순간들을 제외하곤 사람들은 땅 위에서 살아간다. 그래서 인간을 지구 대기의 벤토스(심해저 바닥 생물) 같은 존재라고 부르기도 한다.

대기는 지구를 아주 얇게 감싸고 있는 셈이고, 이 얇은 공기

층이 지구에서 생명체가 살아가기에 적절한 조건이 되도록 지구 온도를 조절하고 있다. 대기층은 태양복사에너지를 흡수하여 가열되고 적외선 복사에너지를 우주로 방출함으로써 냉각된다. 지구 대기는 태양복사에너지를 흡수하는 양과 적외선 복사에너지를 방출하는 양이 균형을 이루기 때문에 연평균 온도는 거의 같은 상태를 유지한다.

지구 대기에는 아주 많은 종류의 기체가 존재하지만, 대부분은 질소 분자(약 78%)와 산소 분자(약 21%), 그리고 아르곤(약 0.9%)이다. 그런데 이들 기체들은 태양복사에너지를 흡수하지도 않고 적외선 복사에너지를 방출하지도 않는다. 이들을 제외한 0.1% 내외의 아주 미량의 기체들만이 복사에너지의 흡수와 방출에 관여하여 지구 온도를 일정하게 유지시키는 데에 기여한다. 이 미량의 기체들을 '온실가스'라고 부른다. 이들 기체를 '온실(효과)가스'(Greenhouse effect gas, GHG)라고 부르는 이유는, 이들의 역할이 식물을 기르는 온실과 닮아 있기 때문이다.

온실은 유리나 비닐로 덮여 있는데, 태양빛은 그 막을 통과하여 온실 내부로 들어간다. 그 빛이 온실 내부의 토양에 흡수되어 열로 바뀌고 그 열이 공기를 데운다. 온실 내부의 토양과 공기도 자신의 온도에 걸맞은 복사에너지를 방출하지만, 적외선으로 방출되는 그 복사에너지는 막을 통과하지 못한다. 유리나 비닐은 파장이 짧은 태양복사에너지는 투과시키지만 파장이 긴 적외선은 투과시키지 않기 때문이다. 그 결과 온실 내부의 온도가 외부보다 높아져서 채소 등 식물의 생육에 유리한 열 환경이 조성된다.

지구 대기에서도 대기 중 온실가스가 파장이 짧은 태양복사에너지는 지표로 투과시키지만, 지표가 방출하는 파장이 긴 적외선은 흡수하여 지표로 다시 방출하고 일부만 우주로 방출한다. 결과적으로 온실가스가 온실의 비닐이나 유리 막의 역할을 해서 지구 대기가 온실 내부와 비슷해지는 현상이 발생한다.

그런데 온실가스에 의한 온실효과는 엄밀하게는 비닐하우스의 역할과는 다르다. 비닐하우스는 하우스 안의 토양에서 방출되는 장파복사(적외선)에너지를 투과시키지 않고 다시 바닥으로 반사하여 바닥에서 장파복사에너지가 열에너지로 변하도록 한다. 즉 비닐하우스는 하우스 안에서 외부로 장파복사에너지가 나가지 못하도록 차단한다.

반면에 지구 대기에 존재한 온실가스는 지표에서 우주로 나가는 장파복사에너지를 흡수한 후에 절반 정도는 지표 방향으로 그리고 나머지는 우주로 방출한다. 이러한 과정이 반복된다. 결과적으로, 대기 중에 온실가스가 증가하여도 지표에 도달하는 태양복사에너지의 양과 대기를 뚫고 우주로 나가는 (장파)복사에너지의 양에는 변화가 발생하지 않는다. 다만 온실가스와 지표 사이에서 장파복사에너지의 흡수와 방출이 반복되므로, 대기 층 안에 장파복사에너지의 양이 증가하여 지구 온도가 상승하는 것이다.

지구 대기에 존재하는 주요 온실가스로는 수증기, 이산화탄소, 메탄, 오존, 아산화질소 등을 들 수 있다. 지구 대기에서 가장 큰 온실효과를 발휘하는 기체는 이산화탄소가 아니라 수증기이다. 하지만 수증기와 오존은 자연에서 발생되므로 기후변화 억제를 위해서 감축해야 할 온실가스로 언급되지 않는다.

지구 대기에 온실가스가 없다면 지구의 평균기온은 −18℃가 될 것으로 추정된다. 그런데 실제 지구 평균기온은 15℃ 내외이므로, 오늘날 지구 대기에 포함된 온실가스가 발휘하고 있는 온난화 효과는 33℃나 된다. 온난화 효과 덕분에 자연의 동식물과 인간이 살아갈 수 있는 셈이다. 이렇게 보면 지구 대기의 온실가스는 지구 생명체를 지켜 주는 중요한 물질이다. 그러나 소중한 온실가스도 그 양이 지나치게 많아지면 지구 온도를 너무 많이 높여서 오히려 지구 생명체에 위협으로 작용하게 된다.

오늘날 대기에 적체되어 있는 온실가스는 적정 양을 많이 초과하고 있는데, 그것이 기후위기의 본질이다. 아무리 고귀한 것이라도 과함은 부족함만 못한 법이다. 자식을 향한 부모의 애틋한 마음조차도 그러하지 않은가.

북극권의 기온 상승

기후변화로 인한 극심한 이상기상이 자주 나타나서 인간의 삶을 위협하고 있다. 이상기상을 설명할 때에 자주 등장하는 이야기가 북극권의 기온 상승, 또는 그것과 관계되는 북극권 빙하 면적의 변화이다.

북극권은 어디를 말하는 것일까? 언론에서 자주 듣는 '북극권'은 북극점을 중심으로 하여 그 주변 지역을 가리키는 것으로 생각하면 된다. 하지만 북극권에 대한 엄밀한 정의는 없다. 학계에서 일반적으로 받아들이고 있는 북극권의 범위는, 여름철 낮에 태양이 지지 않는 '백야' 현상이 발생하는 북위 66.33도보다 북쪽 지역이다.

편의상 북극해와 그 주변을 막연하게 북극권이라 부르기도 하고, 7월 평균기온이 10℃ 이하가 되는 북쪽 영역을 북극권이라고 부르기도 한다. 이렇게 기온으로 정의하는 근거는 수목이 분포할 수 있는 한계온도가 이 정도이기 때문이다. (북극권은 쾨펜의 기후구분에서 기온이 낮아서 수목이 자라지 않는 무수목 지역에 해당한다.)

북극권의 대부분은 북극해가 차지하고 있고, 약간의 육지는 여러 나라들의 영토로 나뉘어 있다. 북극권에 영토를 소유한 나라는 캐나다, 러시아, 덴마크(그린란드), 미국, 핀란드, 아이슬 북극권. 붉은 점선으로 표시된 곳이 북위 66.33도이다.

란드, 노르웨이, 스웨덴 등 8개국이다.

북극권은 기후변화의 영향이 더욱 민감하게 나타나는 곳이다. 2019년에 국립기상과학원이 발간한 「전지구 기후변화 전망보고서」에 의하면, 21세기 중반 이후가 되면 북극권의 여름철 빙하는 온실가스 감축 노력과 무관하게 사라지는 것으로 전망되었다. 북극권의 온난화는 그곳 공기의 세력(북극권의 공기는 기온이 낮을수록 세력이 강함)을 약화시킨다. 그래서 어떤 경도대에서는 남쪽의 따뜻한 공기가 쉽게 북극권까지 북상하여 고온현상을 만든다. 따뜻한 공기에 밀려난 북극권의 저온 공기는 다른 경도대에서 과거와 견줄 수 없을 만큼 남쪽(저위도)으로 내려와서 저온현상을 발생시키기도 한다.

북극권의 찬 공기가 남쪽으로 내려와서 발생한 겨울 한파로, 2021년 1월에 나타난 우리나라의 32년 만의 한파와, 같은 해 2월에 미국 텍사스 주에서 발생한 이상 한파를 들 수 있다. 여름철에 북극 공기가 남쪽으로 내려와서 발생한 이상기후로는 2020년 우리나라에서 발생한 최장 여름 장마를 들 수 있다.

또 남쪽의 따뜻한 공기가 북극권으로 올라가서 발생한 이상고온현상으로 2020년 초부터 지속된 시베리아 열파가 있다. 2021년 6월에 북아메리카 서부 지역에 초고온현상(약 50℃)이 발생하여 720여 명의 사망자를 낸 것도 같은 원인으로 설명할 수 있다. 앞으로 북극권 고온화가 진행될수록 이러한 이상기후는 더욱 기승을 부릴 것이다.

그런데 과거에 북극권의 육지는 온난한 대지로 식물이 풍부하게 자라던 시기도 있었다. 화석을 조사해 보면 1억 년 전에는 공룡이 서식하기도 하였다. 이런 사실을 고려한다면 북극권의 기온이 상승하고 빙하가 녹는 것 자체는 자연적으로도 발생할 수 있는 현상이다. 그럼에도 지금 우리가 북극권의 기온 상승을 걱정하는 이유는, 그 원인이 인위적 온실가스 배출에 있으며 북극권의 열 환경 변화가 너무 빠르고, 그것이 중·저위도의 이상기후 발생에 미치는 영향이 크다는 사실에 있다.

'지속가능한 발전'이란

산업화로 인한 자원 고갈과 환경 파괴가 한계를 드러내기 시작한 20세기 후반에 접어들면서 전 세계의 양식 있는 지식인들은 다음 세대의 삶을 걱정하기 시작하였다. 대표적인 사례로, 1973년에 「성장의 한계」라는 보고서를 발간한 로마클럽(The Club of Rome), 1980년에 「전 세계의 자연과 천연자원의 보전 전략」이라는 보고서를 공동 작성한 유엔환경계획(UN Environment Programme, UNEP), 국제자연보전연맹(International Union for Conservation of Nature, IUCN), 세계자연기금(World Wide Fund For Nature, WWF)에 관여한 이들을 생각할 수 있다. 이들은 공통적으로, 유한한 지구 자원의 고갈과 환경오염의 심각성을 제기하고 이를 방지하기 위한 대응책을 제시하였다. 또한 자연환경과 천연자원의 보전 대책을 마련하지 않으면 자연의 일부분인 인류의 미래는 없을 것이라고 경고하였다. 이들 보고서는 1990년대에 공식적으로 받아들이게 되는 '지속가능한 발전'(Sustainable Development)과 '생물종 다양성'이라는 용어와 개념을 이미 소개하고 있었다.

이러한 정신이 1987년에 발표된 UN 산하의 '환경과 개발에 관한 세계위원회'(WCED) 공식 보고서 「우리 공동의 미래」(Our Common Future)에 계승되었다. 당시 위원장을 맡고 있던 노르웨이 브룬트란트 수상의 이름을 따 '브룬트란트 보고서'(Brundtland Report)라고도 불리는 이 보고서에서는 '지속가능한 발전'을 "미래 세대가 누려야 할 몫을 훼손하지 않는 한도 내에서 현 세대의 필요를 충족시키는 발전"이라고 정의하였다. 21세기 인류의 미래에 대한 해법으로서 '지속가능한 발전'이라는 개념을 제시한 이 보고서를 계기로 '지속가능발전' 개념은 전 세계적으로 더욱 광범위하게 논의되기 시작한다.

1991년에는 UNEP, IUCN, WWF에서 「지구를 아끼기: 지속가능한 삶을 위한 전략」(Caring for the Earth: A strategy for sustainable living)

이라는 보고서를 냈다. 이 보고서에서는 '지속가능한 발전'을 "생태계의 수용 능력 안에서의 인간 삶의 질 개선"이라고 정의했다. 여기서 다룬 핵심 문제는, 이대로 인류의 생존을 걸 것인가, 아니면 지속가능한 생활양식을 택할 것인가를 결정해야 한다는 것이다. 이 보고서는 세 가지 관점에서 인류에게 바람직한 미래의 생활양식을 제시한다. 첫째, 우리는 다음 세대가 지구상에 살아남는 것뿐만 아니라 만족스러운 생활을 유지할 수 있기를 바란다. 이를 위해서는 우리가 오늘날 누리고 있는 풍요와 편리함을 우선하는 생활 방식과는 다른 삶의 방식을 선택해야만 한다. 두 번째, 인류의 삶은 지구 자원에 의존하고 있다. 그 자원을 지키지 않으면 지속적인 생존은 불가능하다. 셋째, 우리에겐 아직 희망이 남아 있다. 개발의 이익을 공평하게 분배하고, 지구환경을 소중히 여겨 잘 보전하고, 지속가능한 생활양식을 몸에 익히면 지구환경의 위기로부터 벗어날 수 있다.

이러한 노력의 결과물이 1992년 브라질의 리우데자네이로에서 개최되었던 유엔환경개발회의(UNCED)에서 채택한 '지속가능한 발전'의 원칙이다. 이 '리우선언'(Rio earth charter)에는 차세대에게 부담을 주는 개발의 불가, 인간으로서의 존엄성을 지킬 수 있도록 하는 삶의 질 향상 노력, 사회적 부의 균등 분배와 정치 참여의 기회를 확대하는 사회 통합, 국가의 경계를 넘어 인류의 평화로운 공존과 협력의 의무를 다하여야 한다는 지구촌 구성원으로서의 의무를 담고 있다. 이것은 오늘의 경제적·정치적 주도 세력인 기성세대가 차세대에게 약속하는 최소한의 배려라고 할 수 있다. 리우선언의 '지속가능한 발전' 원칙을 실현하기 위한 인류의 행동 강령으로 채택된 것이 '의제 21'(Agenda 21)인데, 지구환경을 보전하기 위한 실천 지침이라고 할 수 있다.

우리나라의 기성세대도 이러한 세계적 흐름을 더 이상 외면해서는 안 될 것이다. 당대의 더 많은 경제적 이득을 생각하기 전에 다음 세대의 삶을 우선적으로 배려할 수 있는 성숙한 어른이 되어야 하겠다. 만약 기성세대가 자발적으로 이를 실천하지 않으면 청년 세대는 모든 수단을 강구해서라도 기성세대에게 자신들의 미래를 해치지 않도록 요구할 권리가 있다. 최근 전 세계적으로 조직화하고 있는 청소년들의 기후행동은 기성세대들에게 기후 문제 해결을 위한 책임 있는 행동을 요구하고 있다. 이들의 과감한 말과 행동은 정당하고 바람직하다고 생각한다. 기후변화의 문제도 지구 생태계의 지속가능성을 묻는 중요한 문제 중의 하나이기 때문이다.

IPCC

IPCC는, 1992년 리우데자네이로에서 개최된 유엔환경개발회의에서 '유엔 기후변화협약'(UNFCCC)이 체결되기 이전에 설립된 유엔 산하의 '기후변화에 관한 정부 간 협의체'(Intergovernmental Panel on Climate Change)이다. 1988년에 유엔 산하기관인 WMO(세계기상기구)와 UNEP(유엔환경계획)는 인간이 배출하는 온실가스가 지구온난화를 유발할 위험성이 있다고 판단하고, 그것을 과학적으로 평가해 보자는 목적으로 IPCC를 창설했다.

IPCC의 역할은, 인위적으로 배출되는 온실가스의 배출량이 증가하면서 발생하는 지구온난화의 위험(risk)과 사회경제적 영향을 평가하는 것이다. 여기에 WMO와 UNEP 가맹국들이 다양한 형태로 참여할 수 있다. 그런데 IPCC는 자체적으로 연구를 한다든가 기상자료를 수집하는 일은 하지 않는다. IPCC의 작업 그룹(working group)에 초대 받은 각국의 연구자들이 수행하는 평가는 전 세계 주요 과학 잡지에 발표된 연구 성과(논문, 보고서)를 바탕으로 한다.

IPCC 사무국은 스위스 제네바에 소재한 WMO와 같은 공간에 있으며, 일 년에 한 번씩 가맹국 정부 대표들이 참가하는 총회(기후변화협약 당사국총회, COP)를 열어 향후 활동 방침 등을 협의한다. 또 수년(대체로 5년에 1회)에 한 번씩 평가 보고서(Assessment Report, AR)를 발행하는데, 2021년에 6차 보고서가 승인되었다. IPCC는 가맹국의 대표들이 작업 그룹에 참여하여 협의하고 합의하는 형태로 평가 보고서를 발간하는 독특한 체제이기 때문에 설립 초기부터 그 정체성에 대해 과학적 조직이냐, 정치적 조직이냐 하는 논쟁이 이어지고 있다.

IPCC의 평가 보고서는 전체 요약으로 정리되고, 다시 정책 결정자들을 위한 요약으로 주요한 결론이 재정리되는 방식을 취한다. 즉 정책 결정자용 요약(특별보고서)이 국제 교섭의 장이나 전 세계의 여론에 대단히 큰 영향력을 갖는다. 그래서 요약을 만드는 작업 회의에서 외교관과 로비스트 및 비정부단체 등의 출석자들이 보고서에 담길 문구의 세세한 부분까지 어떻게 표현할 것인가를 두고 정치적 논의를 거친다. 결국 타협의 산물로 출간된다. 그래서 여기에 참여하는 과학자들로부터 과학자의 의견이 제대로 전달되고 있는지 의문이라는 비판의 목소리가 끊이지 않는다(Adachi, Y., Matsno, Y., Daigo, I., Takiguchi, H., 2004, 환경시스템공학, 東京大學出版, 23-25pp).

2018년 10월, 우리나라 인천 송도에서 개최된 IPCC 제48차 총회. 산업화 이전에 비해 지구 평균기온의 상승을 이번 세기 말까지 1.5℃ 이내로 억제해야 한다는 「지구온난화 1.5℃ 특별보고서」가 채택되었다. (사진 IISD / ENB)

Q 탄소를 가장 많이 배출하는 상위 10개 국가는 어느 나라이고, 그 비중은 얼마나 될까? 지구온난화에 책임이 가장 큰 사람들은 누구일까?

A 전 세계에서 탄소를 가장 많이 배출하는 상위 10개국과 그들이 배출하는 양은 오른쪽 그림과 같다. 특히 상위 5개국(중국, 미국, 인도, 러시아, 일본)의 배출량 비중이 전 세계 배출량의 약 70%를 차지한다. 우리나라의 탄소 배출량은 9위이며, 우리나라 국민의 연간 1인당 배출량은 약 11.8톤으로 세계 18위, 세계 평균의 2.5배이다.

탄소 배출에 대한 책임을 제대로 평가하기 위해서는 해당 국가가 배출하는 총량보다 소비 성향(실제 소비를 통한 탄소 배출 책임량)을 기준으로 평가해야 한다는 목소리가 높다. 탄소 배출량을 국가별 소비 성향 기준으로 바꾼다면 소득이 높은 선진국들의 책임은 더욱 높게 평가된다. 세계에서 소득 상위 1% 이내에 속하는 사람들은 일 년에 약 74톤의 탄소를 배출하지만, 소득 하위 50%에 속하는 사람들은 일 년에 0.7톤에 미치지 못하는 탄소를 배출하고 있는 실정이다(UNEP, 2020). 기후위기 대응을 위한 탄소 배출량 감축은 소득이 높은 사람들이 소비를 절제하는 것에서 시작하여야 한다는 당위성을 말할 수 있다.

지구환경 위기는 부유한 사람들의 과도한 소비에서 유발되었고, 그 피해는 가난한 사람들에게 집중 발생한다. 부유한 사람들과 부유한 국가들이 기후위기에 더 큰 책임이 있다.

국가별 탄소 배출량 순위 (2019년 기준)

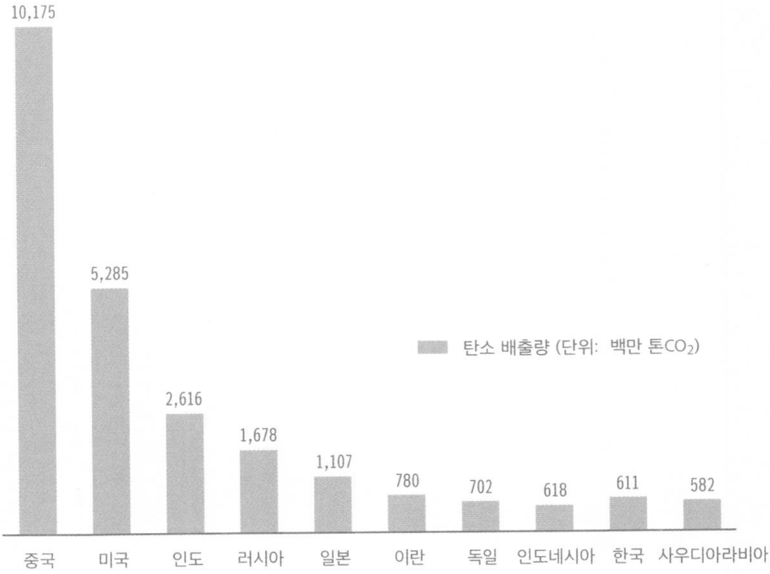

Friedlingstein, P. et al. (2020). Global Carbon Budget 2020. Earth System Science Data, 12(4), 3269-3340.

2 CLIMATE CRISIS

지구의 기후를 변화시키는 요인은 무엇인가요?

기후를 변화시키는 천문학적 요인

기후를 특징짓는 가장 중요한 두 요소는 기온과 습도(강수량)이다. 이들 두 요소는 45억 년 전에 지구가 탄생한 이후 오늘에 이르기까지 지구상 어느 지점에서도 똑같은 상태가 나타난 적이 한 번도 없었다. 즉, 기후의 본성은 주기적으로 똑같은 상태가 반복해서 나타나는 것이 아니라 항상 다른 상태로 변해 간다는 것이다. 이를 두고서 지구 기후는 안정한 상태 속에서 항상 변해 가는 특성을 가진 시스템이라고 말한다. 또한 지구상에서 똑같은 기온과 습도를 보이는 지역도 존재하지 않는다. 이렇게 기후는 시간과 장소에 따라 언제나 다른 모습을 보인다. 그래서 지구 기후의 가장 큰 두 가지 특징은 '시간에 따른 변화'와 '장소에 따른 다양성'이라고 말할 수 있다. 그럼 지구의 기후는 어떻게 항상 변하고 모든 장소에서 다양해질까?

기온이 시간과 장소에 따라서 항상 변하는 원인은 (1) 지구가 자전한다는 사실, (2) 지구가 일 년에 한 번씩 태양 주변을 공전하는 공전 면의 수직축에 대해서 기울어져 있다는 사실, (3) 지구가 구형이라는 천문학적 사실에 있다.

지구는 자전축을 중심으로 하루에 한 바퀴씩 회전한다. 그 결과 구형인 지구의 지표면은 태양빛을 교대로 받게 된다. 그래서 하루의 반은 낮이 되고 남은 반은 밤이 되며, 낮 동안에도 시시각각 지표에 도달하는 태양빛의 양이 변한다. 그에 따라서 기온이 달라진다. 태양빛과 지표면이 이루는 각도가 수직에 가까울수록 지표면에 도달하는 태양빛의 양이 많아진다. 또한 설령 지표면에 도달하는 태양빛의 양이 같더라도 토양의 종류와 상태(토양수분 등)에 따라서 실제로 토양에 흡수되는 에너지의 양은 달라진다.

태양이 지표면을 수직으로 비출 수 있는 위치는 봄과 가을에는 적도 주변, 여름에는 북반구, 겨울에는 남반구 지역이다. 이것이 계절이 생기는 이유이다. 지구상 모든 지점에서 연중 지표면에 도달하는 태양빛의 양은 항상 변하게 되어, 지구상의 모든 지역에서 정도의 차이가 있을 뿐 계절이 발생한다. 만약 자전축이 기울어져 있지 않다면 태양이 적도면만 수직으로 비추게 되어, 태양빛이 각 위도의 지표면에 도달하는 양은 연중 변화가 없어진다. 그렇게 되면 계절의 변화가 나타나지 않는다.

대기가 태양빛에 미치는 영향이 다르지 않다고 가정한다면, 지구상 어떤 지점에서건 태양빛에 수직이 되도록 판을 세워 두면 그 판에 도달하는 태양빛의 양은 위도에 관계없이 지구의 모든 지점에서 거의 같겠지만, 그럼에도 실제 지표면에 도달하는 태양에너지의 양은 위도에 따라서 많이 달라진다. 그 이유는 지구가 구형이어서 위도에 따라서 태양빛과 지표면이 이루는 각도가 다르기 때문이다.

지표면에 도달하는 태양빛의 양은 저위도에 많고 고위도일수록 줄어든다. 그래서 대략 위도 38도를 경계로 저위도에는 에너지 과잉, 고위도엔 에너지 부족이 발생한다. 그 상태가 이어진다면 저위도는 점차 더욱 고온으로, 고위도는 더욱 저온의 기후로 변해 갈 것이다. 이런 상태를 해소해 주는 것이 대기와 해양의 순환이다.

대기와 해양이 지구를 일주하면서 저위도의 과잉 열을 고위도로 수송하여 지구의 모든 지점에서 일정한 상태의 기온이 유지된다. 지구가 둥글어서 애당초 위도에 따른 에너지 불균형이 발생할 수밖에 없지만, 그 불균형 덕분에 대기와 해양의 대순환이 발생하여 공기와 해수의 흐름과 혼합이 가능해졌다. 대기와 해양의 대순환만으로 에너지 불균형이 충분히 해소되지 못하면 태풍이 발생하여 그 부족분을 메우기도 한다. 저위도 지역의 해수 온도가 높은 해일수록 태풍이 많이 발생하며 더욱 강한 태풍이 된다.

지구의 기온이 항상 변하는 이유는 이것이 전부가 아니다. 지구의 공전 면과 자전축이 이루는 각도는 현재 23.5도인 상태에 있지만, 이 각도는 긴 시간을 두고서 22.1도에서 24.5도 사이를 주기적으로 변한다. 그 주기가 일정하지는 않지만 대체로 4만 1천 년이다. 지금으로부터 1만 년 전에 이 경사각이 가장 컸고, 지금은 경사각이 거의 중간쯤에 있는데 점차 작아져 가고 있는 시기이다. 이 각도가 작아질수록 계절에 따른 기후변화도 작아질 것이다. 온실가스 증가에 따른 지구의 기온 상승도 여름보다 겨울에 더 높아지고 있어서 계절 간 기온 차이가 줄어들고 있는데, 천문학적 요인도 계절에 따른 기온 차이를 줄이는 시기에 있다.

지구가 태양을 공전할 때에 태양과 지구 간의 거리도 일정하지가 않다. 공전궤도가 원이 아니라 타원인데, 타원궤도의 이심률이 10만 년 정도의 주기로 최소 1%에서 최대 11%까지 변한다. 이 이심률도 지금은 줄어들고 있는 시기인데 앞으로 3만 5천 년 정도 이어질 것이라고 한다. 이심률이 작아질수록 계절에 따른 태양복사에너지 유입 변화량이 감소한다.

또 자전축 자체가 약 2만 6천 년 주기로 팽이처럼 선회를 한다. 이 결과로 지금은 북반구에서 자전축이 북극성을 가리키고 있지만, 1만 3천 5백 년이 지나면 자전축이 직녀성을 가리키게 된다. 그때가 되면 북반구의 여름은 지금과 반대로 태양과 지구 간의 거리가 가장 짧은 시기에 여름이 되기 때문에 더 더워지고, 겨울은 태양과 지구 간의 거리가 가장 먼 시기가 되므로 더 추워지게 된다. 반면에 남반구는 북반구와 반대로 여름에 태양과 지구 사이의 거리가 가장 멀어지고 겨울에 가장 가까워져서 계절에 따른 기후변화 특성이 약해지게 된다.

이 세 가지 천문학적 요인의 주기적 변동을 '밀란코비치 순환'이라고 부른다. 20세기 초에 이를 예견한 천문학자의 이름

기후변화에 영향을 미치는 세 가지 천문학적 요인(밀란코비치 순환)

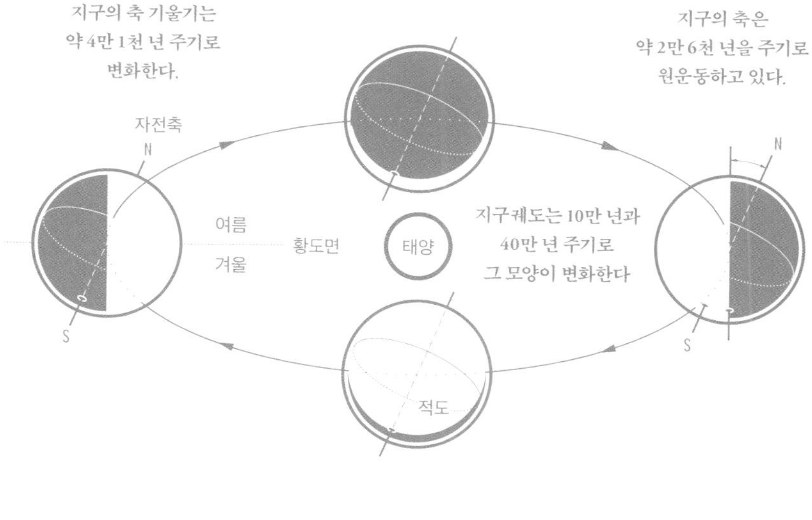

을 따서 그렇게 부르고 있다. 여기에 약 11년 주기로 태양 활동이 강약을 되풀이하기(태양흑점주기) 때문에 지구에 도달하는 태양에너지 양도 변하게 된다.

기후변화의 속도

이런 천문학적 요인으로 지구 온도가 변하면 식물의 광합성도 변하고 물에 녹아들 수 있는 온실가스의 용존 농도도 변하게 된다. 그래서 대기 온실가스에도 변화가 생긴다. 또 기온의 변화는 지표 증발량을 바꾸고 강수량과 강수 패턴도 변화시킨다. 이런 복잡한 기후변화 인자들이 끊임없이 작용하기에 지구의 기후는 장래에도 똑같은 상태가 되풀이되는 일은 발생하지 않을 것이다. 기후가 변한다는 것, 그것은 지구가 사라지는 날까지 멈추지 않을 것인데, 이것이 바로 기후의 본질이다.

얼핏 보면 기후는 일 년을 주기로 반복하는 것처럼 보이지만, 자세히 들여다보면 똑같은 상태를 결코 되풀이하지 않는다. 우리가 매일 함께하는 가족이나 친구도 항상 몸이 변하고 마음도 변해 간다. 일생을 살아가면서 겪게 되는 모든 상황들은 이렇듯 항상 변하기 때문에 딱 한 번만 만날 수 있는 소중한 인연의 연속이 된다. 그럼에도 그 상황들을 소중하게 받아들일 수 있으려면 그 변화가 충분히 느려서 우리가 적응해 갈 여유를 가질 수 있어야 한다. 지금 지구온난화로 인한 기후변화가 불편한 건 그 변화가 너무 빠르고 과격하여 우리가 감당하기 어렵다는 사실에 있다.

지구온난화가 진행되면 기후대도 고위도로 이동해 간다. 식물마다 생존에 적합한 기후대가 정해져 있기 때문에 기후대가 이동해 가면 식물도 서식지를 옮겨 가야(식생대의 기후 천이) 생존할 수 있다. 그런데 기후대의 이동 속도가 너무 빠르면 식물이 이를 쫓아가지 못하고 고사하게 된다. 식물이 죽어 버리면 그에 의존해서 살아가던 곤충과 동물들도 곤궁에 빠지고 절멸의 위험에 노출된다. 이런 이유로 멸종하는 종의 수가 일 년에 100만 종이 넘는다고 한다(UNEP, 2021). 식물이 종자를 퍼뜨려 식생지를 이동해 가는 속도는 일 년에 1킬로미터 이내라고 한다. 이를 만족하는 기후대의 이동이 되려면 지구온난화 속도가 10년에 0.05℃를 넘어서지 않아야 한다. 지금 지구온난화 속도는 그것의 두 배에 이른다. 일생에 한 번만 조우할 수 있는 운명 같은 사랑일지라도, 그것이 감당할 수 없는 질풍노도와 같은 것이라면 깊은 상처를 남길 뿐이지 않은가. 전 세계가 온실가스 배출량을 줄이는 노력을 '완화'(mitigation)라고 부르는데, 이것은 기후변화를 느리게 만들어 지구 생태계를 살리자는 말이다.

Q 유엔환경계획(UNEP)의 출범 계기와 역할은 무엇일까?

A 1972년 6월에 스웨덴 스톡홀름에서 전 세계 114개국이 참가한 '유엔인간환경회의'가 열렸다. '스톡홀름회의'라고도 불리는 이 회의에서는 기존의 급속한 경제성장 모델은 자원 고갈과 생태계 파괴를 초래하므로 지속가능하지 않다는 사실을 알렸다. 이 회의가 내세웠던 슬로건은 '하나뿐인 지구'(Only One Earth)였다.

유엔인간환경회의는 「인간환경선언」을 채택하였고, 이 선언에 기초하여 유엔환경계획을 설립하였다. 「인간환경선언」은 세계 모든 사람들에게 환경문제의 본질을 알리고, 그 해결을 위해서는 공통의 사상과 원칙이 필요하다는 것을 전제로 한다. 이 선언에 포함된 기본 원칙은 모두 26개로, 이 원칙들과 행동 계획에 명시된 권고 사항들은 법적 구속력은 없지만 환경법의 기본 골격과 방향을 제시한다는 점에서 중요한 의미가 있다. 「인간환경선언」은 환경이 인류의 복지, 기본적 인권, 생존권의 향유를 위해 꼭 필요한 것이며, 환경의 보호와 개선은 인류의 복지와 경제적 발전에 영향을 미치는 중요한 과제로서, 이를 추구하는 것이 인류의 지상 목표인 동시에 모든 정부의 역할이라는 점을 지적하고 있다.

이 선언의 가치를 구현해 가기 위한 유엔의 산하기관으로 '유엔환경계획'이 1973년 1월에 발족하였고, 본부는 케냐의 수도 나이로비에 있다. 유엔환경계획은 세계의 인구 변화 및 환경과 자원에 관한 영향을 분석하여, 지구환경문제에 대한 연례보고서를 작성한다. 이를 통하여 각국 정부가 환경문제에 꾸준한 관심을 가질 수 있도록 지원하는 역할을 담당하고 있다. 또한 이러한 활동 자료를 바탕으로 5년 주기로 지구환경문제 경향에 대한 종합보고서를 발간한다. '기후변화에 관한 정부 간 협의체'(IPCC)도 세계기상기구(WMO)와 유엔환경계획이 함께 설립한 기관이다.

케냐 나이로비에 있는 유엔환경계획 본부.

(사진 https://www.unep-wcmc.org/news/sustainable-solutions-to-global-challenges)

3 CLIMATE CRISIS

인류는 언제부터 지구온난화에 경각심을 갖게 되었나요?

지구온난화에 대한 인식의 변화

산업화 이후 급증해 가는 석탄의 사용이 지구온난화를 가져올 것이라고 지적한 최초의 과학자는 스웨덴의 스반테 아레니우스(Svante August Arrhenius, 1859~1927)였다. 그는 전기해리 이론으로 노벨화학상을 받았는데, 이것은 스웨덴 국적으로 최초로 수상한 노벨상이었다고 한다.

아레니우스는 과거의 빙하기를 연구하다가 지구온난화 이론을 체계화하였고, 이산화탄소 양이 감소할 때 빙하기가 도래한다는 내용의 논문을 1896년에 발표하였다. 그는 대기 중의 이산화탄소 양이 두 배가 되면 세계 평균기온이 약 5℃ 상승할 것이고, 반대로 이산화탄소 양이 절반으로 줄어들면 5℃ 하락할 것이라고 예측하였다. 오늘날 슈퍼컴퓨터를 동원하여 얻을 수 있는 결과도 이와 크게 다르지 않다.

그러나 아레니우스가 생각한, 대기 중 이산화탄소 농도 증가가 인간과 지구 생태계에 미칠 영향은 오늘날 우리들의 인식과는 완전히 달랐다. 그는 지구온난화가 두 가지 측면에서 좋은 일이라고 믿었다. 첫 번째는 향후 빙하기가 도래하는 것을 막을 수 있고, 두 번째는 작물 수확량을 증가시켜 배고픈 세계에 먹을 것을 제공할 수 있다고 믿은 것이다.

아레니우스의 연구는 획기적인 것이었지만, 당시에 아레니우스가 그러했듯이 지구온난화를 걱정하는 기상학자들은 찾아볼 수 없었다. 당시의 과학자들은 아레니우스처럼 1만 년 이전에 있었던 갑작스런 빙하시대(영거 드라이아스) 도래에 숨겨진 수수께끼를 푸는 일에 몰입해 있었다.

지구온난화가 장래에 인류에게 중대한 문제가 될 수 있다고 경고하고 나섰던 사람은 가이 스튜어트 캘린더(S. Callender)라는 영국의 증기기관 기술자였다. 아마추어 기상학자였던 캘린더는 혼자서 자료를 모으고 정리하여 1938년에 영국기상학회에서 논문을 발표하였다. 산업 활동의 결과로 이산화탄소가 증가하여 지구온난화가 진행되고 있다고 주장한 이 논문은 사람들의 주목을 끌었고, 지구온난화 연구가 본격적으로 시작되는 계기가 되었다. 과학자들은 이때부터 과거의 빙하시대만이 아니라 미래 문제에도 관심을 기울이게 되었다.

2차 세계대전 이후 급속한 산업화로 화석연료 사용이 폭증하면서 대기 중 이산화탄소 농도가 빠르게 증가했다. 1960년대 중반 이후 과학자들은 대기 중 이산화탄소 농도 증가가 지구환경에 위협이 될 수 있다고 인식하기 시작하였다. 대표적인 연구로 마나베와 스트릭클러를 들 수 있다.* 그들은 100년 정도 지나면 대기 중 이산화탄소 농도가 당시에 비하여 두 배로 증가하게 되며, 그 결과로 지구 온도는 2~6℃나 상승할 수 있다는 결론을 제시했다. 이 연구 결과는 일부 과학자들과 정책 책임자들에게는 이산화탄소 농도 증가가 심각한 지구환경 위기를 가져올 수 있다는 것을 깨닫게 해 주었다. 하지만 당시에는 1930년대 말부터 지구 온도가 계속 하강하여 소빙하기가 도래할 수 있다는 우려가 대세였다.

1930년대 말에서 1980년대 초까지 지구의 온도는 지속적으로 내려갔고, 기후학자들은 이구동성으로 소빙하기가 올 가능성이 있다고 지적하였다. 서점에는 이를 다룬 책들이 즐비하였다. 당시에는 오늘날 우리가 지구온난화를 걱정하고 있는 것과 마찬가지로 지구 저온화로 유발될 암담한 미래를 심각하게 걱정하였다. 이때의 저온현상에 대해서 당시 위스콘신 대학의 저명한 기후학자인 레이드 브리슨은, 인구가 증가하면서 가축의

* Manabe, S., Strickler, R., 1964, Thermal equilibrium of the atmosphere with a convective adjustment, *Journal of Atmospheric Science*, 21, 365-385pp

사육이 늘었고 이에 따라 흙이 노출되었으며, 이 흙이 바람에 실려 대기 중을 떠다니며 태양광선을 반사시켜 지표에 도달하는 일사량을 줄였기 때문이라고 설명하였다.*

대기 중 에어로졸 증가가 지구에 소빙하기를 가져오는 메커니즘을 제기한 과학자로 가장 유명한 사람은 구소련의 미하일 부디코이다. 가령 화산 폭발이나 소행성 충돌이 발생하면 많은 양의 에어로졸이 대기 상층으로 들어가게 된다. 그 에어로졸이 지표의 태양에너지 흡수를 방해하여 지표상의 기온을 낮춘다. 그 결과 대륙빙하가 확장된다. 일단 대륙빙하가 확장되면 빙하의 특성인 높은 반사율(알베도) 때문에 태양에너지가 지표면에 흡수되지 못하고 더욱 많이 반사되어 대륙빙하는 더욱 확장되어 간다(양의 상승작용 작동). 부디코는 이러한 과정으로 빙하기가 나타난다고 설명하였다.**

이런 주장이 나오자 사람들은 지구에 빙하기가 금방 다가올 것처럼 불안감을 느꼈다. 훗날 '기후 전사'라고 불릴 정도로 지구온난화 대책의 중요성을 설파하였던 스티븐 슈나이더(S. Schneider)도 그때는 빙하기 도래 주장에 동조하였다.

그런데 1980년대 초가 지나자 상황은 완전히 반전되어 지구

* Bryson, R.A., 1974, A perspective on climatic change, *Science*, 184, 753-760pp

** udyko, M. I., 1969, The effect of solar radiation variations on the climate of the earth, *Tellus*, 21, 611-619pp

의 평균기온이 빠르게 상승하였다. 여름철에 가뭄과 폭염 현상이 빈발하고 대형 산불이 이어졌다. 해수 온도도 덩달아 상승하여 태풍 활동이 현저히 강해졌다. 지역에 따라서는 여름철 저온과 겨울철 혹한이 더욱 혹독해지기도 하여 사람과 생태계가 위협받게 되었다. 사정이 이렇게 급변하자 기후학자들도 지구온난화로 인한 기후변화의 위험을 경고하고 대책을 촉구하는 쪽으로 입장을 선회하게 되었다.

훗날 슈나이더는 자신의 견해가 180도 바뀐 것에 대하여 과학적으로 논리를 정립해 가는 과정에서 흔히 있을 수 있는, 대수롭지 않은 일이라고 말했다. 과학자는 새로운 증거가 나타나면 자신의 견해를 곧바로 수정할 수 있어야 한다고 주장하기도 했다. 그는 지구온난화 주창자로 입장을 바꾼 후에 '기후 급변 이론'을 제기하면서 인류가 지구온난화 문제에 빨리 대응책을 찾아야 한다고 주장했다. 그가 주장한 '기후 급변 이론'은 오늘날에도 '기후변화 급변침(Tipping point) 이론'으로 널리 통용되고 있다. 이것은 지구의 기후가 일정한 방향으로 서서히 변해 가는 것이 아니라, 당겨진 고무줄을 갑자기 놓은 것처럼 어느 순간이 되면 전혀 예상하지 못했던 다른 방향으로 갑자기 변한다는 주장이다. 오랜 기간에 걸쳐 대기 조성 성분이 변해 감에 따라, 당겨지는 고무줄처럼 긴장도가 축적되다가 일정 시점에 도달하면 상상할 수 없는 엄청난 기후변화가 나타난다는 주장이다.

슈나이더는 기후변화에는 '아무도 예측할 수 없는 불확실성'(unknown unknowns)이 존재한다고 주장했다. 실제로 1990년대 중반 이전까지는 기후변화가 부정적인 영향만 미치는 것이 아니라 긍정적인 면도 가져오기 때문에 그런 점을 조화 있게 다뤄야 한다는 지적이 대세였다. 실제로 나타난 기후변화의 영향이 과학자들의 경고를 실감할 수 있을 만큼 파괴적이지 않았기 때문이다. 그러나 오늘날 기후재난은 인간의 지속가능한 삶을 위협하는 수준으로 급변하고 있다.

세계사적 관심사가 된 지구온난화

오늘날 전 세계가 지구온난화 문제에 집중하게 된 계기를 만든 사람은 미국 NASA 고다드우주연구소의 제임스 한센이다. 한센은 1981년 『사이언스』에 「대기 중 이산화탄소가 기후에 미치는 영향」이라는 논문을 6인의 저자 중 주저자로서 발표했다. 이 논문의 대략적인 내용은 다음과 같았다.*

* Hansen, J., et al., 1981, Climate impact of increasing atmospheric CO2, *Science*, 213, 957-966pp

21세기에 예상되는 지구온난화의 영향은 전례를 찾을 수 없을 정도로 심각한 양상이 될 수 있다. 에너지 소비 증가를 억제시켜 화석연료 사용을 줄이더라도 최대 2.5℃ 정도의 기온 상승이 예상된다. 지구온난화로 공룡이 살았던 중생대의 온도에 근접할 수 있다. 지구온난화로 남극의 빙하가 녹고 해수 온도가 상승하여 해수면이 올라가면, 전 세계의 많은 도시들이 수몰되고 내륙 지역은 사막화가 확대될 수 있다.

이 논문이 발표된 직후에는 과학계도 언론도 그 의미를 제대로 알아차리지 못했다. 수년이 지난 후에 여름철 폭염과 각종 기후재해가 폭증하기 시작하자 사람들은 한센의 주장이 중대한 문제라는 것을 깨닫기 시작하였다. 지구온난화 문제가 빠르게 세계적 관심사로 부각되어 갔다. 그때까지 지구온난화가 중요한 연구 분야라고 생각하고 있지 않았던 다수의 기상학자들도 이것을 절박한 지구환경의 문제로 받아들이기 시작하였다.

이윽고 1988년 5월에 한센은 미국 상원 청문회의 부름을 받아 지구온난화 문제를 증언하게 되다. 그는 차분하면서도 명료한 어조로 회의장을 가득 메운 의원들을 향하여 말하였다. "지금 나타나고 있는 기온 상승과, 인간이 대기 중으로 배출하고 있는 온실가스 사이에는 강한 인과관계가 존재한다."

과학자로서 대담하게 증언한 한센은 청문회에 참여한 의원

1988년 5월, 미국 상원 청문회에서 지구온난화 문제를 증언하고 있는 제임스 한센.
(사진 Dennis Cook / AP)

들과 취재하던 언론들을 놀라게 했다. 한센이 한 증언의 핵심은, 인간의 경제활동이 지구 대기를 온난화시켜 인간과 자연환경을 위협하고 있기에 지구환경을 보전하기 위해서는 경제활동을 억제시켜야 한다는 경고였다. 기후변화 대응을 위하여 경제활동을 억제해야 한다는 한센의 주장은 기득권자들이 받아들일 수 있는 문제가 아니었다. 그들은 한센을 '기후변화 과격론자'라고 불렀다.

한센의 의회 증언 다음날, 그의 이름은 『뉴욕타임스』의 1면을 장식하였고, 텔레비전의 톱뉴스로 미국 국경을 넘어 전 세계로 퍼져 나갔다. 이 증언 직후에 미국 LA에는 기록적인 폭염과 가뭄이 발생했다. 미국 언론의 여론조사에서 시민들은 압도적으로 이 기후재해가 인간이 배출한 온실가스 때문에 발생하였다고 답했다. 한센의 증언은 유엔 산하에 IPCC가 창립되고 유엔기후변화협약이 체결되는 계기가 되었다.

닥쳐온 기후위기의 시대

1990년대 중반 이후 지구온난화 속도는 더욱 빨라지고 기후재해도 더욱 심각하게 나타나기 시작했다. 미국 오바마 정부

백악관에서 과학기술정책실장을 지냈던 존 홀드런 하버드대 교수는 2007년에 '지구온난화' 또는 '기후변화'라는 말 대신에 '지구 기후붕괴'(global climate disruption)라는 용어를 사용해야 한다고 주장하였다. 과거에 비해 훨씬 예측하기 어렵고, 인간이 적응하지 못할 정도로 빠르게 규모가 커지는 기후변화의 실상을 표현하는 데에는 점진적이며 온화한 느낌의 '온난화'나 '변화'라는 용어가 적절하지 않다는 것이다.

2015년 파리기후변화협약을 계기로 온실가스를 빠르게 대폭 줄여야 한다는 공감대가 형성되면서, 기후변화의 위협을 적절하게 표현하는 '기후위기'라는 용어가 자리 잡고 있다.

인류가 지구온난화 문제를 인식해 온 역사를 따라가 보는 것만으로도 대기 중 온실가스 증가로 인한 지구환경의 위기가 급작스럽게 다가왔다는 사실을 알 수 있다. 슈나이더가 지적하였듯이 지구온난화의 문제는 오랜 기간에 걸쳐서 고무줄이 당겨지듯이 긴장이 고조되어 왔는데, 그것을 인지한 사람들은 많지 않았다. 지금은 그 고무줄이 놓아졌고 상상할 수 없는 엄청난 기후변화가 나타나기 시작한 셈이다.

2021년 여름에 고위도 지역인 북아메리카 대륙 서부에 극심한 폭염이 발생했는데, 이를 조사한 연구자들 중의 한 명인 네덜란드 왕립 기상연구소의 오르덴볼프 박사는 극심한 폭염이 더 빈번하고 격렬하게 발생할 것이라고 예상하고는 있었지만

2021년 6월 27일 북아메리카의 기온.

2014~2020년 같은 날 평균기온과 당일 기온과의 차이를 나타낸 지도. 20도의 온도 차이가 나는 북아메리카 서부 지역이 붉은색으로 그려져 있다. (그림 NASA)

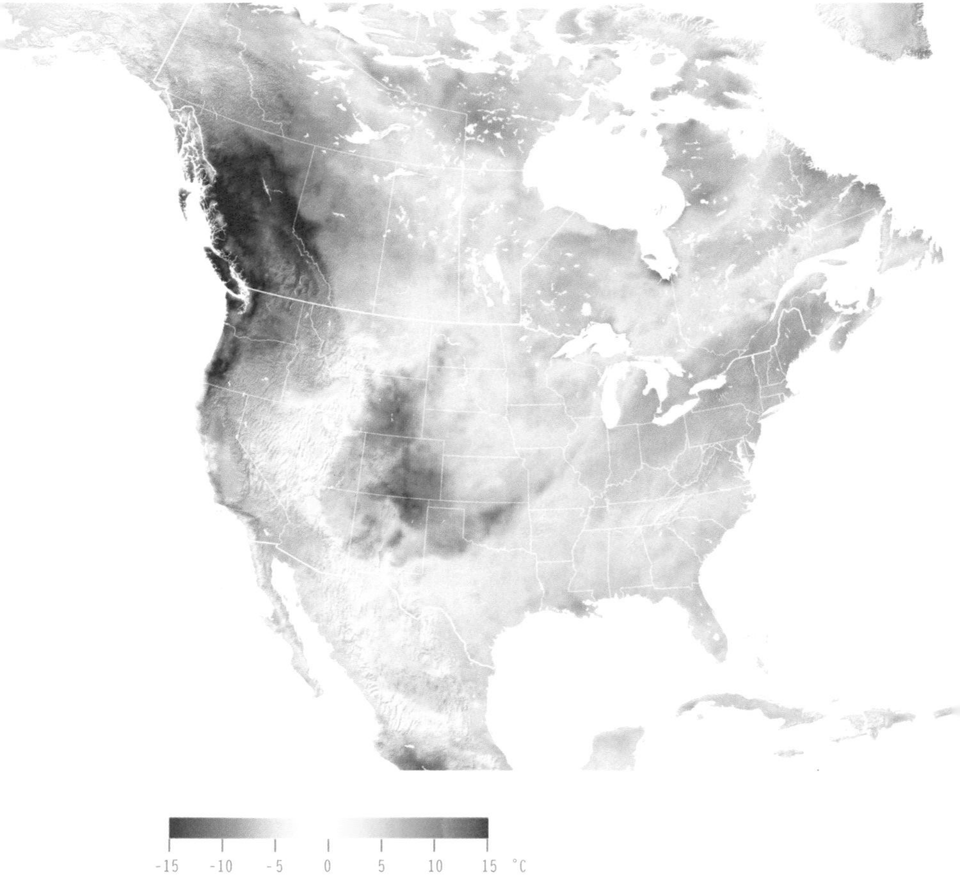

이 지역에서 이 정도의 열파가 발생한 것은 예상 외의 사건이었다고 지적하였다. 그러면서 우리는 기후변화가 가져올 치명적인 영향을 진짜로 이해하고 있기나 한 것인가 하는 중대한 의문을 갖게 되었다고 말했다(『마이니치 신문』 2021. 7. 8).

6월 하순부터 이어진 북아메리카 서부 지역의 폭염은 사람만이 아니라 자연 생태계에도 큰 타격을 입혔다. 이상고온과 건조한 날씨에 해수 온도도 덩달아 올라서 북아메리카 서부 태평양 연안의 홍합, 조개, 불가사리 등 바다 생물들도 떼죽음을 맞았다. 『뉴욕타임스』와 CNN 등의 언론들은 북아메리카 서부 해안에는 마치 누군가가 삶아 놓은 듯 입을 벌리고 죽은 홍합과 조개류가 바위들을 뒤덮고 있으며 불가사리도 상당수 폐사했다고 전했다.

현장을 조사한 해양 생물학자들에 의하면 폭염이 극심했던 2주간(2021년 6월 말에서 7월 상순) 폐사한 해상 생물이 10억 마리를 넘었고, 연어 등 민물 생물들도 몰살의 위협을 받고 있다고 하였다. 캐나다 브리티시컬럼비아 대학의 해양생물학자인 크리스 할리는 다른 바다 생물들에게 서식지를 제공하는 홍합만 수억 마리가 죽었고, 따개비, 소라게, 갑각류, 해삼 등을 통틀면 폐사한 동물은 10억 마리를 넘는다고 추산했다. 그는 "포스트 아포칼립스 영화를 보는 듯하다"고 경악했다.

이처럼 이제 우리는, 예측을 훨씬 뛰어넘는 대형 기후재난이 빈발하고 그로 인하여 사람과 자연이 감내하기 어려운 피해가 속출하는 기후위기, 기후파괴 또는 기후붕괴의 시대 앞에 서게 되었다.

UBC의 해양생물학자 크리스 할리가 2021년 7월 7일에 올린 트윗.
"지난 주 BC(브리티시 컬럼비아 주)의 기록적인 폭염으로 10억 이상의 해양 생물이 죽었다"고 적었다.

Q 대기 중 이산화탄소 농도 관측은 언제부터 시작되었고, 관측 결과는 어떻게 변해 왔을까?

A 1957년에서 1958년에 걸쳐서 지구를 상세하게 조사하기 위하여 64개국이 참여하여 다양한 관측 계획과 연구 프로젝트를 시작하였다. 그래서 1957년 7월부터 1958년 12월까지의 기간을 '국제지구관측의 해'(국제지구관측년)라고 부른다. '국제지구관측의 해'를 계기로 하와이의 마우나로아(Mauna Loa) 산 정상에 이산화탄소를 정밀하게 관측할 수 있는 관측소를 설립하고 관측을 시작하였다. 이 계획을 주도한 사람은 미국의 찰스 데이비드 킬링(Charles David Keeling)이었다.

1958년부터 하와이 마우나로아에서 매일 측정해 온 이산화탄소 농도를 이용하여 1960년에 월평균 농도를 계산해 본 결과, 겨울철에 상승하고 여름철에 하강하는 패턴을 되풀이하면서 해가 갈수록 이산화탄소 농도가 서서히 증가해 가는 것을 확인할 수 있었다. 겨울철의 이산화탄소 농도가 여름보다 높게 나타나는 이유는 겨울철에 난방 연료의 사용량은 증가하고 식물의 광합성 작용은 감소하기 때문이다.

대기 중 이산화탄소 농도 변화 곡선을 킬링의 이름을 따서 '킬링 곡선'(Keeling Curve)이라고 부른다. 대기 중 이산화탄소 농도는 관측이 시작된 당시에는 일 년에 약 1.3ppm씩 증가하였지만, 1980년대 이후로는 약 2ppm, 2000년대 초에는 약 2.2ppm 그리고 2010년 이후엔 연간 약 2.4ppm씩 증가하고 있다.

코로나19의 영향으로 전 세계적으로 화석연료 사용이 7% 이상 줄어든 2020년에도 대기 중 이산화탄소 농도는 여전히 2.4ppm 증가하였다. 국립기상과학원은 전 세계적 고온현상으로 인한 해양과 토양에서의 배출량 증가가 인위적 탄소 배출량 감소에도 불구하고 대기 중 이산화탄소 농도를 크게 높였을 것으로 분석하였다(국립기상과학원, 「2020 지구 대기 감시보고서」, 2021).

2021년 미국 국립해양대기청(NOAA)이 작성한 킬링 곡선.
하와이 마우나로아 관측소에서 측정했다.

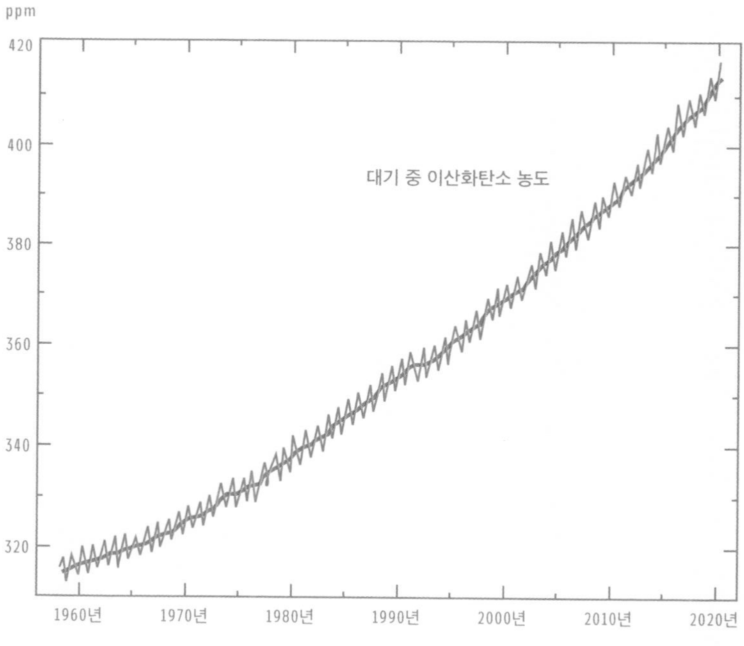

ttpang / Shutterstock.com

4 CLIMATE CRISIS

이상기후의 원인은 무엇인가요?

전 세계적으로 잦아진 이상기후

사람들이 기후변화의 위협을 실감하게 된 것은 근래 재앙 수준의 이상기후(abnormal climate) 현상이 전 세계적으로 잦아지고 있기 때문이다. 2020년 여름에 우리나라는 기상관측 역사상 가장 긴 장마와 집중호우, 그리고 8월의 저온현상으로 많은 인적·물적 피해를 입었는데, 이러한 기후재난이 기승을 부리는 원인은 기후변화에 있다고 말한다. 그렇다면 이상기후란 무엇이며, 기후변화가 어떻게 이상기후를 가져올까?

사람들은 누구나 살아가면서 종종 이상한 사람이나 이상한 사건과 만난다. 이상하다는 것은 반드시 나쁘다는 의미가 아니라, 흔히 경험하는(normal) 상황에서 벗어난 특이한(abnormal) 상황을 말한다. 기후학에서 '이상'이라고 판단하는 상황도 이와 다르지 않다. '이상기후'란 과거 30년 동안에 1회 정도의 빈도로 발생하는 특이한 기후를 말한다. 30년은 한 세대에 해당하는 기간이다.

일기예보 방송에서 오늘의 기온은 평년에 비하여 어떠하다는 표현을 많이 듣는데, 이 '평년'이라는 것은 지난 30년 동안의 평균값을 말한다. 다만 이 30년이라는 것은 그해를 기준으로 이전 30년을 말하는 것이 아니라, 10년 단위로 끊어서 묶은 최근 30년을 말한다. 예를 들어, 2019년 10월 30일의 평년 기온은 1981~2010년 동안의 30년 평균값을 말한다. 그러므로 평년값은 10년마다 갱신된다.

기후통계학적으로는 지난 30년 동안의 평균 상태에서 표준편차의 두 배를 벗어난 현상을 이상기후로 간주한다. 표준편차의 두 배를 벗어난다는 것은, 정상분포(평균 부근에서 사건이 가장 많이 발생하고 평균으로부터 멀어질수록 사건 발생이 감소하는 분포)로 발생하는 사건에서 백 번에 한 번 이하로 발생하는 경우(발생 빈도가 1% 이하)를 말한다.

오늘날 우리가 '이상기후'라고 생각하고 있는 것도 30년 정도 이어진다면 정상이 된다. 이제는 기상청의 계절 전망에서 "올해 여름은 평년 수준"이라고 한다면, 평년의 기준이 되는 1991년 이후로 30년 이상 고온의 여름이 이어져 왔기 때문에 올해 여름도 많이 덥다는 말로 받아들여야 한다. 결국 기후를 정상과 비정상으로 나누는 것도 당시를 살아가고 있는 사람들의 주관적인 경험에 불과한 셈이다.

그럼 최근에 발생한 대표적인 전 세계의 이상기후로는 어떤 것이 있었을까? 2018년 여름에 북위 60도 부근에 위치한 노르웨이 같은 북유럽 국가들의 기온이 30℃를 훌쩍 뛰어넘었는데, 이것은 260년 전 온도계가 발명된 이래로 가장 극심한 폭염이었다. 겨울철에는 종종 모스크바의 기온이 서울보다 더 높기도 하고, 아열대인 플로리다 지역에 폭설이 내리기도 한다. 2020년에는 미국 덴버에서 초가을에 폭염이 사흘간 이어진 다음날 돌연 기온이 영하로 내려가고 눈이 내려서 세상 사람들을 깜짝 놀라게 하였다. 2021년 4월엔 북위 55도에 위치한 모스크바와 그보다 더 북쪽 도시에까지 30℃를 훌쩍 넘어가는 고온이 이어졌다.

최근 이상기후로 거의 매년 전 세계가 몸살을 앓고 있는데, 사실 지구상에 이상기후가 나타나는 것은 지구온난화 문제가 본격적으로 대두되기 훨씬 이전에도 항상 있었던 현상으로, 자연스러운 일이라고 말할 수 있다. 다만 지금의 이상기후는 과거에 비하여 발생 빈도가 너무 높고 그 규모가 훨씬 크다는 점에서 지구의 생물과 인류의 생존에 위협이 되고 있다.

이상기후의 원인과 원격상관

지구 시스템 안에서 발생하는 유체(공기, 해수)의 이동은 열의 공간적 불균등을 해소하기 위한 과정이다. 이 유체의 이동 양상이 평상시와 달라질 때에 이상기후 현상이 발생한다. 대기 운동은 중위도 상공에 존재하는 제트기류의 양상(위치, 모양, 강도(풍속))에 지배받기 때문에 제트기류가 평상시와 다른 양상을 보이면 유체의 이동 양상이 달라진다. 즉 이상기후 현상의 직접 원인은 제트기류의 양상이 다르게 나타난 것에 있다.

그러면 무엇이 제트기류의 양상을 바꿀까? 그것은 저위도와 고위도 간의 대기 열 분포의 변화라고 말할 수 있다. 고·저위도 간의 대기에 열 분포를 바꾸어 제트기류 양상에 변화를 유발하는 대표적인 사례로 다음의 두 가지를 들 수 있다.

첫째는 '극 증폭'(Polar Amplification, 지구온난화에 따른 기온 상승이 극지역에서 훨씬 크게 나타나는 현상)으로 인해 중위도 상공의 제트기류가 약화되는 경우이다. 제트기류는 고·저위도 간의 기온 차가 감소할수록 세력이 약화되어 남북 방향으로 더 크게 파동을 일으키며 흐르기 때문에 전 세계 여러 지역에서 동시다발적으로 이상기후가 발생하게 된다. 이런 이유로 지구온난화로 인한 극지방의 고온화는 이상기후 발생의 원인이 된다.

두 번째는 해양의 수온 변화가 제트기류에 변화를 유발한다. 해양은 대기보다 400배 이상의 많은 열을 가지고 있기 때문에 해양의 열 분포 변동은 곧바로 고위도와 저위도 대기에 열 분포 차이를 만들어 낸다. 예를 들어, 해양에서 엘니뇨나 라니냐 현상이 발생하여 적도 태평양의 수온이 평상시와 달라지면 그 영향이 대기로 전달되고, 이윽고 편서풍 파동(제트기류)에 이상을 유발하게 된다. 편서풍 파동은 남북 방향으로 뱀처럼 오르내리면서 지구를 일주하기 때문에, 편서풍 파동이 평상시와 달라지면 지구상 곳곳에서 서로 상반되는 이상기후를 만들어 낸다. 2021년 여름철 북아메리카 서부 대륙의 고위도에서 나타난 폭염과 그것의 영향으로 동아시아 상공으로 북극권 찬 공기가 내려와서 장마전선의 북상이 7월 초까지 늦어진 사례를 들 수 있다. 또한 적도 태평양의 동쪽과 서쪽 해상의 수온이 서로 상반되게 나타나는 엘니뇨와 라니냐의 발생 빈도와 강도가 지구온난화로 더욱 강화되고 있다. 그에 따라 적도 해역의 해수 온도 분포가 해마다 변동이 증폭되고 그 영향으로 전 지구적으로 이상기후가 증폭된다는 사실이 관측과 기후모델 실험을 통해서 입증되고 있다.

지구상의 여러 지역에 나타나는 기후를 장기간에 걸쳐서 모니터링해 보면 여러 지역들이 서로 양이나 음의 상관관계에 놓여 있는 경우를 발견할 수 있다. 또 어떤 지역에 특정의 이상기

이상기후를 가져오는 원격상관의 사례.

필리핀 해역에 고수온 현상이 나타나면 그곳에서 발달한 상승기류가 상층에 파동 현상을 일으키고, 우리나라에는 상층 고기압이 강화되는 효과가 나타난다. 결과적으로 필리핀 해역에 높은 해수 온도가 형성되는 경우에 한반도에는 강수량이 감소하고 태양 복사량이 증가하여 고온과 가뭄 현상이 나타날 가능성이 높아진다.

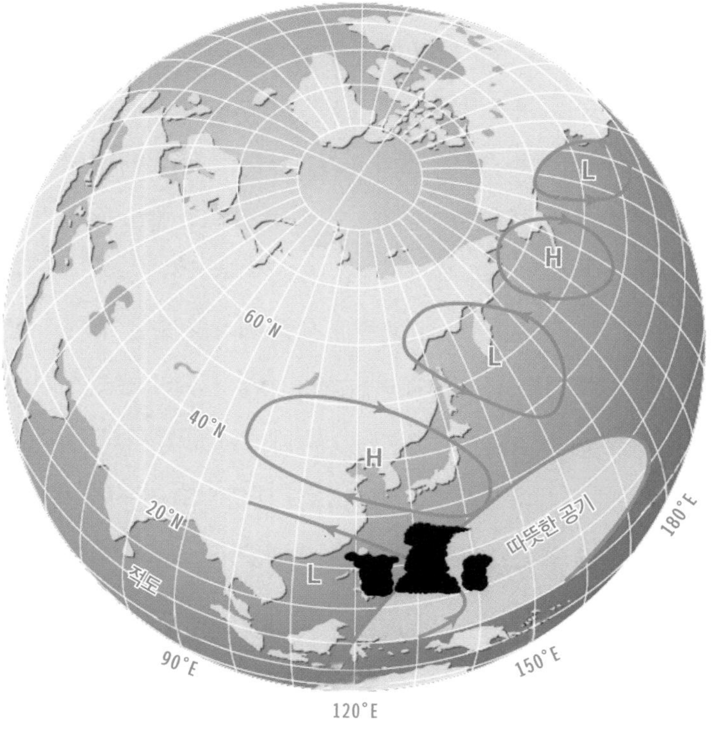

후가 나타날 전조 현상을 다른 지역에서 찾을 수도 있다. 필리핀 앞바다와 같은 특정 열대 해상의 수온 분포나 북극권의 설빙 면적 및 티베트 고원의 겨울철 적설량 등은 우리나라의 계절 기후를 전망할 수 있는 유용한 전조 현상이다. 이처럼 멀리 떨어져 있는 지역 간에 발견되는 기후 상관관계를 '원격상관'(Teleconnection)이라고 부른다.

오랜 옛날부터 기후학자들은 원격상관을 인지하고 있었지만 그 과정을 논리적으로 설명할 수 없었기 때문에 원격상관은 기후학의 주류 관심사로 부각되지 못하고 있었다. 지구온난화의 심화로 전 세계적으로 기후재난을 유발하는 이상기후 현상이 큰 사회적 문제로 대두된 1980년대 이후 원격상관은 다시 주목을 받기 시작했다.

그런데 여전히 이상기후를 만드는 과정의 시작이 무엇인지에 대해서는 이해가 부족한 상황이다. 대기의 변동과 해양의 변동이 연결되어 있어서(해양의 열 공간 분포가 기류를 만들어 내지만, 기류가 다시 해류를 만들어 해양의 열 분포 변화를 만든다) 어느 것이 최초의 변화를 만든 요인인지를 단정하기 어렵다. 해양과 대기는 서로 상승작용을 하는 관계에 있어서 한쪽의 변화가 다른 쪽에 영향을 미치고, 그 변화가 다시 다른 쪽에 영향을 미친다. 이렇게 서로 영향을 주고받으면서 끊임없이 새로운 기후 현상을 만들어 간다.

기후변화로 고·저위도 간의 열 분포 또한 과거에 볼 수 없던 변화가 점점 더 많아지고 있다. 그래서 이상기후 현상 자체도 과거의 경험에 기초하여 파악하기가 어려워지고 있다. 기후변화는 기상청이 계절 전망이나 여름철 폭우 예측 등에서 시민들의 요구를 만족시켜주지 못하여 곤욕을 치르게 한다. 기후변화 속도를 현대의 기후학적 지식이 따라가지 못하고 있는 셈이다. 갈수록 상상하지 못했던 이상기후가 극성을 부리게 되는 기후붕괴 현상을 실감하게 될 것으로 생각한다.

Q 갑작스런 기후변화를 '기후 점프'라고 부른다. 지구 역사에서 대표적인 기후 점프 사례인 '영거 드라이아스'는 무엇일까?

A 남극 대륙과 북극 그린란드의 '빙하 코어'(극지방의 빙하에서 채취한 원통 모양의 얼음 기둥) 연구 덕분에, 과거의 기후변화 중에는 10년 정도 규모의 단기간에 한랭화와 온난화가 발생했던 경우가 있었다는 사실이 알려졌다. 이러한 급격한 기후변화를 '기후 점프'(Climate Jump) 또는 '기후 서프라이즈'(Climate Surprise)라고 부른다.

커(Kerr) 같은 고 기후학자들은 그린란드 빙하 코어 속의 산소 동위원소 비율을 이용하여 과거에도 급격한 기후변화가 있었다는 사실을 발견하였다.(Kerr, RA, 1993, How ice age climate got the shakes, *Science*, 260, 890-892pp) 최후 빙기가 끝난 후에 온난화가 진행되다가 갑자기 한랭화된 시기가 있었는데, 이를 '영거 드라이아스'(Younger Dryas)라고 부른다. 드라이아스는 한랭한 기후에 서식하는 식물로, 이 시기에 다시 번성하면서 그 이름을 따오게 되었다.

영거 드라이아스기는 약 1만3천 년 전에 북반구 고위도 지역에서 발생하여, 특히 유럽에 큰 영향을 주었다. 불과 수십 년 정도의 짧은 기간 동안에 갑자기 한랭화된 영거 드라이아스기는 1,500년 정도 이어졌고, 다시 십여 년 정도의 단기간에 급격히 온난화한 것으로 추정된다. 북대서양의 대기대순환(심층 순환)이 멈추었다가(한랭화) 다시 재개된 것(온난화)이 원인이었다고 추정하고 있는데, 그 과정을 자세히 설명하면 다음과 같다.

최후 빙기 이후에 기온이 오르자 북극지방의 빙하가 녹으면서 담수가 바다로 흘러들어 해수의 염도를 낮추었다. 고위도 북대서양의 염도가 낮아지면서 밀도가 낮아진 북대서양의 해수가 침강할 수 없게 되었다. 그러자 열대 쪽의 열을 고위도로 이동시켜 오던 해양순환이 멈춰 북아메리카와 유럽에 한랭기가 시작되었다. 기온이 한랭해지면서 해수의 증발량이 줄어 고위도 해양의 강수량도 줄어들었다. 그러자 다시 염도가 높은 해수가 침강하게 되고 해양대순환이 복원되어 열대 쪽의 열이 공급되면서 빠르게 온난화가 나타났다. 실제로 불과 20년 동안에 기온이 5~10℃나 상승하였다 (Taylor, K, 1999, Rapid climate change, *American Scientist*, 87, 320-327pp).

영거 드라이아스기는 2006년에 구겐하임 감독이 만든 지구온난화에 대한 다큐멘터리 영화 〈불편한 진실〉의 소재가 되었다. 지구온난화가 유럽에 급작스러운 빙하기를 가져올 수 있다는 주장은 온난화와 상반되는 현상이어서 많은 사람들의 관심을 끌었다.

드라이아스(담자리꽃나무). 툰드라 기후에 속하는 극지방이나 고산지대에서 자란다. 드라이아스의 꽃가루가 급증했다면 기후가 급격히 한랭화되었음을 추측할 수 있다.

5 CLIMATE CRISIS

지구의 온도가 높아지면 어떤 일이 벌어지나요?

지구와 금성의 물 순환계

사람들은 자신이 사는 곳의 공기 성분은 항상 그대로라고 여기며 살아간다. 하지만 실제의 공기는 매순간 끊임없이 변하고 있다. 공기는 땅속, 바닷속, 나무 속, 동물들의 몸속 등 여러 저장소들을 순환하는데, 대기는 그러한 저장소 중의 하나에 불과하다.

수증기를 예로 들어 생각해 보자. 수증기는 바다를 포함한 지표에서 증발되어 대기로 나온 후에 응결하여 구름이 되고, 구름 알갱이들이 뭉쳐 큰 덩어리로 성장하면 강수의 형태로 대기를 떠나 땅으로 다시 돌아간다(물 순환 시스템). 수증기와 비슷한 방식으로 대기에 존재하는 이산화탄소의 양(농도)도 탄소 순환계를 따라서 조절된다.

태양은 생성 이후 지금까지 시간이 지남에 따라서 더 많은 양의 태양복사에너지를 방출하고 있다. 이렇게 증가한 태양복사에너지에 금성, 지구, 화성 대기의 반응은 서로 다르게 나타났다. 왜 서로 다른 반응을 보이게 되었는지 이해하기 위해서는 각각의 행성들이 가진 물 순환계와 이산화탄소 순환계의 차이를 살펴봐야 한다.

지구 대기는 화산이 폭발하면서 분출한 여러 기체로 구성되었는데, 그중의 하나가 바로 온실가스인 수증기이다. 지구는 생성 이후 시간이 지남에 따라서 화산활동이 더욱 활발해져서 더 많은 수증기를 대기로 내보냈지만, 대기의 온실효과는 무한정 증가하지 않았다(지구의 온도가 일정 수준 이상으로 상승하지 않았다). 그 이유는 대기에서 수증기량이 많아지면 구름이 형성되기 때문이다. 구름에서 비가 내리면 대기 중의 수증기가 빠져나가 바다로 가고, 바다는 대기와 물 순환계를 이루어 다시 대기에 수증기를 공급한다.

공기가 수증기로 포화되려면 그 속에 함유된 수증기의 양이 일정량을 초과해야 한다. 수증기량이 그 일정량에 도달하였을 때(포화 상태)에 나타내는 압력을 포화수증기압이라고 한다. 포화수증기압의 값은 기온이 상승함에 따라서 기하급수적으로 증가한다. 즉 기온이 높을수록 물이 대기에 수증기 상태로 존재할 수 있는 양이 기하급수적으로 증가한다. 따라서 기온이 너무 높으면 수증기가 응결하여 구름이 되지 못한 채 수증기

상태로 존재하게 된다. 대기 온실효과로 기온이 아주 높이 올라가게 된다면 바다에서 아무리 많은 물이 증발하여도 수증기가 대기에서 포화에 도달하지 못한다.

온실가스인 수증기가 대기에 아주 많아지고, 그 수증기가 온실효과를 더욱 크게 발휘하여 대기의 온도가 더욱 높아진다면, 수증기량은 포화 상태에 도달하지 못할 수도 있다. 이를 '폭주 온실효과'라고 부른다.

이러한 '폭주 온실효과'가 금성에서 일어났다. 지구보다 태양에 훨씬 가까운 금성은 대기 온도가 너무 높아서 수증기가 포화 상태에 이르지 못했다. 게다가 화산활동으로 점점 더 많은 수증기가 대기로 방출되었고, 금성 대기의 온실효과는 점점 더 커져서 금성의 온도는 더욱더 올라갔다.

온도가 엄청나게 올라갔기 때문에 물 분자는 더욱 높은 고도로 상승하여 태양에서 온 자외선과 만나 수소와 산소로 분해되었다. 가벼운 수소는 우주로 빠져나갔고 산소는 지상의 광물들과 반응하여 지각으로 돌아갔다. 화산활동으로 방출된 또 다른 온실가스인 이산화탄소는 대기 중에 점점 더 축적되었다.

오늘날 금성에는 물이 남아 있지 않으며 금성 대기를 이루는 구름은 황을 함유한 작은 알갱이들로 구성되어 있다. 지구가 금성과 같은 운명을 겪지 않을 수 있었던 것은 지구 역사상 기온이 비정상적으로 뜨거워진 적이 없었기 때문이다. 지구는 금성보다 태양으로부터 멀리 떨어져 있어서 충분히 낮은 온도를 지속할 수 있었기에 수증기가 응결하여 구름이 만들어질 수 있었다.

탄소 순환과 지구의 온도 조절 능력

태양빛이 약해졌을 때에도 지구는 적당히 따뜻한 정도를 유지했는데, 그것은 화산활동으로 대기에 이산화탄소 농도가 높아져 온실효과가 강화될 수 있었기 때문이다. 이산화탄소의 농도를 결정하는 이산화탄소 순환계는 대기, 생물, 해양 그리고 땅 사이의 교환 능력에 의존한다.

수백 년 정도의 짧은 기간 내에서 대기 중 이산화탄소 농도를 결정하는 데에는 해양과 식생 활동이 중요한 역할을 한다. 하지만 지질학적 시간 단위인 100만 년을 기준으로 본다면, 엄청난 양의 탄소를 포함하고 있는 퇴적물과 대기 사이의 탄소 교환이 아주 중요한 역할을 한다.

이산화탄소는 빗물에 녹아 들어가서 끊임없이 지중으로 이동한다. 빗물은 이산화탄소와 반응하면 약산성을 띠고, 지상에서 광물에 닿으면 광물을 침식시킨다. 광석에서 녹아 나온 탄

'폭주 온실효과'가 일어난 금성.

금성의 대기를 구성하는 기체는 대부분(96% 이상)이 이산화탄소이다. 그 이외에 질소 3.4%, 수증기 0.01~0.5% 정도이며, 미량의 아르곤, 산소, 네온, 이산화황도 존재한다. 폭주 온실효과로 금성의 표면 온도는 약 733K(460℃)에 달하여 태양계 행성에서 표면 온도가 가장 높다. 지상 기압도 높아서 지구의 약 94배(94기압)에 이른다. (사진 NASA)

소결합물은 바람과 강물, 해류에 의해 바다 밑바닥으로 운반된다. 생명체의 존재로 이러한 과정은 더욱 가속되는데, 해양에서 생물체의 사체가 심해저로 운반될 때에 탄소가 수송되며 육지에서는 식물체가 분해되면서 탄소가 토양에 축적된다. 바다에 서식하는 일부 생물은 탄소결합물을 이용해서 자신을 보호하는 껍데기를 만드는데, 죽으면 바다 밑바닥에 쌓이고 껍데기에 포함된 탄소도 축적된다.

퇴적물에 들어 있는 탄소는 맨틀 대류 현상과 같은 매우 복잡한 지구 내부의 지질학적 과정을 거쳐 다시 이산화탄소로 변형되고 그것이 화산폭발에 의해 대기 중으로 빠져나온다. 이렇게 대기와 퇴적물 사이에서 이산화탄소가 순환하는 데에는 수백만 년의 시간이 걸린다.

원시 지구의 시대처럼 태양빛이 지금보다 훨씬 약해지는 상황을 가정해 보자. 그러면 지구의 기온이 하강할 것이고 물 증발이 감소하여 강수량도 줄어들 것이다. 그러면 풍화 과정이 느려지고 생물학적 생산성도 떨어지게 되어 대기 중 이산화탄소의 제거 효율이 낮아진다. 이런 상황에서도 화산 폭발로 대기로 방출되는 방출량은 수백만 년 전부터 땅속에 축적되었던 이산화탄소가 방출되는 것이므로 변화가 없을 것이다. 그러면 대기 중 이산화탄소 양이 증가하게 되어 온실효과가 커진다. 증가된 온실효과에 힘입어 지구의 온도는 원시 지구의 시대보다 높은 상태를 유지할 수 있다. 반대로 태양빛이 강해진다면 강수 현상이 강화되어 대기 중 이산화탄소 제거가 왕성해진다. 그 결과로 대기의 온실효과가 줄어 지구의 온도 상승이 억제된다.

이처럼 지구 시스템은 태양복사에너지의 강약과 같은 교란이 주어져도 지구 온도를 일정 범위 내로 조절할 수 있는 능력이 있다. 탄소 순환은 지구상의 온도를 적절하게 유지시켜 주는 온도 조절 장치이다.

금성은 물을 잃어버려 자기조절 능력도 잃어버렸다. 그래서 풍화작용이 멈추었고, 이산화탄소는 대기 중에 축적된 채로 있으며, 그 결과로 엄청난 온실효과가 유발되었다.

화성에도 온도조절 기능이 없다. 지구에서는 탄소가 바다 밑 퇴적물에 축적되어 있다가 화산 폭발 때에 이산화탄소의 형태로 대기 중에 방출되지만, 화성에서는 이러한 작용이 불가능하다. 그 이유는 화성이 너무 작아서 내부까지 냉각되었고, 그 결과 화산 폭발이 사라졌기 때문이다. 지구는 겉에서부터 지각, 맨틀, 외핵, 내핵의 순으로 구성되어 있으며, 지각은 십여 개의 플레이트 즉 판상으로 구성되어 움직인다. 판의 움직임에 의해 퇴적물이나 광물이 뜨거운 지구 내부층까지 이동한다. 이러한 이동의 과정에서 탄소는 이산화탄소로 변하고, 화산 폭발이 일어나면 대기 중으로 방출된다. 화성에는 이러한 지각운동이 사라지고 없다.

이처럼 수백만 년의 긴 시간 단위로 보면 지구는 온도를 일정 범위 안에서 지킬 수 있는 자기조절 능력을 갖추고 있다. 하지만 짧은 시간 단위에서는 그렇지 않다. 수백 년 정도의 짧은 시간 규모에서는, 아주 서서히 진행되는 풍화·침식작용은 지구의 기후에 아무런 영향도 미치지 못한다. 이런 짧은 시간 규모에서 지구 기후를 결정하는 것은 대기 중 온실가스의 급격한 농도 변화이다. 산업혁명 이후 화석연료의 과다 사용으로 발생한 높은 이산화탄소 농도가 큰 문제가 되고 있는 이유가 바로 여기에 있다. 즉, 지금의 기후를 좌우하는 가장 중요한 요인은 인간 활동으로 과도하게 발생한 이산화탄소로 대표되는 온실가스 농도이다.

우리가 온실가스의 배출량을 빠르게 줄이지 않는다면, 지난 수십 년간 그랬던 것처럼 앞으로 지구의 온도는 더욱 빠르게 상승하게 되고, 그 여파로 기후재난이 폭증하여 지구 생태계의 생존을 위협하게 될 것이다. 인류가 재생에너지로 전환하지 않고 지하에 저장되어 있는 화석연료를 빠른 시간 안에 대부분 소비하게 되면, 지구 대기에 적체될 엄청난 이산화탄소가 지구 대기를 '폭주 온실효과' 상태를 만들어 버릴 수도 있다.

지구 기온의 변화

대기 중에 농축된 이산화탄소가 유발한 지금의 지구 온도는 지구의 긴 역사에서 여태 나타난 적이 없을 만큼 이상 고온인 상태일까? 답은 그렇지 않다는 것이다.

지구의 역사를 살펴보면, 지구는 지금보다 훨씬 높은 기후를 가진 기간이 지배적으로 많았다. 현재 우리가 경험하고 있는 기온은, 마지막 빙하시대(약 1만8천 년 전) 이래로 가장 높은 것이기는 하지만, 긴 지구 역사에 있어서는 매우 이례적으로 낮은 수준에 속한다. 북극해가 연중 얼음으로 차 있고 남극 대륙과 그린란드 주변이 거대한 빙상으로 가득하였을 때도 있었지만, 지구 역사 대부분의 기간은 만년설이 없는 고온의 환경이었다.

지구의 45억 년 역사에서 처음 20억 년 동안에는 빙하기가 나타났다는 증거가 없다. 나머지 25억 년의 역사 가운데서도 단지 10~20%만이 지금 우리가 살고 있는 시기와 비슷하거나 더 낮은 기온인 시기였을 것으로 추정하고 있다. 특히 기온이 높았던 시기로는 지금부터 약 1억 2천만 년에서 9천만 년 전에 있었던 백악기 중엽을 꼽을 수 있다.

그때에는 북극권에도 공룡이 살았다. 오늘날 열대 해양에 사는 산호초의 서식지도 현재보다 위도 15도 정도 더 고위도로 확장되어 있었다. 육상에는 빙하가 거의 없어 해수위도 지금보다 150미터에서 200미터 정도 더 높았다. 그래서 오늘날 육지 면적의 약 20% 정도는 바다 속에 잠겨 있었다. 기후의 계절 변화도 현재보다 매우 적었는데, 특히 중위도나 고위도에서 계절 변동 폭이 지금보다 현저히 작았다. 기온도 현재보다 5~15℃ 정도나 높았고, 적도와 극지방 사이의 기온차도 현재보다 15℃ 정도 작았다. 다른 온난한 시기의 지구 기후도 이와 큰 차이가 없었을 것으로 추정되고 있다.

이는 오늘날 기후학자들이 제시하고 있는 지구온난화 시나리오보다 훨씬 심각한 모습이다. 이러한 사실로부터 지구온난화가 극도로 진전되어 나타날 것으로 예상되는 미래 기후의 모습은 지구 역사로부터 살펴볼 때 그다지 놀라운 것이 아니며, 충분히 재현될 수 있는 상태라는 것을 알 수 있다.

IPCC 4차 보고서(2007)에서는 지구온난화 억제를 위한 노력 여하에 따라 향후 100년 동안 지구의 평균기온이 작게는 1.4℃, 크게는 6.3℃까지 상승할 것이라고 예상하였다. 인간이 만들어 낸 온실가스 자체만으로는 지구 온도 상승효과가 1℃ 내외에 지나지 않지만, 다른 기온 상승 유발요인들과의 되먹임 작용이 함께 영향을 주는 것으로 알려져 있다. 그런데 기후학자들도 이 '되먹임'(feedback) 작용의 영향을 아직 제대로 이해하고 있지 못하기 때문에 지구온난화가 먼 미래에는 어디까지 미칠 것인지를 정확히 모르는 실정이다. 온실가스 증가로 인하여 지구온난화가 나타나고 있다는 주장에 동의하지 않는 기후학자들이 오늘날에도 다수 있는데, 그 이유는 바로 '되먹임' 작용에 대한 견해 차이에 주로 기인한다.

지구온난화의 세 가지 시나리오

지구온난화의 미래 예측에 대해서는 다양한 견해가 존재하는데, 그중에서 극단적인 기후변화가 일어날 수 있는 세 가지 시나리오를 소개하면 다음과 같다.

첫째, 멕시코만류(Gulf Stream)의 중단이다. 이것은 지구온난화 문제를 다룬 다큐멘터리 영화들의 소재로 널리 알려진 것이다. 저위도에서 증발된 수증기가 대기대순환 과정으로 북쪽으로 이동하여 비로 내리고 극지방의 빙하가 녹기도 하여 대규모의 담수가 북대서양의 한대지역으로 유입되면 이 지역의 해수 밀도가 감소하여 해수의 침강이 억제된다. 이 영향으로 저위도로부터 많은 열을 운반해 오는 멕시코만류의 북상이 저지될 수 있다. 실제로 과거에 수차례나 이런 일이 발생한 사실이 있다고 한다.

이것이 현실로 나타나면, 유럽은 역설적이게도 지구온난화의 영향으로 빙하시대를 맞이하게 된다. 그리고 이곳 해양의 생물 생산력은 50% 정도 감소하고 전 세계 바다의 평균적인 생산성은 20% 이상 낮아지게 된다고 한다. 21세기에 이것이 현실로 나타날 가능성은 5% 정도라고 하는데, 온실가스 배출량이 더욱 늘어나면 발생 가능성도 증가할 것이라고 한다.

둘째, 아마존 우림 지대의 소멸이다. 식물은 뿌리에서 잎으로 물을 끌어올리기 힘들기 때문에 수증기를 잃지 않으려 한다. 다만 광합성에 필요한 이산화탄소 흡수를 위해 어쩔 수 없이 기공을 열어야 하는데, 이때 수증기를 잃게 된다. 그런데 대기 중에 이산화탄소 농도가 증가하면 아마존 우림 지대의 식물들은 이산화탄소 흡수가 용이해져서 기공을 오랫동안 닫아 둘 것이다. 그러면 자연히 증발량도 줄어들고 강우량도 줄어들 것으로 예상된다. 따라서 현재 엄청난 양의 증발이 발생하고 있는 아마존 우림 지대의 상황은 지금과 전혀 다른 양상으로 변할 것이다. 결과적으로 현재 아마존 유역에서 하루 평균 5밀리미터인 강수량이 2100년이면 2밀리미터 수준으로 줄어들 것이라고 한다.

이러한 조건들과 더불어 이곳의 기온이 대폭 상승하면 아마존 우림 지대가 소멸되는 수준에 이를 것으로 예상된다. 기온 상승이 3℃를 넘어서면 아마존 우림이 고사하고 사바나 기후

지구온난화뿐 아니라 불법적인 삼림 벌채로 벌거숭이가 되어 가고 있는 아마존 열대우림.
(사진 INPE, 브라질 뉴스포털 G1)

(고온 건조 기후) 지대로 변할 수 있다고 한다. 우림 지대가 소멸되면 토양이 직접 태양복사에너지를 받게 되어 흙의 화학적 분해가 가속화되고, 토양에 저장되어 있던 이산화탄소가 대기 중으로 대량 배출되어 지구온난화를 가속화할 것이다.

셋째, 동토와 해저로부터의 메탄가스 방출이다. 북극지방의 동토와 심해저에는 엄청난 규모의 메탄이 얼음과 결합된 포접화합물의 형태(메탄 하이드레이트, methene hydrate)로 존재하고 있다. 그 양은 대체로 10,000기가톤(1Gt=10^9ton)에 이르는 것으로 추정하고 있다. 이것은 인간이 약 5천 년간 사용할 수 있는 에너지양에 상당한다. 메탄분자 1개당 온실효과는 이산화탄소의 약 21배에 이른다. 동토 지역의 얼음이 녹고 심해저의 수온이 상승하게 되면 얼음 속에 갇혀 있는 이들 메탄가스가 대규모로 대기 중으로 방출될 수 있다. 심해저의 수온 상승이 없다 해도 해저 화산활동에 의해서도 대량의 메탄가스가 대기 중으로 방출되어 지구온난화를 가속화할 수 있다. 실제로 5천만 년 전에 해저 화산활동으로 메탄이 대량 방출되었고, 이때 해수 온도가 적어도 5℃ 이상 상승하였으며 해저 유공충의 25% 이상이 절멸된 바 있다고 한다.

이러한 극단적 시나리오가 현실화된다면 지구환경은 파멸적 상황에 직면할 것이며, 지구는 생명이 살 수 없는 행성으로 전락해 버릴지도 모른다.

Q 지구의 평균기온이 산업화 이전에 비하여 1℃, 2℃, 3℃씩 상승한다면, 지구 환경에 어떤 영향이 발생할까?

A 지구의 평균기온이 산업화 이전 대비 1℃ 상승하면, 고산지대의 빙하와 북극 빙하가 녹고, 산호가 죽어 가는 백화현상(bleaching)이 빠르게 진행된다. 고산식물들은 고사할 위험에 처하게 된다. 산업화 이전에 비하여 1℃ 이상 기온이 상승한 오늘날 이미 이러한 문제가 실제로 나타나고 있다.

2℃ 상승하면, 사회안전망과 경제에 심각한 영향이 나타나게 된다. 특히 열대와 아열대 지역 개발도상국들에 폭우와 가뭄, 강풍과 같은 기후재해가 발생해 농업에 큰 타격을 줄 것으로 전망된다.

온도 상승이 3℃를 넘어서면, 드라이아스기 시대처럼 해양대순환이 멈춰 유럽과 북아메리카 대륙에 소빙하기가 도래할 수 있다. 고위도 동토의 땅이 녹아 그 속에 저장되어 있던 메탄 하이드레이트가 대량 방출되면 기온 상승을 더욱 가속화시켜 지구 시스템이 걷잡을 수 없이 불안정해질 것으로 예상된다. 2015년 파리협정에서 합의한 INDC(당사국들의 자발적인 온실가스 감축 목표)에 따르면, 21세기 후반에는 지구 평균기온이 3℃ 정도 상승할 것으로 전망된다고 한다. 감축 목표 온도를 더 낮춰야 하는 이유이다.

백화현상이 나타난 산호 군락지. 산호의 백화현상은 기후변화로 인해 해수의 온도가 올라가고 해수가 산성화되는 것에 원인이 있다.

6 CLIMATE CRISIS

2020년 여름철 이상기후는 어떻게 나타난 건가요?

시베리아 열파와 동아시아의 여름 기후

우리나라를 포함한 동아시아의 2020년 여름 기후를 말하려면 반드시 언급해야 하는 것이 시베리아 열파이다. 북위 60도 부근에 위치한 시베리아 북부 베르호얀스크를 중심으로 광범위한 지역에서 2020년 1월부터 평년보다 5℃ 이상 높은 이상고온현상이 지속되었다. 이 지역의 기온이 절정을 이룬 날은 6월 20일로 38℃를 기록하였다. 이러한 고온현상으로 인하여 영구동토층이 녹고 건물이 붕괴되었으며 산불도 심각하였다.

시베리아의 고온현상은 2020년에 갑자기 나타난 현상은 아니다. 기후변화의 위협이 중·고위도 지역에까지 본격적으로 드러나기 시작한 2000대 이래 평년기온보다 2℃ 이상 높은 고온현상이 자주 나타났고, 세계에서 가장 넓은 삼림지대인 시베리아에 산불이 발생하기 시작했다. 다만 2020년의 시베리아 열파가 가장 심각하였다. 2020년 시베리아 고온현상을 연구한 오토(Otto) 옥스퍼드 환경변화연구소 소장은 "기후변화로 인한 전 세계의 열파 현상이 얼마나 본질적으로 변했는지를 재차 확인시켜 준 사건"이라고 지적하였다. 열파(폭염)가 중·저위도를 넘어서 극지방으로 확대되었다는 말이다.

고위도 지역의 고온화는 태양복사에너지 반사율이 높은 얼음을 녹인다. 얼음이 녹으면 지표의 고온화를 억제하는 동토의 긍정적인 피드백 루프가 파괴되고, 세계 최대의 숲이 있는 시베리아에 산불이 발생하는 범위가 넓어지고 산불의 강도도 높아진다.

실제로 2020년 시베리아에 일어난 산불은 4월에 이례적으로 일찍 시작되었고, 그 이전의 해에 비하여 더 북쪽으로 확대되었다. 6월 중순 이후 화재 규모는 이전에 비하여 두 배 이상 늘어 100만 헥타르를 넘어섰는데, 이 산불로 이산화탄소 59메가톤(5억 9천만 톤, $1Mt=10^6 ton$)이 방출되어 사상 최고를 기록했다. 이것은 우리나라의 연간 온실가스 배출량(약 70메가톤)에 버금가는 막대한 양이다.

툰드라 지역의 해빙은 동토의 지하에 저장되어 있는 메탄 하이드레이트(메탄 얼음)를 녹여 이산화탄소보다 훨씬 강력한 온실효과를 발휘하는 기체인 메탄을 대기로 대량 방출시킨다. 이 메탄이 산불 발생을 조장하고 확대시킨다.

시베리아의 고온현상은 지구온난화로 북극권의 기온이 빠르게 상승하여 중·저위도 지역과의 기온차가 감소한 것과 밀접한 관련이 있다. 북극권의 기온이 상승해 북극권과 중위도 간의 기압차가 줄어들면서, 남북 방향으로 진동하는 편서풍 파동의 진폭이 증폭하였고, 그 결과로 베링해에서 우리나라 쪽으로 거대한 기압골이 만들어져 북극권의 찬 공기가 자리 잡았다. 북극권의 공기 덩어리가 한쪽에서 힘을 받아 수축되면(기압능의 강화) 찬 공기는 다른 곳에서 남쪽으로 밀려 내려오게 된다(기압골의 생성). 이렇게 남쪽으로 밀려 내려온 찬 공기가 베링해에서 일본열도에 이르기까지 강하게 자리를 잡았다.

이러한 기압 유형이 2020년의 경우에는 1월부터 정착되어 여름까지 이어졌다. 이 찬 공기가 장마전선의 북상을 막았을 뿐만 아니라 장마전선이 남쪽 먼 해상에 머물러 있던 7월에는 장마전선의 서쪽 끝 부분으로 내려가서 온대저기압을 만들었다(이를 전선파동이라고 부른다). 이 온대저기압이 우리나라를 지나며 강한 비를 내렸다. 온대저기압이 지나면 장마전선은 남쪽 먼 해상에 그대로 정체하였다. 이 온대저기압은 동해로 확장한 북쪽 지상 고기압에 막혀서 우리나라에서 폐색되어 소멸하기도 하였다. 동쪽으로 빠져나가는 속도가 느린 만큼 특정 지역에 많은 비를 내리는 경우가 많았다.

8월이 되어 북태평양고기압 세력이 더욱 강해져 북쪽으로

시베리아 사하 지역의 거센 산불.

이 지역의 고온화로 동토가 녹으면서 방출되는 메탄가스가 산불 확산을 더욱 조장하고 있다. 산불로 발생한 연기가 북극지방으로 퍼져 나가는 광경이 위성사진으로 확인된다.

팽창하면 장마전선이 북상하여 북쪽 찬 공기 세력과 팽팽하게 대치하면서 남부에서 북한 지역 사이를 오갔다. 두 공기 세력이 강하게 대치하는 만큼, 대만 앞바다에서 북태평양고기압의 서쪽 가장자리를 따라 장마전선으로 강하게 유입(이 수증기 유입 경로를 '대기의 강'(atmospheric river)이라고 한다)되어 온 수증기가 좁은 전선대에서 강한 비구름을 만들어 역대급 폭우를 만들었다. 일반적으로 장마전선대를 따라서 내리는 강수대는 남북 방향으로 100킬로미터 내외로 좁아서 수치모델에서 현상을 재현하기에 공간 해상도가 불충분할 정도이다. 그런데 2020년 8월에 내린 전선대는 남쪽과 북쪽의 기단 세력이 강하게 대치하였던 탓에 폭이 더욱 좁았고, 폭우를 만드는 대류 활동은 매우 활발하였다.

수치모델이 표현할 수 있는 현상의 규모는, 수치모델의 격자 간격 5~8 정도라고 알려져 있다. 오늘날 공간 해상도가 가장 좋은 국지 모델의 해상도가 1킬로미터 정도이다. 여름 장마철에 동서로 길게 자리 잡은 장마전선에서 집중호우를 가져오는 직경 10킬로미터 이내의 소형 수직 구름은 좁은 지역에서 격렬한 폭우를 내리는데, 이런 현상들은 수치모델로 직접 파악할 수 없다. 10킬로미터 이내의 구름들은 수치모델의 격자 간격이 1킬로미터인 경우에도 파악이 안 될 만큼 작은 현상에 불과하기 때문이다. 사진을 찍었을 때에 여러 개의 화소로 표현되는 큰 현상이어야 그것이 무엇인지 알 수 있는 것과 같은 원리이다. 이런 집중호우 현상의 예보는 여전히 베테랑 예보관들이 숙련된 경험과 위성사진 속의 구름 모양과 특성 등을 활용하여 단기 예측을 할 수밖에 없는 형편이다.

우리나라 여름 기후 전망

기후변화가 진행되면 금세기 후반에 장마는 어떻게 변해 갈까? 그에 대한 전망 자료를 찾아보면, (1) 북태평양 고기압의 발달이 늦어진다, (2) 여름철에 접어들어 북태평양 고기압 세력이 8~10일 정도 발달하고 7~8일 정도 약해지기를 반복한다, (3) 장마의 시작과 끝이 모두 평균 4일 정도 늦어진다는 정도로 정리해 볼 수 있다. 그런데 장마가 7월 말, 경우에 따라서는 8월에 끝나는 경우도 종종 발생할 수 있다고 하며, 강수량은 장마전선의 서쪽(중국 내륙과 일본 시코쿠)은 증가하고 한반도와 일본 본토 쪽은 감소하는 경향을 보인다고 한다. 이 전망과 2020년 여름철 실제 장마 활동을 비교해 보면, 장마에 수반된 강수량이 감소한다는 점을 제외한 나머지는 비슷한 양상을 보였다는 것을 알 수 있다.

앞으로 우리나라의 폭우 현상은 경향적으로는 장마철에는 감소하고 가을철에 증가할 것으로 예상된다. 하지만 해에 따라서는 2020년과 같이 여름 장마철에 큰 폭우가 내리는 경우도 충분히 예상할 수 있다. 그 이유는 기후변화의 진행에 따라 편서풍 파동의 진폭이 장래에 더욱 커질 가능성이 높기 때문이다. 시베리아의 열파는 앞에서 언급하였듯이 2020년에 처음 나타난 현상이 아니다. 단지 북반구 편서풍 파동의 진폭이 크게 발달하여 그곳의 고온현상이 특별히 일찍 시작되었고 기온의 상승도 대폭 높았을 뿐이다. 따라서 앞으로 기후변화가 더 진행되어 편서풍 파동의 진폭이 더욱 커지면 시베리아 열파도 더 강화될 개연성이 높다. 그렇게 되는 해에는 2020년 여름보다도 더 큰 물 폭탄을 맞을 수 있다.

우리나라 여름 기후를 지배하는 상황의 변화를 감안해 전망해 보면, 한국은 2016년, 2018년과 같은 폭염의 여름이 되거나 2019년, 2020년과 같은 폭우의 여름이 될 가능성이 점차 높아질 것으로 판단된다. 그런데 폭염은 필연적으로 강한 가을장마 전선을 만들고, 강한 가을 태풍이 내습할 가능성을 높이기 때문에 가을 폭우를 만날 가능성이 높다.

남쪽 해양의 해수 온도는 여름보다 가을에 더욱 높아서 여름 태풍보다 가을 태풍이 훨씬 강하다. 과거엔 8월 하순이 지나면 태풍의 진로는 대부분 일본 열도 혹은 그 이남이었는데 최근에는 북태평양고기압이 그 시기에도 여전히 한반도를 지배하고 있어서 9월에도 태풍이 한반도로 향하는 사례가 많아지고 있다. 최근에 이러한 현상을 실제로 경험하고 있는데, 이제는 슈퍼태풍이 언제 한반도로 상륙해 오더라도 이상하지 않은 시대로 접어들었다.

슈퍼태풍은 풍속이 초속 67미터 이상이고 강수량이 하루에 1,200밀리미터 이상인 경우를 말한다. 2020년 장마철에 내렸던 물 폭탄보다 두 배 이상의 비가 내리게 된다. 이러한 세상에서도 살아남을 수 있는 사회안전망 구축이 시급해졌다.

Q 하천과 저수지 등에서 독성 남조류가 번성하는 현상이 기후변화와 관계가 있을까? 독성 남조류는 사람과 야생 동물의 건강에 어떤 영향을 미칠까?

A 유명 과학 학술지인 『사이언스』 2021년 3월호의 표지로 대머리수리가 바다에서 청어를 낚아채어 창공을 날고 있는 사진이 게재되었다. 이 사진에 붙은 질문은 "진정한 최강의 포식자는 누구인가"이다. 시아노박테리아(남세균)가 배출한 독성 물질에 오염된 청어를 먹은 독수리는 죽게 된다. 30억 년 전에 광합성을 하는 생명체로서 최초로 지구에 나타났던 식물성 조류인 시아노박테리아가 최강의 포식자로 등장하고 있다는 말이다.

남아프리카 보츠나와 등에서 독성 조류가 만들어 낸 독성 물질로 코끼리가 떼죽음하고, 독성 물질에 오염된 물고기를 먹은 새들도 떼죽음을 맞고 있다. 동물들만이 아니다. 오하이오 주립대학의 이지영 교수팀에 의하면, 미국의 하천과 호수에서 시아노박테리아가 광범위한 영역에 걸쳐서 번성하였고, 그 지역과 그 물이 흘러드는 연안 지역을 따라 비알콜성 간질 환자가 빠르게 증가하고 있다고 한다(Tyler Gorham, Elisabeth Dowling Roo, Yuanyuan Jia, C.K. Shum, Jiyoung Lee, 2020, Relationship between cyanobacterial bloom impacted drinking water sources and hepatocellular carcinoma incidence rates, *Harmful Algae* Vol. 95, 101801).

이 연구팀은 우리나라 4대강 사업으로 보가 들어선 하천 유역의 독성 조류 번성과 비알콜성 간질환자 발생과의 관련성을 조사하여 2019년에 국제 학술지에 발표하기도 하였다. 4대강 사업이 완료된 2013년부터 클로로필-a가 많이 증가하였고, 그 영향으로 4대강 유역을 따라서 비알콜성 간질환 사망자 수도 뚜렷하게 증가하였다는 결과를 제시하였다.

담수조류는 엽록소를 갖고 광합성을 하는데 규조류, 녹조류, 남조류, 기타 조류로 구분한다. 이 중에서 독성 조류와 관련이 깊은 남조류는 수온이 20℃ 이상으로 높을 때에 출현한다. 마이크로시스티스, 아나베나, 오실라토리아, 아파니조메논은 역한 냄새와 독성 물질을 배출하기 때문에 독성 조류로 분류된다. 여름철 조류 번성기에 낙동강 하류 등에서 창궐하는 마이크로시스티스는 간에 치명적인 해를 주는 마이크로시스틴을 생성하는데, 발진이나 구토, 설사, 두통, 고열, 간 종양을 유발한다. 이들 독성 물질들은 오염된 물로 생산한 농산물뿐 아니라 공기 중에 비산되어 코나 눈 등을 통해 인체에 흡수되어 문제를 일으킨다. 오염된 물에 노출되는 시간이 긴 농민들의 피해가 가장 크고, 오염된 농산물을 섭취하는 소비자들도 피해를 입을 수 있다.

『사이언스』 2021년 3월호 표지.

조류의 번성은 수온, 일조량, 영양염류의 농도 및 유속에 의존하므로, 기후변화로 기온이 상승하고 갈수기가 길어지면 독성 조류는 큰 위협으로 대두될 수 있다. 4대강 사업으로 하천이 사실상 거대 호수로 변했고, 댐도 많은 우리나라는 기후변화로 이런 독성 조류에 더욱 치명적인 피해를 입을 수 있다.

7 CLIMATE CRISIS

기후변화가 식량 위기를 가져올까요?

다가오는 식량 위기

2020년 노벨 평화상은 유엔세계식량계획(WFP)에 돌아갔다. 노벨위원회는 "유엔세계식량계획은 기아와 식량안보를 책임지는 가장 큰 인도주의 기관"이라며 "코로나19 백신이 나오기 전 혼란에 대응하는 최고의 백신은 식량"이라고 선정 이유를 밝혔다. 유엔세계식량계획은 식량 원조를 통해 개발도상국의 경제·사회 발전을 도모하기 위한 목적으로 설립된 UN의 산하기구로, 1961년 UN 총회와 유엔식량농업기구(FAO)의 결의로 설립되어 1963년부터 활동을 시작한 단체이다.

노벨위원회는 재난 시기에 사람들에게 가장 소중한 것은 식량이고, 식량을 필요로 하는 사람들에게 전달하는 일이 세계 평화를 만드는 최고의 행동이라고 판단한 셈이다. 기후변화는 갈수록 인류에게 더 큰 기후재난을 안기게 될 텐데, 그로 인한 가장 큰 위협은 식량 불안정이다.

산업혁명이 시작될 당시에는 3억 명에도 채 미치지 못하던 지구의 인구가 폭발적으로 증가하여 오늘날에는 80억 명에 육박하고 있다. 인구 증가는 앞으로도 상당 기간 매년 8천만 명씩 증가하여 21세기 중반에는 백억 명을 훌쩍 넘길 가능성이 높다고 한다. 이러한 인구 증가 전망은 사람이 살아가는 데에 필요한 여러 요소들, 그중에서도 물, 에너지, 식량의 3대 요소가 안정적으로 공급될 경우에 유효하다. 그렇지 못하면 인류는 오히려 큰 기근을 거쳐 빠른 인구감소 과정을 겪을 수 있다.

가까운 장래에 이 3대 요소가 모두 불안정한 상태에 빠질 가능성이 우려되는데, 이 문제를 해결하지 못한다면 아비규환의 고통 속에 인류는 산업혁명 이전의 인구 수준으로 축소되어 갈지도 모른다. 가이아(Gaia) 이론의 제창자인 제임스 러브록(James Ephraim Lovelock)은 세계 인구를 크게 줄여 5억 명 정도로 안정화하여야 지구환경이 지속가능할 것이라고 2006년에 출간된 그의 저서 『가이아의 복수』에서 주장한 바 있는데, 어쩌면 이것이 현실화될지도 모른다.

인류의 지속가능성을 위협하는 요인들 중에서 가장 먼저 나타나고 가장 치명적인 영향을 미칠 수 있는 요소는 식량 부족 문제이다. 최근 더욱 증폭되고 있는 이상기후 현상이 언제 전지구적 대흉작을 만들어 낼지 모른다. 1990년대 초에 이상기후에 따른 대흉작을 겪은 강대국들은 이미 이 문제에 대비해 오고 있다.

역사적인 대흉작은 왜 일어났을까

미국에서도 1993년에 대규모 이상기후 현상에 따른 큰 재해가 발생했다. 이때의 피해 규모를 따서 'Billion Dollars Disaster'(수십억 달러 재해)라고 부른다. 봄에는 이상저온이 발생했고, 역사적인 저기압이라고 이름 붙여진 강한 저기압이 미국 동부 해안에 강한 토네이도와 기록적인 강풍을 가져왔다. 봄이지만 곳곳에 60~120센티미터에 이르는 폭설도 내렸다. 당시에 추산된 재산 피해 금액이 50~60억 달러, 사망자가 270명에 달했다.

같은 해 여름에는 장기간 많은 비가 내려서 미국 중부와 중서부에 홍수가 발생하여 재산피해 약 210억 달러, 사망자 48명이 발생했다. 이들 지역과 대조적으로 남동부 지역에서는 폭염과 가뭄으로 농작물 피해가 10억 달러 내외, 사망자가 16명 나왔다. 또 가을에는 남캘리포니아에서 건조 현상과 강풍이 이어져서 대형 산불이 발생하기도 하였다.

1993년의 이상기후는 북반구 곳곳에서 기승을 부려서 막대한 피해를 유발했지만 그 내용은 장소에 따라서 달랐다. 여름철에 동아시아는 냉해였지만 유럽과 미국에서는 고온과 가뭄이 기승을 부렸다.

1993년 여름에 오호츠크해기단의 이상 발달로 동아시아에 나타난 대흉작은, 1980년대 후반에 LA를 포함한 미국 중서부 지역을 강타했던 폭염 사건을 계기로 지구온난화 문제가 세계적인 이슈로 충분히 알려진 상태에서 발생한 사건이어서 충격이 더욱 컸다. 지구온난화라고 하면 기온의 급격한 상승으로 만년설이 녹아서 해수위가 올라가 해안 저지대가 침수된다든가, 고온화로 자연 생태계와 인간 활동이 위협받게 된다든가 하는 문제가 주요 관심사였는데, 엉뚱하게도 지구온난화 현상으로 여름철에 냉해 피해가 크게 나타날 수 있다는 사실이 대두된 것이다. 1993년의 냉해는, 지구온난화 현상이 기온과 해수 온도의 상승만이 아니라 과거에 없었던 이상기상을 유발하기도 한다는 새로운 사실을 가르쳐 주었다. 1993년에는 우리나라와 일본만이 아니라 미국에서도 기후재해로 흉작이 발생하여 식량 수급에 문제가 생겼다. 이를 계기로 지구온난화 대책 중에서 식량 자급률을 올리는 것이 매우 중요하다는 교훈을 얻었다.

인구 5천만 명을 넘는 국가 중에서 식량자급률(공급열량 종합식량자급률)이 50%를 밑도는 나라는 우리나라와 일본뿐이다. 공산품 제조에 탁월한 기술 경쟁력을 가진 우리나라와 일본은 부족한 식량은 수입하면 된다는 생각에 젖어 있었다. 그런 생각은 세계적으로 별다른 흉작이 없었던 과거에는 큰 탈을 만들지 않았다. 하지만 1993년을 계기로 식량을 수입해 와야 할 상대 국가가 이상기후로 흉작을 겪게 되면 식량을 구매할 수 없게 된다는 사실을 깨닫게 된 것이다(우리나라는 여전히 이런 교훈에 둔감하지만).

대흉작이 남긴 교훈

1993년 대흉작 시기에 일본에서 제기된 인상 깊었던 논점은, 식량 수급(식량안보) 문제를 자국의 풍작과 흉작에 한정하여 볼 것이 아니라, 곡물 수출국 및 주요 식량 수입국들의 사정을 함께 고려해야 한다는 것이었다. 그러한 관점에서 일본은 '기후변화로 인한 식량 생산 변동성 연구' 과제를 만들어 총 9년에 걸쳐 수행하였다. 그 연구 과제의 초기 3년(1996~1999년) 동안에는 동아시아에 냉해를 발생시키는 이상기상 발생 과정을 연구하는 기상학적 접근과 냉해의 유형과 규모에 따른 농산물 피해를 연구하는 농업 부문의 연구가 이뤄졌고, 이때 필자도 연구자로 참여하였다. 나머지 6년의 연구 기간에는 동남아시아를 포함한 세계 주요 농업 국가들에 일본의 선진 농업기술을 전수하는 부분과 해외에 농업기지를 확보하여 진출하는 방안으로 구성되었다.

1993년에는 고온과 가뭄으로 흉작이었던 미국에서 여름철 이상저온으로 인한 식량 생산 문제가 크게 대두된 것은 2007년이었다. 미국은 2007년을 '여름이 없었던 해'라고 불렀는데, 이상저온의 규모가 1993년의 동아시아보다 더 심각했다. 2007년의 대흉작을 계기로 미국은 식량 생산과 전 세계 식량 공급 전략을 재정비하게 된다.

식량 수출국의 흉작에 따른 곡물 무역 시장의 불안정 문제는 최근에 더욱 심각해지고 있다. 2008년 세계 경제위기가 엄습해왔던 해에도 호주, 러시아 및 미국이 가뭄으로 큰 흉작을 입어서 세계 곡물 시장이 요동을 쳤다. 그 여파로 식량 수입 부족을 겪은 필리핀과 아랍 국가 등에서 사회 혼란이 발생했고(시리아 내전도 이 여파로 발생하였다), 우리나라도 GMO 농산물 수입에 빗장을 모두 풀 수밖에 없었다. 가장 최근인 2020년의 경우에도 호주, 러시아 등의 가뭄으로 인한 흉작과 코로나19에 따른 국제교역 환경의 불안정을 우려한 동남아시아 여러 나라에서 식량 수출 금지 조치를 발동하였다.

세계농업기구의 자료에 의하면, 전 세계의 식량 비축량은 약 70일 분에 지나지 않는다고 한다. 분배가 제대로 이뤄진다는 가정 하에서도, 전 세계의 식량 생산량이 15~20% 정도만 줄어들면 식량 수급이 부족해진다는 뜻이다.

최근 우리 정부가 코로나19로 인한 경제 침체를 타개하기 위한 대책으로 대규모 예산을 투입하는 한국형 뉴딜을 입안하였고, 그 안에 기후변화에 대응하는 그린뉴딜을 포함시켰다. 하지만 그린뉴딜 안에서도 농업 문제를 등한시하고 있다는 비판이 많았다. 농업 문제를 가볍게 여긴다는 것은, 기후변화가 가까운 장래에 가져올 진정한 위협이 무엇인지를 제대로 고민해 보지 않았다는 방증이라고 생각한다.

Q 지구에 사막화가 가속되고 있다고 한다. 기후변화가 사막화에 미치는 영향은 무엇이고, 인류는 어떻게 대응하고 있을까?

A 지구에 사막화가 가속되고 있다. 토지의 사막화는 식량 위기도 불러온다. 오랜 가뭄으로 기근이 발생한 대표적인 사례로 사하라 사막 남쪽에 위치한 사헬 지역을 들 수 있다. 이곳은 1968년부터 1973년까지 5년 동안 대규모 가뭄이 들어 식량 생산에 큰 타격을 받았고, 전 세계가 사막화에 관심을 기울이게 되었다. 사헬 지역의 가뭄을 계기로 1977년에는 케냐 나이로비에서 유엔사막화대책협의회(UNCOD)가 개최되었다.

사막화의 진행은 기후변화뿐 아니라 과도한 경작과 목축도 원인이 된다. 사막화는 지역 주민들의 삶의 터전을 황폐화시키고 나아가 전 지구적인 식량 부족의 원인이 된다.

1977년 회의에서 사막화방지행동계획(PACD)을 채택하였고, 사막 녹지화를 위해 1994년 '유엔사막화방지협약'(UNCCD)을 채택하는 등 국제적인 협력을 해 오고 있지만 뚜렷한 성과를 달성하지 못하고 있으며, 세계 곳곳에서 사막화는 더욱 빠르게 진행되고 있다.

자연적인 사막화는 주로 기존에 존재하는 사막의 가장자리가 점차 넓어져 가는 형태로 진행된다. 오늘날에는 기후변화로, 건조했던 지역은 더욱 건조해지고 강수량이 많은 지역에는 더욱 많은 양의 비가 내리는 경향을 보이고 있다. 이러한 이유로 대륙의 내륙에 위치한 건조지대일수록 더욱 심각한 물 부족에 노출되고 있으며, 사람이 생존할 수 없는 곳으로 빠르게 변해 가고 있다.

8 CLIMATE CRISIS

지금의 기후변화,
왜 문제인가요?

지구 기후변화의 역사

사람들은 지구의 연평균 기온이 15℃ 내외인 지금의 기후를 정상이라고 생각하고 지금의 기후를 지키자고 말하지만, 지구 역사상 대부분의 기간은 지금보다 훨씬 더운 기후였다. 지금은 '빙하기-간빙기 순환'(빙하기 내에서 기온이 매우 낮은 시기와 높은 시기가 주기적으로 변화하는 것)에서 따뜻한 간빙기에 해당하지만, 지구 역사에서는 이례적으로 기온이 낮은 시기이다.

지구에는 그동안 일곱 차례의 빙하기가 나타났는데, 빙하기들은 대체로 짧았다. 가장 오래된 빙하기는 23억 년 전에 있었고, 현재의 빙하기는 약 1만8천 년 전에 시작되었다. 빙하기가 처음 나타났던 시기부터 지금까지의 기간만 고려하더라도, 빙하기가 지구 역사에서 차지하는 기간은 매우 짧다. 그래서 빙하기는 지구 역사에서 일시적으로 기온이 잠시 내려가는 시기에 불과하다고 말할 수 있다. 빙하기는 지구 역사의 15% 정도에 지나지 않는다.

250만 년 전(신생대 제4기)부터 기후 변동의 폭이 커지기 시작하였는데, 80만 년 전이 되자 초기보다 두 배 이상 커졌다. 이 시기에 기온의 상승과 하강 폭이 커지면서 얼음이 덮는 면적의 비율도 변동이 커졌는데, 이를 '빙하기-간빙기 순환'이라고 부른다. 신생대 4기를 통틀어 전 지구 평균기온이 5℃ 이상 차이를 보인 순환은 대략 서른 번 정도 있었다.

빙하기-간빙기 순환은 15만 년 정도의 일정한 주기로 나타났다. 지난 200만 년 이내의 기간에서 기온이 가장 높았던 시기는 12만5천 년 전 절정에 달했던 홍적세 간빙기이다. 그때에는 기온이 지금보다 1~3℃ 더 높았고, 그래서 해수위도 지금보다 6미터나 더 높았다. 이것은 21세기 말에 전망되는 지구온난화의 상황에 상당하는 수준이다.

홍적세 간빙기가 지난 후에 강한 두 번의 저온기(빙하기)가 지나갔는데, 11만5천 년 전과 7만5천 년 전이었다. 두 번째 빙하기의 절정기는 2만 년 전이었는데, 그때는 지구상의 대륙 상당 부분이 얼음으로 덮였다. 이때 얼음의 두께가 3,500~4,500미터에 이르렀을 것으로 추정된다. 그 얼음의 무게로 지각이 맨틀 아래로 800미터 이상 내려앉았는데, 나중에 얼음이 녹으면서 대륙이 다시 서서히 솟아오르고 있지만 아직도 빙하기 시작 이전에 비해 낮은 상태에 있다. 빙하기에 두꺼운 얼음을 만든 물은 해수에서 왔기에 해수위도 크게 낮아졌는데, 지금보다 120미터가량 더 낮았다. 그래서 시베리아와 알래스카가 육로로 연결되어 있었다. 우리나라 주변의 황해와 남해도 지금과 같은 바다가 아니었다. 당시의 대륙 간 육로 연결 지도를 찾아보면, 고대인들의 대규모 이동에 납득이 쉽게 갈 것이다.

이 시기의 기후 변동은 극심하였다. 이 빙하기 동안 극지방의 기온은 불과 수십 년에서 수백 년 사이에 5~8℃씩 상승과 하강을 되풀이하였다. 이러한 기후 급변의 정도는 오늘날 온실가스 증가로 인한 기온 상승 속도에 뒤지지 않는 수준이다. 지금의 급격한 기온 변화를 과거에 없었던 현상이라고 생각하기 쉽지만, 지구 역사에서 지금보다 더 격심한 기온 변화가 나타났던 시기와 장소를 많이 찾아볼 수 있다.

빙하기-간빙기 순환에서 마지막 빙하기가 지나고 1만5천 년 전부터 가끔씩 저온기가 찾아오기도 했지만, 장기적 경향으로는 기온이 상승하고 있다. 이때부터 현세라고 불리는 지금의 지질학적 시대가 시작한다. 1만3천 년 전에 일시적으로 저온기가 찾아온 시기(영거 드라이아스)가 있었는데, 대략 1,500년 정도 지속되었다.

그 후 그린란드에서 기온이 10년에 1℃씩 상승할 정도로 전지구적으로 급속한 기온 상승기를 거쳐, 다시 따뜻한 온난기(후빙기)로 전환되었다. 특히 지금부터 9천 년 전에서 3천 년 전까지의 기간은 현재보다 평균 약 2℃ 이상 높았다. 이 시기를 힙시서멀(hypsithermal interval)이라고 부르는데, 빗살무늬토기 시대에 해당한다. 고대문명이 한반도의 남쪽이 아니라 훨씬 고위도에서 꽃피운 이유는 당시의 기후를 고려해 보면 쉽게 이해할 수 있다. 그 시기에는 현재의 아프리카, 아시아의 사막지대도 습윤해서 초식동물들이 서식했던 지질학적 증거가 발견된다. 해수위도 지금보다 수 미터 더 높았다.

인간이 저지른 자해 행위, 지구온난화

지구 탄생 이래로 지구 기온은 상승과 하강을 되풀이하였지만, 경향적으로는 하강해 왔다. 그런데 지구와 같은 시기에 생성된 태양이 방출하는 에너지 강도는 초기에 비하여 오늘날 30% 이상 강해졌다. 태양이 방출하는 에너지가 적었던 과거에 지구가 더 고온이었던 것을 '초기 약한 태양의 역설'(Early faint Sun Paradox)이라고 한다.

이 역설을 해석하는 데에 유력한 이론이, 당시 지구 대기에 현재보다 열 배 이상 엄청난 양의 이산화탄소가 있었기 때문이라는 설이다. 한편 제임스 러브록은, 태양은 시간이 흐를수록 더욱 강해졌지만 지구 온도는 오히려 낮아져서 지금의 상태가 되었는데 이것은 지구의 모든 생물 종들이 협력한 결과라고 보았다. 이를 팀 플래너리는 지구의 '자동 온도 조절 장치'라고 바꾸어 불렀다. 플래너리는 기후변화 문제에 대해 가이아 이론을 빌려 다음과 같이 지적하였다. 지난 1만 년 동안 지구의 온도 조절 장치는 지구 온도를 평균 14℃로 맞추어 놓았다. 이 기간에 기온과 이산화탄소 농도는 일치된 변화 양상을 보였다. 대기 중의 이산화탄소 농도가 높아지면 강수 현상이 활발해진다. 빗물은 대기 중의 이산화탄소를 포집하여 바다와 토양으로 운반하여 이산화탄소 농도를 낮추었다. 대기 중에 이산화탄소 농도가 줄면 반대로 기온이 낮아져 강수량이 감소한다. 그리고 육상의 식물도 쇠퇴하여 이산화탄소 농도는 다시 증가하고 기온 상승기로 전환되었다. 이러한 순환이 지속적으로 되풀이되어 왔다는 것이다.

지금의 지구온난화는 인간이 유발한 것이다. 지구 생명체들의 협력으로 안정화된 기후를 인간이 화석연료를 과도하게 사용함으로써 파괴하고 있다. 인간을 포함한 지금의 지구 생명체는 고온 환경이 되면 생존할 수 없다. 인간이 저지르고 있는 자해 행위로 인간뿐 아니라 지구의 다른 생명체들까지 생존할 수 없게 되는 것이다. 심각한 지구환경 윤리 위반이며, 이것이 기후변화의 진정한 문제이다.

Q 전 세계의 기후변화대응지수 순위에서 우리나라의 위치는 어디일까? 그레타 툰베리가 보여 준, 기후위기 시대의 시민의 역할은 무엇일까?

A 매년 연말이면 기후변화협약 당사국총회(COP)가 개최된다. 이 회의 일정 속에서 저먼워치, 뉴클라이밋연구소, 기후행동네트워크가 공동으로 전 세계의 기후변화대응지수(CCPI) 순위를 발표한다. 이 순위에서 한국은 매년 하위를 벗어나지 못하고 있는 실정이다.

가까운 사례로 2019년에 스페인의 마드리드에서 열렸던 제25차 기후변화당사국총회(COP25)를 들 수 있다. 온실가스 배출량이 많은 58개국을 대상으로 하였는데, 한국은 미국 다음으로 낮은 성적표를 받았다. 특히 가장 핵심적 지표라고 할 수 있는 에너지 소비 저감 노력은 조사 대상 국가들 중에서 우리나라가 꼴찌였다. 2020년에 열렸던 COP26에서도 한국의 순위는 54위로 최하위권을 벗어나지 못했다.

이런 평가에서 알 수 있듯이, 우리나라는 아직도 기후변화 문제를 절실한 관심의 대상으로 받아들이지 못하고 있다. COP25 이후에 발표한 정부의 '2020 경제정책방향'에도 기후변화 대응 문제는 보이지 않았다. 하지만 이것은 우리나라만의 안이한 상황이고, 유럽 의회를 시작으로 세계는 기후위기 비상선언을 하고 행동에 들어갔다는 것은 주지의 사실이다.

기후위기 비상행동의 한가운데에서 가장 주목받는 인물이 스웨덴의 청소년인 그레타 툰베리이다. 툰베리는 2018년 8월 20일 금요일에 스웨덴 의회 앞에서 기후 위기에 대한 강한 대응을 촉구하는 파업을 시작했다. 그가 든 현수막에는 "기후를 지키기 위해서 학교 수업을 거부한다"고 적혀 있었다. 기후변화 문제의 긴급성과 자신의 진심을 호소한 그레타 툰베리의 행동은 스웨덴을 넘어 국제사회에 알려졌고, 세계인이 그의 외침에 공명하기 시작했다.

그레타 툰베리는 2019년 1월에는 세계경제포럼(다보스포럼), 4월에는 유럽 의회와 영국 의회에서 발언했으며, 그해 9월에는 유엔 기후행동정상회의에 초청받아 세계의 주요 정상들 앞에서 "기성세대는 기후변화 위기로부터 차세대의 삶을 책임지라"고 연설했다. 그날 전 세계 740만 명이 거리로 나가 "우리가 툰베리"라고 외쳤다. 12월에는 COP25에서 선진국이 개도국의 온실가스 감축을 돕는 길에 나서라고 호소하는 등 그레타 툰베리는 세계인의 주목을 모으는 발언과 행동을 이어가고 있다.

그레타 툰베리는 말뿐만 아니라 행동으로 실천했고, 같은 시대를 살아가는 세계인들의 마음을 움직였다. 기후위기를 걱정한다고 하면서도 아무것도 하지 않는다면 희망은 오지 않을 것이다. 국가와 정부가 해야 할 일을 당당하게 요구하고 동료 시민들의 행동을 촉구하며 스스로 먼저 실천했던 그레타 툰베리의 기후행동은 기후위기 시대에 시민의 역할이 무엇인지 명료하게 보여준다.

1000 Words / Shutterstock.com

9 CLIMATE CRISIS

지구 평균기온 상승을 1.5℃로 억제하는 것이 왜 중요한가요?

'1.5℃ 시나리오'란

지구온난화 전망은 '2℃ 시나리오'와 '1.5℃ 시나리오'로 대별할 수 있다. 2015년 12월 프랑스 파리에서 개최된 기후변화당사국회의에서 타결된 '파리기후변화협약'(파리협약)에서는 당사국 모두에게 의무적으로 온실가스를 감축하도록 강제했다. '신기후체제'의 근간이 될 파리협약은 지구의 평균기온 상승을 산업화 이전에 비하여 21세기 말까지 2℃ 이내로 억제하는 것에 합의하고, 추가적인 협의를 거쳐 더 강한 안을 마련해 가기로 했다. 그 후 2018년 10월에 우리나라 송도에서 개최된 IPCC 제48차 총회에서 온실가스 감축을 더 강화하여 추가적인 기온 상승을 21세기 말까지 1.5℃ 이내로 억제하는 데에 합의하였다. 이것이 '1.5℃ 시나리오'이다.

'산업화 이전의 기온'이란 1850~1900년 동안의 전 지구 평균

기온을 말하는 것인데, 그 값에 비하여 이미 지구 평균기온은 2015년까지 1℃ 상승하였다. 따라서 '2℃ 시나리오'와 '1.5℃ 시나리오'에서 21세기 말까지 남겨진 기온 상승 허용은 각각 1℃와 0.5℃가 된다. 그러므로 '1.5℃ 시나리오'는 '2℃ 시나리오'에 비하여 기온 상승 억제 목표가 두 배로 강화된 것이라 할 수 있다.

'2℃ 시나리오'를 달성하려면, 산업화 이후부터 대기로 방출해 온 탄소의 누적배출량을 2,900Gt_CO_2로 제한해야 한다.* '1.5℃ 시나리오'를 지키려면 이보다 훨씬 많은 양의 온실가스 감축이 달성되어야 한다. 그런데 2011년까지 이미 1,900Gt_CO_2을 방출하여 남은 탄소예산은 불과 1,000Gt_CO_2뿐이다. 2011년 이후로도 매년 45Gt_CO_2 내외의 온실가스를 배출하였고, 이렇게 계속 배출한다면 앞으로 10년 이내에 탄소예산은 사라진다. 최근 세계적인 실천운동이 된 '기후위기 비상행동'이 필요한 이유이다. "우리에게 남겨진 시간은 10년뿐"이라는 호소는 이런 계산에서 나온다.

그런데 왜 '신기후체제'에서는 2℃ 또는 1.5℃ 시나리오를 말하고 있는 것일까? 그 이유는 지구온난화로 인한 지구 평균

* Gt_CO_2는 온실효과 기체의 총량을, 온실효과를 감안하여 이산화탄소로 환산한 총 질량을 말한다. 1Gt=10^9ton

기온 상승이 만약 2℃를 넘어서면 걷잡을 수 없는 수준의 기후 재난이 발생한다는 연구 결과가 나오고 있기 때문이다. 그래서 지구 평균기온을 2℃ 수준에서 억제하고, 추가로 온실가스 방출량을 더욱 줄여 기후를 안정화시켜야 한다는 것이다. 이런 이유로 유럽연합은 기온 상승 2℃를 '기후목표'(Climate Target)라고 불러 왔다.

오늘날 '기후위기'라는 용어를 많이 사용하고 있는데, 이것은 '기후파괴'나 '기후붕괴'와 같은 의미를 갖는다. 산업화 이전의 지구 평균기온(1850~1900년 동안의 지구 평균기온)에 비하여 3℃가 상승하면 기후붕괴가 본격적으로 나타난다는 전망이 우세하다. 기온 상승이 3℃를 넘어가면, 영화 〈투모로우〉의 소재가 되었던 것처럼 해양대순환에서 멕시코만류(=대서양해류)가 감속되거나 정지될 수 있다. 그렇게 되면 유럽에는 해류를 따라 남쪽에서 수송되어 오는 열 공급이 끊겨 한랭화 현상이 나타날 수 있다. 아마존과 아프리카 일대의 열대우림이 고사되어 버리고 그 지역이 사바나 기후대(고온 건조)로 변할 가능성도 높다고 한다. 또한 해양과 토양에서 본격적으로 메탄이 방출되어 지구온난화가 가속되고, 남극에서 가장 큰 빙하 지대인 서남극 대륙의 빙상도 불안정해져서 붕괴가 발생하여 해수면의 상승이 빨라질 우려가 있다.

제임스 한센은 기온이 3℃ 이상 상승하면 해수면이 25미터 이상 상승할 수도 있다고 지적하였다. 만약 전 세계가 목표로 하고 있는 온실가스 배출량 감축에 실패한다면, 2050년경에는 3℃를 넘어설 가능성이 높을 것으로 전망된다.

지구 기후시스템과 되먹임 작용

지구 시스템이 열적으로 안정한 상태에 있는 동안에는 '되먹임' 작용의 결과로 지표면과 대기의 온도가 일방적으로 상승하거나 하강하지 않고 적당한 온도에서 균형을 이루게 된다(기후의 안정화). '되먹임'이란, 온실가스가 증가하여 기온을 상승시키면 지구의 기온을 결정하는 다른 요인들에 연쇄적인 영향을 미쳐서 기온을 더욱 상승시키거나(양의 되먹임, positive feedback) 낮추는(음의 되먹임, negative feedback) 작용을 말한다. 이들 되먹임 작용의 종합 효과가 '양의 되먹임'이 되어버리면 기후시스템은 불안정한 상태로 전환되어 버리기 때문에 인간 활동에 따른 온실가스 배출을 멈추더라도 기후변화(지구온난화)의 진행을 막을 수 없게 된다.

이들 되먹임 작용에 대한 이해가 여전히 부족하고, 그동안 제대로 인식하지 못했던 새로운 '양의 되먹임'이 드러나면서,

기후시스템은 이미 열적 안정 상태를 벗어났을지도 모른다는 우려가 제기되고 있다. 지표가 우주 공간으로 방출하는 장파복사를 온실가스가 흡수해서 지표로 재방출하여 발생하는 지구온난화 효과는 널리 알려져 있는데, 이것을 온실가스가 지구온난화를 유발하는 직접 효과라고 부른다. 직접 효과로 지표면과 대기의 온도가 상승한 상태에서 나타나는 되먹임의 특성을 살펴보고, 우리는 지구 기후시스템의 안정성을 지켜 낼 수 있을지에 대해서 생각해 보자.

• **열복사 되먹임**

모든 물체는 온도가 높아지면 그만큼 더 많은 에너지를 복사에너지 형태로 방출한다. 우주에 존재하는 모든 물체는 복사에너지를 방출함으로써 온도를 낮게 유지하려는 성질이 있다. 이러한 성질에 따라서 온실가스 증가로 지표면과 대기의 온도가 높아질수록 지구는 더 많은 복사에너지를 우주로 방출하여 온도를 더 많이 낮추려 한다. 모든 물체는 자연이 가진 복사에너지 방출의 기본 성질에 따라서 음의 되먹임이 작용한다.

• **수증기 되먹임**

지표면과 대기의 온도가 상승하면 대기에 최대로 존재할 수 있는 수증기량이 증가한다. 그래서 기온이 상승하면 실제로 대기 중 수증기량이 증가한다. 수증기도 온실가스이므로 수증기량이 증가하면 지구온난화 효과가 커지고 지표면과 대기의 온도가 더욱 상승한다. 이렇게 양의 되먹임이 작동하는데, 이것을 '수증기 되먹임'이라고 한다.

• 얼음-알베도 되먹임

지표면과 대기의 온도가 상승한 상태에서는 지표면의 설빙이 녹으므로 설빙의 면적이 줄어든다. 그러면 지표면의 알베도(반사율)가 감소한다. 따라서 지구 알베도가 감소한다.

지구 알베도가 감소하면 지표면에 흡수되는 태양복사에너지가 증가하여 지표면의 온도가 더욱 상승한다. 그러면 지표면의 설빙이 더욱 많이 녹게 된다. 이런 과정이 상승작용을 일으켜 간다. 이런 양의 되먹임을 '얼음-알베도 되먹임'(Ice-albedo feedback)이라고 부른다.

• 구름 되먹임

지표면과 대기의 온도가 상승한 상태에서는 수증기 되먹임 작용으로 대기 중의 수증기량이 증가한다. 그러면 구름의 양이 증가하고 구름의 성질이 변할 수 있다. 구름의 양이 증가하면 지표가 방출하는 장파복사에너지를 구름이 더 많이 흡수하여 지표로 재방출할 수 있게 되어 지표면과 대기의 온도가 상승한다(양의 되먹임). 그런데 구름의 양이 증가하면 지구로 입사하는 태양복사에너지에 대한 알베도가 증가한다. 그러면 지구에 흡수되는 태양복사에너지가 감소하여 지표면 온도가 낮아진다(음의 되먹임).

인간의 활동으로 만들어진 온실가스가 대기 중에서 증가하면 구름의 종합적인 복사 효과는 어떻게 될까? 어떤 구름이 어떻게 변할지가 중요하다. 권운과 같은 상층의 구름이 증가하면 장파복사에 양의 되먹임이 작동하고, 층운과 같은 하층 구름이 증가하면 알베도에 음의 되먹임이 작동하게 된다. 이 두 가지 되먹임 가운데 어느 것이 탁월할지는 불명확하다.

인간이 할 수 있는 일

되먹임 현상에 더하여, 삼림과 해양 식물플랑크톤의 광합성 감소와 동토의 지하에 대규모로 매장되어 있는 메탄가스 방출도 지구의 열적 안정성을 크게 약화시키는 요인이 된다.

영국 리즈대학 연구팀의 조사에 의하면 열대우림의 이산화탄소 흡수량이 1990년에 연간 460억 톤이던 것이 2010년에는 250억 톤으로 대폭 감소하였다. 불과 30년 동안에 감소한

210억 톤은 영국과 독일, 프랑스, 캐나다에서 화석연료 사용으로 10년간 방출하는 탄소 배출량에 상당하는 양이다.

2030년경에는 열대우림이 오히려 탄소 배출원으로 전락해 버릴 것으로 전망된다. 신기후체제에서 달성하고자 하는 탄소 감축 목표보다 열대우림이 흡수하는 탄소량의 감소가 더 커지는 것이다. 열대우림은 기온이 32.2℃를 넘어서면 광합성으로 이산화탄소를 흡수하는 기능이 멈춘다고 한다. '지구의 허파'라 불려 온 아마존의 열대우림은 이미 탄소 배출원으로 전락하였으며 탄소 흡수원으로 다시 되돌릴 수 없는 수준이라는 진단이다.

또 시베리아와 같은 고위도 동토 지역의 빠른 기온 상승과 산불은 동토를 빠르게 녹여 땅속의 메탄 하이드레이트에서 메탄이 대기로 대량 방출되도록 한다. 대기 중 이산화탄소가 빗물에 녹아 산성비를 만들고, 그 빗물이 해양을 산성화시켜 식물플랑크톤의 개체수를 줄여 해양의 이산화탄소 제거량도 줄어들고 있다. 또한 해수 온도 상승에 따른 해수의 이산화탄소 용존량 감소도 이산화탄소 농도를 더욱 증가시킨다.

지구 기후시스템을 구성하는 요소는 대단히 복잡하여 그들 요소 간의 상승작용(되먹임)을 제대로 이해한다는 것은 불가능한 문제이다. 기후시스템의 안정성을 제대로 판정하는 일은 인간의 능력을 뛰어넘는 차원의 문제이다. 우리가 알 수 있는 것은 온실가스 증가의 직접 효과로 기온이 높아질수록 기온 상승을 더욱 조장하는 '양의 되먹임'도 더 커진다는 사실뿐이다. 즉 대기 중 온실가스가 증가할수록 기후변화를 멈출 수 있는 기회도 사라진다. 이미 기후시스템이 안정화 단계를 넘어섰는지 여부도 알 수 없는 노릇이다. 그저 과학자들의 다양한 추정이 난무할 뿐이다. 그럼에도 우리는 온실가스 방출을 멈추기 위해 서둘러 노력해야 한다. 내일 지구에 종말이 오더라도 오늘 한 그루의 사과나무를 심는 마음으로 온실가스 감축에 최선을 다하는 것이 오늘을 살아가고 있는 우리들의 책무이다.

Q 유엔환경계획이 2021년 발표한 '자연과 함께 평화를 만들어 가자'는 제목의 보고서에서 진단한 지구환경 위기의 원인과 그 대안은 무엇일까?

A 2021년 2월 발표된 유엔환경계획의 보고서는 기후변화를 포함한 지구환경의 위기는 과도한 생산과 소비에서 초래되었다고 지적하였다. 대안으로 자연의 일방적 희생을 바탕으로 추구해 온 경제성장을 탈피하여 자연을 기반으로 하는 지속가능한 경제로의 전환을 제시하였다.

산업화 이후 인류는 자연이 생산해 낼 수 있는 범위를 훨씬 초과하여 자원과 물질을 소비해 왔고, 지구가 소화할 수 없을 만큼 많은 양의 환경오염 물질을 배출하고 있다. 그 결과, 우리는 45억 년의 지구 역사 동안 자연이 축적해 온 자원을 불과 200여 년 만에 고갈시키고 있다. 그 대가로 대기, 수질, 토양오염, 기후변화 및 생태계 파괴 등 각종 환경문제로 건강한 삶을 위협받고 있다. 산업화 사회는 인류에게 풍요와 편리성을 선사하였지만, 자원의 고갈과 환경오염을 전제로 하기 때문에, 본질적으로 지속 불가능한 사회체제라는 문제를 내포하고 있다.

이러한 배경에서 이미 20세기 후반부터 유엔을 중심으로 한 국제사회는 지속가능한 사회로의 전환을 촉구해 오고 있다. 지속가능한 사회란 미래 세대의 삶을 위태롭게 하지 않으면서 현재 세대가 필요로 하는 것을 충족시켜 주는 사회를 말한다. 즉 후대의 사람들도 삶이 보장되는 범위 내에서 현 세대가 소비를 하는 사회체제를 말한다. 이는 적정생산과 적정분배의 경제체제에서 달성할 수 있는 과제이다.

지금의 지구 경제를 지탱하고 있는 화석연료와 각종 금속류들은 예외 없이 고갈형 원료이다. 이것을 지속가능한 것으로 전환해 가야 한다. 인류가 지구상에서 계속 생존하려 한다면, 선택의 문제가 아니라 필수적으로 가야 하는 길이다. 재생에너지로의 전환과 자원순환형 사회를 지향해야 하는 이유이다. 우리나라는 전 세계에서 기후변화 대응에 가장 뒤떨어진 국가들 중의 하나이다. 뿐만 아니라 1인당 플라스틱 사용을 포함하여 일회용품 사용량도 전 세계에서 가장 많은 나라들 중의 하나이다.

지구 생태계의 지속가능성을 훼손한 책임은 정부와 기업에만 있지 않다. 전 세계 탄소 배출량의 3분의 2는 개인과 관련이 깊다고 한다. 개개인이 일상생활을 친환경적으로 개선하는 것 또한 중요한 이유이다. 당장의 편의를 위해 일회용품을 찾고 불필요한 풍요를 추구하는 행동 하나하나가 미래 세대의 삶을 훼손한다는 것을 잊지 말아야 한다.

10 CLIMATE CRISIS

화석에너지를 계속 사용하면 안 되나요?

화석연료를 버려야 하는 이유

현존 인류의 직접 조상으로 추정되는 호모사피엔스가 지구상에 출현한 것은 기원전 4만년 정도로 추정되고 있다. 그 후 3만 년이 지난 기원전 1만년까지 인구는 대략 5백만 명을 넘지 않았을 것이라고 한다. 농경이 시작되면서 인구가 증가하기 시작하여 기원 1년에는 세계 인구가 2억~3억 명에 이르렀을 것으로 추정된다. 이 정도의 인구가 산업혁명이 이루어진 약 2백년 전까지 지속되었는데, 화석연료의 도움 없이 농경을 통해 부양할 수 있는 인구의 한계가 이 정도였던 셈이다. 산업혁명과 함께 인구는 다시 폭발적으로 증가하여 오늘날에는 70억 명이 넘는 사람들이 지구에 살고 있다. 이러한 인구 증가는 앞으로도 상당 기간 지속되어, 2050년경에는 지금의 약 두 배인 120억 명을 초과할 것으로 예상된다.

인류(호모사피엔스)의 출현과 인구의 추이

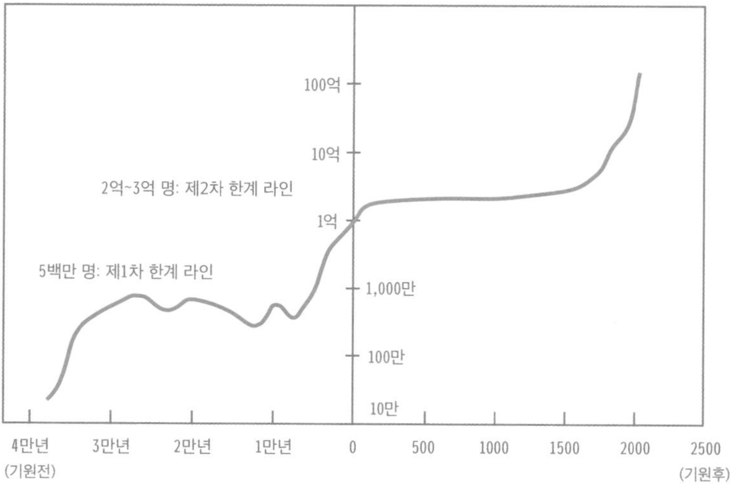

하지만, 이러한 인구 증가는 사람이 살아가는 데에 필요한 여러 요소들, 그중에서도 물, 에너지, 식량의 3대 요소가 안정적으로 공급될 경우를 가정하였을 때에만 가능한 문제이다. 이 3대 요소의 안정적인 공급이 가능했던 것은, 산업혁명을 가능하게 한 화석연료로부터 에너지를 얻어 이용할 수 있었기 때문이다. 산업혁명 이후 폭발적으로 증가한 인구와 각종 인류 문명은 전적으로 화석연료에 의존하고 있다. 오늘날에도 인류가 사용하는 에너지의 약 85%가 화석연료에서 나온다.

그런데 이 화석연료의 연소에서 발생한 온실가스(이산화탄소)가 지구온난화를 유발하고 그로 인해 인류가 감당할 수 없는 수준의 극한적인 기후변화가 증폭되어 인류의 지속가능한 삶을 위협하게 되었다. 뿐만 아니라 이것은 지구 생태계의 멸망으로까지 나아갈 수 있는 문제가 되었다. 생태계의 번성을 가져온 원인이 그 생태계를 파괴하는 요인으로도 작동한 것이다.

오늘날 인간의 번성을 가져온 화석연료는 기후변화의 문제, 화석연료 자체의 고갈 문제로 화석 생태계를 파괴하는 요인으로 그 모습을 바꾸기 시작했다. 우리가 화석 생태계를 빨리 탈피하지 못한다면 화석연료는 지금의 지구 생태계를 파괴하는 요인으로 작용할 것이다. 재생에너지로의 조속한 이행 여부가 지구 생태계의 지속가능성을 판가름할 시점에 서 있는 셈이다. 지금 화석연료를 서둘러 버려야 할 이유가 충분하지 않은가?

심해저의 열수가 만든 생태계

1977년 미국의 심해 조사선이 갈라파고스 섬 먼바다의 심해에서 해양탐사를 수행하던 중에 그때까지 알려진 심해저 생태계에 대한 상식으로는 이해할 수 없는 아주 이상한 현상을 발견했다. 해저 바닥에서 검은 연기가 분출하고 그 주위로 다양한 해양 생물들이 높은 밀도로 서식하고 있는 것이다.

해저에는 햇빛이 도달하지 못하기에 광합성이 불가능하여 식물성 생물이 없다. 그래서 해양 생물들의 먹이가 적어 해저에서 서식할 수 있는 개체 수가 많지 않다.

깊은 바다 속에 사는 게나 새우는 표층에서 중력을 받아 가라앉는 플랑크톤의 사체를 먹이로 살아간다. 심해 조사선이 촬영한 심해 영상을 살펴보면 심해에 하얀 덩어리가 많이 부유하는 것을 볼 수 있는데, 그것은 플랑크톤의 사체들이 엉켜서 만들어진 물체이다. 마치 눈처럼 보여서 '해양의 눈'(마린스노, marine snow)이라고 한다.

해양 표층에서는 식물플랑크톤이 광합성으로 성장하고 개체수를 늘려 간다. 식물플랑크톤도 육상의 식물처럼 이산화탄소를 흡수하고 산소를 방출하는 탄소동화작용을 한다. 동물플랑크톤은 식물플랑크톤을 먹이로 하고, 동물플랑크톤은 다시 어류의 먹이가 된다. 어류의 먹이가 되고도 남은 동물플랑크톤은 수명이 다하면 죽어서 해저로 가라앉는데, 여러 플랑크톤이 엉겨 붙어 덩어리를 이룬 상태로 가라앉는다. 이것이 마린스노이다. 그 사체 덩어리는 대기 중의 탄소가 고정된 것이기에, 플랑크톤의 사체가 해저로 낙하한다는 것은 대기 중의 이산화탄소가 심해저로 이동해 간다는 말이 된다.

그런데 플랑크톤이 풍부하게 존재하려면 태양빛과 함께 미네랄 성분이 필요하다. 과거에 황사 활동이 활발했던 해에는 황사에 섞여 온 토양 속의 미네랄 성분이 해양생태계를 풍부하게 만들었다는 지질학적 증거가 확인되고 있다. 기후공학에서는 이에 착안하여 해양에 인위적으로 철분과 같은 미네랄 성분을 살포하여 플랑크톤을 증식시키고 그 결과 마린스노가 많이 만들어지도록 하여 대기 중 이산화탄소를 제거하는 실험에 관심이 높다.

전 세계의 해양에 마린스노의 양은 많지 않다. 그래서 심해에서 살아갈 수 있는 생물의 개체수도 일정 수준 이내로 제한될 수밖에 없다는 것이 그때까지 알려진 상식이었다. 그런데 갈라파고스 섬 먼바다의 수심 2,500미터 아래 심해저에서 마린스노를 먹이로 살아갈 수 있는 개체 수를 훨씬 초과하는 해양 생물군을 발견한 것이다.

어떻게 이것이 가능할까? 그것은 해저에서 분출하고 있는 뜨거운 열수(熱水)에 답이 있었다. 1977년에 심해 조사선에서 발견한 검은 연기가 바로 문제의 열수였다. 열수를 만든 것은 심해저에 있는 해수이다. 해수가 해저의 갈라진 암반 틈을 통해 해저 아래로 들어가는 경우가 있는데, 해저 바닥에서 1킬로미터 정도 땅속으로 흘러 내려가면 마그마 덩어리에 가까워지게 되어 강한 열을 받아 가열된다. 충분히 가열된 해수는 열

팽창을 하여 밀도가 작아지고 강한 부력을 얻게 되어 다시 해저 바닥으로 분출해 나오게 된다. 이것이 열수인데, 이 열수의 온도는 350℃ 내외로 알려져 있다. 해저에서는 압력(수압)이 높기 때문에 100℃ 이상이 되어도 끓지 않는다. 수압은 수면에서 10미터 내려갈수록 1기압(대기 전체 압력)씩 높아지므로, 수심 수천 미터에 이르는 해저의 수압은 수백 기압 이상이 된다.

고온의 해수(열수)가 지하의 암석에 접촉하면 마그네슘 등의 일부 물질은 해수에서 빠져나와 암석에 부착한다. 반대로, 암석에 들어 있던 다양한 성분들은 열수에 녹아 들어간다. 그러면 열수는 심해에 있는 일반적인 해수와 다르게 미네랄 성분이 풍부해진다. 또 마그마 속에 포함되어 있던 메탄, 황산화수소 등도 열수에 녹아든다. 해저로부터 뿜어 나오는 열수가 검은 연기처럼 보이는 이유는, 열수가 급히 냉각되어(수온이 낮아지면 물질 용존량이 급감한다) 열수 속에 녹아 있던 물질이 빠져나오기 때문이다.

열수 부근에서는 세균이 거미집과 비슷한 모양으로 많이 번식하고 있는 게 발견되었다. 또 열수 속에서 초호열균(超好熱菌)이라고 불리는 열에 강한 원시 세균이 발견되었다. 이들 세균은 메탄과 황산화수소를 이용해서 유기물을 합성하는 능력을 갖고 있다. 열수 부근에 살고 있는 조개류 등은 이런 세균을 먹이로 살아간다. 또 몸속에 이들 세균을 살게 하여 세균에게 황

한국해양과학기술원이 촬영한 심해저 열수의 분출 광경.
(사진 한국해양과학기술원)

산화수소를 공급하는 대신에 세균이 만든 유기물을 흡수하는 생물도 발견되었다. 햇빛이 없어서 광합성을 할 수 없는 대신에 메탄과 황산화수소를 에너지원으로 하여 유기물을 합성하는 세균이 풍부한 해양 생물들에게 먹이를 제공하는 것이다. 즉 이들 세균이 땅 위나 얕은 물속에서 광합성으로 유기물을 만드는 식물과 같은 역할을 담당하고 있다.

그런데 이 열수 생태계는 유한한 기간 동안에만 유지될 수 있다. 열수 생태계는 열수의 분출이 멈추면 먹이의 원천(메탄과 황산화수소 및 풍부한 미네랄)이 없어지기 때문에 소멸해 버린다. 열수의 분출은 영원할 수 없는데 그 이유는 다음과 같다. 열수에는 다양한 광물이 포함되어 있는데, 열수가 지하에서 해저로 올라올수록 수온이 낮아진다. 그러면 열수에 녹아 있던 광물이 적출되어 열수 분출 구멍 주변에 들러붙게 된다. 이렇게 오랜 시간이 지나면 열수가 빠져 나오는 구멍이 점점 작아지다가 결국 막혀 버리게 된다. 심해저 생태계의 번성을 가져온 열수가 그 생태계를 멸망시키는 요인이 되는 것이다. 열수가 생성되었다가 사라질 때까지 걸리는 시간은 대략 10년에서 100년 사이로 알려져 있다.

지구 대기에 오존이 생성되지 않아서 지상에 자외선이 많이 도달하던 아주 오랜 과거에 생물 활동은 태양빛이 도달하지 않는 심해에서 시작되었을 것으로 추정한다. 즉 지구 생물의 기원은 열수 중에 사는 호열균이었을 것으로 생각하고 있다. 해저 열수 주변의 풍부한 생물 군집은 지구의 생물 기원을 추정해 볼 수 있는 단초를 줄 뿐만 아니라, 지구 생물의 생존 조건을 생각할 수 있는 힌트를 주기도 한다.

인간을 포함한 여러 생물들은 얼핏 보면 스스로의 힘으로 살아가고 있는 것처럼 보이지만, 곰곰이 따져 보면 실제로는 무생물 환경에 의존하여 살아가고 있다는 사실을 알 수 있다. 열수 주변의 생물이 해저의 화산활동이 없으면 살아갈 수 없는 것처럼 말이다. 화산활동은 생물과 관계없는 자연현상이지만 이것이 열수 생태계를 지탱하는 원천이 된다.

또 하나의 중요한 사실은, 생물은 한 종이 독자적으로 살 수 없고 여러 종이 서로 의존하여 살아간다는 것이다. 열수 주변에는 많은 세균과 더불어 다양한 해양 생물들이 살아가고 있다. 이들 생물들은 우연히 그곳에 모인 것이 아니라, 먹이를 통해 서로 관계를 맺고 생태계를 이룬 것이다.

용승과 엘니뇨

생태계가 형성되어 번영하다가 파괴되는 현상이 반복되는

것을 남반구 적도 부근에 위치한 페루 해양에서 관찰할 수 있다. 페루 부근의 해양에서는 남동무역풍이 부는데 이 바람이 표층수를 태평양 서쪽 먼바다로 밀어내기(수송) 때문에 심해수가 표층으로 솟아오른다. 이런 현상을 '용승'이라고 부른다.

심해에는 마린스노가 되어 낙하한 플랑크톤의 사체가 분해되어 생긴 영양염류가 풍부하다. 이 심해수가 표층으로 올라오는 용승 현상이 발생하는 해역에는 이것을 먹이로 하는 플랑크톤이 번식하고, 그 플랑크톤을 먹는 물고기가 풍부해진다. 그러면 물고기를 먹이로 하는 바닷새도 많이 모여들게 된다. 심해에서 공급된 영양염류가 페루 해안에 다양한 생물종이 풍부하게 공존하는 생태계를 만드는 것이다.

페루의 해양은 전 세계에서도 손꼽히는 좋은 어장이어서 어업 생산량도 많다. 바닷새의 변으로 만드는 비료가 페루의 중요한 수입원이다. 그런데 수년에 한 번씩 엘니뇨 현상이 발생하면 이 생태계가 공황 상태에 빠진다.

적도 태평양은 일 년 내내 강한 햇빛이 닿기 때문에 수면이 따뜻한 해수로 덮여 있지만, 페루 연안은 심해에서 냉수가 용승하고 있어서 해수 온도가 항상 낮은 상태를 유지한다. 햇빛을 흡수하여 데워진 표층 해수를 바람이 서쪽 먼바다로 이동시킨다. 그런데 수년에 한 번씩 동풍이 약해지면 페루의 서쪽 먼바다로부터 따뜻한 해수가 역류하여 페루 앞바다를 덮어 버린

'새똥 섬'으로 널리 알려진 페루 파라가스 바예스타 섬.

수년에 한 번씩 엘니뇨 현상이 발생하면 이 생태계는 공황 상태에 빠진다.

다. 이렇게 되면 표층의 따뜻한 해수가 바다 위에 덮개 역할을 하여 바람이 불어도 심해로부터 해수가 공급되지 않는다. 용승이 멈추면 영양염류 공급이 없어져서 플랑크톤이 사멸하게 된다. 먹이사슬의 최하단부가 사라지면 이를 먹이로 번성했던 생태계가 무너진다.

엘니뇨 생태계처럼 어떤 요인으로 인한 풍요로움이 사람들을 한곳으로 끌어모으지만 결국은 그 요인으로 인하여 다시 쇠락해 버리는 현상을 인간 세상에서도 쉽게 찾아볼 수 있다. 번성을 이끈 그 요인이 새로운 시대에 뒤떨어지기 시작하면 급속히 쇠락해 버린다. 번성이 찬란할수록 쇠락도 빠른 법이다. 번성을 이끈 요인이 쇠락의 씨앗이 될 수 있음을 기억하여, 살피고 경계할 일이다.

문명의 흥망과 기후 환경

고대문명의 성쇠가 기후의 변화와 관련이 깊은 사례는 수없이 많이 찾을 수 있다. 그중에서 가장 극적이었던 사례로 인도의 인더스 강 유역에 기원전 3000년경부터 1700년경까지 번성하였던 인더스 문명을 들 수 있다. 그곳에 남겨져 있는 바둑판 형태의 정연한 도시 구조와 잘 갖춰진 하수와 배수 시설 및 목욕탕은 인더스 문명의 매우 높은 생활수준을 말해 준다.

오늘날에는 건조기후대에 속하는 이 지역에서 도시 문명과 그 바탕이 된 농경 문화가 발달하였다는 사실로부터 당시에는 기후가 지금보다 훨씬 습윤하였을 것으로 추정할 수 있다. 기후학자 레이드 브리슨이 그 지역에 있는 염수호 바닥의 퇴적물을 분석한 지질학적 자료를 바탕으로 과거 1만 년 동안의 강수량을 추정해 보았다.* 그 자료에 의하면 고대문명 번성기에 그곳에는 500~800밀리미터 정도의 강수량이 있었을 것으로 추정되었다. 그런데 인더스 문명이 쇠퇴기로 접어드는 기원전 2000년경부터 강수량이 감소하기 시작하여, 인더스 문명이 멸망한 기원전 1500년경에는 연 강수량이 200밀리미터에 지나지 않게 되었다. 인더스 문명이 멸망한 직접 원인은 아리아인들의 침입이었지만, 그 이전에 이미 인더스 문명은 기후 환경의 악화로 지탱하기 어려운 상황에 빠져 있었을 것이다.

브리슨은 인더스 문명의 쇠퇴를 가져온 기후 환경의 악화 과정을 다음과 같이 추정하고 있다. 인더스 강 주변의 비옥하고 풍부한 수량을 기반으로 문명이 발달해 감에 따라 인구가 증가하여 경작지 확대가 불가피하게 되었다. 경작지를 만들고 농사

* Bryson, R.A., 1974, A perspective on climatic change, *Science*, 184, 753-760pp

인더스강 유역을 중심으로 번성한 인더스 문명.

과도한 토지 이용에 따른 국지 기후 변화가 물 순환을 악화시켜 기근이 들었을 것이다. 병약해진 도시는 결국 외부의 침입을 막아낼 수 없어 멸망하였을 것으로 추정하고 있다.

를 짓는 과정에서 만들어지는 다량의 토양 입자가 대기로 부유해 태양빛을 가리게 되었다.

여름으로 접어드는 시기에 대륙이 인도양보다 빠르게 가열되어 내륙 저기압이 발달하고 그곳으로 인도양의 고온다습한 공기가 유입되어 우기가 만들어진다. 이 지역에 내리는 강수의 대부분은 이 우기에 내린다. 그런데 농경지 확대로 만들어진 토양 분진이 대기로 올라가 태양빛을 막음으로써 대륙의 가열이 약화되어 저기압 발달도 약해지고, 그것이 우기의 발달을 막았을 것이라는 설명이다. 문명이 번성하자 토양 분진이 많이 생기게 되고, 그것이 강수의 생성을 막아 흉작을 유발하고, 이어지는 흉작으로 문명은 쇠약해져 버렸다. 문명의 발달은 그 안에 소멸의 씨앗을 안고 있었던 셈이다.

산업혁명 이후 화석에너지가 인류 역사상 최고의 문명과 폭발적인 인구 증가를 가져왔지만 그 안에 지구온난화 심화로 인한 문명 쇠퇴의 씨앗이 함께 자라 온 것은 아닐까? 때가 되면 번성을 가져온 그 요인을 과감하게 버려야 새로운 살길이 열리는 법이다. 거기에 안주하는 사람들을 기다리는 것은 멸망밖에 없다.

Q 지구온난화가 진행될수록 극한 기상현상이 자주 나타난다. 극한 기상현상에는 극치 풍속, 극치 강우 등이 나타난다고 말하는데, '극치'라는 용어는 무엇을 뜻하는 것일까?

A 대기 중 온실가스 농도가 증가할수록 그동안 겪어 보지 못했던 극한 기상현상이 자주 나타난다. 이러한 극한 기상이 발생했을 때에 기록되는 기온, 습도, 풍속, 강우량 등의 기상 요소를 극치 풍속, 극치 강우 등으로 부른다.

통계학에서 '극치'는 발생 빈도는 적지만 극단적으로 큰 값 또는 작은 값을 말한다. 이를 대기현상에 적용하여 말하면 수년에 한 번씩 어쩌다가 나타나는 기상현상에 의해 나타나는 값이라고 말할 수 있다.

강한 태풍과 발달한 장마가 겹치는 등의 원인으로 집중호우가 발생하는 경우에, 통계학적으로 계산해 보면 수백 년에 한 번 또는 1천 년에 한 번 정도 나타날 수 있을 정도의 많은 강우량이 관측되는 사례가 있다. 이런 경우 '극치 강우'라고 부르고, 극치를 가져온 대기 현상을 '이상기상'이라 한다.

2021년 여름에 북아메리카 서부 고위도 지역에서 발생하였던 폭염도 1천 년에 한 번 나타날 수 있는 정도의 이상고온이었다. 그때 나타난 한낮의 일 최고기온을 그 지역의 극치라고 할 수 있다.

AMFPhotography / Shutterstock.com

11 CLIMATE CRISIS

지구의 환경문제 해결을 방해하는 사람들도 있나요?

지구온난화 대책에 반대한 과학자와 정치가들

산업화 이래 인간 활동으로 과다하게 배출된 온실가스가 기후변화를 유발한다는 사실을 부정하는 사람은 오늘날 거의 없다. 인류도 지구온난화를 막기 위한 노력을 계속해 왔다. 1992년에는 유엔기후변화협약을 채택하여 선진국과 개발도상국이 각자 할 수 있는 만큼 온실가스를 감축할 것을 약속했고, 1997년 12월 교토에서 열린 제3차 기후변화협약 당사국총회에서는 교토의정서를 채택하여 선진국들에게 온실가스 감축 의무를 부과했다.

하지만 이렇게 전 세계가 온실가스를 줄이는 행동에 나선 후에도 인간 활동이 기후변화를 가져온다는 사실을 부정하는 과학자들이 있었다. 이들은 '기후변화 회의론자'라고 불리는데, 대표적으로 2000년 미국에서 '2만 인 과학자 반온난화 서명 청원'

을 주도했던 과학자 그룹을 들 수 있다. 이들의 적극적인 활동은 미국 부시 정권이 교토의정서를 탈퇴하는 데에 일조하였으며, 나아가 전 세계가 기후변화 대응에 시간을 낭비하도록 하여 오늘날 기후위기가 더 심해지는 데에도 일조하였다.

이 운동을 이끈 사람은 미국의 이론물리학자인 프레더릭 사이츠(Frederick Seitz)였다. 그는 미국국립과학아카데미 회장과 록펠러 대학 학장을 역임했던 세계적으로 유명한 학자였다. 그의 요청으로 미국 내에서만 2천 4백여 명의 물리학자, 기상학자, 해양학자, 환경학자들과 1만 6천 명 이상의 기초과학과 응용과학 분야의 과학자들이 서명에 참여하였다. 이들은 부시 정권의 회유와 화석연료 기업들의 로비에 응했다는 비판을 받았다. 이들이 화석연료 기업들로부터 어떤 지원을 받았는지는 문헌을 통해서 구체적으로 전해지고 있다.

오늘날 사람들은 '2만 인 과학자 반온난화 서명 청원'을 지구온난화 회의론의 진앙지라고 부르고 있다. 여기에 이름을 올린 대표적인 기상학자가 MIT 대학의 리차드 린젠(Richard Lindzen)이다. 린젠은 수치예보를 개척한 줄 그레고리 차니(J. G. Charney)의 적통을 잇는 세계적인 학자이고 발언권이 강한 연구자여서 사람들에게 주는 충격이 컸다. 린젠은 지구온난화를 부정하는 여러 편의 논문을 유명 학술지에 발표하기도 하였다.

'2만 인 과학자 반온난화 서명 청원'의 주요 내용은 다음과 같다.

교토의정서는 불완전한 아이디어에 기초하고 있다. 인간이 만들어 내는 이산화탄소, 메탄 그 이외의 온실효과 기체가 가까운 장래에 대기를 파괴적 수준으로 가열시킬 것이라든가, 극한 기후를 유발할 것이라는 주장에는 분명한 과학적 근거가 존재하지 않는다. 기후변화에 관한 연구 결과, 이산화탄소를 만들어 내는 탄화수소를 인간이 사용하는 것이 유해하다는 사실은 인정되고 있지 않으며, 오히려 대기 중에 이산화탄소가 증가하면 환경에 도움을 준다는 증거가 있다.

교토의정서의 내용은 세계 각국의 기술발전과 개발도상국에 살고 있는 40억 이상의 사람들을 빈곤으로부터 구할 기회를 제공하는 기술 발전에 매우 부정적인 영향을 주게 될 것이다.

트럼프 미국 대통령은 취임 직후에 '2015 파리 신기후체제'로부터의 탈퇴를 선언하여 기후변화를 우려하는 사람들로부터 비난을 받았는데, 트럼프 대통령이 신기후체제 탈퇴 이유로 내세운 것도 '2만 인 과학자 반온난화 서명 청원' 내용과 다르지 않다.

자신이 쌓아 온 업적으로 얻은 유명세를 돈과 권력에 빌붙는 도구로 사용해 버리는 과학기술자들의 곡학아세는 지구와 인류의 미래에 엄청난 해악을 끼친다. 지구온난화를 막기 위한 중요한 시기를 놓쳐 지구환경이 위기에 빠져들고 있는 것에는 이들의 책임이 크다고 생각한다.

Q 공익을 해치는 일에 지식을 사용한 기상학자에는 누가 또 있을까?

A 우리나라에서 출판된 기후변화 관련 서적을 살펴보면 과학자들이 기후변화 대응을 방해한 악행을 소개하는 내용은 많지만, 리차드 린젠과 같은 유명 기상학자들이 끼친 해악을 밝힌 글은 찾아보기 어렵다. 기상학자들이 별로 언급되지 않는 이유는 관련 도서의 저자들이 대부분 기상학자가 아니라서 기상학 분야의 정보가 부족하기 때문이기도 할 것이고, 부끄러운 역할을 했던 기상학자들의 유명세가 다른 과학자들보다 상대적으로 낮았기 때문일 것이다.

기후변화 대응뿐 아니라 여러 분야에서 인류에 해악을 끼쳐 역사에 오명을 남긴 과학자들이 많다. 그중 기상학자로서 오명을 남긴 사례로 일본의 대표적인 기상학자인 후지와라 사쿠헤이(藤原咲平)를 들 수 있다.

후지와라는, 열대 해상에서 연이어 발생한 태풍이 근접 이동하면서 상호작용을 통해 태풍 진로를 불규칙하게 만들고 갑작스럽게 규모를 키워 기상재해를 가중시키는 현상인 '후지와라 효과'로 우리나라에도 널리 알려져 있다. 1884년 나가노현에서 태어나 도쿄대를 졸업한 뒤 1920년에 유럽으로 유학을 가서 오늘날 '기상학의 할아버지'라고 추앙받고 있는 노르웨이의 비야크네스(V. Bjerknes)에게 지도를 받았다. 그곳에서 유학 이듬해에 후지와라 효과를 발견하였다. 그 뒤 일본으로 돌아와 도쿄대 교수와 중앙기상대장 등을 지냈다.

후지와라는 제2차세계대전 중에 군부의 요청을 받아들여 풍선폭탄 개발에 가담하였다. 원래 글라이더 연구에 선구자적 지식을 가진 기상학자였기에 풍선폭탄의 개발에 최적의 인물이었을 것이다. 제2차세계대전 후에 후지와라는 이 연구로 인하여 전범으로 처분을 받아 공직에서 추방당하였다.

후지와라는 그 후 재야 과학자로 연구에 전념하여 기상학의 소용돌이 현상, 구름물리, 기상광학을 포함한 다양한 분야에서 큰 업적을 남겼으며, 일본의 기상 용어를 정리하고 후학도 양성하였다. 그러나 그러한 공적에도 불구하고 그가 제2차세계대전에서 대규모 살상무기의 개발과 사용에 자신의 과학 지식을 제공한 전범이라는 오명은 영원히 남아 있다.

일본군의 풍선폭탄. 추락한 풍선폭탄을 미군이 재생하여 비행 실험 중인 모습이다. (사진 Wikipedia)

12 CLIMATE CRISIS

기후공학으로 기후변화를 해결할 수 없나요?

인류세와 기후공학

기후변화 위기가 현실로 성큼 다가온 2000년대 이후 기후변화를 인위적으로 억제하고자 하는 기후공학(geo-engineering)이 높은 관심을 모으기 시작했다. 특히 오존층 연구로 노벨화학상을 수상했고 '인류세'(Anthropocene)라는 개념의 제안으로 유명한 파울 크뤼첸(Paul Jozef Crutzen)이 2006년에 성층권 에어로졸 주입 검토를 제안한 이래로 기후공학에 대한 연구와 정책적 논의가 활발하게 이뤄지고 있다.

2000년 크뤼첸은 인간 활동의 영향이 지대한 최근의 지질시대를 '인류세'로 부르자고 제안했다. 지질시대를 연대로 구분할 때 '기'(紀)를 더 세분한 단위인 '세'(世)를 현대에 적용하여, 산업혁명 이후 인간 활동이 지층에 뚜렷이 나타나는 시기를 인류세라고 부르자는 것이다. 시대순으로 보면, 신생대 제4기의 홍적세와 지질시대 마지막 시대이자 현세인 충적세에 이은 새로운 시대가 된다. 인간의 영향력이 두드러지는 최근의 지질시대는 지금까지 계속되고 있는 충적세와는 전혀 다른 새로운 지질시대라는 것이다.

인류세를 구분할 때 이 시대의 가장 큰 특징은 인류에 의한 자연환경 파괴이다. 오랫동안 자연을 훼손하고 파괴해 온 인류는 여태까지와는 전혀 다른 환경에 직면하게 되었다. 지구환경을 훼손한 대가를 치러야만 하는 시대가 온 것이다.

크뤼첸이 기후공학의 적용을 제창하고 나오기 전까지는 기후공학을 언급하는 것 자체를 금기시해오던 IPCC도 2012년에 출간한 5차 보고서(AR5)에서 기후공학을 검토의 대상으로 삼기 시작하였다. 기후공학의 정의는 '인위적 기후변화에 대한 대책으로 의도적으로 수행하는 지구환경의 대규모 개조 행위'이다. 'Geo-engineering'을 직역하면 지구공학이지만, 일반적으로 지구공학은 토목공학이나 자원공학을 말하기 때문에 기후공학이라고 의역해서 많이 사용한다.

기후공학은 지구의 기후 환경을 변화시킬 수 있는 다양한 기법을 총칭하는 것이지만, 크게 태양복사관리(Solar Radiation Management, SRM, 지구로 입사하는 태양복사에너지를 줄이는 기술)와 이산화탄소 제거(Carbon Dioxide Removal, CDR)로 나눌 수 있다. 전자는 성층권으로 에어로졸을 주입해 태양에너지를 차단해서 지구

파울 크뤼첸.

네덜란드 출신의 화학자이자 기상학자이다. 성층권의 오존이 질소산화물과 반응하여 파괴된다는 사실을 밝혀 국제사회의 오존층 보호 활동에 큰 공적을 남겼으며, 인류세 개념을 처음으로 제안했다. (사진 C. Costard, MPI for Chemistry)

를 냉각시키자는 것이고, 후자는 해양에 철분을 살포해서 식물성 플랑크톤을 증식시켜 광합성 촉진과 이산화탄소 흡수를 조장하는 것을 들 수 있다.

최근 코로나19로 인하여 인위적 온실가스 발생량이 감소하였음에도 대기 중 온실가스 농도 증가에는 변화가 없다는 보고가 나오고 있다. 그 원인은 동토의 땅이 녹고 열대우림이 훼손되는 등 자연의 탄소 배출량이 증가하고 탄소 흡수원이 감소하는 것에 있다. 이러한 상황은 기후공학을 불러내는 계기로 작용하게 될 개연성이 높다.

기후공학의 필요성과 실제 적용의 어려움

기후공학에 관심이 높아지고 있는 배경에는 지금까지 제시된 지구온난화 대책(재생에너지로의 에너지 전환 등)으로는 위기로 치닫고 있는 기후변화를 피해 갈 수 없다는 인식이 자리 잡고 있다. 그러나 기후변화 대책이라는 명분을 내세우더라도 기후공학은 자연을 개조한다는 점에서 예상을 벗어난 의외의 영향으로 또 다른 문제를 만들어 낼 가능성이 있다. 이 때문에 자연과학과 공학기술 측면의 평가와 동시에, 일반 시민을 포함한 다양한 분야 사람들의 의견을 모아서 결정하는 사회적 관리 방법에 대한 논의도 추가되고 있다.

최근 기후공학에 관심이 높아진 이유를 한마디로 말한다면, 기후모델로 전망한 미래의 기후변화에 불확실성이 크기 때문에 국제사회가 기후변화의 위험을 확실하게 회피할 수 있는 다른 대안을 마련하고 싶어 하기 때문이다. 기후변화 전망에는 기후민감도, 해양의 열 흡수, 에어로졸의 복사강제력, 탄소 순환 등 다양한 요인이 관여하기 때문에 불확실성이 남는다. 최근까지 IPCC 보고서가 일곱 번 나왔지만 여전히 불확실성의 폭은 줄어들지 않고 있다.

온도 상승의 확률밀도함수에는 긴 꼬리가 있기 때문에, 전 세계가 신기후체제가 지향하는 만큼 온실가스 감축을 달성하더라도 지구 온도 자체는 목표를 벗어나 높은 수준으로 상승할 가능성이 사라지지 않는다. 신기후체제의 '2.0℃ 시나리오' 또는 '1.5℃ 시나리오'에 맞춰 온실가스를 감축하더라도 설정한 시나리오 범위 안에서 기온 상승이 멈춘다고 확신할 수 없다는 것이다. 기후학자 마인슈센(Meinshusen) 등(2009)에 따르면 2050년까지 온실가스 배출량을 1990년 대비 50% 감축하더라도 온도 상승이 2℃를 넘어설 확률이 12~45% 남는다. 즉, 신기후체제의 온실가스 감축 목표를 달성하더라도 기온 상승은 목표치인 2℃를 초과하고 4℃도 넘어설 수 있다.

일반적으로 전 지구의 기온 상승이 높아짐에 따라서 연안 영역, 건강, 수자원, 식량, 자연생태계 등에 미칠 영향도 커진다. 돌발적인 기후변화가 발생할 가능성도 높아진다. 소위 말하는 기후변화의 티핑 포인트(tipping point)가 급하게 다가올 수 있다. 기후변화의 티핑 포인트란, 기온 상승이 어떤 역치에 도달하면 그때부터는 약간의 온도 상승 등 외부 요인의 변화로도 인류의 안정된 삶을 크게 해칠 수 있는 기후재난이 집중적으로 발생하는 것을 말한다.

가능한 일이 아니겠지만, 이번 세기 중에 인류가 기후변화에 최선의 노력을 다하여 온실가스 배출량을 제로로 만들었다고 가정해 보자. 그러면 기후변화 문제는 해결될까? 유감스럽게도 탄소 순환에는 다수의 서로 다른 프로세스가 관여하기 때문에 산업혁명 이후 인간 활동으로 발생한 이산화탄소는 천 년 이상에 걸쳐서 대기에 잔존한다. 더욱이 해양의 열 관성도 있기 때문에 온실가스 배출을 제로로 만들더라도 전 지구의 평균기온은 오랜 시간이 지나도 쉽게 내려가지 않는다. 그래서 지구온난화로 높아진 기온을 낮추려면, 단기적으로는 태양복사에너지가 지표로 들어와서 흡수되는 양을 줄이는 기후공학을 필요로 하며, 장기적으로는 대기에 과다하게 존재하는 이산화탄소를 회수하는 기술을 적용할 필요가 있다.

기후공학을 구사하지 않더라도 대기의 에어로졸 냉각 효과를 지켜 가면서, 대기 내 체류 시간이 짧은 온실가스(SLCP; 단기 체류 기후변화 유발 대기오염 물질) 배출을 감소시킨다면 지구는 어느 정도 냉각될 가능성이 있다. 그러나 에어로졸이 갖는 음의 복사강제력을 강화시키는 일은 성층권이 아니라 대류권에서 SRM(태양복사관리)을 수행하는 것과 마찬가지이다.

기후변화로 파국적인 피해가 현실로 나타날 확률이 높다고 단정하여 말할 수는 없겠지만, 그것이 현실이 된다면 인간과 지구 생태계에 미칠 영향은 심각할 것이다. 기후공학 기술은 이 위험에 대한 보험이라고 생각할 수 있다. 물론 기후공학은 만능이 아니다. 기대한 만큼의 효과가 없을지도 모른다. 오히려 지구 생태계에 큰 부작용만 야기해서 설상가상의 파국을 만들지도 모른다. 인간이 기후시스템을 인간에게 유리하도록 바꾸는 것에 대한 윤리적 문제도 있다(인간에게 유리한 기후는 다른 지구 생태계 구성원들을 해치는 나쁜 기후일 수 있다).

기후공학 기술이 더 발전된다면 특정 국가가 국제사회의 합의 없이 독단적으로 실시할 우려도 있기 때문에 새로운 국제 마찰을 부를 수도 있다. 실제 적용은 차치하고라도 이러한 다양한 사회문제까지 포함해서, 적어도 기후공학의 연구는 신중하게 추진해야 한다는 것이 이 분야에 참여하고 있는 연구자들의 견해이다. 나아가, 지구 생태계 문제를 걱정하는 많은 사람들에게 기후공학은 여전히 공포의 대상으로 남아 있다.

Q 지속가능하지 않은 과도한 생산과 소비가 기후위기의 원인이라고 말할 수 있다. 지속가능한 발전을 추구하는 자원순환형 사회는 어떤 사회일까?

A 인류는 45억 년의 지구 역사 동안에 자연이 저축해 온 자원을 불과 200여 년 만에 고갈시키고 있다. 성장률로 계량되는 경제발전의 원칙은 필요 이상의 물건을 생산하고 소비자로 하여금 쓸모 없는 것을 자꾸 사도록 만드는 것에 있다고 해도 과언이 아니다.

산업화 사회에서의 경제발전을 설명하는 원칙 중에 모드의 법칙이 있다. 패션산업에 처음 제안되었던 모드의 법칙에 의하면, 특정 물건이 소모되어 쓸 수 없어질 때까지 걸리는 시간에 대하여 동일 물건을 다시 구매하는 데에 걸리는 시간이 짧으면 경제발전이 이루어지고 그 반대이면 경제 불황이 온다고 한다. 즉, 어떤 물건이 아직 쓸 만함에도 구매 행위가 이루어져야 경제가 잘 돌아간다는 얘기한다. 산업화 사회가 물질적 과소비를 전제로 하고 있음을 말해 주는 법칙이다.

이처럼 산업화 사회는 인류에게 풍요로움을 선사하였지만 자원의 고갈과 환경오염을 전제로 할 수밖에 없기 때문에, 본질적으로 지속 불가능하다. 이러한 배경에서 이미 20세기 후반부터 유엔을 중심으로 한 국제사회는 지속가능한 발전으로의 전환을 추구해 오고 있다. 지속가능한 발전이란 미래 세대의 삶을 위태롭게 하지 않으면서 현재 세대가 필요로 하는 것을 충족시키는 것을 말한다. 후손을 낳아 종을 지속시켜 가고자 하는 것이 인간을 포함한 모든 생명체들의 본능이므로, 고갈형 사회에서 지속가능한 사회로 전환해 가자는 주장에 반대할 사람은 없을 것이다. 그런데 문제는 어떻게 이런 사회를 구현할 수 있을 것인가 하는 구체적 실천 방법에 있다.

우리 시대가 향유하고 있는 화석연료와 각종 금속류들은 예외 없이 고갈형 원료이다. 따라서 지금의 소비 생활 방식을 바꾸어야 한다. 이 길은 선택의 문제가 아니다.

인류가 지구상에서 지속적으로 생존하기 위해서는 가야만 하는 길이다. 완전히 지속 가능한 발전에 앞서, 당장 눈앞에 닥친 자원 고갈의 파고를 헤쳐 가기 위해서는 자원 순환형 사회를 지향하여야 한다.

자원 순환은 생산과 소비 단계에서 줄이고, 재사용하고, 재활용하는 것이 기본이다. 재활용은 자원화하거나 에너지화하는 방법이 있다. 폐기물의 발생을 억제하고, 회수된 자원은 원재료로 재사용하거나 에너지로 이용하고, 버릴 때에는 환경에 피해를 주지 않도록 적정하게 처리하는 체제를 구축하는 일이 자원순환형 사회를 만드는 길이다. 지금도 민과 관이 협력하면 상당한 수준으로 달성할 수 있다고 생각한다. '버리면 쓰레기, 다시 쓰면 자원'이라는 표어는 우리 시대 최고의 화두이다.

13 CLIMATE CRISIS

지구의 온도 상승을 막을 수 있는 기술이 있나요?

성층권 에어로졸 주입 기술

현재 가장 유망한 기후공학으로 주목받고 있는 기술은 성층권에 에어로졸을 주입하는 것이다. 영국에서는 세계적인 기후 연구기관인 해들리센터도 참여한 SPICE(Stratospheric Particle Injection for Climate Engineering) 프로젝트가 있었고, 독일, 프랑스, 노르웨이에서도 유럽과학재단의 지원으로 성층권에 에어로졸을 주입하는 연구 프로젝트가 있었다.

성층권에 에어로졸을 주입하는 원리는 대규모 화산 분출 후에 전 지구의 기온이 낮아지는 원리와 같다. 화산 폭발로 아황산가스가 성층권으로 올라가면 화학반응을 거쳐서 태양광을 반사하는 아황산 에어로졸(초미세먼지)이 생성되어 전 지구 평균기온이 일시적으로 낮아진다는 사실은 널리 알려져 있다. 실제로 필리핀의 피나보트 화산 분출 피크 시에 전 지구 평균기온이 약 0.5℃나 하강했다.

기후공학에서 에어로졸을 주입하는 방식은 화산 분화같이 펄스(pulse) 형태로 일거에 대량 주입하는 것이 아니라 연속적, 단속적으로 주입한다. 공간적으로도 한곳에 집중적으로 주입하지 않고 최적의 장소를 찾아서 여러 곳에 나누어 주입한다. 인위적으로 주입하는 입자로는 아황산에어로졸(H_2S, SO_2 또는 H_2SO_4)과 알루미늄산화물이 주가 된다.

성층권에 주입하는 에어로졸의 종류와 크기에 따라서 입자의 반사효율과 체류 시간이 크게 달라진다. 화산 분화 후의 아황산에어로졸은 유효 반경이 0.4㎛ 내외인데 이것보다 더 작은 크기라면 더 효과적이다. 아황산에어로졸의 전구물질인 H_2S, SO_2 가스를 성층권에 주입하면 에어로졸의 입경이 커져서 효율이 낮아지므로 H_2SO4를 직접 주입하는 쪽의 효율이 더 좋다고 한다. 대기 중 이산화탄소 농도가 산업화 이전에 비하여 두 배로 증가할 때 나타나는 복사강제력(지표가 받는 추가적인 장파 복사에너지의 양)인 3.7W/m^2을 상쇄시키려면 매년 아황산가스를 5~10메가톤(1Mt=10^6ton) 정도 주입해야 한다. 이 값은 전 세계에서 대기 오염물질로서 연간 배출되고 있는 초미세먼지의 총량인 50메가톤의 5분의 1에서 10분의 1에 해당한다. 주입을 위해서는 비행선이나 비행기, 긴 호스, 총포 등의 비교적 간단한 도구가 필요하다.

에어로졸 주입의 효과와 문제점

성층권 에어로졸 주입의 효과와 영향은 주로 대기대순환모델(GCM)을 이용하여 평가하고 있다. 또 화산 분화 후에 나타났던 기후변화 사례를 분석하여 그 효과를 유추하는 방식을 사용한다. 초창기의 수치모델 연구에서는 에어로졸 주입을 가정한 실험이 아니라 태양상수(solar constant)를 감소시키는(지구로 입사하는 태양복사에너지 양을 감소시키는) 간접적인 방법을 이용했다. 태양상수란 지구 대기권 바깥에서 태양광선에 수직인 1제곱미터의 면적을 상정하였을 때에 그곳을 1초 동안에 지나가는 태양복사에너지 양을 말한다. 이 값은 항상 일정한 1360W/m^2이기 때문에 '태양상수'라고 부른다. 그러나 최근에는 화학·기후결합모델이 개발되고 발달하여, 수치모델에 화학물질 자료를 입력하고 그 효과를 계산하는 직접적인 방법을 이용하고 있다. 수치모델로 평가한 결과를 항목별로 알아보자.

• 에어로졸 주입 후 기온 변화

성층권 에어로졸 주입 방법으로 전 지구 평균기온을 낮출 수는 있지만 기후변화를 완전히 없앨 수는 없는 것으로 평가되고 있다. 열대지역의 기온은 내려가지만 극지방의 기온은 여전히 올라가는 양상을 보인다. 그 이유는 이산화탄소의 복사강제력은 공간적으로 거의 균질하지만 지표로 입사하는 태양복사에너지의 양은 열대 지역에 많고 극 지역에서는 적기 때문에 성층권 에어로졸이 발휘하는 태양복사에너지 감쇠 효과도 주로 저위도에 나타난다는 사실에 있다.

• **에어로졸 주입 후의 강수량과 오존층 변화**

성층권에 에어로졸을 주입하여 이산화탄소의 증가로 나타나는 복사강제력보다 지면에 도달하는 태양복사에너지를 더 많이 감소시켜 주면 지표면에서의 '순복사량'(지표로 들어오는 복사량−지표에서 나가는 복사량)이 감소한다. 그 결과로 지표에서 대기로 나가는 현열(지표가 그 위의 공기를 직접 가열하는 열)과 잠열(물이 수증기로 증발할 때 지표면에서 빼앗아 대기로 가져가는 열)도 줄어든다. 현열보다 잠열의 감소가 훨씬 더 크고, 물 순환이 약화된다(증발과 강수량이 모두 감소한다). 물 순환 감소폭도 해상보다 육상에서 훨씬 큰 경향을 보인다. 특히 아프리카와 아시아의 계절풍 지대에서 강수량이 감소할 가능성이 큰 것으로 평가된다. 성층권에 아황산에어로졸이 증가하면 성층권 오존층의 파괴가 촉진되는데, 특히 에어로졸의 입경이 작을수록 오존층에 미치는 영향이 크게 나온다.

• **성층권 에어로졸 주입의 문제점**

로복(Robock, 2009) 등이 성층권 에어로졸 주입 효과를 정리한 내용에 따르면, 다음과 같은 문제점이 있다. ① 대기 중 온실가스 농도가 충분히 줄어들기 전에 주입을 도중에 정지하면, 그 시점에서 급격하게 기온이 상승하게 된다. 이를 종단 문제(terminal problem)라고 한다. ② 산란광이 증가하기 때문에 하늘이 푸른색을 잃고 뿌옇게 변한다. ③ 직달 태양광이 감소하기 때문에 태양광을 집광하는 시설(집광형 태양전지와 태양열 발전)의 출력이 감소한다. ④ 성층권의 혼탁도가 증가하여 성층권으로 비행하는 항공기 운항에 지장을 초래할 수 있다. ⑤ 해양 산성화 문제는 해결할 수 없다. 해양 산성화는 식물성 플랑크톤의 개체수를 줄여 해양의 이산화탄소 흡수 기능을 줄인다.

여기서 ①과 ⑤는 성층권 에어로졸 주입만이 아니라 모든 태양복사관리(SRM)의 공통적인 문제점이다. 이 중에서 간과할 수 없는 중대한 점은 종단 문제이다. 온실가스 농도가 개선되지 않은 상태에서 SRM을 정지시키면 복사강제력이 갑자기 큰 양의 값으로 전환되어 그동안 억제시켰던 기온 상승이 한꺼번에 나타나게 된다. 점진적 기온 상승보다 한번에 기온이 급상승하는 것이 지구 생태계에 훨씬 더 많은 악영향을 준다. 그래서 SRM에만 기대어 기후변화 대책을 추진한다면, 산업화 이후 대기에 축적된 이산화탄소가 해소될 때까지 수백 년에서 수천 년에 걸쳐서 이를 지속해야 한다. 즉 국제 협력 속에서 SRM을 지속하려면 국제사회에 적어도 수백 년 이상 큰 전쟁 없이 평화를 유지한다는 전제가 있어야 한다.

- **그 이외의 SRM 방법**

태평양과 대서양의 아열대 지역에 넓게 분포하는 하층 구름은 지구의 복사강제력을 줄여 주는 역할을 한다. 그래서 인위적으로 그 구름의 양을 늘리면 전 지구 평균기온을 낮출 수 있다는 제안도 있다. 해수를 특수 선박으로 분출시켜서 구름 응결핵(CCN) 역할을 하는 해염 입자를 대기 중에 공급해서 구름이 더 많이 생성되도록 하면 이들 구름으로 인해 알베도가 높아진다(이를 에어로졸의 제1종 간접효과라고 한다). 이렇게 하면 구름의 수명이 길어질 가능성도 있다(에어로졸의 제2종 간접효과). 비행기로 CCN을 직접 살포해 줄 수도 있다. 이 방법의 효과를 수치모델로 평가해 보면, 성층권 에어로졸 주입에 비하여 기온을 낮추는 기능은 부족하다. 또 복사강제력을 낮추는 효과도 특정 지역에 편중될 것으로 예상된다. 아마존 열대우림지역에 강수가 줄고 식물 생산력이 떨어진다는 결과도 나온다.

기후공학이 해결해야 할 본질적인 문제는, 각 기술의 효과를 수치모델로 평가해야 하는데 여전히 수치모델 자체에 불확실성이 높다는 것이다. 구름물리학과 에어로졸의 간접 효과에 대한 이해도 자체가 낮은 상황이다. 기후공학 적용의 효과와 문제점을 제대로 파악할 수 있는 도구(수치모델)의 준비가 먼저 필요한 상황이다.

고농도 미세먼지에 덮여 있는 도시와 청명한 제주도의 하늘.

대기에 미세먼지 농도가 높으면 태양빛은 미세먼지에 반사되어 버리기 때문에 지표면에 도달할 수 있는 양이 감소된다. 지상에서 20킬로미터 이상의 상공에 있는 성층권 대기에 미세먼지 원인 물질을 분사하여 태양복사에너지가 지표에 도달하는 양을 줄이자는 것이 대표적인 기후공학 기술인 SRM이다.

Q 지구온난화를 막기 위한 저탄소 생활을 실천하는 방법 중의 하나가 로컬푸드 이용이다. 로컬푸드는 어떻게 탄소발자국을 줄일 수 있을까?

A 로컬푸드 운동은 지역에서 생산한 먹거리를 그 지역에서 소비하자는 운동이다. 장거리 운송을 거치지 않은, 자신이 살고 있는 지역의 농산물을 먹자는 것이다. 먼 거리를 운송하면 이산화탄소를 많이 배출하게 되고, 식품을 신선하게 유지하기 위해 화학 물질도 더 많이 사용하게 된다. 로컬푸드를 이용하면 안전한 음식을 먹을 수 있고, 환경에 부담도 덜 주면서 지역 경제에도 도움이 된다.

상점에 저렴한 수입 농산물과 이보다 비싸지만 생산자 확인이 가능한 유기농 과일이나 채소가 나란히 진열되어 있다고 하자. 어느 쪽을 선택할지는 소비자의 의식과 가계 수입에 달려 있다. 가능하다면 해당 지역에서 생산된 식재료와 유기농산품을 우선 구매하는 행동은 지구환경과 지역 경제에 도움이 된다. 개인의 바람직한 식생활 실천이 모이면 식자재 생산체제를 바꿀 수 있다. 작은 바퀴를 돌리는 소비자들의 행위가 모여 자치단체와 중앙정부 등 큰 행정을 움직이는 계기로 작동한다.

로컬푸드 운동은 지역에서 생산되는 먹거리를 소비하자는 것에 더하여 제철 농산물을 먹는 것도 중요하게 여긴다. 오늘날엔 계절에 관계없이 다양한 먹거리를 즐길 수 있다. 하지만 그 편리함을 마냥 기뻐할 수만은 없다. 계절을 벗어나 생산되는 작물은 노지가 아니라 하우스 등에서 재배된 것이다. 자연의 섭리에 반하여 인공적으로 키워 내기 위해서는 많은 에너지와 다량의 농약과 비료가 투입된다. 하우스 안에서는 농약이 강우에 씻겨 나간다든가 일사로 분해되는 양이 적기 때문에 잔류 농약이 많이 존재하게 된다. 또 작물을 보존하기 위한 비용 등 더 자원과 더 많은 노동이 소비된다.

사람이 활동하거나 상품을 생산하고 소비하는 모든 과정에서는 직·간접적으로 온실가스가 배출된다. 어떤 상품이 생산되어 소비될 때까지의 과정에서 배출되는 온실가스의 총량을 '탄소발자국'이라 하고, 그것을 이산화탄소의 양으로 환산하여 표시한다. 무게 단위인 kg, 또는 실제 광합성을 통해 감소시킬 수 있는 이산화탄소의 양을 나무의 수로 환산하여 표시한다. 가까운 지역에서 생산한 먹거리, 제철 농산물은 탄소발자국이 적은 먹거리인 것이다. 우리나라에서도 2009년부터 제품의 생산과 유통 과정에 걸쳐 발생하는 이산화탄소 배출량을 제품에 표기하고 있다. 로컬푸드와 이산화탄소 배출량이 적은 공산품을 이용하는 작은 실천이 필요한 시대이다.

Yulia Grigoryeva / Shutterstock.com

14 CLIMATE CRISIS

온실가스를 제거하는 기술은 없나요?

기후공학으로서의 해양 철분 살포 실험

해양에 인위적으로 영양염류를 보급하여 식물성 플랑크톤의 광합성을 촉진시키는 것을 '해양 비옥화'라고 한다. 대상이 되는 영양염류는 질소, 인, 철분인데, 철분에 관한 연구가 가장 풍부하다. 연구 기법으로는 수치모델 계산, 실내 실험에 더하여, 실제로 해양에 철분을 살포하여 그 성과를 파악하는 연구도 다수 수행되었다. 이러한 실험은 정확하게는 '현장 철분 비옥화 실험'(in situ iron enrichment experiment)이라고 불러야 하지만, 일반적으로 '해양 철분 살포'라고 부르고 있다.

세계 최초의 해양 철분 살포 실험은 1993년에 동부 태평양 적도 해역에 위치한 갈라파고스 제도 먼바다에서 이뤄졌다. 이 실험의 목적은 기후공학이 아니라 당시 해양과학자들이 갖고 있던 과학적 궁금증에 대한 답을 얻는 데에 있었다. 이 실험에 참여한 해양과학자들의 관심은 기후공학에 있지 않았다. 해양 철분 살포 실험이 기후공학을 목표로 하지 않았기에 전 세계의 해양과학자들의 이해를 얻을 수 있었고, 사람들의 특별한 저항을 받지 않으면서 전 세계 해양에서 여러 차례 추가 실험을 수행할 수 있었다.

해양과학자들에게 해양 철분 살포는 '조작(manipulation) 실험'이라고 불리는 실험기법 중의 하나인데, 이것은 영국의 왓슨(Watson) 박사 등이 제안하였다. 조작 실험이란 논리적으로 추론한 시나리오가 맞는지를 실험으로 확인해 보는 방식을 말한다.

여기서 언급한 과학적 흥미라는 것은 당시 해양학계에 던져진 수수께끼 같은 문제에 답을 찾는 일이었다. 남극해, 북태평양 북부, 적도 태평양 동부 해역에는 질소, 인, 규산염 등의 주요 영양염류가 충분히 존재함에도 식물플랑크톤의 증식이 낮은 수준에 머물러 있다는 사실이 알려졌다. 식물플랑크톤들이 영양분을 다 사용하기 이전에 증식 활동을 멈추어 버리고 있었는데, 그 이유가 수수께끼였다.

철분이 해양 생물에게 부족하기 쉬운 원소라는 것은 1930년대부터 지적되고 있었지만, 해양에서 철분 농도를 정확하게 분석하는 일은 매우 어려운 일이어서 1980년대 후반까지도 영양 요소로서 철분의 중요성을 정량적으로 다룬 연구는 없었다. 1980년대에 해수 중 초미량 성분인 철분을 분석하는 기술이 개발되었고, 미국의 마틴(J. H. Martin) 박사 팀이 이 기술을 해당 해역에 적용해 보니 해양의 표층수에 철분 농도가 극히 낮다는 사실이 밝혀졌다.

이 사실을 근거로 그들은 철분 부족 상태의 해양이어서 다른 영양염이 잔존해 있더라도 식물플랑크톤의 증식이 억제되고 있다고 하는 가설을 세웠다. 한발 더 나아가서 과거 지구 역사에서 대기 중 이산화탄소 농도가 적정하게 제어되고 있었던 것은 건조지대에서 만들어진 먼지가 남극해로 철분을 공급한 덕분이라는 가설도 세웠는데, 이 두 가설을 합쳐서 '철분 가설'이라고 부른다. 이때 마틴 박사는 남극해에 철분을 살포하여 해양 생물을 증가시켜 해양에 탄소를 저장하는 아이디어를 제시하면서 이런 농담을 남겼다. "나에게 철분을 반 탱크 주면 지구를 빙하기로 만들어 주겠다."

1990년대 전반기에 해양과학자들에게는 '해양생태계에서 철분이 정말로 그렇게 중요한 역할을 하고 있는가?'라는 문제의 답을 찾는 것이 가장 큰 관심 사항이었다. '철분 가설'을 검증하기 위해서는 넓은 해양을 대상으로 철분을 살포한 후에 해양생태계가 그것에 어떻게 반응하는지를 주도면밀하게 밝혀야 한다. 이 실험 수행을 위해서는 막대한 연구비와 연구진이 확보되어야 하고, 관련 기술도 준비되어야 한다. 이런 준비 과정을 거쳐서 마틴 박사가 중심이 된 연구 그룹은 1993년에 갈라파고스 제도 먼바다에서 해양 철분 살포 실험을 실시하였다. 그 후 철분 살포 실험이 소규모(소규모라고 하더라도 철분 살포 해양 면적은 수백 제곱킬로미터에 이른다)로 여러 차례 이어졌다.

이들 실험에 연구 자금이 주어진 이유는 두 가지였는데, 하나는 철분 가설에 기초하여 해양생태계에 있어서 철분의 중요성을 확인할 수 있는 과학적 정보를 알아내기 위해서였고, 다른 하나는 기후공학에 대한 문제였다. 다만 기후공학 기술의 개발이 목적이 아니라, 지구온난화 대책으로서 해양 철분 살포라고 하는 기후공학 기술의 실효성에 관한 과학적 정보를 모아서, 앞으로 이를 어떻게 추진해 가야 할지 방향성을 찾아보자는 것이었다.

해양 철분 살포 실험을 하게 된 동기는 해양과학자들의 순수한 과학적 흥미에 있었지만, 여러 차례 실험을 수행해 가면서 실험의 관심은 점차 기후공학 쪽으로 흘러갔다. 이들의 주요 관심은 철분 살포로 증식된 식물성 플랑크톤이 가져올 대기 중 이산화탄소 흡수량 증가를 실제 관측 자료로 입증해 보자는 것이었다. 이런 의도로 수행한 해양 철분 살포 실험 중에서 가장 유명한 것이 2009년에 남극에서 실시한 로하펙스(LohaFex) 실험이다. 'Loha'는 힌두어로 철분(iron)을 의미하고, Fex는 비옥화 실험(fertilization experiment)을 뜻한다. 이 실험이 의도했던 기후공학 문제가 전 세계 언론에 대대적으로 보도됨으로써 해양 철분 살

2009년 해양 철분 살포 실험으로 남부 아르헨티나 해안에 발생한 플랑크톤 띠의 모습.

길이 300마일에 폭이 약 50마일에 이르렀다. 이 실험은 약 30×30킬로미터 정도의 크기로 구획을 나누어 남부 대서양에서 시행되었으며, 약 20톤의 황화철을 이용했다고 한다. 이 실험의 결과로 거대한 플랑크톤 증식이 확인되었다. 이 실험은 아쉽게도 규조류의 성장에 필수 영양소인 규산이 부족한 바다에서 실시되어 규조류의 성장은 미미했다고 한다. 규조류 이외의 플랑크톤은 마린스노로 침강하는 효과가 크지 않기 때문에 실험에서 의도한 효과는 미미하였다. (사진 NASA)

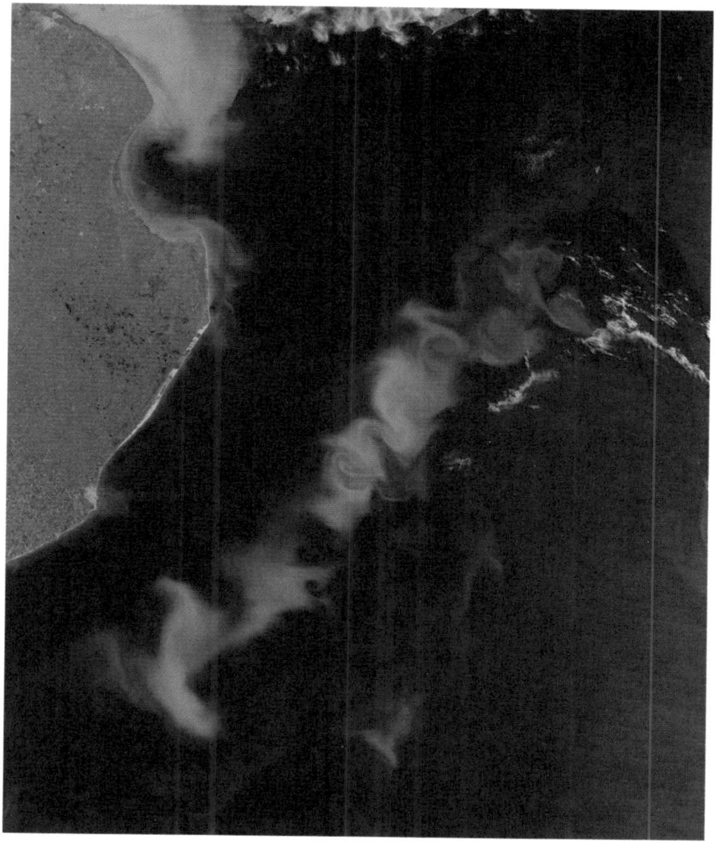

포 실험은 기후공학의 예비 실험으로 세상에 얼굴을 드러내게 되었다. 이때부터 해양 철분 살포 실험은 '해양과학자들의 과학적 흥미로 사용한 실험 도구'(조작 실험의 하나)에서 '기후공학의 예비 실험'이 되었다.

실험에 남겨진 과제

해양 철분 살포 실험은 해양 생태계에서 철분의 역할에 관한 중요한 지식을 많이 모았다는 점에서 해양학적으로 대성공이었다는 평가를 받았다. 또 철분을 인위적으로 해양에 대량 살포하는 행위는 해양 표층 생태계의 생물종 다양성에 큰 영향을 미칠 수 있다는 사실도 밝혔다.

하지만 기후공학의 측면에서는 큰 성과가 없었다. 해양 철분 살포 후 해양 표층 아래로 유기탄소 수송량이 증가한 것을 몇몇 실험에서 확인하기는 했지만, 심해로 얼마나 많은 탄소를 격리시킬 수 있는지에 대해서는 유의미한 정보를 얻지 못했다. 해양 철분 살포 실험 결과를 보면, 탄소 제거 효과는 당초에 기대했던 양의 100분의 1에서 1,000분의 1에 불과하였다. 또한 기후공학을 목적으로 해양 철분 살포 실험을 실시할 경우에 철분 투입량이 많을수록 비용이 크게 증가한다는 점도 이 실험이 안고 있는 문제이다.

해양과학자들이 해양 철분 살포 실험을 실시하고 있을 당시, 해양 철분 살포를 통한 이산화탄소 제거 효과를 '탄소 상쇄'(carbon-offset)에 상업적으로 이용하려는 비과학자 단체나 영리 목적의 벤처기업들의 움직임이 활발해졌다. '탄소 상쇄'란 경제활동 과정에서 발생한 이산화탄소를 다른 장소에서 배출 삭감 또는 흡수하여 상쇄하는 방식을 말한다. 그들은 해양 철분 살포로 이산화탄소 제거 성과를 올려 탄소배출권(Certificated Emissions Reduction, CER)을 만들려는 상업적 의도를 드러냈고, 이를 막으려는 국제 환경단체의 활동도 활발해졌다.

이런 갈등이 현실로 부각되기 시작했다는 사실과 철분 살포가 해양 환경에 미치는 영향을 정량적으로 평가하기엔 시기상조라는 이유로, 2008년에 런던조약과 '런던협약 96의정서'에 기초하여 과학 실험 이외의 해양 비옥화 실험(철분 살포 이외의 실험도 포함)을 금지하는 조치가 법적 구속력은 없는 형태로 의결되었다. 2010년에는 해양과학자들의 과학적 실험까지도 환경영향평가 체제를 원용해서 규제하고 감시할 것을 의정서에 추가하였다. 그래서 현재는 과학적 연구 목적이라고 하더라도 해양 철분 살포 실험은 사실상 불가능한 상황에 있다. 그럼에도 상업적 이용을 목적으로 하는 단체들과 일부 해양과학자들은 대규모 해양 실험을 재개해서 기후공학으로서 해양 철분 살포의 유용성을 과학적으로 평가하는 작업을 이어가야 한다는 주장을 계속 제기하고 있다.

Q 최근 주목받고 있는 습지의 가치는 무엇일까? 습지를 개발하여 바이오에너지를 얻고 탄소 흡수원 인증을 받으려는 선진국들의 행태가 어떻게 오히려 탄소 배출을 더 늘리는 것일까?

A 습지는 담수나 해수 또는 기수(해수와 담수가 섞인 물)가 영구적 또는 일시적으로 표면을 덮고 있는 지역을 말한다. 습지는 활용도가 떨어지는 버려진 땅으로 인식되어 왔고, 매립하여 개발해야 할 대상으로 여겨져 왔다.

그러나 습지는 동·식물의 번식과 서식 장소일 뿐만 아니라 인간이 배출되는 각종 수질오염 물질을 정화해 주는 천연의 오수처리장이다. 내륙의 습지는 주로 지천의 물이 하천 본류로 합류되어 가는 곳에 발달해 있고, 하천수가 바다로 진입하는 곳엔 연안 습지가 자리 잡는다. 이런 곳에 위치한 습지는 적조와 녹조류 번식의 원인 물질인 질소와 인을 제거해 주어 본류 하천과 해양오염을 억제하는 데에 큰 기여를 한다.

우리나라의 하수종말처리장의 기능은 탄소유기물의 분해를 통해 BOD를 낮추는 것에 한정되어 있고 질소와 인과 같은 부영양화 원인물질은 제거시키지 못하는 실정에 있다. 사정이 그러함에도 무분별하게 수세식 화장실을 확대 보급하고, 축산 시설과 농경지 관리가 이루어지지 못하여 전국의 소하천과 저수 시설의 부영양화 수준은 심각한 실정에 놓여 있다. 그래서 우리나라 습지 식물에 의한 질소와 인의 흡수 기능은 그 가치가 더욱 높다고 할 수 있다. 최근 우리나라 연안 해역의 적조 피해 규모가 확대되고 있지만 연안 습지가 제대로 보전되고 있는 순천만 일대가 적조 피해로부터 벗어나 있다는 것은 우연한 일이 아니다.

습지의 역할로 높은 탄소 저장 기능도 빼놓을 수 없는 사실이다. 대기에 존재하는 이산화탄소를 가장 많이 흡수할 수 있는 저장소는 해양이고, 그 다음이 습지 지역이라고 평가되고 있다. 각종 보고서에 의하면, 습지 생태계에서의 토양 탄소 저장량은 열대 삼림지역에 비해서도 다섯 배 이상 높다고 한다.

국내에서는 산림과 농경지에서의 이산화탄소 저장에 대한 연구는 진행되고 있었지만, 습지에 의한 이산화탄소 저장 능력에 대한 본격적인 연구는 수행되지 못하고 있다. 하지만 미국과 유럽에서는 습지에서 토양유기탄소의 저장량에 대한 연구가 활발히 진행되어 왔으며, 국토 전체를 대상으로 전 생태계의 이산화탄소 저장량 산출에 관한 연구까지 진척되고 있는 상황이다.

기후변화협약 상의 이산화탄소 배출량 감축 목표를 달성하기 위한 수단의 하나로 선진국들은 바이오연료의 비중을 확대하는 정책을 적극 추진하고 있다. 온실가스 경감 노력에 가장 모범적이며 적극적이라는 유럽에서도 바이오연료의 비중은 빠르게 증가하고 있다.

그런데 유럽 바이오연료의 대부분은 동남아시아에서 수입하는 팜유이다. 바이오연료를 사용하면 유럽의 이산화탄소 배출량은 줄어든 것으로 인정받는다. 하지만 그 대가는 엄청난 비극으로 돌아오고 있는데, 그 이유는 다음과 같다.

인도네시아는 세계 열대림의 약 10%인 9,100만 헥타르를 가지고 있다. 그중 2천만 헥타르가 피트랜드(peat land)라고 한다. 피트랜드는 울창한 밀림 한가운데 죽은 나무와 풀이 가득히 쌓인 곳이다. 물이 고여 있는 피트랜드에 쌓인 나무와 풀들은 서서히 지중에 쌓여 가면서 대기 중의 이산화탄소를 땅속에 저장하는 역할을 한다. 오늘날 인류가 사용하고 있는 화석연료는 바로 수만 년 전에 피트랜드에서 만들어진 것이다.

그런데 유럽에 바이오연료(팜유)를 제공하는 기름야자는 이런 피트랜드에서 물을 빼내고 말린 곳에서 잘 자란다고 한다. 즉 산속에 위치한 습지의 훼손을 수반하는 것이다. 피트랜드의 물이 빠지면 수백 년 넘게 쌓여 왔던 유기물이 산소와 접촉하면서 빠르게 부패하여 엄청난 양의 이산화탄소를 대기 중으로 방출하게 된다. 이렇게 훼손된 습지에서 배출되는 이산화탄소의 양은 인도네시아 지역에서 방출되는 것만 해도 한 해 약 18억 톤에 이를 것으로 추산되고 있다. 이산화탄소 배출 세계 7위인 우리나라의 연간 배출량이 7억 톤 정도라는 사실을 생각하면 18억 톤의 이산화탄소가 얼마나 많은 양인지를 가늠할 수 있을 것이다.

한편, 오늘날 인도네시아의 기름야자 재배지로 바뀐 피트랜드 면적은 약 150만 헥타르인데, 앞으로 300만 헥타르까지 추가로 조성하겠다는 것이 인도네시아 정부의 계획이다. 선진국들이 지금과 같은 행위를 계속한다면 동남아시아의 피트랜드 훼손에 따른 추가적 이산화탄소 배출은 기후위기를 더욱 조장하는 꼴이 되어 버린다. 기후변화의 위협으로부터 자연환경과 생태계를 보전하는 가장 좋은 방법은 자연이 스스로 기후변화에 적응할 수 있는 여지를 남겨주는 것(습지와 주변 토지를 인간의 개발 욕구로부터 제외하는 것)이다.

15 CLIMATE CRISIS

코로나19와 미세먼지도 기후변화의 영향인가요?

기후변화와 바이러스

인류가 지구상에 출현한 이래로 인간 멸종을 우려할 만한 심각한 기후위기가 여러 차례 지나갔다. 다행히도 매번 슬기롭게 극복한 덕분에 위기가 지난 후엔 그 이전에 비하여 오히려 큰 도약을 이룰 수 있었다. 지금 인류에게 닥친 3대 위기인 기후변화, 환경오염, 역병 창궐도 인류의 멸종과 새로운 번창의 갈림길이 될 것으로 생각한다.

기후변화, 역병 창궐 그리고 환경오염 문제가 인간에게 미치는 영향은 서로 다르지만 그것의 발생 원인은 모두 산업혁명 이후에 급증한 인간 활동에 있다. 코로나19와 같은 역병은 기후변화와 인구 증가, 그리고 교역의 활성화로 창궐할 수 있는 호조건이 조성되었다. 그래서 지금을 '역병 황금시대'라고 부르기도 한다.

코로나19가 기승을 부리기 시작할 때에 세계 석학들, 종교인과 정치 지도자들이 한목소리로 포스트코로나 시대를 준비해야 한다고 목소리를 높였다. 그들이 내린 처방은 자연과의 공생, 보편 복지의 세상, 주류경제학(성장경제)의 탈피로 요약할 수 있었다. 이 세 가지 처방은 기후변화와 환경오염에 대한 근본적 대책으로 여겨도 무방하다. 이 처방을 따를 수 있다면 지금의 위기는 인류의 장래에 오히려 축복이 되지 않을까? 그러나 최근 코로나19 백신 개발에 서광이 보일 듯하자 V자형의 경제성장에 대비하자는 목소리가 터져 나오기 시작한다. 과연 이런 방식으로 다시 과거로 돌아가는 일이 가능하기나 할까?

코로나19와 같은 바이러스로 발생하는 역병은, 특정 기후조건을 갖춘 한정된 지역의 풍토병으로 존재하다가 기후변화로 그곳과 유사한 기후 조건을 갖춘 지역이 생기면 영역을 확대해 간다. 또 전염병의 대유행 가능성은 교통의 발달로 사람과 물자의 교류가 활발해져서 더욱 높아졌다. 기후변화와 활발한 국제 교류, 그리고 인구 팽창에 따른 자연 수탈 행위는 역병이 황금시대를 맞는 큰 기회로 작용한다.

풍토병이란 제한된 지역에서 발생하는 전염병을 가리킨다. 과거에 말라리아는 아프리카 내륙지역과 같은 열대지역에 제한되어 발병했는데, 말라리아 원충을 운반하는 모기(anopheles)의 서식지와 일치했다. 말라리아 모기의 서식지가 기온과 강수량 등의 기후 조건과 지리적 조건에 의존한다는 사실은 질병과 기후와의 관련성을 잘 보여 준다. 이 외에도 열대지역에는 열대병이라고 불리는 다양한 질병이 존재하는데 주로 고온다습한 지역에서 유행한다. 졸림병, 황열병, 댕기병 등이 이에 속한다. 말라리아는 이미 우리나라에서도 환자가 종종 발생하고 있고, 황열병, 댕기열은 일본에까지 상륙했다.

이 외에도 1930년대 말에 사라졌던 웨스트나일 바이러스가 유럽과 미국에서 1990년대 말부터 다시 유행하여 사람들을 긴장시키고 있다. 이 바이러스는 사람의 뇌를 손상시키기에 두려움의 대상이다. 이 바이러스처럼 과거에 사라졌던 것이 재차 유행을 하는 이유도 기후변화로 과거 바이러스가 유행하던 시기의 기후가 복원된 것에 기인할 가능성이 높다. 지구의 온도는 1930년대 말부터 1980년대 초까지 약 40년 동안 지속적으로 하강하였는데, 웨스트나일 바이러스가 유행했던 1937년경은 20세기 동안에 기온이 가장 높았던 시기였다. 기온 하강기를 맞아서 사라졌던 바이러스가 기후변화로 재차 고온기를 맞이한 1990년대 말에 다시 나타난 것으로 볼 수 있다.

아주 오랜 옛날 고온 환경에서 맹위를 떨쳤던 각종 바이러스가 기온 하강기에는 양 극지방의 빙하 속에 숨어 있을 가능성이 있다. 기후변화로 지구의 기온이 상승하면 이들 옛날 바이러스가 대기로 방출되어 다시 유행할 수 있다는 우려가 나오고 있다. 북극의 영구 동토층이 녹으면서 잠들었던 미지의 미생물이 나온다는 사실은, 기후변화에 따른 역병 창궐이라는 점에서 최근 크게 주목받고 있다. 지구 기온이 상승할수록 북극 설빙의 해빙은 빨라지기에 북극권이 역병의 온상이 될지도 모른다. 북극을 경유하는 화물 운송과 여행이 증가하면 얼음 속에 갇혀 있던 새로운 병원균이 현대인의 삶의 공간으로 유입될 가능성을 우려하는 경고가 높아짐에 따라서, 북극과 그 밖의 지역사회를 보호하기 위한 생물 감시 대책의 수립을 촉구하는 목소리도 나오고 있다.

2020년 11월 말에 나온 유엔 산하기관인 IPBES(생물 다양성 및 생태계 서비스에 관한 정부 간 과학·정책 플랫폼) 보고서에 따르면, 현재 지구상에 살고 있는 바이러스의 규모는 엄청나다. 포유류·조류 등 생물체 속에 약 170만 개에 달하는 '아직 발견되지 않은' 바이러스가 살고 있을 것으로 추정된다. 또 최근 들어 인간 활동으로 자연 및 생태계가 더욱 급속히 파괴되고 있는 탓에 바이러스가 종(種)을 건너 퍼져 나갈 수 있는 환경이 조성되고 있다. 이러한 환경 변화로 인해 야생동물에게서 인간으로 감염될 가능성이 있는 바이러스가 82만 7천 개에 달할 것으로 추산하고 있다.

자연 파괴로 야생 동물, 가축, 병원체, 그리고 사람 간의 접촉이 많아지는 탓에 바이러스가 새로운 거주지를 찾아서 빠르게 이동하고 있기 때문에 코로나19처럼 팬데믹 사태로 발전할 가능성이 커지고 있다고 한다. 이러한 경고는 IPBES 보고서가 처음이 아니다. 2020년 상반기에 코로나19가 전 세계로 퍼져나갈 시기에 세계적 영장류학자인 제인 구달이 신종 바이러스 감염증 대유행의 이유가 동물 학대와 자연 경시에 있다고 지적했다. 제인 구달의 지적이 IPBES의 보고서를 통해서 재차 확인된 셈이다.

과거 역병의 사례를 살펴보면, 대규모 재난이 휩쓸고 지나간 후엔 사람들이 분노를 풀 희생양을 찾아 무차별 괴롭힘을 하는 사례가 나타났다고 한다. 우리나라에서도 2015년 메르스 사태를 겪으면서 혐오 문화가 유행했다는 지적이 있다. 최근에는 대중들이 사이버 공간에서 희생양이 될 집단을 만들어 내기가 쉬워졌다. 어떤 대상을 만들어 그들을 무차별적으로 공격하고 조롱하는 방식으로 희생양을 만드는 것이다. 코로나19 이후에도 이런 현상의 발생이 우려되고 있다.

지금이 역병에게 황금시대가 된 원인이 기후변화에만 있는 것은 아니다. 기후변화로 인한 전염병의 대유행 조건이 만들어지는 것은 역병을 발생시키는 필요조건이지 충분조건은 아니라는 것이다. 기후 조건에 더하여 인간이 만들어 내는 여러 조건이 상승작용을 일으킬 때에 유행이 시작된다고 한다. 농작물을 재배하고 주거용 땅을 만들기 위해 삼림을 훼손시켜 야생동물들을 궁지로 몰고, 경제성장을 위해 국제교류를 강화하는 일이 전염병의 유행에 충분조건을 주게 된다.

지금까지와 같은 방식의 삶을 고집한다면 기후변화와 역병 황금시대를 막을 수 없다. 기후변화와 역병 황금시대가 요구하는 메시지는 이 시대 예언자들의 경고를 통해 충분히 전해졌다고 생각한다. 이를 받아들인다면 지금의 위기는 인류에게 새로운 삶을 찾게 만드는 계기가 될 것이라 생각한다.

미세먼지와 기후변화의 관계

대기오염 농도는 다른 환경오염과 마찬가지로 오염물질의 양에 의해서만 결정되는 것이 아니라 환경용량에 의해서도 큰 영향을 받는다. 환경용량은 자연의 정화 능력에 대한 오염 물질의 배출 허용량, 또는 자연의 물질 순환 과정을 파괴하지 않는 한도량을 말한다. 한 방울의 잉크를 물에 떨어뜨려 희석시킬 경우에 물의 양이 많을수록 농도가 낮아진다는 것을 생각해 보면 쉽게 이해될 것이다.

대기의 환경용량은 풍속이 강할수록, 대기의 연직혼합이 잘 이루어질수록 커진다. 연직혼합은 바닷물이나 대기가 난류에 의해서 수직 방향으로 뒤섞이는 것을 말한다. 그런데 지구온난화 현상이 진행될수록 대기는 더욱 안정화되고(대기의 연직혼합이 어려워진다) 풍속은 약화된다. 즉 대기의 환경용량이 작아지게 된다. 그렇게 되면 지금보다 대기오염 배출량을 웬만큼 줄여도 대기오염 자체는 정체되거나 더욱 나빠질 수 있다.

대기의 환경용량을 악화시키는 요인 중에서도 풍속이 약해진다는 것이 더욱 큰 문제로 대두되고 있다. 풍속이 약해지면 '대기 정체'가 나타난다. 미세먼지 경보가 발령되는 날, 특히 국내에서 발생한 미세먼지가 고농도로 나타나는 경우는 우리나라에 동서고압대가 장기간 위치하여 풍속이 아주 약해지는 날이다. 이처럼 고농도 미세먼지는 대기오염 물질과 대기 정체가 합작해 만들어 내는 현상이다. 대기정체 현상, 즉 풍속이 감소해 가는 현상에 대해서는 국내 연구진들도 잘 인식하고 있으며, 그 원인에 대해서도 다수의 연구 논문이 나오고 있다.

그림은 최근 60년 동안 대구를 대상으로 지상 풍속의 장기 변화를 조사한 결과이다. 강한 바람(4m/s 이상)이 부는 경우에도, 약한 바람(4m/s이하)이 부는 경우에도 지속적으로 풍속이 약해지고 있는 것을 확인할 수 있다. 특히 도심지의 대기오염 물질과 폐열을 교외로 강하게 환기시켜 줄 수 있는 4m/s 이상의 강풍이 더욱 약해지고 있다. 이러한 현상은 우리나라 전역에서 유사한 경향으로 나타나고 있으며, 전 세계적으로도 확인되고

최근 60년 동안 대구기상지청에서 관측된 지상 풍속의 변화 경향

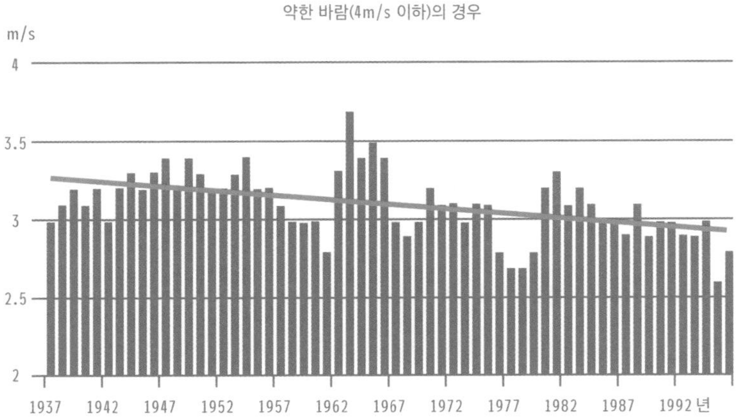

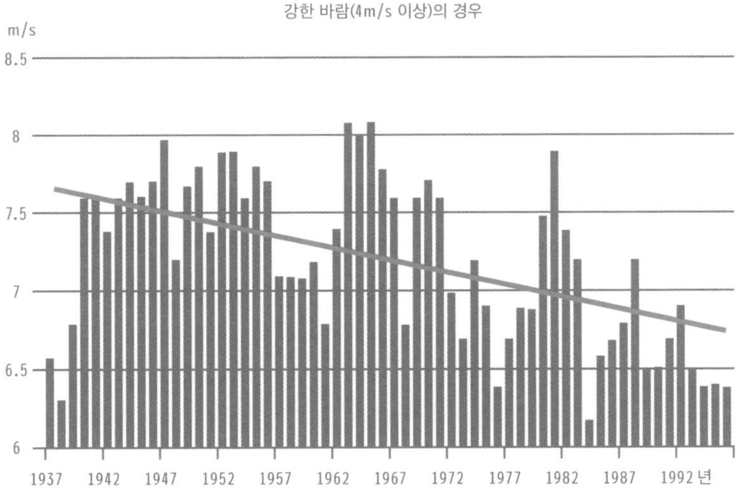

있다.

그런데 고층 건물이 불규칙하게 들어서 있는 도심지나 산업단지를 대상으로 장기적인 풍속 변화를 조사해 보면 그림에서 보는 것보다도 훨씬 크게 풍속이 감소하고 있다. 그러므로 해당 지역의 공식적인 기상 자료를 관측하는 곳은 사방에 장애물이 없는 곳이라는 점을 감안해서 자료를 살펴보아야 한다. 즉 다수의 시민들이 살아가고 있는 도심지의 기후 조건은 기상청의 공식 자료보다 훨씬 악화되어 있으며, 대기오염도 환경부의 발표 자료보다 더 나쁜 상황에 있다.

이렇게 전 지구적으로 풍속이 약해지고 있는 원인은 지구온난화, 즉 기후변화에 있다. 하늘에서 바람이 불고 바다에서 바닷물이 흐르는(해류) 이유는 지구상의 공간적 열 불균형을 해소시키고자 하는 데에 있다. 해류와 바람이 강하려면 지구의 열적 불균형이 커야 한다. 그런데 지구온난화로 인한 온도 상승은, 설빙이 녹아 태양에너지 흡수까지 많아지고 있는 고위도가 저위도보다 높게 나타난다. 이러한 결과로 겨울철에 모스크바의 기온이 우리나라보다도 높다는 보도가 나오고, 2020년 여름에는 위도 60도 부근 지역에도 30도가 넘는 고온이 나타나기도 하였다. 이렇게 고위도와 저위도 간의 온도 차이가 줄어들면 두 지역 사이에 기압 차이가 줄어들고 그것이 원인이 되어 풍속이 감소하게 된다(풍속은 두 지역 사이의 기압차로 계산된다).

대기 정체(풍속 약화) 현상에 영향을 주는 인간 활동에 대한 연구가 최근 중국의 과학자들에 의해 활발하게 수행되고 있다. 난징대학 연구진은 2018년 2월말 국제학술지 『지구물리학 리서치 레터』에 발표한 논문에서, 대기 정체 현상으로 인한 고농도 미세먼지 출현이 주로 온실가스 배출 증가에 원인이 있다는 결론을 내렸다.

또한 난징대의 랴오홍 교수 연구팀은 1950~1999년의 지구 기후와 인간이 현재 상태로 온실가스를 계속 배출하는 시나리오에서 2050~2099년에 예상되는 지구 기후의 변화를 15개 기후모델로 분석해 보았다. 그 결과 이번 세기 중후반에는 2013년 1월처럼 고농도 스모그가 발생하기 좋은 기상 조건의 발생 빈도가 50%, 기간은 80%나 증가할 수 있다는 결론이다(네이처 기후변화, 2017년 3월).

이런 연구 결과로부터 고농도 미세먼지 발생을 줄이려면 강력한 대기오염 물질 배출 억제 노력을 해야 한다는 사실을 알 수 있다. 또한 우리가 미세먼지 원인 물질 배출량을 지속적으로 줄여가더라도 기후변화가 빠르게 진척되면 대기용량이 대폭 작아지기 때문에 고농도 미세먼지 농도 자체는 오히려 증가할 가능성이 크다. 기후변화 억제를 위한 온실가스 감축노력이 미세먼지 해결을 위한 노력이 된다는 말이다. 이산화탄소 배출원과 미세먼지 원인 물질들의 배출원이 같기에 미세먼지 문제 해결을 위한 노력이 기후변화 대응과 일치하는 셈이다. 결국 에너지 소비를 줄이고 화석에너지를 재생가능에너지로 대체해 온실가스를 줄여 나가는 것이 미세먼지 문제를 해결해 나가는 길이다.

Q 기후위기 시대에 일회용 종이컵이 환경에 제기하는 문제는 무엇일까?

A 2020년 12월, 일회용 종이컵에 뜨거운 음료를 담아 마시면 종이컵 표면에 있던 미세플라스틱이 음료에 대량 녹아내려 몸에 흡수된다는 이야기가 알려져 큰 소란이 일었다. 종이컵을 통해 흡수되는 미세플라스틱은 고밀도 폴리에틸렌인데, 이것은 전 세계에서 가장 많이 사용하고 있는 플라스틱 중의 하나이다. 이것을 합성할 때 부산물로 발생하는 환경호르몬 발암물질인 1,4-다이옥산과 에틸렌옥사이드가 체내에 축적되면 신경계 독성, 발달장애뿐만 아니라 암까지 유발될 수 있다.

이 연구는 인도의 환경공학자인 고엘(S. Goel) 교수 연구팀이 수행했다. 그들은 시판중인 종이컵 다섯 종류를 수집했는데 그중 4종은 고밀도 폴리에틸렌 계열의 플라스틱 필름이 컵 안쪽에 코팅돼 있었다. 연구팀은 종이컵에 85~90℃ 정도의 뜨거운 액체를 100ml 붓고 15분간 둔 뒤에 현미경으로 관찰하여 미세플라스틱이 물속에 방출되는 것을 확인했다. 검출된 미세플라스틱 입자 수는 100ml의 액체 속에 약 2만 5천 개나 되는 것을 확인했다. 지금까지 폴리에틸렌은 녹는점이 105~110℃이어서 물의 끓는점(100℃)보다 높기 때문에 뜨거운 물에 녹지 않아서 인체에 유해한 물질이 배출되지 않아 안전하다고 알려져 있었다.

종이컵은 종이로만 되어 있으면 수분이 금방 종이에 흡수되어 사용할 수 없기 때문에 컵 안쪽을 폴리에틸렌으로 코팅 처리를 한다. 이 폴리에틸렌은 인체 건강에도 치명적이지만 종이컵의 재활용률을 낮추는 주범이 된다. 종이컵 내부 코팅은 기계로만 벗길 수 있기 때문에 종이컵의 재활용을 어렵게 만든다.

우리나라에서도 사용 후의 일회용 종이컵은 대부분 소각이나 매립된다. 이렇게 종이컵을 처리하는 데에만 연간 약 60억 원의 비용이 들고 있다. 우리나라 종이컵의 연간 사용량은 약 120억 개인데, 자동판매기용 커피잔으로 이용되는 소형 종이컵을 기준으로(높이 약 10cm) 120억 개를 연결하면 지구 둘레(약 3만6천 킬로키터)를 서른 번 돌고도 한참 남는다. 이것을 제조하는 데에 약 4천7백만 그루의 나무가 소비되고 비용은 4천억 원이 넘는다. 그만큼 열대우림을 파괴하게 된다. 소비를 10%만 줄여도 여의도 면적의 열 배가 넘는 면적에 숲을 조성하는 효과를 가져올 수 있다. 이제부터라도 일상에서 '종이컵 사용 안 하기'를 실천해 보면 좋겠다. 일회용 종이컵 사용을 자제하는 작은 실천이 우리의 건강과 지구환경을 지키고 기후변화를 막는 소중한 행동이 된다.

16 CLIMATE CRISIS

기후변화로 우리나라에도 슈퍼태풍이 올까요?

강해지고 있는 한반도 상륙 태풍

지구온난화가 진행되어 지구 온도가 높아질수록 태풍, 허리케인 등 막대한 피해를 유발하는 열대저기압 역시 더 잦고 그 강도는 강해진다. 실제로 폭염이 북반구 전역을 강타했던 2018년에 대형 태풍에 의한 피해도 컸다. 태풍 9호 손띤(Son-Thin)은 필리핀에서만 14만 명의 이재민을 발생시킨 뒤 베트남까지 강타하면서 수십 명의 인명 사고를 냈다. 중국에서는 8호 마리아(Maria), 10호 암필(Ampil)의 영향으로 40여만 명이 대피하여야 했다.

2019년 10월엔 순간 풍속이 초속 60미터를 넘는 초강력 태풍 하기비스(Hagibis)가 일본 열도를 지나면서 큰 피해를 주었다. 가나가와 현에 위치한 온천 마을인 하코네마치에서 이틀간 1,000밀리미터의 비가 내렸는데 이것은 우리나라의 연간 강수량에 필적한다. 대피령을 받은 인구가 2천만 명을 넘었다. 2019년 9~10월의 일기도 분포를 살펴보면 하기비스가 열흘 정도만 더 일찍 발생하였더라면 경로가 일본이 아니라 우리나라 쪽이었을 가능성이 높았다.

최근 지구온난화로 해수 온도가 점점 높아지면서 강한 엘니뇨가 발생하고, 이어서 더 강한 라니냐가 나타나는 악순환이 반복되고 있다. 라니냐가 발생하면 서태평양 부근 해수 온도가 높아진다. 이런 해에는 겨울철에도 강한 태풍이 발생하는 빈도가 증가한다. 이러한 사례로 동남아시아 지역에서 2017년과 2018년 겨울(12~2월)에 발생한 태풍은 모두 네 개로, 평년(1.6개) 대비 2배 이상이었다. 12월에 필리핀을 강타한 덴빈은 240명 사망에 100여 명의 실종이라는 큰 인명 피해를 냈다.

우리나라에서는 태풍 피해가 남쪽 지역에 집중되고, 수도권을 포함한 중부 지방에는 상대적으로 피해가 적은 편이다. 하지만 2009년에 태풍이 수도권에 큰 피해를 낸 사례가 있었다. 2010년 9월 1일에서 2일에 걸쳐 우리나라 서해를 따라 북상한 후에 강화도와 서울을 지나 동해로 빠져 나간 태풍 곤파스(Kompas)로 인해 농작물, 교통 그리고 인명에 적지 않은 피해가 발생했다. 곤파스가 우리나라를 지나갈 때 관측된 풍속은 서해안에서 40~50m/s였고, 수도권을 지나갈 때는 세력이 약화되어 20~30m/s에 지나지 않았다. 그럼에도 수도권의 지하철이 멈추고, 바람에 날린 건축 자재에 사상자가 발생하였으며, 서해안에서는 과수 단지의 낙과율이 40%에 이르는 곳도 있었다. 다행히 곤파스는 바람만 다소 강하고 강수량은 적은 태풍이었기 때문에 태풍이 북상할 때 우려했던 것에 비하면 피해 정도가 적었다.

만약 곤파스의 풍속이 두 배 정도 더 강하고 강우량도 열 배 더 많았다면 어떠하였을까? 그리고 곤파스의 이동 속도마저 느려서 한반도에 머문 시간이 반나절 정도가 아니라 허리케인 카트리나처럼 수일 정도로 길었다면 어떠하였을까? 이에 대한 답은 언급하지 않는 것이 오히려 속 편할 것이다. 이런 가정을 해보는 이유는, 오늘날 이런 무시무시한 슈퍼태풍의 도래가 멀지 않은 장래에 우리나라에 현실로 닥칠 것이라는 경고를 기상학자들이 내놓고 있기 때문이다.

지구온난화로 지난 100년 동안에 지구의 평균기온이 약 1℃ 상승하였고, 태풍이 발생하여 북상해 오는 해역인 저위도 서태평양의 수온도 0.8℃ 이상 상승하였다. 그런데 기온과 해수온의 상승 속도는 최근으로 올수록 훨씬 가파르게 빨라지고 있다. 최근 25년 동안에 발생한 온도 상승이 그 이전의 100년 동안에 나타난 것과 비슷한 정도이다. 이러한 기온 상승 속도는 앞으로 더욱 가파르게 진행될 것이라는 데에 전문가들의 견해가 일치하고 있다.

기후재난에 강한 사회 시스템

우리나라 기상연구소가 1904~2100년까지의 한반도 기후변화를 분석한 「한반도 기후 100년의 변화와 미래 전망」 보고서에 따르면, 지난 100년간 한반도의 평균기온은 지구 평균보다 두 배 이상 올랐고 금세기 말까지는 더욱 빠르게 기온이 상승해 갈 것으로 전망하였다. 또 일본기상연구소의 기토(鬼頭) 박사도 기후예측 모델을 이용하여 작성한 기후변화 시나리오를 근거로, 동아시아 지역의 온도는 금세기 말까지 현재보다 20% 정도 추가로 상승할 가능성이 높으며, 해수 온도의 상승으로 태풍의 에너지원인 수증기량이 증가해 태풍의 강도가 더욱 거세질 것이라고 예측하였다. 이 외에도, 전 세계에서 나온 대부분의 기후변화 예측에 관한 보고서들은 태풍의 발생 빈도에는 큰 변화가 없거나 오히려 감소할 가능성이 높지만 태풍의 강도는 강해져 간다는 점에 동의하고 있다.

기후변화는 해수 온도를 상승시키는 것에 머물지 않고, 전 세계에 이상기상을 가져오는 엘니뇨와 라니냐의 발생 빈도와 강도를 강화시킬 것이라고도 한다. 특히 라니냐의 발생은 태풍의 활동에 큰 영향을 미친다. 엘니뇨가 발생할 때에는 태풍이 발생하는 적도 부근 서태평양의 수온이 평상시보다 낮아지지만, 라니냐 때에는 오히려 해수 온도가 높아진다. 즉, 라니냐는 태풍의 발생 빈도와 강도를 강화시킨다.

또 지구온난화로 북태평양 고기압은 9~10월이 되어도 약해지지 않아, 마치 7~8월의 한여름과 같은 기상 패턴을 유지하게 될 것이다. 그래서 과거에는 가을 태풍은 대부분 일본 열도 남쪽으로 지나갔지만 이제는 가을이 되어도 태풍의 경로가 되는 북태평양 고기압 가장자리가 한반도에 잔존한다. 태풍이 한반도로 상륙하기 적합한 기상조건이 된 것이다. 가을에 상륙해오는 태풍이 곤파스처럼 한반도의 북쪽으로 상륙해 가게 되어 그 피해도 한반도 전역에 미치게 되었다. 이제는 2005년 9월에 미국 동부 뉴올리언스 일대를 초토화시켰던 허리케인 카트리나 급의 슈퍼태풍이 한반도를 강타하더라도 이상하지 않게 되었다.

가을에 이런 파괴적인 슈퍼태풍이 찾아온다면 농작물 생산은 극심한 불안정 상태를 보일 것이다. 도로, 댐, 철로, 교량과 같은 사회 인프라와 건축물들은 견뎌내지 못하게 된다. 슈퍼태풍으로 하루 1,000~1,200밀리미터의 강우가 발생하면, 국내 최대 규모를 자랑하는 소양강댐이 붕괴될 것으로 우려된다. 소양강댐은 최대 632밀리미터 이상의 강우량에 대비하도록 설계되어 있다. 지난 2005년 일부 언론을 통해 공개된 '한강권역 댐 비상대처계획'(Emergency Action Plan, EPA) 시뮬레이션에 따르면 소양

허리케인 카트리나의 영향으로 물에 잠긴 미국 뉴올리언스.

2005년 8월 말에 미국 남부를 강타한 카트리나로 사망자가 2,500명 이상 발생했다. 뉴올리언스는 이 허리케인으로 인해 약탈과 전염병으로 고통 받았고, 약 50만 명 이상이 피난길에 나서야 했다. (사진 pixabay)

강댐이 붕괴될 경우 넘쳐 나는 물은 다섯 시간이 채 되지 않아 서울에 도착하게 된다. 이후 아홉 시간 동안 한강 수위가 계속 불어나 결국 강원도를 비롯하여 서울 경기·인천지역의 47개 시군구가 전부 물바다가 된다. 정부는 이를 대비하기 위해 2004년 8월부터 소양강댐 보조 여수로 공사를 진행하고 있지만, 공사가 완료되어도 하루 810밀리미터 정도의 강우량을 지탱할 수 있는 수준이라고 한다. 아직까지 우리나라는 하루에 1,000밀리미터급의 강우량에 대비할 대책은 사실상 없는 셈이다.

2020년 여름철 방재 기간을 앞두고 기상청은 2020년 5월 8일에 폭염 특보 기준 변경과 태풍의 강도 등급에서 '초강력'을 신설하는 두 가지 개선안을 발표했다.

폭염 특보 발령 기준을 일 최고기온만 고려하던 것에서 벗어나 습도까지 감안한 일 최고 체감온도로 변경하고, 급격한 체감온도 상승 또는 폭염의 장기화로 피해가 예상되는 경우에도 폭염 특보를 발표하기로 했다. 이렇게 개선하면 폭염 특보의 온열질환 사망자 감지 능력을 17% 정도 높일 수 있다고 한다.

태풍 강도 등급 기준은 '약' 등급을 삭제하고 '초강력'을 도입하여 중, 강, 매우 강, 초강력의 4단계로 변경하기로 했다. 초강력 등급 설정 기준은 최근 10년간 발생한 태풍의 상위 10%에 해당하는 중심 부근 최대 풍속이 초속 54미터 이상(시속 194킬로미터 이상)인 경우로 하였다. 최근 10년간 초강력 태풍의 상륙 빈도가 높아지고 있는 현실을 반영한 것이다. 이렇게 기후변화의 위험은 안방 문턱을 건너 우리 곁에 성큼 다가와 있다.

기후변화에 대처하는 자세

오늘날 기후변화의 문제는 이번 세기 내에 인류가 해결해야만 하는 숙제가 되었다. 전 세계가 기후변화에 대처하고자 하는 방법은 크게 세 가지로 나누어 볼 수 있다.

첫째는, 기후변화를 가져온 원인을 제거하자는 것이다. 즉 온실가스 배출량을 금세기 중반 이내에 1990년 대비 50~60% 감축하여, 대기 중의 온실가스 농도를 450ppm 이내로 안정화시키는 것이다(1.5℃ 시나리오). 이를 위해서는 화석연료 사용을 대폭 줄여야 하는데, 재생에너지로 전환하고 에너지 효율을 높이며, 에너지를 적게 사용하면서 살아가도록 삶의 방식을 바꾸어야 한다.

두 번째는 각 지역별로 기후변화의 시대에 적응해서 살아갈 수 있는 대응책을 찾는 것이다. 온실가스가 대기 중에서 사라지지 않고 머무는 시간이 100년 이상으로 길다. 그래서 온실가스 배출량 감축에 최선의 성과를 달성하더라도 적어도 금세기 말까지 대기 중의 온실가스 농도는 계속 증가할 것이므로 기후변화의 진행을 막을 수 없다.

세 번째는 기후변화 시대에 대응할 기술과 자금을 갖지 못한 나라들에 대한 선진국의 지원이다. 탄소를 더 많이 배출해 온 선진국들은 기후변화에 더 큰 책임이 있다. 기후변화로 인해 어려움을 겪고 있는 나라들을 당연히 도와야 한다.

우리나라는 여전히 온실가스 감축의 문제에만 매달려 있는 것으로 보이는데, 두 번째와 세 번째 문제를 간과해서는 안 된다. 기후변화로 인한 피해는 사전에 적응 노력을 얼마나 하였는가에 따라서 많이 달라진다. 2003년 태풍 매미가 일본과 한국을 번갈아 가며 상륙했을 때 한국은 사망 131명, 이재민 1만 1천여 명, 재산 피해 4조 7천억 원의 엄청난 손실을 불러왔다. 하지만 일본은 더 센 강도의 태풍 매미를 맞으면서도 사망 1명, 중상 1명, 재산 피해 500억 원에 그쳤다. 나라의 품격은 국가의 경제적 경쟁력에 앞서 자연재해 앞에 초라해지지 않을 수 있는 사회의 안전에서 우선 찾을 수 있어야 한다.

Q 2021년 5월 우리나라에서 최초로 개최된 환경 분야 정상회의인 'P4G 서울 정상회의'에서 채택한 '서울선언문'의 메시지는 무엇을 담고 있을까?

A '2021 P4G 서울 정상회의'는 2015년 채택된 파리협정에 따라 2030년까지 온실가스 감축목표 달성을 위해 국제사회가 본격적인 행동을 시작하는 첫해인 2021년에 우리나라에서 최초로 개최된 환경 분야 다자정상회의로, 회의의 주제는 '포용적 녹색회복을 통한 탄소중립 비전 실현'이었다. P4G(Partnering for Green Growth and the Global Goals 2030)는 '녹색성장과 글로벌 목표 2030을 위한 연대'라는 의미로, 정부기관과 더불어 민간부문인 기업·시민사회 등이 파트너로 참여하여 기후변화 대응과 지속가능한 발전 목표를 달성하려는 글로벌 협의체이다.

전 세계의 온실가스 감축을 위한 새로운 국제법으로 자리 잡은 파리기후변화협약에선 2100년까지 기온 상승 폭을 산업화 이전의 지구 평균기온에 비하여 1.5℃ 이내로 억제하는 것을 목표로 하고 있다. 이를 달성하려면 2050년까지 전 지구 평균으로 탄소중립에 도달하여야 한다. 그런데 2050 탄소중립 달성에 앞서서 2030년까지 이산화탄소 배출량을 2010년 대비 45% 이상 감축하는 것이 필요하다. 2030년 이내에 이산화탄소 배출량을 지금의 절반 이상 줄이지 않으면 조기에 지구 온도가 빠르게 상승하게 된다. 그러면 토양의 탄소 방출량이 급증하고 삼림과 해양의 탄소 흡수량이 감소하여 파리협약의 목표를 달성하기 어려워진다.

또 온실가스의 75% 정도는 에너지 부문에서 발생하며, 생산된 에너지의 상당 부분은 산업 부문에서 사용되고 있다. 그래서 산업 부문의 에너지효율 향상과 재생에너지로의 전환이 절실하다. P4G가 '글로벌 목표 2030'과 '녹색성장'을 내건 이유는 여기에 있다.

P4G회의는 2018년에 코펜하겐에서 첫 회의가 열렸고 서울회의는 두 번째 회의였

다. 회원국은 대한민국, 덴마크, 네덜란드 등 대륙별 중견 12개 국가이다. P4G는 지속가능발전목표(SDGs: Sustainable Development Goals) 17개 항목 중에서 식량농업, 물, 에너지, 도시, 순환경제라는 다섯 개 항목에 한정하여 해결책을 개발하여 개발도상국에 제공하는 것을 목표로 한다.

서울회의에선 그 목표에 부합하는 14개 항목에 걸쳐서 파리협약 목표 달성을 위한 전 세계의 보다 적극적인 행동을 촉구하고, 금융 지원을 기반으로 개도국을 지원하도록 촉구하는 합의문을 채택하였다. 하지만 손에 잡히는 구체적인 대응책은 나오지 않았다. 전 세계가 기후위기 비상행동을 외치지만 구체적 부담을 외면한 채 화려한 말잔치에 머무는 행태는 여전하다는 비판을 받기도 하였다. 그만큼 국제협력을 통하여 구체적 성과를 달성하는 일은 무척 어려운 일이다.

17 CLIMATE CRISIS

‘탄소중립’이란 무엇이며, 어떻게 달성할 수 있나요?

탄소의 순배출량을 '0'으로

지구상의 탄소는 다양한 저장소에 존재한다. 탄소가 가장 많이 저장되어 있는 곳은 해양의 심층으로 약 38,100Gt(1Gt=10^9ton)이 저장되어 있다. 그 다음으로 탄소가 많이 저장되어 있는 곳은 육상(삼림과 토양)으로 약 2,200Gt이 저장되어 있다. 대기에는 이보다 훨씬 적은 약 800Gt이 존재한다.

자연적 배출원인 해양과 육지는 매년 약 90Gt과 120Gt의 탄소를 대기로 방출하며, 인위적 탄소 배출량은 매년 약 9Gt이다. 그래서 연간 고체 지구에서 대기로 배출되는 탄소량 중에서 인위적 기원이 차지하는 비중은 약 4.1%에 불과하다. 한편 자연이 매년 흡수하는 탄소의 양은 해양에서 92Gt, 육상에서 123Gt으로 추정되고 있다. 결과적으로 자연은 연간 210Gt의 탄소를 배출하고, 그보다 많은 215Gt의 탄소를 흡수하여 인간 활동으로 배출되는 탄소량의 약 56%를 제거해 주고 있다. 그러므로 자연이 조금이라도 더 많은 탄소를 배출한다든가 또는 흡수를 적게 하는 일이 발생한다면 인위적 탄소 배출량을 줄이고자 하는 인간의 노력은 물거품이 되어 버린다는 사실을 짐작해 볼 수 있다. 기후변화 대응에서 가장 우선해야 할 일은 자연환경의 보호여야 한다는 말이다.

육상식물과 해양의 식물플랑크톤은 광합성작용을 통하여 각각 대기와 해수 중의 이산화탄소를 흡수한다. 이들은 광합성을 통하여 탄소를 유기탄소로 환원시킨다. 동물과 대부분의 미생물은 이 유기탄소를 분해함으로써 에너지를 얻고 호흡을 통해 이산화탄소를 배출한다.

이산화탄소의 수중 용해도는 온도에 반비례하기에 고위도 해역에서는 해수가 대기의 이산화탄소를 흡수하는 반면, 열대 해역에서는 이산화탄소를 대기로 방출한다. 대기, 해양, 육지 사이의 이러한 탄소 이동은 자연적인 탄소 순환을 형성한다. 산업혁명 이후 인간이 대량의 화석연료를 사용하여 과도하게 이산화탄소를 배출하기 이전에는 이러한 사이클이 비교적 안정된 수준으로 유지되어 왔다. 대기, 해양, 육지의 탄소 저장량이 균형을 유지한 것이다.

또다른 탄소 저장소인 밀림과 습지는 저장한 탄소를 지각 속에 퇴적물처럼 보존해 왔다. 산업화 시대가 시작되면서 인간은 이러한 화석화된 탄소(석탄, 석유, 천연가스 등)를 대량 연소시켰다. 탄소가 연소(산화)되면 이산화탄소, 물, 에너지로 변환된다. 인간이 화석연료를 사용하면서, 수백만 년 동안 지구 지각 속에 저장되어 있던 탄소가 아주 짧은 시간 동안에 이산화탄소 형태로 방출되어 대기에 축적되어 왔다. 그리고 식생에 식량으로 저장된 탄소는 생물 연소와 토지이용에 의해 대기 중으로 이동하고 있다.

인류가 대기로 방출하는 탄소의 절반은 자연(해양과 육상)이 재흡수하고, 나머지 절반은 대기 중에 축적되고 있다. 현재 인간의 활동 때문에 대기에 축적되는 탄소량은 매년 약 4Gt이라고 한다. 대기에 탄소가 축적되지 않게 하려면 인류의 탄소 배출량을 자연이 제거해 줄 수 있는 범위 이내로 제한하는 것이 중요하다.

'탄소중립'(carbon neutral)이란, 탄소 순환 과정에서 탄소가 대기 중에 더 이상 축적되지 않도록 하는 것을 말한다. 탄소의 배출량과 흡수량을 같게 하여 실질적인 배출량을 '0'(zero)으로 만든다는 것인데, 그래서 '탄소제로'라고도 부른다. 인류가 탄소를 배출했다면 그 배출량을 상쇄할 양만큼 탄소를 다시 흡수하는 대책을 세워서, 실질적인 탄소 배출량을 '중립' 상태로 만든다는 '탄소중립'은 이제 인류가 피하지 못할 큰 과제가 되었다.

탄소중립을 실천하려면

선진국만 온실가스 감축 의무가 있었던 1997년 '교토의정서'를 잇는 2015년 '파리기후변화협약'은 2021년부터 기후변화 협약에 참가한 195개 당사국 모두에게 온실가스 감축을 의무적으로 강제했다. 21세기 말까지 지구 평균기온의 상승을 산업화 이전과 비교하여 2℃ 이내로 억제하며(2℃ 시나리오), 1.5℃까지 제한하도록(1.5℃ 시나리오) 노력하는 것을 전 지구적 목표로 하였다. 또한 기후변화 당사국들은 2015년부터 5년 간격으로 더욱 강화된 국가 온실가스 감축 목표를 기후변화 사무국에 의무적으로 제출하도록 했다. 2018년 제48차 IPCC 총회에서는 '1.5℃ 시나리오'로 가기로 합의하였다.

2019년 9월에 개최된 유엔 기후행동정상회의에서 이 강화된 목표에 121개 국가와 다수의 지방정부, 기업체 등이 동참을 선언하였다. 이들을 '기후변화 강화동맹'이라고 부르고 있다. 우리나라 문재인 대통령도 유엔 회의에 참석하여 강화된 목표에 동참할 것을 국제사회에 약속하였고, 2020년 12월에는 '2050 탄소중립 달성'을 국내외에 선언하였다.

이러한 배경에서 국립기상과학원은 2020년 12월에 IPCC가 발간한 「지구온난화 1.5℃ 특별보고서」의 해설서를 번역하여 발간하였다. 해설서에는 '1.5℃ 시나리오'와 '탄소중립'을 달성하기 위해 필요한 중요 내용들이 잘 정리되어 있다.

1.5℃ 시나리오를 인류가 실천하려면 에너지, 토지이용, 도시, 수송과 건물을 포함한 기반시설과 산업 체계의 빠르고 광범위한 시스템 전환이 필수적이다. 이러한 시스템의 전환은 전례가 없었던 수준으로, 모든 부문의 온실가스 배출량을 대대적으로 감축해야 한다. 이를 달성하려면 온실가스 배출과 관련된 모든 영역에서 대폭 감축이 이뤄져야 하며, 정부의 대규모 재정 투자가 뒷받침되어야 한다.

화석연료에서 재생에너지로 전환하면서 기온 상승을 1.5℃로 억제하려면 2.0℃ 경로보다 에너지의 효율성을 대폭 개선해야 한다. 또한, 소비자가 사용하는 거의 모든 에너지를 전력으로 빠르게 바꾸고, 그 전력을 재생에너지로 공급해야 한다. 지금 상당 부분을 화석연료에 의존하고 있는 겨울철 난방도 재생에너지로 생산한 전기로 대체해야 한다. 2050년 이내에 총에너지 공급량에서 재생에너지가 차지하는 비중을 70~85%로 올려야 하는 것이다. 화력발전소에는 이산화탄소를 포집하고 저장하는 기술(Carbon Capture, Utilization and Storage, CCUS)을 이용하여 굴뚝을 통해 대기로 배출되는 이산화탄소의 대부분을 포집해서 폐광이나 심해저에 저장해야 한다.

그리고 전력 생산에서 천연가스의 비중을 2050년 전 지구 전력의 8%로, 석탄의 비중은 전 지구 전력의 0%에 접근하는 수준으로 대폭 감소시켜야 한다.

지구온난화를 1.5℃ 이내로 억제하려면, 2050년에 산업부문의 이산화탄소 배출량을 2010년에 비하여 65~90% 정도 줄여야 한다. 이산화탄소 배출량을 줄이기 위해서는 에너지 공급을 전기로 전환하고, 수소 연료와 지속가능한 바이오 기반 원료 및 태양광, 풍력 등의 재생에너지 생산을 확대해야 한다. 아울러 탄소를 포집하여 저장하고 활용하는 기술(Carbon Capture, Utilization and Storage, CCUS)에 대한 연구도 필요하다. 이 기술을 발전시키면, 포집한 이산화탄소를 탄소와 산소 분자로 분해하여 산소는 대기 중으로 보내고 탄소는 다양한 소재로 활용할 수 있으리라 전망하고 있다.

그러나 산업 부문에서 에너지 전환과 효율성 개선으로 배출량을 감축하는 것만으로는 1.5℃ 시나리오를 달성하기 어렵다. 토지이용과 도시계획도 바꾸어야 하고, 수송과 건물 부문의 배출량도 대폭 줄여야 한다. 현재 건물 부문에서 사용하는 에너지의 비중은 17%를 넘는다. 건물의 냉난방 에너지를 대폭 감축할 수 있도록 단열장치를 대폭 강화하는 조치가 절실하다.

토지이용 방식도 크게 달라져야 한다. 인류가 여태 해오던 방식대로 토지를 계속 이용한다면 2050년에는 2010년에 비하여 초지가 50~1,100만 제곱킬로미터 감소한다(우리나라의 국토 면

해안 습지의 풍력 터빈.

'탄소중립'을 달성하려면, 화석연료 생태계를 재생에너지 생태계로 전환해야 한다.

적은 10.4만 제곱킬로미터이다). 지금처럼 토지가 인간 활동에 소비되어 간다면, 인간 주거, 식량, 가축 사료, 펄프, 바이오에너지, 탄소 저장, 생물 다양성 등에 필요한 토지를 지속가능한 방식으로 공급하는 데에 한계를 맞게 된다. 토지 수요를 제한하려면 토지이용을 지속가능한 방식으로 집약화하고, 생태계를 복원하면서 덜 자원집약적인 식습관으로 바꾸어야 한다. 덜 자원집약적인 식습관이란 육류의 소비를 줄이고 채식을 위주로 하는 식습관을 말한다.

1.5℃ 시나리오에서 2016부터 2050년까지 에너지 공급에 대한 연평균 투자액이 1조 4,600억~3조 5,100억 달러(2010년 US 달러)에 달할 것으로 추정된다고 한다. 저탄소 에너지 기술과 에너지 효율성에 대한 연간 투자는 2015년 대비 2050년까지 약 6배(4~10배 범위)나 많아진다. 1.5℃ 시나리오를 달성하려면 저탄소 기술을 혁신하고, 에너지를 집약적으로 이용하며, 이산화탄소 제거 기술과 바이오에너지와 탄소 포집 저장(Bioenergy with Carbon Capture and Storage, BECCS) 기술 등도 광범위하게 적용해야 한다. 삼림을 조성하고 충분히 성장한 나무는 연료로 사용하지 말고 건축 자재나 목재 도구로 만들어 나무가 흡수한 탄소를 장기간에 걸쳐 고정시켜 사용하는 것도 바람직한 BECCS 기술이다.

'1.5℃ 시나리오'는, 화석연료 생태계로 번성해 온 인류가 재생에너지 생태계로 탈바꿈해야 달성이 가능해진다. 우리 삶의 방식에 대전환을 이뤄 내야 하는 것이다. 빠른 시간 내에 탄소 중립 상태에 도달해야만, 국제사회가 목표로 하고 있는 1.5℃ 시나리오를 달성하여 지금의 지구 생태계와 인류가 지속가능한 생존의 길로 나아갈 수 있다.

Q 2019년 11월, 전 세계 153개국 과학자 1만여 명이 발표한 기후변화 비상선언에서 인류에게 제안한 실천 사항은 무엇일까?

A 전 세계는 기후변화 비상선언과 행동에 나서고 있다. 2019년 11월에는 1만 명이 넘는 전 세계 과학자들이 기후 비상사태를 선언했다. 이 선언은 미국 오리건 주립대학의 윌리엄 리플 교수와 크리스토퍼 울프 교수가 주도하였는데, 전 세계 153개국에서 1만 1천 명이 동참하였다. 이들은 기후변화 완화를 위한 다음 여섯 가지 실천 사항을 즉각 행동으로 옮기자고 호소하였다.

첫째, 화석연료를 재생에너지로 대체하자. 화석연료 사용 기업에 보조금 지급을 폐지하고 화석연료 사용 비중이 높은 기업에 높은 수준의 탄소세를 부과하자.

둘째, 메탄, 매연 등의 대기 중 단기 체류 기후변화 유발 물질(SLCP)을 신속하게 줄여 향후 수십 년 이내의 단기 온난화 추세를 대폭 낮추자. SLCP는 대기오염 물질이기에 이의 감축은 대기오염 개선에도 크게 기여한다.

셋째, 숲 생태계를 복원하여 탄소 흡수 기능을 지키자. 열대 숲의 탄소 제거 능력은 1990년대에 연간 460억 톤이던 것이 2010년에는 250억 톤으로 줄었고, 2030년경에는 오히려 방출원으로 전환될 위험에 처해 있다. 이런 상황에서는 어떤 그린뉴딜 정책도 지구온난화 문제에 무용지물이 된다.

넷째, 육식을 줄이고 채식 중심으로 식생활을 개선하자. 그래서 가축 사료 생산용이 아니라 식량 생산을 위한 농토를 넓히자.

다섯째, 경제성장 추구를 탈피함으로써 자연 생태계 침탈을 막자.

여섯째, 하루 20만 명 이상씩 늘어가고 있는 지구촌 인구를 안정화시키자.

리플 교수는 “지구 표면 온도와 해양 열량, 극한 날씨와 그에 따르는 비용, 해수면 상승, 바다의 산성화, 미국에서의 화재 빈발 등이 모두 상승세를 보이고 있다”고 지적하고, “여름철 북극해 얼음의 역대 최소화를 비롯해 그린란드와 남극 빙상 및 빙하 두께의 감소에서 보듯 지구의 얼음이 빠르게 사라지고 있으며, 이런 모든 급속한 변화는 이제 행동이 긴급하게 필요하다는 것을 말해 준다”고 강조했다. 인간과 지구 생태계의 지속가능 여부는 과학자들의 충고를 어떻게 받아들이느냐에 달려 있다.

기후위기 과학특강: “도와줘요, 기후 박사!”

사람들이 가장 많이 묻는 17가지 질문

초판 1쇄 발행 2021년 10월 28일
초판 2쇄 발행 2022년 10월 24일
지은이 김해동
펴낸이 오은지
책임편집 변홍철
편집 오은지 변우빈
디자인 박대성
펴낸곳 도서출판 한티재
등록 2010년 4월 12일 제2010-000010호

주소 42087 대구시 수성구 달구벌대로 492길 15
전화 053-743-8368
팩스 053-743-8367
전자우편 hantibooks@gmail.com
블로그 blog.naver.com/hanti_books
한티재 온라인 책창고 hantijae-bookstore.com

ISBN 979-11-90178-73-0 03450

이 도서는 환경부·국가환경교육센터의 환경도서 출판 지원사업 선정작입니다.